AE-1 PROGRAM

Die universelle Super AE-1

Ludwig Knülle

vwi

vwi Verlag Gerhard Knülle GmbH, Herrsching/Ammersee

Dieses Buch enstand
in enger Zusammenarbeit mit der
Fa. Canon/Euro-Photo GmbH
Vierte Auflage, 41.–51. Tausend (1984)

ISBN 3-88369-014-7

Quellenangabe: CANON Inc. Tokio, Japan,
Verkäufer-Seminare: Canon/Euro-Photo GmbH
Änderungen der technischen Daten und Angaben
durch Neuentwicklungen und Veränderungen
vorbehalten!

Lithografien: Kodweis + Fröhlich, München
Druck: Sellier Druck GmbH, Freising
Printed in Germany (Federal Republic of Germany)
Illustrationen: Sachaufnahmen Canon (84), L. Knülle (29), W. Oberle (3).
Zeichnungen: Canon (14), L. Knülle (1), vwi Werbung (23).
Aufnahmen aus der Praxis: A. Eichhammer (4), Canon (3),
L. Knülle (24), M. Knülle (1), Prange (3), M. Gierig (8).

AUS DEM INHALT

EINLEITUNG

Die Super AE-1

Bei der Vorstellung der AE-1 PROGRAM möchte ich darauf verzichten, auf die hochmoderne Mini-Elektronik (Micro-Computersteuerung) im einzelnen einzugehen; die ja mit der Einführung der AE-1 im Jahre 1976 so offenkundig wurde, als eines der wichtigsten Konstruktions-Elemente für den Kamerabau der Zukunft. Was hier bisher geleistet wurde, hat die AE-1 bewiesen, von der inzwischen weltweit über 5 Millionen Stück gebaut wurden. Nicht minder bewies sich diese Elektronik in weitergeführter Steuerungstechnik bei der Canon Mehrfachautomatik-Reflexkamera A-1.
Sage ich Super AE-1, so animiert dazu die Vergleichbarkeit der Typenbezeichnung gepaart mit der um ein Vielfaches erhöhten Leistungssteigerung bezogen auf die Steuerelektronik und den Umfang der zahlreichen schon mit dem Auge feststellbaren Neuerungen an der Kamera selbst und beim Zubehör. Dies alles bei einer Kamera, die in der mittleren Preisklasse angeboten wird.
Arbeitete die AE-1 noch überwiegend auf der Basis der Analog-Computersteuerung, mit der damals schon auffallenden, nur ein Mosaiksteinchen der Gesamtelektronik darstellenden, präzisen, temperatur- und klimaunabhängigen sowie energiebewußten sequentiellen Steuerung der Funktionsabläufe – übergreifend auf das direkt in die Elektroniksteuerung integrierbare Systemzubehör wie Winder, Motorsystem, Speedlite-Blitzgeräte und Data Back A, – so wird diese Leistung bei der AE-1 PROGRAM mit überwiegender Steuerung nach dem Digital-Computersystem bzw. nach kombinierten analogen und digitalen Funktionen noch weiter erhöht.
Das wirkt sich aus im erweiterten Angebot der Automatiksteuerung (Blendenautomatik und jetzt auch Programmautomatik), in der Be-

lichtungsmessung und digitalen Sucheranzeige, sowie im erweiterten Steuerbereich beim Zubehörsystem (Winder A 2 und Motor MA mit Fernsteuermöglichkeit usw.). Ebenso zeigt die besondere Canon Blitzautomatiksteuerung Neuheiten gegenüber der AE-1; generell schon in einer Blitzbereitschaftsanzeige im Sucher mittels Blitzsymbol „ ϟ“ – bei Einsatz aller Speedlite-Blitzgeräte der Typen A und G sowie des Macrolite ML-1 – und im Speziellen in den Blitzgeräten Speedlite 166 A und 188 A, die den AUTO CHECK im Sucher bringen. Das heißt, man muß die Kamera überhaupt nicht mehr vom Auge nehmen, zur Kontrolle irgendeiner Funktion. Die Ausnahme wäre bei Blendenautomatik mit Verschlußzeitenvorwahl gegeben, eventuell muß oben auf der Kamera die Zeitvorwahl überprüft werden, wenn man sich die Stellrhythmen nicht merkt.
Ich erlaube mir, die AE-1 PROGRAM eine Kamera mit Gangschaltung zu nennen: deren erster Gang für den Start gilt und deren mittlere und höhere Gänge für die steigenden Ansprüche gelten können.
Die absehbare Ansprache dieser Kamera an einen umfassenden Anwenderkreis zeigt sich nicht nur durch die Programmautomatik für den Anfänger, der sich damit unbeschwert die ersten Sporen in der anspruchsvolleren Reflexfotografie verdienen kann. Die AE-1 PROGRAM bietet auch dem schon versierten Hobbyfotografen und dem Profi eine interessante und teils neue Ausstattung, teilweise auf einmalige Neuheiten basierend: Vom Anwender auswechselbare Suchereinstellscheiben (für diese Kamera-Preisklasse überraschend), auswechselbar in Sekundenschnelle ohne Fummelei durch ein ebenso simples wie raffiniert ausgeklügeltes Greifwerkzeug, das jeder Auswechselscheibe beigefügt ist.
Die Suchereinstellscheiben selbst – 8 sind's an der Zahl – weisen hochinteressante Neuerungen auf. Es sind sogenannte Laser-Mattscheiben, die mit spezieller Laser-Technik hergestellt wurden. Sie weisen eine Oberflächenstruktur auf, welche die sonst übliche, zu starke Streuung des auffallenden Lichtes stark reduziert. Die Helligkeit dieser neuartigen Mattscheiben liegt um das 1,5fache höher als bei den bisherigen Canon-Mattscheiben. Der Sucher wirkt (einschließlich noch anderer Maßnahmen) 50% heller. Der Helligkeitsunterschied läßt sich auch so schildern: Die Helligkeit beim Einsatz eines Objektivs mit der Lichtstärke 1 : 5,6 heute ist vergleichbar mit der Lichtstärke 1 : 2,8 früher.

Die Canon AE-1 PROGRAM mit dem neuen fernsteuerbaren Winder A2 und dem Speedlite 188 A mit der erweiterten Kamera-Blitzautomatik

Eine Novität ist der neue Schnittbild-Indikator, mit einer Konstruktion, welche die bekannte partielle Abdunkelung bei Einsatz lichtschwächerer Objektive bis 1 : 5,6 verhindert. Eine andere, erstmalig von Canon eingesetzte Einstellhilfe stellt der Kreuzschnittbild-Indikator dar. Er gestattet die schnelle Scharfeinstellung insbesondere mit lichtstarken Objektiven auf alle möglichen Motivstrukturen – kreisförmig, diagonal, rautenförmig, senkrecht, waagrecht usw.

Es ist auch die bei Canon übliche Vollintegration der Kamera in das umfassende Zubehörsystem, welche die AE-1 PORGRAM so einsatzfreundlich auf jedwedem Gebiet der Fotografie macht. Sie läßt sich nicht nur handauslösen, sondern auch per Kabel oder kabellos fernsteuern; ja sogar die vollautomatische Steuerung ohne Funktion des Fotografen ist möglich. Sie ist nicht nur Schnappschußkamera, sondern kann auch Hochleistungsaufnahmesystem bis hin zur Registrierkamera sein; oder anders gesagt, in der Hand des Anfängers ist sie die unkomplizierte „harmlose" Schnappschußkamera mit einfachster Bedienung. Wird sie gefordert, entpuppt sich die AE-1 PROGRAM als quirliges Instrument, das ein Mehrfaches leistet und zum Werkzeug für anspruchsvolle Fotografie wird, in der Hand des Amateurfotografen, Technikers und Wissenschaftlers etc.
Mit über 50 Original-Canon-Wechselobjektiven und unzähligen Systemzubehörteilen steht Anwendern aller Art ein Baukastensystem zur Verfügung, aus dem sich der entsprechende Benutzer ein ebenso einfaches wie aufwendiges Aufnahmesystem zusammenstellen kann. Hier ist auch die revolutionierende Neuheit „Autofocus-Vario FD 40/35–70 mm AF" zu nennen, die der AE-1 PROGRAM in Verbindung mit einem Motorantrieb fast die Totalautomatik verleiht.
Die AE-1 PROGRAM hat auch Neuerungen, die vom Anwender visuell während ihrer Funktion nicht unbedingt wahrgenommen werden. Da ist die verbesserte optische Aufbereitung des Sucherokulars durch eine konvex-konkave Linse in zur Zeit idealster Linsenform – eine Linse aus ausgesuchten Gläsern – die volle Fläche der Linse kann optisch/visuell genutzt werden. Und durch die Ausstattung des Suchers mit einer zusätzlichen Kondensorlinse ist jegliche Aberration im Sucherbild eliminiert und ein klares verzeichnungsfreies Sucherbild liegt vor Ihrem Auge.

Die integrale Innenmessung mit Mittenbetonung wurde ebenfalls verbessert, noch zentraler in die Bildmitte gelegt. Durch eine Abflachung des Meßlinien-Ovals an den Seiten (bezogen auf das Querformat) sind jetzt auch Hochformataufnahmen unter Ausschaltung überbetonten Oberlichts (Himmelslichts) zu machen. Viele Fehler bei der Meßverteilung und Ableitung des Meßlichtes zur Fotozelle basieren auf falscher Position der Foto-Meßzelle. Durch optimale Lage der Meßzelle und der vorher angeführten Maßnahmen sind die Belichtungsmessungen nun vielmehr weniger beeinflußbar durch Streulicht von hinten durch das Sucherokular.
Der Schlitzverschluß der AE-1 PROGRAM ist schneller geworden. Das bringt u. a. mehr Sicherheit bei der Blitzsynchronisation.
Die Basis-Konstruktion des Schlitzverschlusses entspricht der Einheit, wie sie in den Kameras AE-1 und A-1 eingebaut ist. Die betriebsgleichen Teile, wo immer auch, wurden aber in ihrer Funktion leichter gemacht. Eine gewisse Trägheit der Verschlußachsen wurde durch den Einbau entsprechender Module weiter vermindert.
Die Geschwindigkeit der Verschlußrollos ist jetzt noch schneller. Deshalb hat der beständige X-Kontakt jetzt mehr Toleranz: 10,5 m/Sek. – gegenüber früher 11,5 m/Sek. (entsprechend 1/95,2 Sek. zu früher 1/88,4 Sek.
Alles in allem ist die AE-1 PROGRAM eine runde Sache. Eine Kamera, die ihren Siegeszug um die Welt nicht nur deshalb beginnen wird, weil sie auch AE-1 ... heißt, sondern weil es die Kamera mit den vielen Möglichkeiten für alle ist; und weil diese Möglichkeiten in einem außergewöhnlichen Preis-/Leistungsverhältnis stehen.

Technische Daten der AE-1 PROGRAM in einer Kurzübersicht

Kameratyp:

Einäugige Kleinbild-Spiegelreflexkamera, Aufnahmeformat 24 × 36 mm. Mit Mikro-Prozeßrechner (CPU), der sämtliche Funktionen elektronisch steuert. Mit Blendenautomatik nach Zeitvorwahl, Programmautomatik, Transportautomatik mit verschiedenen motorischen Antriebssystemen, Canon-Blitzautomatik mit Spezialblitzgeräten Canon Speedlite der A- und G-Serie.

Objektivsystem:

Canon Wechselobjektive in Canon Bajonettfassung. Brennweiten von 7,5 mm (Fisheye) bis 1200 mm (Supertele). FD-Objektive bei Kameradirektkontakt und FD-Zubehör für Offenblendemessung, mit Zwischenringen etc. und Objektiven ohne Blendenfunktionsübertragung und FL-Objektive für Arbeitsblendenmessung.

Standardobjektive:

Canon FD 1,8/50 mm und FD 1,4/50 mm.

Reflexsucher:

Fest eingebauter Prismensucher. Sucherbild = vertikal und horizontal 94% des realen Bildfeldes. Suchervergrößerung 0,83 × mit Standardobjektiv f = 50 mm (bei Einstellung auf ∞). Ansetzbar sind Winkelsucher A-2 und B, Einstellupe S, Augenmuschel S, Augenkorrekturlinsen S (+ 3, + 2, + 1,5, + 1, + 0,5, 0, − 0,5, − 2, − 3, − 4 Dioptrien).

Sucherkontrollen:

Digitale Leuchtdiodenanzeige der Belichtungsdaten rechts neben dem Sucherrahmen: „Blendenzahlen" (rot) in vollen Stufen von 1 bis 32, Warnung vor Über- bzw. Unterbelichtung durch Blinken der jeweiligen Anzeige; Arbeitsblenden-Index; „P" (grün) bei eingeschalteter Programmautomatik (blinkend als Langzeitwarnung bei 1/30 Sek. und länger); „M" (rot) bei abgeschalteter Blendenautomatik; Blitzbereitschaft „ϟ" (grün) bei Einsatz von Canon Speedlites der Serie A und G; Blitzblende (blinkend, wenn max. Objektivblende nicht ausreicht). Bei Einsatz des Speedlite 166A oder 188A ist nach Auslösung blinkendes Blitzsymbol ϟ Kontrollsignal (AUTO CHECK) für korrekte Automatik-Blitzbelichtung. Die Helligkeit der LED-Anzeige paßt sich automatisch den Außenlichtverhältnissen an, die Anzeige ist so unter allen Umständen gut sichtbar.

Entfernungseinstellung:

Nach den Entfernungsskalen der Objektive und punktgenaues Scharfeinstellen über Laser-Mattscheibe (lichtverstärkend) plus Fresnellinse, mit Mikroprismenring und neuartigem Schnittbild-Indikator (der selbst bei Lichtstärke 1 : 5,6 nicht abdunkelt) – keine Einschränkung bei Objektiven verschiedener Lichtstärken. Die Standard-Einstellscheibe kann gegen 7 weitere Scheiben mittels Greifwerkzeug vom Anwender selbst ausgewechselt werden: Typ A – Mattscheibe mit Mikroprismenfleck; Typ B – Mattscheibe mit neuem Schnittbild-Indikator (nicht abdunkelnd und daher als Univer-

salscheibe zu benutzen); Typ C – Vollmattscheibe mit feinstmattiertem Mittenfleck; Typ D – Vollmattscheibe mit Gitterteilung und feinstmattiertem Mittenfleck; Typ H – Vollmattscheibe mit Meßskalen und feinstmattiertem Mittenfleck; Typ I – Mattscheibe mit haarfeinem Doppelfadenkreuz in Klarfleck mit 5 mm ∅; Typ L – Mattscheibe mit Kreuz-Schnittbild-Indikator (halbiert das Bild sowohl horizontal als auch vertikal).

Schärfentiefekontrolle:

Nur wenn der Verschluß gespannt wurde. Über Abblendschieber (kann mittels Sperrknopf in Abblendstellung verriegelt werden). Bei Einsatz von FD-Objektiven muß dazu die Blendenautomatik abgeschaltet und für den nachfolgenden Automatikbetrieb dann zunächst einmal voll aufgeblendet werden.

Spiegel:

Groß dimensionierter Schnellrückschwingspiegel mit Schwingungsdämpfung.

Schlitzverschluß:

Tuch-Schlitzverschluß mit vier Achsen, eingebauter Schwingungsdämpfung und Geräuschdämpfung, sowie elektronischer Steuerung sämtlicher Verschlußzeiten im Bereich 2–$^{1}/_{1000}$ Sek., zusätzlich B-Einstellung für Langzeitaufnahmen, und Programmsteuerung (automatische Zeit-/Blendenkombination).

Auslöser:

Elektromagnetischer Zweistufenauslöser, arretierbar mittels Hauptschalter; mit Drahtauslösergewinde und Fingerstütze. Auslösersperre automatisch bei ungenügender Batteriespannung. 1. Stufe (angetippt) – Meßwerkeinschaltung/Meßwertanzeige; 2. Stufe (voll gedrückt) – Belichtungssteuerung.

Selbstauslöser:

Eingebaut, elektronisch gesteuert. Der 10-Sekunden-Vorlauf kann nach Aktivierung (Hauptschalter in Position S) jederzeit durch Druck auf den Batterieprüfknopf wieder gestoppt werden – ohne Bildverlust. Durch erneute Betätigung des Kamera-Auslösers ist ebenso wieder die Aktivierung möglich. Vorzeitiges Unterbrechen des Vorlaufs auch möglich durch Hauptschalter-Positionierung auf L. In Verbindung mit einem Drahtauslöser und Motor auch als Intervallschalter (für Aufnahmen im 10-Sek.-Takt) einzusetzen. Vorlauf wird akustisch angezeigt, Frequenz des Pieptons gegen Ende des Vorlaufs höher.

Belichtungsmeßsystem/-steuerung:

Belichtungsmessung über Silizium-Fotozelle, integrale Messung mit Schwerpunkt Bildmitte durch das Objektiv (Innenmessung/TTL), Offenblendemessung mit FD-Objektiven bzw. FD-Zubehör direkt an der Kamera; Arbeitsblendenmessung mit Zwischenringen etc. und Objektiven ohne Blendenfunktionsübertragung und auch FL-Objektiven. Meßbereich bei Filmempfindlichkeitseinstellung 21 DIN: von Lichtwert 1 (Blende 1,4 bei 1 Sek.) bis Lichtwert 18 (Blende 16 bei $^{1}/_{1000}$ Sek.). Belichtungssteuerung elektronisch mit einem IC und drei LSIs in I^2L-Technik. Blendenautomatik nach Zeitvorwahl und Programmautomatik. Meßwertspeichertaste: durch einmaligen Druck auf diese Taste wird Meßwert gespeichert, bei ständigem Druck auf den Auslöser.

Automatik abschaltbar, manuelle Korrektur und Steuerung durch Blendenvorwahl am Objektiv. Belichtungsprüftaste zur Vorprüfung der vom Computer gewählten Blende im Sucher (auch mit Zweistufenauslöser möglich).

Filmempfindlichkeitsbereich:

ASA 12-3200/12–36 DIN – einstellbar auf separatem Einstellring unter der Filmrückspulkurbel. Einstellung in Raststufen (1 DIN – $^1/_3$-Blendenstufen). Angaben nur in ASA. Einstellung arretierbar.

Stromversorgung:

1 Batterie 6 V (Silberoxyd oder Alkali-Mangan) Typ Mallory PX-28 L oder ähnlich. Batterieprüfung: nach Knopfdruck ertönt Akustiksignal – schnelle Pieptonfolge = Batterie in Ordnung, geringe Frequenz = Batterie wechseln.

Blitzlicht-Fotografie:

Blitzsynchronisation mit X-Kontakt, Elektronenblitz bei $^1/_{60}$ Sek. Kontakte: Mittenkontakt im Zubehörschuh der Kamera (mit 2 Spezialkontakten für Canon-Blitzautomatik mit Canon Speedlite der Serie A und G) und DIN-Kabelkontakt an der Kamera-Vorderseite (mit Schutzkappe). Beide Kontakte lassen sich gleichzeitig verwenden, dann aber keine Canon-Blitzautomatik möglich.

Blitzautomatik:

In Verbindung mit Canon Elektronenblitzgeräten der Speedlite-Serien A und G. Bei Bereitschaftsanzeige des Blitzgerätes erfolgt automatisch die Umschaltung auf Blitzsynchronzeit $^1/_{60}$ Sek. (gleich welche Verschlußzeit an der Kamera eingestellt ist), die am Blitzgerät programmierte Blende wird jetzt auch vom Kamera-Computer automatisch am Objektiv eingesteuert; automatische Lichtdosierung über den Sensor des Blitzgerätes. Blitzbereitschaftsanzeige im Sucher durch LED-Anzeige „ϟ" (grün). In Verbindung mit Speedlite 166A oder 188A zeigt blinkendes Blitzsymbol ϟ nach der Auslösung korrekte Blitzbelichtung an (AUTO CHECK). Anzeige der Blitzblende im Sucher.
In Verbindung mit FL-Objektiven wird nur auf Blitzsynchronzeit automatisch umgeschaltet, die Blitzblende muß generell am Objektiv eingestellt werden, da diese Objektive keine Blendenautomatiksteuerung zulassen.

Filmeinlegen:

Vereinfacht durch Mehrschlitzspule (Filmaufwicklung mit Schicht nach außen).

Filmtransport:

Kurzschwung-Schnellschalthebel mit 120°-Aufzugswinkel – Bereitschaftsstellung 30°. Aufzug auch in mehreren Kurzschwüngen möglich. Automatischer Filmtransport mit motorischem Antrieb. Filmrücktransport nach Druck auf den Freilaufknopf mittels Rückspulkurbel, auch bei angesetztem Motorsystem.

Bildzähler:

Vorwärtszählend, mit automatischer Rückstellung auf „S" beim Öffnen der Kamerarückwand. Zählwerk gilt auch bei Einsatz eines Motorsystems. Rückwärtszählend bei Filmrückspulung.

Sonstiges:

Abnehmbare Kamerarückwand mit integriertem Memohalter, Stativgewinde $^{1}/_{4}$", Trageösen mit Kameraschoner, Verschlußzeitenrad (mit Griffschutz gegen unbeabsichtigtes Verstellen) mit weiß eingelegten Ziffern – Ziffer „2" für 2 Sek. orange eingelegt, Position „PROGRAM" grün eingelegt. Hauptschalter mit Positionen A (Action), L (Lock – Kamera ganz abgeschaltet), S (Selbstauslöser aktiviert). Datenrückteil „Data Back A" ansetzbar anstelle Normal-Kamerarückwand.
Neu: Der bei nicht eingesetztem Objektiv aufzusetzende Kamera-Bajonett-Schutzdeckel hat jetzt eine Bajonettfassung und kann daher nicht mehr verloren gehen bzw. nicht mehr abspringen.

Abmessungen:

88 × 141 × 47,5 mm (Gehäuse)

Gewicht:

575 g (Gehäuse)
810 g Kamera plus Standardobjektiv FD 1,4/50 mm.

Erläuterung der Funktionsteile der AE-1 PROGRAM

1 Verschlußzeitenwählscheibe (auch Selektor für PROGRAM-Automatik-Steuerung)
2 Griffschutz für Verschlußzeitenring
3 Bildzählwerk
4 Auslöser (mit Drahtauslösergewinde) zweistufig für Meßprüfung und Auslösung
5 Fingerauflage
6 Universalschalter (Hauptschalter/Selbstauslöserhebel)
7 Trageösen
8 abschraubbare Griffplatte (gewölbter Fingergriff) mit unterliegendem Batteriefach plus Abdeckung
9 Zubehörschuh mit Mittenkontakt und Spezialkontakten für die spezielle Speedlite-Blitzautomatik
10 Batterieprüfknopf (gleichzeitig Selbstauslöserabschalter)
11 Filmebenenmarkierung
12 Sperrknopf für Filmempfindlichkeitseinstellung und zur Entriegelung
13 Rückspulkurbel
14 Filmempfindlichkeitsskala mit Sichtfenster
14a Filmempfindlichkeits-Einstellhebel
15 Blitzsynchron-Kabelkontakt (auch für den Anschluß des Data Back A zu nutzen)
16 Meßwertspeichertaste
17 Belichtungs-Prüftaste
18 Abblendschieber
19 Einstell-Index am Objektiv
20 Entfernungsskala (Scharfeinstellring)
21 Blendenring
22 Blendenring-Automatikverriegelung
23 Automatik-Marke „A"
24 Rote Tastkuppe (Fixierpunkt)
25 Entriegelungstaste des Objektivs
26 Filtergewinde
27 Gegenlichtblenden-Bajonett
28 Schärfentiefeskala
29 Schnellschalthebel
30 Sucherokular
31 Filmmerkklemme
32 abnehmbare Rückwand
33 Winder- und Motor-Steuerkontakte
34 Paßnut zum Ansatz von Winder und Motor
35 Entriegelungstaste am Objektiv
36 Stativgewindebuchse
37 Freilaufknopf für die Filmrückwicklung
38 Abdeckung über der Winder-/Motorkupplung

Anmerkung:
bei Batterieprüfung und Selbstauslöser-Vorlauf erfolgt Akustiksignal

Ausführlichere Beschreibung der einzelnen Funktionsteile der AE-1 PROGRAM im Laufe der Kamera- und Zubehör-Vorstellung ab Seite 22

8
7
6
5
4
3
1
2
9
10
11
12
13
14
14 A
Canon
AE-1
28
22
19
23
20
21
27
26
15
7
16
17
18
24
25
CANON LENS FD 50mm 1:1.4
MADE IN JAPAN

29
30
32
31
34
37
38
36
33
34
35

Übertragungselemente am Canon FD-Objektiv und ihre Funktion

Dieses System von Übertragungselementen zur exakten Kupplung von Objektiv und Kamera, für korrekte Blenden- und Belichtungsfunktion, gehört zu den bestdurchdachtesten Systemen der Welt. Und es kann als zeitlos bezeichnet werden, wenn man bedenkt, daß selbst für die neuen Automatik-Kameras der Canon A-Serie mit ihrer zukunftsweisenden Computer-Elektronik keinerlei Änderungen im System erforderlich waren – im Gegenteil, der noch unbelegte Kontaktstift ist auch jetzt noch frei für zukünftige Techniken.

Der Blendensimulator

Dieser Hebel ist mit dem Blendenvorwahlring gekuppelt und gibt dem Meßwerk der Kamera die am Blendenring eingestellte (vorgewählte) Blende ein, so daß das Meßwerk der Kamera die Differenz zwischen der zur Lichtmessung verwendeten vollen Öffnung des Objektivs und der zur Belichtung benötigten effektiven Blende bilden kann. Dies trifft aber nur für manuelle Blendeneinstellung bei Offenblendemessung zu, bei Automatiksteuerung kommt der Befehl vom Kameracomputer.

Der Lichtstärkenkontakt (Offenblende-Signalstift)

Dieser Kontaktstift gibt die maximale Blendenöffnung des jeweils verwendeten Objektivs in das Meßwerk der AE-1 PROGRAM ein. Damit ist der Belichtungsmesser automatisch programmiert. Ermöglicht erst die Offenblendemessung.

Der Springblendenhebel

Ermöglicht die Offenblendenmessung sowie das Fokussieren bei Offenblende und gleichzeitige Blendenvorwahl. Kurz vor der Verschlußauslösung blendet dieser Hebel automatisch den vorher vorgewählten Blendenwert am Blendenring des Objektivs oder durch den Kamera-Computer auf die erforderliche Arbeitsblende ab. Der Hebel ist mit dem Abblendschieber der AE-1 PROGRAM gekuppelt. Er kann bei Verwendung des Objektivs mit auszugsverlängerndem Zubehör ohne Übertragung der Blendenfunktion am rechten Ende seines Bewegungsbereiches verriegelt werden, zur Handeinstellung der Blende. (Bei Einsatz des neuen Makro-Auto-Ringes oder Automatik-Balgengeräts nicht erforderlich.)

Automatik-Schaltstift

Erst ist für die Signalübertragung bei automatischer Blendensteuerung erforderlich. Wird am FD-Objektiv ausgefahren, wenn dessen Blendenring in Automatikposition „A" verriegelt ist.

Unbelegter Kontaktstift

Frei und unbenutzt für zukünftige Entwicklungen.

Der Paßstift

Eingebaut unterhalb des Bajonettringes; greift in einen Nut des kameraseitigen Bajonettringes. Muß zur richtigen und schonenden Positionierung des Objektivs an der Kamera synchron zum roten Punkt auf den Bajonettringen stehen. (Bei der FD-Serie objektivseitig automatisch durch Sicherheitsverriegelung gegeben.) Bei den Objektiven der neuen FD-Serie ist der Fixierpunkt erhaben angebracht. Man kann so selbst im Dunkeln ein solches Objektiv ohne Schwierigkeiten ansetzen.

Die Sicherheitsvorrichtung

Diese Vorrichtung haben alle FD-Objektive eingebaut. Sie tritt in Funktion, sobald das Objektiv von der Kamera getrennt wird bzw. von einem Systemzubehör mit Bajonettanschluß (dies betrifft auch den Spezialrückdeckel „Makro Hood"). Es gibt dabei innerhalb der Objektiv-Bauserien einen kleinen Unterschied. Die FD-Objektive neuerer Bauart haben keinen beweglichen Bajonett-Außenring mehr. Die Blendensperre (Sicherheitsvorrichtung) tritt in Kraft, nachdem das ganze Objektiv in der Kamera nach links gedreht wurde, zur Lösung des Anschlusses. Nach Abnahme des Objektivs können Sie feststellen, daß die Blendenlamellen etwa bei Blendenöffnung 5,6 fest fixiert sind. Die Arretierung des Objektivtubus mit der Innenscheibe des Bajonetts (welche die Blendenfunktionshebel beinhaltet) funktioniert durch Federstifte von innen nach außen. Für die FD-Objektive bis Mitte 1979 gilt: Blendensperre in dem Moment, wenn der Bajonett-Anschlußring nach links gedreht wird, bzw. nach rechts, wenn er außerhalb der Kamera verriegelt werden soll. Die Verriegelung des Ringes und der Blendenlamellen (bei max. Öffnung) bewirkt hierbei eine Blattfeder unterhalb des Bajonettringes. Sie bewirkt beim Objektiveinsatz bzw. bei Bajonettkontakt das selbsttätige Eindrehen des beweglichen Bajonettringes, und sie ist, im Gegensatz zur Sicherheitssperre bei den neuen FD's, auch ohne Bajonettkontakt leicht zu lösen.

Die Automatik-Sperre

Es ist ein Sperrknopf am FD-Objektiv-Blendenring, der eine versehentliche Drehung des Blendenrings aus der Automatikposition verhindert (so wie es bei früheren Objektivkonstruktionen mit nur einem grünen Kreis möglich war). Soll das FD-Objektiv in Automatikposition „grünes A" gebracht werden, muß dieser Sperrknopf erst gedrückt werden. Der Blendenring rastet in Position „A" merklich ein. Die Entriegelung aus A für manuelle Blendeneinstellung wird ebenfalls bei Druck auf den Sperrknopf vorgenommen.

Visuelle Erläuterung der Funktionsteile des FD-Bajonetts

– *Lage der Steuerhebel und -kontakte am Objektivbajonett und Gegenkontakte in der Kamera – siehe nächste Seite ▶*

Elemente am Objektiv:

1 Lichtstärkenkontaktstift
2 Blendensimulator
3 Springblendenhebel
4 Unbelegter Kontaktstift
5 Automatikschaltstift
6 Beweglicher Bajonett-Anschlußring der FD-Objektivserie bis Mitte 1979 (zukünftig bei einigen wenigen Spezialoptiken weiterhin vorhanden), mit selbsttätiger Anfangsarretierung bei Objektivandruck an die Kamera.
7 Blattfeder bei FD-Objektiven mit beweglichem Bajonett-Anschlußring. Teil der Sicherheitssperre, mit der bei Nichtgebrauch des Objektivs die Blendenlamellen bzw. ihre Einstellung verriegelt werden.
8 Neues FD-Bajonett ohne beweglichen Bajonett-Anschlußring. Tubus und Optik werden um die im Bild sichtbare Metallscheibe mit den Funktionshebeln etc. gedreht. Die Scheibe wird durch einen zweiten Paßstift in der erforderlichen Grundposition gehalten. Sicherheitssperre bei Nichtgebrauch durch Federstifte innerhalb des Bajonettsystems.
9 Roter Fixierpunkt (beim neuen FD erhaben) und Paßstift für die präzise Fixierung des Objektivs auf die Kamera-Bajonette
9a Griffkuppe am neuen FD-Objektiv ab 1979 mit Drucktaste zur Entriegelung der rastenden Fixierung an der Kamera

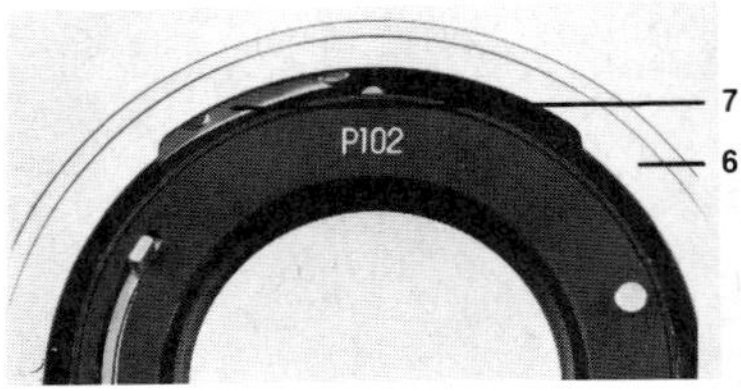

Elemente in der Kamera:

10 Rückschwingspiegel
11 Position der Buchse für den Automatikschaltstift bei Blendenautomatik.
12 Übertragungshebel für die Abblendung (Springblendenmechanismus)
13 Gegenpol des Lichtstärkenkontaktstiftes
14 Übertragungshebel für den Blendensimulator (die Blendenvorgabe bei Offenblendemessung)

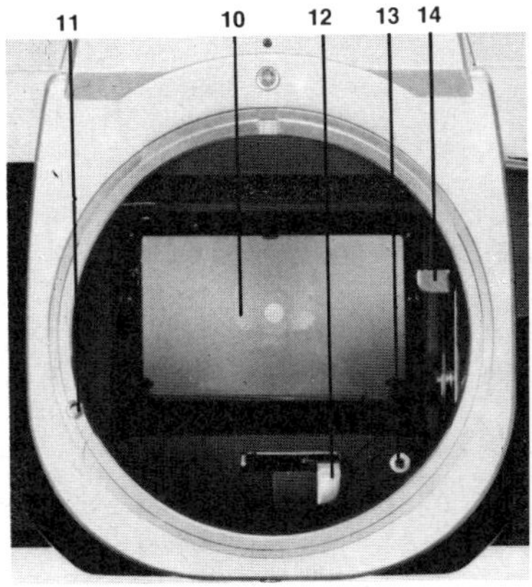

VORBEREITUNGEN ZUR AUFNAHME

Schnell-TÜV für ganz Eilige

- *Batterie einlegen (auf richtige Polung ± achten) bzw. Spannung überprüfen – bei Druck auf den Prüfknopf muß akustisches Signal (mind. 6 Pieptöne/Sek.) ertönen.*
- *Verwendbarer Batterietyp: 6 V Silberoxid oder Alkali-Mangan.*
- *Überlegen, ob Aufnahmen mit einbelichtetem Datum oder Code gemacht werden sollen. Eventuell Datierrückwand „Data Back A" anstelle der normalen Kamerarückwand ansetzen.*
- *Film einlegen. Dabei nicht mit Film geizen. Nach dem Einlegen mindestens dreimal den Film transportieren und auslösen – bei kürzester Verschlußzeit und abgedecktem Objektiv – bis Bildzähler auf Position 1 steht. Prüfen Sie, ob sich beim Filmtransport die Filmrückspulkurbel mitdreht.*
- *Lasche der Filmpackung in die Filmmerkklemme (Memohalter) auf der Kamera-Rückseite einführen, zur Erinnerung an die verwendete Filmsorte und deren Länge.*
- *Gegen unbeabsichtigtes Auslösen zunächst den Hauptschalter in Position „L" rükken (der Stromkreis der Kamera ist so vollkommen abgeschaltet).*
- *Objektiv überprüfen und schauen, ob Blendenring in Stellung „A" für Blendenautomatiksteuerung verriegelt ist (wenn nicht sofort manuelle Belichtungseinstellung gewünscht ist). Oder, wenn noch kein Objektiv angesetzt ist, bevorzugtes FD-Wechselobjektiv ansetzen und darauf achten, daß der Abblendschieber der Kamera in diesem Moment nicht eingedrückt bzw. der Springblendenhebel am Objektiv nicht arretiert ist.*
- *Vor der Aufnahme überprüfen, welche Automatik für die Belichtungssteuerung programmiert ist, bzw. die gewünschte einstellen – Blendenautomatik nach Verschlußzeitenvorwahl oder Programmautomatiksteuerung (die Kamera denkt für Sie).*
- *Letzte Kontrolle unmittelbar vor der Aufnahme: Anzeige im Sucher überprüfen. Auf evtl. Über-/Unterbelichtung oder Meßbereichsüberschreitung achten, Bildausschnitt überprüfen, Schärfentiefebereich wählen (über Schärfentiefeskala am Objektiv möglich oder visuell auf der Mattscheibe), die Verschlußzeit der Objektbewegung anpassen, fokussieren und auslösen.*

Erweiterter TÜV bei Einsatz eines Blitzgerätes – Beispiel: Speedlite 188 A –

- *Batterien einlegen (auf richtige Polung ± achten!) bzw. Spannung überprüfen durch Einschalten des Gerätes – Bereitschaftslampe muß aufleuchten.*
- *Verwendbarer Batterietyp: 4 Mignonzellen à 1,5 V (Typ AA) oder NC-Batterien gleicher Größe.*

- *Blitzgerät zunächst wieder ausschalten.*
- *Blitzgerät in den Zubehörschuh der AE-1 PROGRAM schieben und mittels Rändelring sichern.*
- *Filmempfindlichkeit in ASA wählen, gemäß der in die Kamera eingelegten Filmsorte.*
- *Programmblende für die Blitzautomatik wählen; das Gerät ist auf zwei Blenden programmierbar. Die Wahl richtet sich nach dem gewünschten Automatik-Arbeitsbereich. Beachten Sie, daß bei Einsatz des Weitwinkel-Diffusors der Arbeitsbereich verändert ist (wird auf der Blitzgeräteskala angezeigt).*
- *Blitzgerät einschalten (Hauptschalter in Position ON rücken).*
- *Blitzbereitschaft im Sucher der AE-1 PROGRAM überprüfen. Bei Bereitschaft erscheint im Sucher der Kamera ein Blitzsymbol „⚡“ als grüne LED-Anzeige.*
- *Letzte Kontrolle kurz vor der Aufnahme: Probe-Blitzauslösung zeigt, ob die Ausleuchtung für den gewählten Arbeitsbereich bzw. beim gewählten Aufnahmeabstand korrekt ist. Korrekte Blitzausleuchtung wird (nur) beim Speedlite 188A-(166A)-Einsatz im Sucher der Kamera durch das blinkende Blitzsymbol angezeigt.*
- *Überlegen, ob Sie für spezielle Fälle das Blitzgerät manuell steuern wollen. Dann Position „MANUAL“ wählen und Blitzblende nach dem Leitzahlprinzip errechnen.*

Erweiterter TÜV bei Einsatz der Kamera mit motorischem Filmtransport – Beispiel: Winder A 2 –

- *Batteriefachdeckel abnehmen (Lösen der Verschlußschraube mittels Münze).*
- *Batterien einlegen, auf richtige Polung ± achten!*
- *Verwendbarer Batterietyp: 4 Mignonzellen à 1,5 V (Typ AA) oder NC-Batterien gleicher Größe.*
- *Batteriefach wieder verschließen.*
- *Am Kameraboden den Abschlußdeckel über der Filmtransportkupplung entfernen (abschrauben mittels Münze) und in die vorgesehene Mulde an der Unterseite des Winders zur Aufbewahrung einschrauben.*
- *Winder an die Kamera ansetzen. Kontakt kabellos. Schnellbefestigung im Stativgewinde der Kamera, mittels großdimensionierter Schlitzschraube an der Unterseite des Winders; Arretierung mittels Münze.*
- *Winder einschalten (Hauptschalter in Position ON rücken). War der Film bisher noch nicht transportiert, erfolgt jetzt automatisch ein Filmbildtransport – ein erstes Zeichen dafür, daß der Winder funktioniert.*
- *Letzte Kontrolle unmittelbar vor der Aufnahme: entscheiden Sie noch, ob Sie Einzelbilder oder Bildserien aufnehmen wollen; entsprechend ist die Einstellung am Winder vorzunehmen, er ist darauf programmierbar: Position „S“ (Single) gilt für Einzelbildschaltung und Position „C“ (Continuous) für Dauerlauf bzw. Bildserien.*

Erweiterter TÜV bei Einsatz des Datierrückteils – „Data Back A“

- *Batterie einlegen, auf richtige Polung ± achten! Die Batteriefunktion ist in Ordnung, wenn bei eingeschaltetem Gerät die Diode oben links leuchtet.*
- *Verwendbarer Batterietyp: 6 V Silberoxid oder Alkali-Mangan.*

- *Kamera-Rückwand abnehmen, durch Druck auf die entsprechenden Scharnierfedern[1]).*
- *Data Back auf die gleiche Weise ansetzen[1]).*
- *Synchronkabel des Data Back A in die Kontaktbuchse für Kabel-Blitzgeräte an der Vorderseite der Kamera einführen, wenn Einbelichtung des Datums usw. synchron mit der Bildbelichtung erfolgen soll (Einbelichtung kann auch getrennt über Handauslöser erfolgen).*
- *Über den Dreistufenschalter (mit Positionen 1, 2 und 3) das Datierrückteil auf den entsprechenden Filmempfindlichkeitsbereich einstellen. Position 1 = für Filme über 23 DIN, Position 2 = für Filme 19–23 DIN und Position 3 = für Filme 15–18 DIN.*
- *Datum bzw. Code für die Einbelichtung vorwählen. Für die Einstellung sind drei Wählscheiben vorhanden; sie tragen die Bezeichnungen „Jahr", „Monat", „Tag".*
- *Gerät einschalten (Hauptschalter in die Position ON drücken).*
- *Letzte Kontrolle unmittelbar vor der Aufnahme: achten Sie darauf, daß Ihr Motiv eine entsprechend dunklere Zone in der rechten unteren Bildecke (bei Querformataufnahmen) beinhaltet, bzw. sich das bildwichtigste Element sich nicht gerade dort befindet. Das Datum/der Code wird nämlich hier einbelichtet und könnte entweder stören oder nicht lesbar sein.*

Zubehör-TÜV

Haben Sie Ihre Aufnahme-Ausrüstung entsprechend der oben angezeigten Punkte überprüft, so sind Sie für eine gelungene Foto-Exkursion gut vorbereitet, soweit es den aufnahmetechnischen Teil angeht. Auf Motivsuche müssen selbstverständlich Sie selbst gehen, und auch der Grad der Kreativität hängt von Ihnen selbst ab. Damit Ihre Freude am Foto-Hobby durch garnichts getrübt wird, denken Sie auch noch an folgendes:

- *nehmen Sie genügend Filme mit; bei Coloraufnahmen möglichst Material mit gleicher Emulsions-Nummer, damit Ihre Aufnahmen nicht aufgrund unterschiedlichen Filmmaterials Schwankungen in der Farbwiedergabe zeigen.*
- *Ersatzbatterien nicht vergessen; speziell für die Kamera, das Blitzgerät und Data Back A nicht. Ohne Motor könnten Sie den Film ja noch transportieren, aber die übrigen Teile funktionieren ohne Batterie erst gar nicht.*
- *Denken Sie vor der Foto-Exkursion rechtzeitig darüber nach, ob Sie bei sich ergebender Gelegenheit auch Nahaufnahmen machen möchten. Dann sollten Nahlinse oder Zwischenring in Ihrer Ausrüstung nicht fehlen.*
- *Sind Effektaufnahmen u. ä. Ihr Ziel, dann rüsten Sie sich z. B. mit entsprechenden Filtern und Effektvorsätzen.*
- *Eine Gegenlichtblende sollte als Zubehör grundsätzlich immer dabei sein. Sie erhöht die Brillanz Ihrer Aufnahmen.*
- *Welche Art von Aufnahmen Sie machen können, hängt nicht zuletzt vom eingesetzten Objektiv ab. Wählen Sie also vorher die entsprechenden Brennweiten und Lichtstärken aus.*

---

1) Beachten Sie dabei, daß noch kein Film in die Kamera eingelegt wurde. Sonst sind eine Anzahl Filmbilder durch Lichteinfall verdorben!

Die Stromversorgung

Stromquelle

Für die kameraseitigen Funktionen (Belichtungsmessung, Belichtungsanzeige und -steuerung einschließlich Schlitzverschluß) benötigt die AE-1 PROGRAM den Strom einer 6-Volt-Batterie vom Typ Silberoxid oder Alkali-Mangan. Durch den sparsamen Energiehaushalt, den die moderne elektronische Schaltungstechnik mit sich bringt, reicht eine solche Batterie für zigtausend Belichtungen aus – sofern es Belichtungen im normalen Verschlußzeitenbereich sind. Bei der modernen Schaltungstechnik handelt es sich um eine sogenannte Folgesteuerung (sequentielle Steuerung) der Funktionsabläufe. Diese Steuerungsmethode hat den Vorteil, daß jeweils nur die Funktionsteile an Spannung liegen, die für den unmittelbaren nächsten Funktionsablauf benötigt werden. Wird also zum Beispiel die Belichtung gemessen, angezeigt und geprüft, dann benötigt der Verschlußsektor noch keinen Strom. Für den Befehl zum Filmtransport z. B. benötigt die Kamera also auch nicht eher Strom, bis der Verschluß abgelaufen ist und der Filmtransport folgen muß. An dieser batteriestromsparenden Folgesteuerung ist auch der Zweistufen-Kontaktauslöser der Kamera beteiligt. In diese sequentielle Steuerung sind ebenfalls die speziell auf die Kamera zugeschnittenen Zubehörteile für den motorischen Filmtransport (Winder A/A-2 und Motorantrieb MA), die Speedlite-Blitzgeräte der Serie A und G und das Data Back A mit einbezogen; denn sobald eines dieser Geräte oder mehrere kombiniert zugeschaltet werden, sind sie in die elektronische Computersteuerung integriert.

Einlegen der Batterie

Die nicht allzu große Batterie ist unter der kameraeigenen, frontseitigen Griffplatte placiert; in einer kleinen Batteriekammer – eine Konstruktion, die allen Canon SLR-Kameras der A-Serie eigen ist. Die AE-1 PROGRAM ist jedoch außerdem noch mit einer erhabeneren auf-/abschraubbaren Zusatz-Griffplatte ausgestattet, zur noch besseren Handhabung. Diese Griffplatte muß zum Batterieeinlegen zunächst mit einer Münze abgeschraubt werden.

Die Batterieabdeckung selbst (Griffplatte mit Scharnier) wird mit dem Kunststoffschieber, der sich normalerweise im Zubehörschuh der Kamera befindet, geöffnet.

Geschlossene und geöffnete Batteriekammer der AE-1 PROGRAM. Die spezielle Zusatzgriffplatte ist bereits für die Öffnung der Kammer abgenommen (Abb. links oben). Batterieprüfung mittels Drucktaste (Abb. rechts unten). Bei Kontakt erfolgt Akustiksignal – mindestens 6 Pieptöne/Sek.

In der kleinen Batteriekammer ist eine Lageskizze für die Batterie und die Angabe der erforderlichen Voltzahl (6 V) aufgedruckt. Bei Beachtung dieser Angaben ist ein falsches Batterieeinlegen praktisch unmöglich, das unter Umständen zur Beschädigung der Kontakte in der Kamera führen könnte.

Da die Batteriekammer kaum größer als die Batterie selbst ist, macht das verrutschfreie Einsetzen auch bei angesetztem Objektiv keine Schwierigkeiten. Ein Fingerdruck genügt, und die Batterie sitzt fest. Ist die Batterie eingelegt, kann der Batteriefachdeckel einfach wieder zugedrückt werden.

Die Batterieprüfung

Über den Ladezustand der Batterie sollte man sich gleich nach dem Einlegen informieren und nicht erst im Moment der Aufnahmevorhaben. Denken Sie an den Ärger, wenn Ihnen unwiederbringliche Motive entgehen. Die Batterieprüfung funktioniert bei der AE-1 PROGRAM auf einfache und nicht zu „überhörende" Weise. Drücken Sie einfach auf den Batterieprüfknopf (auf dem Kameragehäuse links neben dem Prismensucher), der übrigens auch als Selbstauslöser-Ausschalter fungiert. Nun erfolgt eine akustische Anzeige – Pieptöne. Ist der Ladezustand der Batterie korrekt erfolgen Pieptöne mit einer Frequenz von 6 Tönen pro Sekunde. Liegt die Frequenz bei 3 Pieptönen pro Sekunde und weniger muß die Batterie ausgewechselt werden, ihre Spannung ist unzureichend geworden.

Anmerkungen:

- *Nehmen Sie keine Batterieprüfung mehr vor, wenn Sie den Selbstauslöser aktiviert haben, er wird dadurch wieder abgeschaltet. Es passiert dabei nichts wesentliches an der Kamera, die Abschaltung führt zu keinem Bildverlust, jedoch könnte Ihnen ein schönes Motiv verloren gehen. Der Selbstauslöser kann sofort durch erneute Verschlußauslösung wieder aktiviert werden.*
- *Dringend zu beachten ist die Batterieprüfung bei öfter vorkommenden Langzeitbelichtungen, die sehr viel Batteriestrom kosten.*
- *Beachten Sie auch die Zentral-Stromversorgung durch das „Power Pack A", wenn Sie die AE-1 PROGRAM mit dem bisherigen einfacheren Winder A (ohne Fernsteuerungsmöglichkeit) einsetzen. Angaben dazu finden Sie auf Seite 125.*

Einlegen und Herausnehmen des Films

Zuvor ein paar Hinweise: Es kann jede beliebige Kleinbildfilmpatrone der Konfektionierungen 135–12, 135–20, 135–24 und 135–36 eingelegt werden, mit Schwarzweiß- oder Colorfilm geladen.
Legen Sie keinen Film ein bzw. entnehmen Sie keinen Film bei grellem Licht (Sonnen-, Spotlicht usw.). Benutzen Sie dazu mindestens Ihren Körperschatten; der auch meist bei Verwendung von

geringempfindlichem Filmmaterial für diesen Vorgang ausreicht. Je empfindlicher das Filmmaterial ist, desto mehr sollten Sie jedoch das Umgebungslicht ausschalten.
Zum Einlegen der Filmpatrone wird die Kamerarückwand durch Hochziehen des Filmrückspulknopfes geöffnet. Dadurch wird auch eine bereits inliegende Filmpatrone zum Herausnehmen freigegeben. Der Filmrückspulknopf muß nach dem Einlegen der Filmpatrone sofort wieder heruntergedrückt werden, damit diese sicher festgehalten wird und bei den nächsten Verfahrensschritten nicht wieder herausfällt.
Der Filmanfang wird in einen der Schlitze der Filmaufwickelspule eingeführt und durch Betätigung des Schnellschalthebels etwas aufgespult; soweit, bis erkennbar ist, daß der Film auch von der Spule gehalten wird. Hierbei sind übrigens die möglichen Kurzschwünge des Schnellschalthebels angebracht. Achten Sie beim Filmeinfädeln darauf, daß die Zähne der Aufwickelspule und vorlaufenden Transportrolle exakt in die Filmperforation eingreifen. Die grundsätzlich schon präzise und schonende Filmführung wird durch einen kleinen Komfort noch unterstützt: eine kleine Zusatzspindel hinter der Filmandruckplatte im Kamerarückdeckel (gegenüber der Filmaufwickelspule). Die straffe Spannung des Films, für eine optimale Planlage, können Sie dadurch verbessern, daß Sie die Rückspulkurbel solange im Uhrzeigersinn drehen, bis Widerstand spürbar wird.
Nach dem „An"spulen des Films kann der Rückdeckel geschlossen werden. Transportieren Sie den Film jetzt mindestens noch dreimal bei vollem Schnellschalthebel-Durchzug (oder bei angesetztem Motorsystem mit Einzelbildschaltung); Verschlußauslösung dabei möglichst mit einer kürzeren Zeit vornehmen. Sie werden sehen, daß nach diesem Verfahrensschritt überwiegend der Bildzähler auf „1" steht. Die Position „1" ist jedenfalls die Zählereinstellung, bei der Ihre Kamera optimal aufnahmebereit ist. Besonders an dieser Stelle des Filmeinlegens werden immer wieder Fehler gemacht. Viele Hobbyfotografen möchten den Film bis zum letzten cm ausnutzen und anstatt 36 Bilder sogar 40 erreichen. Der Film wird deshalb meist viel zu kurz eingefädelt. Zahlreiche Fotografen wundern sich später allerdings darüber, daß die Entwicklungsanstalt da nicht mitspielt, denn sie benötigt ja auch „ein paar cm" für die Vorbereitung zur Entwicklung.

Zum Filmeinlegen (auch Entnehmen) wird die Rückspulkurbel hochgezogen – die Kamera-Rückwand springt dann sofort auf (Abb. links oben). Nach dem Einlegen muß die Kurbel sofort wieder heruntergedrückt werden, damit die Filmpatrone nicht herausfällt. Nach Einstecken des Filmanfangs in die Mehrschlitzspule wird der Film exakt über die Zahnung der Spule und vorlaufenden Zahntrommel geführt (Abb. unten links).

Nicht zuletzt passiert gar nicht so selten auch noch folgendes: Die Prüfung des einwandfreien Filmtransportes vor und nach dem Schließen der Kamerarückwand wird vergessen – die Beobachtung des Filmrückspulknopfes, der sich entgegen der Uhrzeigerrichtung mitdreht, wenn der Film ordnungsgemäß transportiert und aufgespult wird. Der Fehler „wieder herausgesprungener Filmanfang" wird erst bemerkt, wenn die Kamera nach dem 38sten, ... 40sten ... Bild immer noch eines hergibt. Wenn Sie sich nun wenigstens an die mögliche Ursache erinnern und den Film bei nächster Gelegenheit weiterverwenden können, ist trotz höchst ärgerlichem Motivverlust zumindest der Film gerettet. Staunen Sie nicht,

aber es gibt selbst in dem Maße unbekümmerte Hobbyfotografen, daß sie eine andere Ursache vermuten und den Film sogar noch „zurückspulen“. Hinzu kommt dann der Versand (plus Porto) zur Entwicklungsanstalt, und die nach angemessener Frist eintreffenden schwarzen Dias hat dann angeblich die Belichtungsautomatik der Kamera verursacht.
Ist der Film belichtet – angezeigt durch Bildzahl 38 am Bildzähler bzw. Stop des Schnellschalthebels oder Motorantriebs – drücken Sie den rastenden Freilaufknopf am Kameraboden (auch wirksam über den angesetzten Winder) und spulen den Film mit Hilfe der Rückspulkurbel zurück bis zur Position „S“ (Start). Die Rückwand kann jetzt geöffnet werden ohne Gefahr zu laufen, daß der Film verdorben wird. Die Spule wird freigegeben durch Hochziehen der Rückspulkurbel.

Merksatz:

Vermeiden Sie beim Einlegen des Films die Berührung der Filmandruckplatte und der Rollos des Schlitzverschlusses. Es sind sehr sensible, in der Spannung und im Andruck präzise ausgewogene Teile, die leicht aus der Fasson geraten. Im schlimmsten Fall wird die Funktion des Schlitzverschlusses sogar gestört.

Hinweise auf das Data Back A

Ein Hinweis auf dieses nützliche Zubehörteil für die AE-1 PROGRAM (sie wird damit zur Registrierkamera) ist bereits hier angebracht. Die Kamera-Rückwand kann komplett gegen die Datierrückwand ausgetauscht werden. Dieser Tausch sollte logischerweise nicht vorgenommen werden, nachdem bereits ein Film eingelegt und teilweise belichtet ist. Einige Zentimeter Film (genauer gesagt mehrere Aufnahmen) würden dabei verdorben durch Lichteinfall. Überlegen Sie am besten zu Beginn der Foto-Exkursion, ob Sie das Data Back benutzen möchten. Es besteht bei angesetztem Datierrückteil kein Zwang zum Einsatz, die Vorrichtung kann abgeschaltet werden.
(Lesen Sie mehr darüber auf Seite 175ff.!)

Die Wahl der Filmempfindlichkeit

Es ist eine der wichtigsten Maßnahmen bei der Vorbereitung der Kamera zur Aufnahme. Die sofortige und präzise Einstellung des Filmempfindlichkeitswertes, bzw. dessen Eingabe in die Meßelektronik der AE-1 PROGRAM, ist die Voraussetzung für einwandfrei belichtete Aufnahmen (mögliche Abweichungen von der Empfindlichkeit des benutzten Films werden im Laufe dieses Abschnittes noch besprochen). Treffen Sie diese Maßnahme also sofort nach dem Filmeinlegen, später wird die Einstellung erfahrungsgemäß oft vergessen. Und nichts ist ärgerlicher, als die Tatsache, daß durch ein Vergessen der Filmempfindlichkeitseinstellung oder durch Fehler dabei ein Film über- oder unterbelichtet wurde. Bei vielen Reflexkameras ist die Filmempfindlichkeits-Einstellung mit der Verschlußzeiten-Skala zusammengelegt. Nicht so bei der AE-1 PROGRAM. Die Filmempfindlichkeits-Wählscheibe ist unten um die Filmrückspurkurbel angeordnet. Die nach ASA-Norm in grün eingelegten Empfindlichkeitsstufen sind nicht in ihrer Gesamtheit sichtbar. Nur ein kleiner Sektor um die jeweils einzustellende Empfindlichkeitsstufe ist in einem Sichtfenster abzulesen. Das erleichtert sehr die Information, das Auge wird nicht wie bei einer Gesamtskala irritiert. Abzulesen sind übrigens jeweils noch drei ASA-Stufen vor und nach dem eingestellten ASA-Wert. Jemand, der Belichtungskorrekturen über die Veränderung der Filmempfindlichkeitseinstellung vornehmen möchte, kann sich so sehr gut auf eine Abweichung in $^1/_3$-Blendenstufen bis zu einer vollen Stufe konzentrieren. Die Skalenwerte – teils in Zahlen teils durch Punkte ausgewiesen – lassen sich einstellen, wenn der neben der Filmrückspulkurbel angebrachte Sperrknopf gedrückt wird. Dann kann mit einem kleinen Einstellhebel der erforderliche Skalenwert auf den grünen Einstell-Index fixiert werden. Läßt man den Sperrknopf anschließend wieder los, ist die Einstellung sofort verriegelt, sie rastet ein – eine gute Sicherheit gegen Pannen im Verlaufe der Foto-Exkursion. Die Anordnung der Elemente erlaubt sogar die Einhandbedienung; mit dem Zeigefinger kann die Entriegelungstaste gedrückt und mit Daumen und Mittelfinger der Stellhebel bedient werden.

Daß die Filmempfindlichkeitswerte nur in ASA-Norm angegeben sind, wurde bereits erwähnt. Diese Werte haben sich inzwischen international weltweit durchgesetzt. Sie sind auf jeder Filmpakkung angegeben, ja bereits überwiegend Bestandteil der Filmtypenbezeichnung (Agfachrome 50, Kodachrome 25 oder 64 usw.). Technisch wäre die Unterbringung zusätzlicher DIN-Norm auch kaum mehr möglich. Mit Sicherheit würde die Lesbarkeit der Ska-

lenwerte darunter leiden. Um dieses zu vermeiden sind ja die Angaben ohnehin schon in Zahlen und Punkte aufgeteilt.
Wer noch auf DIN-Zahlen programmiert ist, gewöhnt sich jedoch schnell an die nicht allzu schwere „Übersetzung“ der ASA-Werte auf die DIN-Werte, auch wenn bei der ASA-Norm von Belichtungsstufe zu Belichtungsstufe in größeren Zahlensprüngen gedacht werden muß – während bei DIN-Norm die stufenlose Zahlenfolge gilt (... 15, 16, 17, 18, 19, 20, 21 ...) macht's bei ASA für die gleiche Abstufung die Schritte ... 25, 32, 40, 50, 64, 80, 100 ... In jedem Fall, ob bei der DIN- oder ASA-Rechnung, entsprechen drei Stufen einer Blenden- bzw. Belichtungszeitstufe. Hier liegt der zweite Vorteil

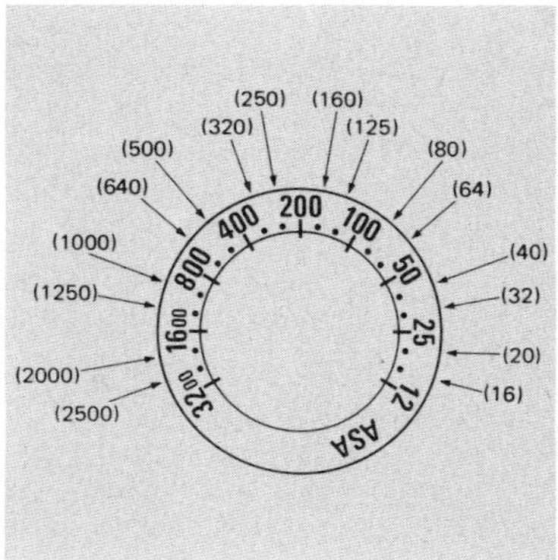

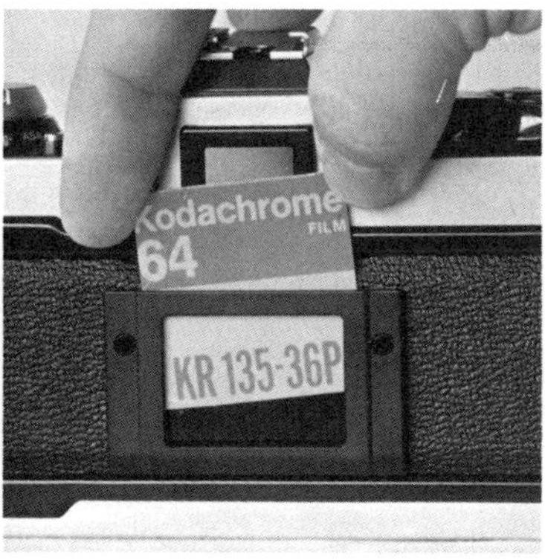

Die Bildserie zeigt die Lage der Filmempfindlichkeits-Einstellskala auf der Kameragehäuse-Oberseite links (von hinten gesehen) mit Einstellhebel links hinten und Ver- bzw. Entriegelungstaste vorn rechts (Abb. oben links); eine Skizze des gesamten Einstellbereichs (ASA-Skala) und den Filmmerkrahmen (Memohalter) auf der Kameragehäuse-Rückseite, in den eine Lasche der Filmpackung des verwendeten Films mit den notwendigen Merkdaten eingeführt werden kann.

der u. a. an der AE-1 PROGRAM vorhandenen Skalen-Einteilung: Die Blendenstufenschritte sind sehr leicht abzulesen – von Zahl zu Zahl oder vom 1. Punkt vor oder hinter einer Zahl bis zum entsprechenden nächsten Punkt.

Die Filmmerkklemme der AE-1 PROGRAM

Es ist sicherlich nicht unbegründet, wenn bei der AE-1 PROGRAM, mit ihren großen Einsatzmöglichkeiten, erhöhter Filmtypwechsel vorausgesetzt wird. Es ist eine Kamera für einen großen Kreis von Anwendern mit verschiedensten Aufnahmegebieten bzw. Einsatzwünschen. Viele Filmtypen muß man sich jedoch gut merken können, sonst gibt es eines Tages Verwechslungen, und wer möchte schon gern zwischendurch in seine Kamera schauen. Andererseits sollte man nicht unnötig die Gehirnzellen dort belagern, wo es nicht notwendig ist. Für alle Fotografen, die nicht zu den Ein-Filmsorte-Verwendern gehören – diese können sich den eingelegten Film immer gut merken –, bietet man nicht den „Knoten im Taschentuch“, sondern eine Filmmerkklemme (auch Memohalter genannt). Es ist ein Steckrahmen, an der Rückseite der Kamera, in den Sie so sofort nach dem Filmeinlegen eine Lasche der Filmpakkung, die alle notwendigen Merkdaten enthält, einfügen können. So merkt sich's leichter!

Einsetzen des Objektivs

Dank des Canon Schnellwechselbajonetts ist der Einsatz bzw. Wechsel eines Objektivs überhaupt kein Problem. Canon Wechselobjektive gestatten dabei sogar die Einhandbedienung. Die Fixierung auf die Kamera ist bei allen Canon-Objektiven gleich: ein roter Punkt am Objektivbajonett wird auf einen ebensolchen an der Kamera ausgerichtet, desgleichen ein sich darunter befindlicher Paßstift auf einen Paßnut am Kamera-Bajonett.
Bei der weiteren nun folgenden Adaption gibt es seit Mitte 1979 zwei Unterschiede. Die FD-Objektive, welche bis zu diesem Zeitpunkt hergestellt wurden, bieten ausschließlich folgende Version der Adaption: Wird das Objektiv an die Kamera angedrückt, dreht sich ein Bajonettanschlußring (Chrom-Überwurfring) automatisch

so weit von selbst nach rechts ein, daß das Objektiv bereits nicht mehr herausfallen kann. Anschließend wird dieser Ring dann von Hand nur noch ganz festgezogen. Zum Herausnehmen genügt eine Achteldrehung nach links. Bei diesem schnell und einfach zu bewerkstelligenden Objektivansatz ergibt sich automatisch ein perfekter und völlig synchroner Kontakt der objektivseitigen Funktionsübertragungshebel und -stifte mit den Gegenkontakten in der Kamera.

Für technisch Interessierte ist das Prinzip dieser Adaption so zu erklären: Immer wenn ein Objektiv von der Kamera oder einem Zubehörteil mit Bajonettanschluß abgenommen wird, kommt es durch die Losdrehung des Bajonettanschlußringes (Linksdrehung bis zum Anschlag) zu seiner Verriegelung und damit auch zur Arretierung der Blendenlamellen bzw. Blendeneinstellung und des Blendensimulators. Das ganze bewirkt eine Blattfeder unterhalb des Bajonettringes, direkt neben dem Paßstift. Es kommt zu einer rastenden Fixierung. Erst durch Andruck des Objektivs an ein Bajonett, wobei die Blattfeder den notwendigen Druck erhält, wird der Bajonettring wieder freigegeben und damit auch die Blendenarretierung aufgehoben. Bei Aufsatz eines Rückdeckels wird zwar der Ring freigegeben, aber nur soweit, daß der Deckel festgesetzt wird; die Blende läßt sich nicht bewegen.

Von außen gesehen, führt dies zu der eingangs erwähnten selbsttätigen Eindrehung des Bajonett-Anschlußringes. Diese auch als Sicherheitssperre bezeichnete Maßnahme dient hauptsächlich dem Schutz des Blendensimulators. Dessen genau bemessene Federspannung für die Blendensimulation bei Offenblendemessung könnte leicht Schaden nehmen.

Nun zur zweiten Version der Canon-Wechselobjektiv-Adaption. Canon hat im Zuge ständiger Forschungs- und Entwicklungsarbeit das Objektivprogramm weiterentwickelt. Das Ergebnis sind Neurechnungen, die bei den meisten Objektivtypen zu einer größeren Kompaktheit führten. Bis auf ganz wenige Ausnahmen (sie sind aus der Tabelle, Seite 196 ersichtlich) lösten die neuen Objektive die „alten“ FD's gleichen Namens ab. Neben der Neurechnung allgemein wurde die größere Kompaktheit der neuen FD's erst möglich durch eine Modifizierung des Canon Schnellwechselbajonetts, genauer gesagt durch den Fortfall des bereits erwähnten bisherigen beweglichen Bajonett-Anschlußringes.

Das Schnellwechselbajonett des Canon-Reflexsystems gestattet den blitzschnellen Objektivansatz mit einer Hand: Ausrichten der roten Fixierpunkte (an Objektiv- und Kamerabajonett) aufeinander, leicht ans Kamerabajonett andrücken und mit Rechtsdrehung verriegeln bis zum Einrasten – fertig.

Die FD-Objektive des derzeitig neuen Programms (gültig ab Mitte 1979) werden beim Ansatz an die Kamera äußerlich insgesamt nach rechts eingedreht, bis sie hörbar einrasten. Es gibt aber dennoch auch ein bewegliches Element – eine bewegliche Scheibe. Man kann sagen, der bewegliche Mechanismus wurde von außen nach innen verlegt. Die Scheibe ist um die Hinterlinse angeordnet und beinhaltet die gleichen Funktionsübertragungshebel- und -stifte wie bisher.
In der Praxis wird allerdings nicht diese Scheibe gedreht, sondern der Objektivtubus plus Optikteil um die Scheibe herum. Dies ist

auch logisch, denn wie sonst sollte der synchrone Kontakt zwischen Objektiv-Kontakten und Gegenkontakten in der Kamera zustande kommen und erhalten bleiben. Die Scheibe wird also in der Grundstellung im Moment des Objektivansatzes festgehalten; dies geschieht mit einem zweiten Paßstift, der in einen Nut im Kamerabajonett greift.

Entriegelt wird das Objektiv durch Druck auf einen Knopf innerhalb des Fingergriffes am Bajonett und durch Linksdrehung. Auch die neuen Objektive haben eine Sicherheitssperre. Sobald das Objektiv durch Linksdrehung vom Kamera-Bajonett oder einem Bajonett eines anderen Systemzubehörteils gelöst wird, erfolgt die Verriegelung des Blendensimulators und der Blendenlamellen; sie schließen sich etwa auf die Blendenöffnung 5,6 (im Gegensatz zu den bisherigen FD's, die bei Offenblendestellung verriegelt werden). Die Verriegelung der neuen FD-Objektive erfolgt durch Federstifte von innen her, hinter der beweglichen Scheibe. Die Verriegelung ist unverrückbar; im Gegensatz zu den bisherigen FD's, deren beweglicher Überwurfring durch leichte Manipulation (Druck auf die Blattfeder mit einem spitzen Gegenstand – die Feder ist von außen sichtbar und gut zu erreichen) entriegelt werden kann. Wie Sie im Kapitel „Objektiv-Retrostellung" noch sehen werden, könnte diese leicht machbare Manipulation als vorteilhafter angesehen werden; denn zur erforderlichen Arbeitsblendeneinstellung bedurfte es bisher nicht unbedingt eines Zubehörteils. Die neuen Objektive müssen in jedem Fall Bajonettkontakt zur Entriegelung haben. Jedoch bedarf es auch in diesem Falle nur der Anschaffung des sogenannten „Macro Hood" – ein Spezialrückdekkel, der als Bajonettkontakt bei Retrostellung des Objektivs eingesetzt wird und gleichzeitig als Makro-Gegenlichtblende fungiert – sowie eines kleinen Adapters für die Festsetzung des Springblendenhebels (falls Sie nicht eines der Canon Makro-Objektive einsetzen).

Übrigens stand der Macro Hood von Anfang an auch für die bisherigen FD's zur Verfügung. Logisch, denn die vorher beschriebene Manipulation aus Sparsamkeitsgründen ist ja nicht der von Canon vorgesehene normale Weg – Beschädigungen sind hier keinesfalls ausgeschlossen. Außerdem stellt die Anschaffung eines Macro Hood keine Riesen-Investition dar, bei seinem geringen Preis von nur ein paar Mark.

In anderer Hinsicht finde ich die Verriegelung der neuen FD's sowieso vorteilhafter als diejenige der Objektive bis Mitte 1979. Bei Abnahme des Objektivs stehen roter Fixierpunkt (übrigens neuerdings erhaben angebracht, zur besseren Orientierung im Dunkeln) und Paßstift unverrückbar senkrecht übereinander, wie beim Einsatz des Objektivs erforderlich. Bei den bisherigen Objektiven ist es möglich, daß bei Abnahme vom Bajonett der Überwurfring nicht bis zum Anschlag geführt ist und die Verriegelung deshalb nicht zustande kommt. Der Paßstift und rote Fixierpunkt stehen nicht synchron übereinander, es kann zu Störungen beim Einsatz kommen bzw. der Einsatz funkioniert erst gar nicht.

Die Verschlußzeitskala der AE-1 PROGRAM

Selektor für die Blenden- und Programmautomatik-Wahl

Die AE-1 PROGRAM hat für die Verschlußzeiten-Priorität (Blendenautomatik) eine großdimensionierte Wählscheibe zur Einstellung der Zeiten. Sie dient gleichzeitig zur Einstellung der Kamera auf Programmautomatiksteuerung. Somit kann man diese Wählscheibe als einzig erforderlichen Selektor für die Programmierung der beiden Tageslicht-Belichtungsautomatiken bezeichnen. Die Wählscheibe hat einen Rändelring, so daß sie bequem mit einem Finger bedient werden kann. Ein versehentliches Verstellen der einmal gewählten Einstellung beim Bedienen des Schnellschalthebels wird vermieden durch einen Griffschutz; es ist ein hochgezogener Kunststoffkragen, der von hinten bis seitlich um das Verschlußzeitenrad verläuft, entsprechend dem Aufzugswinkel des Schnellschalthebels.
Die Verschlußzeitenskala umfaßt die exakt meßbaren Belichtungszeitwerte $^1/_{1000}$ Sek. (1000), $^1/_{500}$ Sek. (500), $^1/_{250}$ Sek. (250, $^1/_{125}$ Sek. (125), $^1/_{60}$ Sek. (60), $^1/_{30}$ Sek. (30), $^1/_{15}$ Sek. (15), $^1/_8$ Sek. (8), $^1/_4$ Sek. (4), $^1/_2$ Sek. (2), 1 Sek. (1) und 2 Sek. (2). Außer der längsten Belichtungszeit von 2 Sek., deren Ziffer „2" in Orange eingelegt ist, damit keine Verwechslungen vorkommen, sind alle Werte in Weiß eingelegt, auch das noch zu erwähnende „B" für beliebige Langzeitaufnehmen. Hinzu kommt der Index „PROGRAM", welcher in Grün eingelegt ist. Die Einstellungen sind nur ganzstufig, rastend

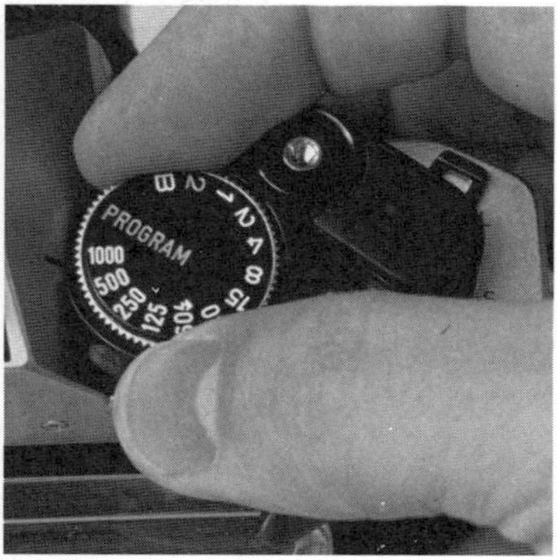

Die Verschlußzeitenwählscheibe der AE-1 PROGRAM ist nicht nur Einstellelement für die Belichtungszeiten, sondern auch Selektor für Blendenautomatik- und Programmautomatiksteuerung. Achten Sie für eine korrekte Funktion auf die rastende Einstellung. Die Skala hat keine Rundum-Schaltung, sondern Einstellbegrenzungen bei B-Einstellung bzw. PROGRAM-Index.

möglich. Achten Sie also auf eine Einrastung der Einstellung, sonst laufen Sie Gefahr, daß das Einstellrad verrutscht und die nächst kürzere oder längere Verschlußzeit zur Wirkung kommt. Der Selektor läßt sich nicht über die Position „B“ bzw. „PROGRAM“ hinaus verstellen.

B-Einstellung des Verschlusses/Langzeitbelichtung

Mit der B-Einstellung können Sie Langzeitbelichtungen von beliebiger Dauer machen. In dieser Stellung bleibt der Verschluß so lange geöffnet, wie Sie den Auslöser drücken. Übrigens ist das Kürzel „B“ aus dieser Technik abgeleitet. B bedeutet eigentlich „bulb“; eine Bezeichnung aus dem Englischen, die soviel bedeutet wie Ballonauslöser. Gemeint ist damit der auch heute noch für die Fernauslösung übliche Pneu-Auslöser – hauptsächlich bei Filmaufnahmen eingesetzt. Es ist ein Gummischlauch mit Auslösestift und Luftball. Bei Druck auf den Gummiball wird Luft in den Schlauch gepumpt, die auf den Auslösestift drückt und die Kamera auslöst. Solange Sie den Gummi(Luft)ball drücken, läuft die Filmkamera.

Bei B-Einstellung ist logischerweise jede automatische Belichtungsmessung unmöglich und -steuerung unkorrekt. Blende und Zeit müssen geschätzt werden. Die Blende muß manuell am Objektiv eingestellt werden.

Die AE-1 PROGRAM bietet hierzu in der LED-Anzeige im Sucher gewisse visuelle Orientierungssicherheiten. Solange Sie bei B-Einstellung das FD-Objektiv in der Automatikposition „A" belassen gibt es keinerlei Sucheranzeige. Eine Auslösung der Kamera ist generell natürlich möglich, erfolgt aber immer bei kleinster Blendenöffnung. Sobald Sie den Blendenring des FD-Objektivs aus der Automatikposition „A" entriegeln, erscheint die rote LED-Anzeige „M", eine Blendenanzeige erfolgt nicht. (Siehe dazu aber auch Abschnitt „Blitzaufnahmen bei B-Einstellung", Seite 165).

Anmerkung:

Langzeitbelichtungen – auch Zeitaufnahmen genannt – kann man logischerweise nicht aus der Hand machen. Ein Stativ und feststellbarer Drahtauslöser sollten daher unbedingt zu Ihrer Fotoausrüstung gehören.

Die Möglichkeiten der Verschlußauslösung

Der Auslöser der AE-1 PROGRAM ist gleichzeitig eine Art Hauptschalter, denn erst durch seinen Druck wird die Kamera-Elektronik an Spannung gelegt. Über den Kamera-Auslöser wird der gesamte Funktionsablauf der Kamera eingeleitet – auch bei angesetztem Sonderzubehör wie Winder A, Winder A 2, Motorantriebssystem MA, Speedlite A und G sowie Data Back A. Wird der Auslöser nicht gedrückt, findet keinerlei Stromverbrauch statt.
Die sequentielle Funktionssteuerung der AE-1 PROGRAM wird über den Auslöser in zwei Stufen in Gang gesetzt. In der ersten Stufe erfolgt bei leichtem Auslöserdruck (antippen) die Einschaltung des Meßwerks der Kamera und der Digitalanzeige, für die Belichtungsprüfung und Automatikkontrolle ect. Übrigens eine Funktion, die auch über die Belichtungsprüftaste und die Meßwertspeichertaste wahrgenommen werden kann. In der zweiten Stufe wird bei stärkerem Druck des Auslösers die Belichtung eingeleitet (Blendenfunktion, Verschlußablauf usw.). Die für eine optimale Belichtung erforderliche Blende bzw. eingegebene Verschlußzeit oder die Kombination aus beiden wird unmittelbar im Moment der Verschlußauslösung gespeichert.
Eine Verriegelung des Auslösers ist mit dem Mehrzweckhebel (Hauptschalter/Selbstauslöserhebel) bei Einstellung auf Position „L" möglich. Ich sagte vorher, daß der Auslöser bereits ein Hauptschalter sei. Die Verriegelung des Auslösers kann als zusätzliche

Der Auslöser der AE-1 PROGRAM (siehe Pfeil) ist ein Zweistufen-Kontaktauslöser. Für die Belichtungsmessung (-prüfung) wird er leicht und zur Belichtungssteuerung voll durchgedrückt. Verriegelung möglich durch Einstellung des Hauptschalters (Rahmenhebel rechts) auf Position „L“ (Lock)!

Hauptschaltung angesehen werden, weil dadurch alle Stromkreise unterbrochen sind. Es ist jetzt auch nicht mehr möglich, die erste Kontaktstufe „Belichtungsprüfung/Digitalanzeige“ per Auslöser usw. einzuschalten.

Diese Position sollte man wählen, wenn im Moment noch keine Aufnahme gemacht werden soll, um eine versehentliche Auslösung oder auch Stromabgabe der Elektronik zu vermeiden.

Ein Drahtauslöseranschluß ist vorhanden. Ihm obliegt auch eine nicht alltägliche Funktion, die im Kapitel „Selbstauslöser“ näher beschrieben ist.

Noch etwas zur Funktion „Hauptschalter“. Diese wird durch die Konstruktion des Auslösers möglich. Er ist flach genug in eine Metallmulde eingebettet, um nicht unerwünschtem Druck ausgesetzt zu sein (= Batterie-Entladung), aber hoch genug für die erste Auslösestufe = Druckpunkt zur Belichtungsmessung und -prüfung. Für die eigentliche Verschlußauslösung muß man dann etwas kräftiger in diese Mulde hineindrücken.

Anmerkung:

Eine automatische Auslöserblockierung findet dann statt, wenn die Batterie ungenügende Spannung aufweist.

Die „Hilfs-Auslöser"

Wenn ich Hilfsauslöser sage, so soll dies keineswegs die beiden nachfolgend beschriebenen Auslöser abwerten. Gemeint sind die Auslöser am Motorantriebssystem MA. Bei angesetztem Motor stehen damit insgesamt drei Auslöser mit gleicher Funktion zur Verfügung (auch Belichtungsprüfung). Sie haben alle die gleiche Wirkung, auch die zwei Motorauslöser können arretiert werden.

Praktisch ist die Lage der Motorauslöser: Handgerecht befindet sich ein Auslöser oben am Motorhandgriff, für Querformataufnahmen wie üblich, und ebenso bedienungsfreundlich zeigt sich der andere Auslöser am Energieteil seitlich rechts (in Aufnahmerichtung besehen) für Hochformataufnahmen. Der rechte Arm bleibt an den Körper angewinkelt und muß nicht hoch vor die Stirn gezogen werden.

Haben Sie Ihre Kamera mit dem Motorsystem MA ausgerüstet, stehen Ihnen außer dem Kameraauslöser zwei weitere Auslöser zur Verfügung, für praktische Bedienung am Handgriff des Motors bei Quer- und am Energieteil für Hochformat-Aufnahmen. Die Auslöser sind ebenso für die Belichtungsprüfung und Meßwertspeicherung eingerichtet wie der Kamera-Auslöser; beide sind auch verriegelbar.

Der Doppel-Drahtauslöser

Siehe unter Nah- und Makro-Fotografie, auf Seite 247.

Der Selbstauslöser

In die AE-1 PROGRAM ist kein Selbstauslöser herkömmlicher Art eingebaut – ein mechanisches Vorlaufwerk, dessen Federwerk durch einen Hebel aktiviert werden muß –, sondern ein sogenannter elektronischer Auslöser, eine Festkörperschaltung, die über die Zeitschaltung im Computer gesteuert wird. Vorzüge sind Kompaktheit, größere Zuverlässigkeit und Genauigkeit.
Dieser elektronische Selbstauslöser wird eingeschaltet, indem man den Mehrzweck-Funktionshebel auf die Position „S" (für Selbstauslöser-Aktion) rückt. Sobald Sie nun den Auslöser der Kamera drücken, ertönt ein akustisches Signal – ein Piepton pro $^1/_2$ Sekunde – während der gesamten Vorlaufzeit von 10 Sekunden. Etwa 2 Sekunden vor Beendigung des Vorlaufs bzw. vor Beginn des Verschlußablaufs erhöht sich die Frequenz des Akustiksignals. Sie hören ca. 8 Pieptöne pro Sekunde. Der elektronische Selbstauslöser ist während seiner Aktion auch abzuschalten.

Abschalten des aktivierten Selbstauslösers

Sicher wird es Situationen geben, bei denen Sie den bereits aktivierten Selbstauslöser im letzten Moment wieder abschalten möchten; wenn sich die Belichtungsverhältnisse kurzfristig verändern und zu einer Fehlbelichtung führen würden. Oder Sie haben im Moment der Auslösung doch das Pech gehabt, daß sich irgendetwas zwischen Kamera und Motiv bewegt hat oder Sie hatten vergessen, das Sucherokular abzudecken.
Die Abschaltung ist auf zwei Wegen möglich: einmal durch Zurückschalten des Mehrzweckhebels auf die Position „L" oder durch Druck auf die Batterieprüftaste. Bitte nehmen Sie nach Betätigung den Finger sofort wieder hoch. Ständiger Druck nutzt der Selbstauslöserabschaltung zusätzlich nichts, dabei wird nur die Batterieprüffunktion wirksam. Sie können dies an der hohen Piepton-Frequenz feststellen. Die Abschaltung des Selbstauslösers hat keinen Bildverlust zur Folge. Falls Sie den Stop über die Batterieprüftaste herbeigeführt haben, können Sie den Selbstauslöser einfach wieder aktivieren durch erneuten Druck auf den Kameraauslöser; wurde zum Abschalten des Selbstauslöser-Vorlaufs der Mehr-

Die Funktion des elektronischen Selbstauslösers wird programmiert durch Einstellen des Hauptschalters (Rahmenhebel) auf die Position „S“ (siehe Pfeil). Wird der Kamera-Auslöser gedrückt, ertönt ein Akustiksignal während der gesamten Vorlaufzeit.

Bei Aufnahmen mit Selbstauslöser, bzw. auch bei Fernauslösung der Kamera, ist darauf zu achten, daß das Sucherokular vor Fremdlichteinfall geschützt wird. Benutzen Sie zur Abdeckung den Kunststoffschieber, der beim Kauf der Kamera in deren Zubehörschuh mitgeliefert wird.

zweckhebel eingesetzt, muß dieser zunächst in „S“-Position zurückgebracht werden.

Aufnahmen mit Selbstauslöser

Obwohl der bekannteste Verwendungszweck eines Selbstauslösers darin besteht, den Fotografen selbst mit auf das Bild zu bringen, sind seine Einsatzmöglichkeiten damit noch lange nicht erschöpft. Der Selbstauslöser eignet sich ebensogut zur erschütterungsfreien Auslösung ohne Drahtauslöser, wie dies bei Nah-, Makro- und Mikroaufnahmen sowie bei Reproduktionen Gebot ist.

Anmerkungen:

- *Ist der Selbstauslöser abgeschaltet, muß für eine Auslösung nicht erst der Verschluß neu gespannt werden, sondern dies kann sofort oder später über den Kamera-Auslöser erfolgen.*
- *Beachten Sie! Bei aktiviertem Selbstauslöser wird die Belichtungsmessung – die von der Meßelektronik ermittelten Werte – im Moment der Bedienung des Kameraauslösers fixiert und gespeichert bis zur endgültigen Verschlußauslösung. Daher darf sich im Moment der Vorauslösung nichts außer dem Motiv vor Ihrer Linse befinden (keine Hand, keine schräg abstehende Kameratasche), niemand darf in diesem Moment vor der Kamera herumlaufen.*
- *Denken Sie auch daran, daß bei freistehender Kamera deren Sucherokular abgedeckt ist. Fremdlichteinfall verfälscht die Belichtungsanzeige und -steuerung. Für die Abdeckung kann der Kunststoffschieber benutzt werden, der sich normalerweise im Zubehörschuh der Kamera befindet.*
- *Schalten Sie im Normalfall den Hebel des Selbstauslösers nach der Aufnahme wieder in Grundposition „A" (Direkt-Auslösung per Kamera-Auslöser). Tun Sie dies nicht, führt jede Folgeauslösung wieder zur Aktivierung des Selbstauslösers.*

Die verlängerte Auslöseverzögerung

Die Auslöseverzögerung von max. 10 Sek. ist bei Kamera-Selbstauslösern üblich. Aber sicher ist Ihnen bei manchen Gelegenheiten diese Zeit schon einmal ziemlich kurz vorgekommen – es hätten wohl doch noch ein paar Sekunden mehr sein können. Bei Selbstporträts, Gruppenfotos und vielen anderen Gelegenheiten verfährt der Fotograf doch sehr hastig. Es ist auch nicht immer leicht, alle „auf Vordermann" zu bringen und seinen Platz dann noch im Sprint zu erwischen.
Die Lösung – oder betrachten Sie's als einen Gag – ist ein zusätzlich eingesetzter mechanischer Auslöser (übrigens auch bei Canon erhältlich). Es gibt ihn in verschiedenen Ausführungen, sogar mit mehreren einstellbaren Vorlaufzeiten und einstellbarem Auslösedruck (die Stiftlänge kann variiert werden). Letzteres ist sehr wichtig; erstens damit der Druck nicht zu stark ist und der richtige Kontakt überhaupt zustande kommt, und zweitens, damit der Auslösekontakt nicht beschädigt wird.
Der mechanische Auslöser wird in das Drahtauslösergewinde Ihrer Kamera AE-1 PROGRAM geschraubt und danach der eingebaute Mehrzweck-Hebel auf Vorlauf gestellt. Schalten Sie jetzt den mechanischen Selbstauslöser ein, wird dieser erst nach seinem Ablauf (10 Sek. oder länger) den elektronischen Selbstauslöser der AE-1 PROGRAM aktivieren.

Selbstauslöser als Intervalltimer

Ich möchte zunächst kurz erklären, was ein Intervalltimer ist, bzw. welche Funktion er im Zusammenhang mit der Kamera-Auslösung hat; für diejenigen unter Ihnen, die derartige Geräte noch nicht kennen.

Ein Intervalltimer ist mit einer Schaltuhr vergleichbar, die auf einen bestimmten Zeitrhythmus, auf eine bestimmte Zeit eingestellt ist – sagen wir 5 Sek. Innerhalb dieser Zeit läßt sie z. B. eine Lampe leuchten oder nach Ablauf dieser Zeit löst sie jeweils eine Funktion aus. Auf die Kamera übertragen heißt das, daß jeweils nach fünf Sekunden eine Aufnahme gemacht wird; alle fünf Sekunden wird der Verschluß ausgelöst, der Film transportiert und der Verschluß gespannt, ausgelöst usw.

Der Clou dabei ist, daß das Ganze vollautomatisch ablaufen kann, ohne Ihr Zutun.

Timer und Schaltuhren dieser Art gibt es in den verschiedensten Konstruktionen, von einfach bis komfortabel zu kaufen. Canon hat z. B. einen Intervallschalter E für Filmkameras im Programm und ein Spezialgerät „Timelapse Programmer". Aber davon später mehr, zunächst möchte ich die einfachere Methode unter Verwendung des Kamera-Selbstauslösers erläutern:

In Verbindung mit dem Winder A und Winder A 2 sowie dem Motorsystem MA ist auch der Selbstauslöser der AE-1 PROGRAM als Intervalltimer zu verwenden. Das geschieht so:

Mit Hilfe eines feststellbaren Drahtauslösers kann die AE-1 PROGRAM plus Winder bzw. Motor und Einstellung auf Selbstauslöser-Funktion auf Intervall-Timing – Auslösung automatisch alle 10 Sekunden – programmiert werden.

Angesetztes Antriebssystem wird abgeschaltet, in den Auslöserknopf der Kamera schrauben Sie einen Drahtauslöser ein und fixieren damit den Auslöser in Verschlußauslöseposition, so wie es von Aufnahmen mit B-Einstellung her bekannt ist. (Es gibt dazu Drahtauslöser mit Feststellschraube und mit Feststellplatte; letztere ziehe ich persönlich vor, da sie bequemer zwischen den Fingern und beim Auslösen gefaßt werden können). Wenn Sie anschließend den Selbstauslöserhebel auf Position „S“ (Vorlauf) schalten, sowie den Winder bzw. das Motorsystem MA einschalten, wird automatisch der Film transportiert, der Verschluß gespannt und der Selbstauslöser aktiviert. Nach 10 Sekunden Vorlauf kommt es zur Verschlußauslösung. Dieser Vorgang wiederholt sich nun automatisch im 10-Sekunden-Intervall so lange der Filmvorrat reicht – max. bis zu 36 Bilder (größte KB-Patrone).

Anmerkung:
Sollte der Film schon transportiert sein, erfolgt die Aktivierung des Selbstauslösers sofort.

Wichtig!

Aufgrund der unterschiedlichen Steuerfunktion bei Winder A, Winder A 2 und Motorsystem MA ist technisch folgendes beim Selbstauslöser-Timing möglich bzw. nur möglich:

a) Mit Winder A erfolgt der Filmtransport auch bei ständigem Auslöserdruck (siehe Dauerlauftechnik im Abschnitt Winder auf Seite 120) – es besteht also keine Einschränkung.

b) Beim Winder A 2 muß die Position „C“ (Continuous) für Dauerlauf gewählt werden. Die Einzelbildschaltung „S“ (Single) funktioniert dabei nicht. Im Falle der Einzelbildauslösung muß nämlich beim Winder A 2 für den nächsten Filmtransport der Finger erst wieder vom Auslöser genommen werden. Ein mittels Drahtauslöser arretierter Auslöser wirkt jedoch logischerweise wie ein ständig gedrückter.

c) Bei Einsatz des Motorsystems MA kann das Timing nur in der Bildfrequenzeinstellung L (3,5 bzw. 3 Bilder/Sek.) angewendet werden. Bei Programmierung auf „Single“ (S) wird der Film ebenfalls nur transportiert, wenn der Auslöser zuvor losgelassen wurde; wie beim Winder A 2. Die High-Speed-Frequenz von 4 Bilder/Sek. läßt die Selbstauslöserverzögerung nicht zu. (Sollten Sie aus Versehen, kurzfrisitg diese Position wählen, werden Sie ein lautes Brummen vernehmen; es zeigt eine totale Überbelastung an. Schalten Sie in diesem Falle sofort wieder ab. Wählen Sie die Position „L".)

Bei dieser Steuermethode können ansonsten alle Verschlußzeiten der AE-1 PROGRAM eingesetzt werden, so daß es zu höchst interessanten Zeit-Programmen kommt. Variable Verschlußzeiten bis zu 2 Sekunden plus Auslöseverzögerung von 10 Sekunden bieten viele Möglichkeiten für Phasenaufnahmen, Bewegungsstudien u. a. m. Beim Intervalltiming ist es prinzipiell möglich, jede an der Kamera gegebene Belichtungs-Automatiksteuerung einzusetzen. Muß die Verschlußzeit als wichtigste Komponente gelten – vorgewählt werden aufgrund der erforderlichen Anpassung an das bewegte Objekt (Motiv) – kann die Blenden-Automatiksteuerung funktionieren; wenn es darum geht, lediglich Beleuchtungsschwankungen abzufangen. Wird bei bewegten Objekten auch ein bestimmter Schärfebereich bzw. eine Schärfebereichskonstanz verlangt, muß die Beleuchtung konstant sein bzw. konstant gehalten werden. Dies kann z. B. über die Blitzautomatik mittels Einsatz eines Canon Speedlite Typ A oder G erfolgen. Ist die Beleuchtung konstant und handelt es sich um ein ruhendes Motiv, ist ebenso gut die Programmautomatiksteuerung einzusetzen. Beachtet werden muß bei allem, daß die Beleuchtungsverhältnisse so beschaffen sind, daß sie niemals den gegebenen Arbeitsbereich der Meßautomatik unter- bzw. überschreiten. Denn es wäre keine vollautomatische Kamerasteuerung mehr, wenn Sie dauernd korrigierend eingreifen müßten.

Anmerkung:

Sie können auch hierbei den bereits aktivierten Selbstauslöser per Batterieprüftaste ausschalten und so in den Automatik-Ablauf eingreifen.

Intervallschalter/-timer allgemein

Grundsätzlich ist die Verwendung von handelsüblichen Intervallschaltern nur im Zusammenhang mit dem Winder A 2 und dem Motorantriebssystem MA möglich. Die beiden Energieteile des Motors MA und der Winder A 2 haben dazu einen speziellen Klinken-

Die vollautomatische Steuerung (Auslösung) der Kamera in bestimmten Zeitintervallen ist u. a. auch möglich mit dem Intervalltimer E aus dem Canon Filmkamera-Zubehörprogramm. Dieser Timer kann kabellos direkt in die Fernauslöser-Kontaktbuchse des Winder A 2 oder Motor MA gesteckt werden.

steckeranschluß (Kontakt) eingebaut, der ebenfalls zur Fernauslösung benutzt werden kann. Voraussetzung für die Verwendbarkeit eines Intervalltimers ist selbstverständlich der passende Kontaktstift. Aus dem Canon-Programm bieten sich folgende Geräte an: Die sogenannte „Zeitschaltuhr E" (Intervalltimer E), normalerweise als Zubehör für Canon Super 8-Filmkameras gedacht. Diese kleine runde Uhr läßt sich in Verbindung mit der Einzelbildschaltung des Winder A2 bzw. des MA-Motors auf 10 verschiedene Aufnahmeintervalle (-abstände) zwischen 1 und 60 Sek. programmieren. Das modernste ist der Canon Quartz-Timer TM-1. Durch Quartz-Steuerung werden mit einer Genauigkeit von ±0,1% Aufnahme-Intervalle von 1-2-5-10-15-20-30-40 Sek. sowie 1-2-5-10-20-30 Minuten gesteuert. In der Position OFF funktioniert dieser Timer als normaler Fernauslöser. Der Timer kann zur automatischen Funktion verriegelt werden. Dies eröffnet ungeahnte Möglichkeiten für Phasenaufnahmen von den unterschiedlichsten Bewegungsabläufen; auch mit Blitzlicht, wenn die Blitzfolgezeit unter 1 Sek. liegt.

Automatische/vollautomatische Steuerung der AE-1 PROGRAM

Über die Begriffe automatisch und vollautomatisch wird immer wieder viel fachgesimpelt. Ich möchte dazu meinerseits folgenden Kommentar geben. Die Automatiksteuerung bezieht sich doch zunächst einmal auf die Funktionsabläufe im Kamerasystem selbst. Per Auslöserbetätigung werden alle notwendigen Steuerungen für die zur Belichtung notwendigen Funktionen in Gang gesetzt; Nach vorheriger Programmierung (Blende, Zeit, Blitz, Einschalten der Systeme) läuft jetzt zwar alles automatisch ab, trotzdem bedarf es Ihres Zutuns, Sie bedienen den Auslöser; und Sie tun dies sogar

bei Fernsteuerung per Kabel oder kabellos. Immer bedienen Sie einen Schalter oder eine Taste.
Vollautomatisch heißt, selbsttätige Steuerung aller Funktionen allein vom Aufnahmesystem selbst, ohne Ihr Zutun, ohne Beaufsichtigung. Einmal zu Beginn wird das System programmiert: auf die Art der Belichtung, auf entsprechende Aufnahme-Intervalle und -längen. Hierzu bedarf es der Steuerung über Timer und Schaltuhren bzw. Steuergeräten. Selbst die einfachste Art: „Selbstauslöser als Timer" gehört dazu. Mit der AE-1 PROGRAM und ihrem Zubehörsystem ist jedwede erläuterte Art und Weise der Steuerung möglich!

Canon Timelapse Programmer

Im Zusammenhang mit diesem Spezialsteuergerät für Zeitrafferaufnahmen und vollautomatische Programmsteuerung wird die AE-1 PROGRAM ein Aufnahmesystem für den professionellen Anwender, und Eingang in den technisch-wissenschaftlichen Bereich finden. (Der Hobbyfotograf mit ganz anderen Ambitionen wird gebeten, dieses Kapitel zu überschlagen. Es wäre jedoch insgesamt gesehen falsch, irgendeine Möglichkeit der Steuerung und Anwendung der AE-1 PROGRAM unerwähnt zu lassen.) Dieses Gerät, besser gesagt diese Gerätekombination – bestehend aus zwei Baugruppen: A und B – steuert Aufnahmen und Aufnahmeserien von Anfang bis Ende vollautomatisch, und das unbeaufsichtigt.
Die Baugruppe A des Gerätes dient zur Programmierung der Aufnahmeabstände – Intervalle – für Einzel- und Serienaufnahmen. Baugruppe B steuert Anfang und Ende des Betriebs von Einheit A. Einstellbare Aufnahmeabstände (Intervalle): von 2 Sek. bis 59 min und 59 Sek. Einstellbare Länge des Aufnahmezyklus (Verschlußzeit): Von 1 Sek. bis 59 min und 59 Sek. Einheit B kann auf Ein- und Abschaltzeiten zwischen 1 bis 24 (genau 00.00–23,59) Stunden programmiert werden.
Über eine eingebaute Präzisionsschaltuhr erfolgt die Steuerung. Sie hat Digitalanzeige mittels 6 Ziffern, für Stunde, Minute und Sekunde. Die Gangabweichung liegt unter 2 Sek. innerhalb 24 Std. Weitere Ausstattung: Instrumentenbeleuchtung, Start-/Stopp-Schalter, Einstellhebel für Stunde, Minute und Sekunde usw. Stromversorgung über Akkus oder Stromnetz. Bei Netzausfall automatische Umschaltung auf Akku-Betrieb.

Kamera-Auslösung per Distanz

Die AE-1 PROGRAM in der Kombination mit dem Winder A 2 oder Motorantriebssystem MA bietet auch noch eine andere Auslöse-Variante: Die Fernauslösung.

1. Fernauslösung per Kabel

Über die schon an anderer Stelle bezeichnete Klinkensteckerbuchse, jeweils an den beiden wechselbaren Energieteilen des Motorantriebssystems MA und am Winder A2, können folgende Canon-Fernauslöser angeschlossen werden: a) Fernauslöser MF, Länge 60 cm, b) Fernauslöser Nr. 3, Länge 10 m, c) Fernauslöser Nr. 60, Länge 60 cm. Für diese Auslöser steht zusätzlich das Verlängerungskabel E1000 mit einer Länge von 10 m zur Verfügung. Damit ist die AE-1 PROGRAM für die Fernauslösung per Kabel sehr gut ausgerüstet und ermöglicht diese Variante über die verschiedensten Aufnahmedistanzen.

2. Fernauslösung kabellos

Canon bietet dazu den „Canon Wireless Controller LC-1". Es ist ein zweiteiliger Infrarot-Fernauslöser, bestehend aus Sender und

Das Doppelgerät „Canon Timelapse Programmer". Für vollständig vollautomatische Steuerung der Kamera.

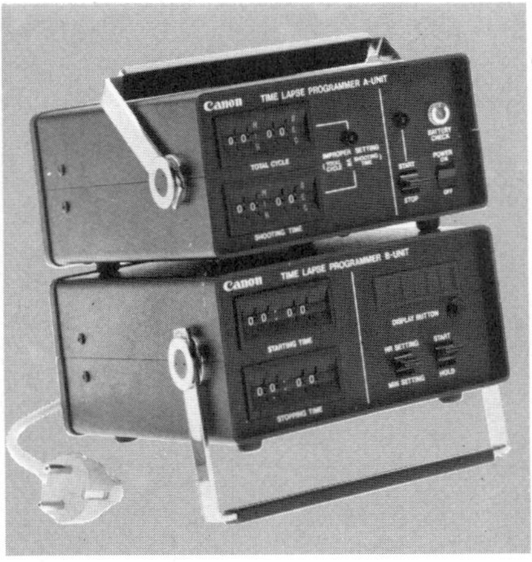

Die Abbildung zeigt die AE-1 PROGRAM mit angesetztem Motor MA plus Draht-Fernauslöser Nr. 3

Eines der interessantesten Zubehörteile für den Bereich „Fernauslösung" ist der drahtlose Infrarot-Fernauslöser LC-1. Über ca. 60 m Entfernung kann die AE-1 PROGRAM damit für Einzelbild- und Serienaufnahmen bzw. Langzeitaufnahmen gesteuert werden. Die Abbildung zeigt den Empfängerteil im Zubehörschuh der Kamera (per Kabel mit dem Motor MA verbunden – auch der Winder A 2 ist dafür verwendbar) und den Impulsgeber mit praktischer Handschlaufe.

Empfänger. Der Empfänger mit der entsprechenden Fotozelle hat einen verriegelbaren Steckschuh und kann somit schnell und bequem im Zubehörschuh der AE-1 PROGRAM befestigt werden. Der Sender (mit Licht-Impulsgeber) läßt sich dank der kompakten Konstruktion mit Handschlaufe leicht überall mithinführen. Der Kontakt des Empfängers mit der AE-1 PROGRAM wird über ein Kabel mit Klinkenstecker, eingesetzt in die Fernauslöserbuchse des Motor MA, bzw. des Winder A 2 hergestellt. Grundsätzlich empfehle ich, bei Interesse an diesem interessanten Zubehör, die Anforderung der speziellen Unterlagen. An dieser Stelle kann ich nur kurz auf die wichtigsten Fakten und Details eingehen.
Das Gerät ist sensibilisiert auf den Infrarotwellen-Bereich von ca. 700 bis 900 nm. Das sichtbare Licht ist fast ausgeschaltet. Störungen durch Schwankungen im Wellenbereich, Raumlicht und Blitzlicht sind nicht zu befürchten*.

**) In einem Ausnahmefall, z. B. bei ferngesteuerten Reihenblitzaufnahmen, kann das Blitzlicht zur Störquelle werden und eine Ausschaltung der Kamera beim zweiten Druck auf die Sendetaste verhindern. Sollte ein fremdes Blitzgerät für Reihenaufnahmen innerhalb der Reichweite des LC-1 eingesetzt werden, besteht die Möglichkeit, daß die Fremdblitze das LC-1 auslösen, bevor Sie die Sendetaste drücken.*

Die Möglichkeit der Mehrkanalwahl (1-2-3) gestattet die Fernauslösung bis zu drei Kameras im gleichen Feld (Gebiet) zeitversetzt und mehrere (praktisch unbegrenzt) simultan.

Die Schaltung von Einzelbild- und Serienaufnahmen ist möglich – auch wechselweise. Ein entsprechender Schalter befindet sich am Empfänger (C = Continuous = Serienlauf/S = Single = Einzelbildsteuerung). Der Fernauslöse-Kupplungsbereich für den Sender beträgt 60 m waagerecht geradeaus. Befindet sich der Sender zum Empfänger im Winkel von 20° (rechts oder links davon = insgesamt 40° horizontal), beträgt die Entfernung mehr als 35 m. Im Winkel vertikal 15° nach oben und unten (= insgesamt 30° vertikal) ebenfalls 35 m. Bei einem Winkel von 45° verringert sich die Entfernung auf 15 m. Die Auslösesteuerung seitens des Empfängers funktioniert beim Winkel von 40° bis zu 35 m Entfernung und bei 90° bis 15 m. Voraussetzung ist dabei, daß die Witterungsverhältnisse normal sind (klare Sicht usw.). Der Sender wird mit Energie versorgt aus nur zwei Batterien je 1,5 V (Typ AA) – Alkali-Mangan oder NC-Akkus gleicher Größe. Der Empfänger benötigt die Spannung einer Batterie 9 V DC (z. B. MN-1604). Die Geräte sind bequem zu bedienen über Hauptschalter, Impulsgebertaste, Batterieprüflampe, Bereitschaftslampe.

Die Zahl der möglichen Impulse pro Batterieladung liegt bei 800 – solange die Bereitschaftsfolge innerhalb von 5 Sek. liegt. Lichtimpuls-Frequenz: 1 pro 5 Sek. Lichtleistung: Leitzahl 2,8 bei ASA 100. Kürzestmöglicher Steuerintervall beim Empfänger ca. 0,5 Sek.

Anmerkungen:

Achten Sie darauf, daß die Kanalwahl bei beiden Teilgeräten gleich ist. Auch müssen die Frequenzwähler am Kameramotor und Empfänger gleichgeschaltet sein. Entweder S (Single) oder auf Serie – Position C am Empfänger entspricht der Einstellung L oder H am Motorteil MA bzw. C am Winder A 2.

Die Serienauslösung wird eingeleitet durch Druck auf den Impulsgeber und beendet durch einen weiteren Druck auf den Impulsgeber. Wenn Sie im Langzeitenbereich arbeiten wollen, in B-Stellung des Kameraverschlusses, muß die Einstellung am Empfänger auf Position „C" erfolgen. Nur so ist wie bei Serienauslösungen der Beginn und das Ende der Aufnahme durch zweimalige Betätigung des Impulsgebers zu steuern.

Die Kontrollampe am Empfänger leuchtet während des Betriebs der Kamera, blinkt bei Reihenaufnahmen und kann vor den Aufnahmen zur Prüfung dafür verwendet werden, ob Sender und Empfänger in Betriebsreichweite stehen.

Der Reflexsucher

Die AE-1 PROGRAM hat wie die meisten Reflexkameras einen festeingebauten Pentaprismensucher eingebaut, dessen Dachkantprisma ein seitenrichtiges, aufrecht stehendes Bild vermittelt. Das dazu parallaxenfrei ist: Sie sehen den Bildausschnitt und die Perspektive so, wie sie der Film aufnimmt. Für Canon war es schon immer oberstes Gebot, die Sucher seiner Kameras und speziell der Reflexkameras besonders optimal zu gestalten. Im Hinblick auf die Eigenschaft eines Suchers im wahrsten Sinne des Wortes waren bisher schon aufhellende Fresnellinse, großdimensionierter Rückschwingspiegel, Offenblendemeßmethode und ansetzbares Sucherzubehör wie Augenkorrekturlinsen, Lupen usw. begünstigende Faktoren. Mit der AE-1 PROGRAM offenbart Canon nun erstmalig eine weitere Steigerung der Reflexsucher-Qualität. Durch die Kombination von Konvex-Konkav-Okular-Linse aus Spezialglas und Kondensorlinse wurde eine hohe Korrektur optischer Fehler (Aberrationen) erreicht. Die Mattscheibe (übrigens auswechselbar – siehe Abschnitt „Die Scharfeinstellung") bringt ein um 50% helleres Sucherbild als bisherige Mattscheiben. Die Oberfläche der AE-1 PROGRAM-Mattscheiben wurde mittels modernster Laser-Technik hergestellt. Die Struktur der Oberfläche weist Unregelmäßigkeiten derart auf (vergleichbar mit einem Runzelkorn), daß die üblicherweise größere Streuung des auftreffenden Lichtes stark vermindert ist; es geht weniger an Intensität verloren. Interessant ist auch ein anderer, sich aus der besonderen Oberflächenstruktur ergebender Vorteil: die neuen Mattscheiben verhindern den sogenannten Moiré-Effekt. Dieser entsteht, wenn ein Motiv mit regelmäßigen Strukturen auf einer ebenfalls regelmäßig strukturierten Mattscheibenoberfläche scharf eingestellt wird.
Auch die belichtungs- und funktionstechnischen Informationen (die Sucherkontrollen) sind als Digital- bzw. LED-Leuchtanzeigesystem rechts außerhalb dem Sucherbildfeld angeordnet. Sie stören bei der Motivsuche und Bildbeurteilung in keiner Weise. Man kann sich erstens gut auf das Motiv konzentrieren und zweitens irrt das Auge nicht im Sucher hin und her, um Ausschau nach „versteckten" Skalen und Zeichen zu halten.
Die LED-Anzeige (rot und grün unterteilt) paßt sich der Bildhelligkeit im Sucher automatisch an. Sie wird stärker/heller bei intensi-

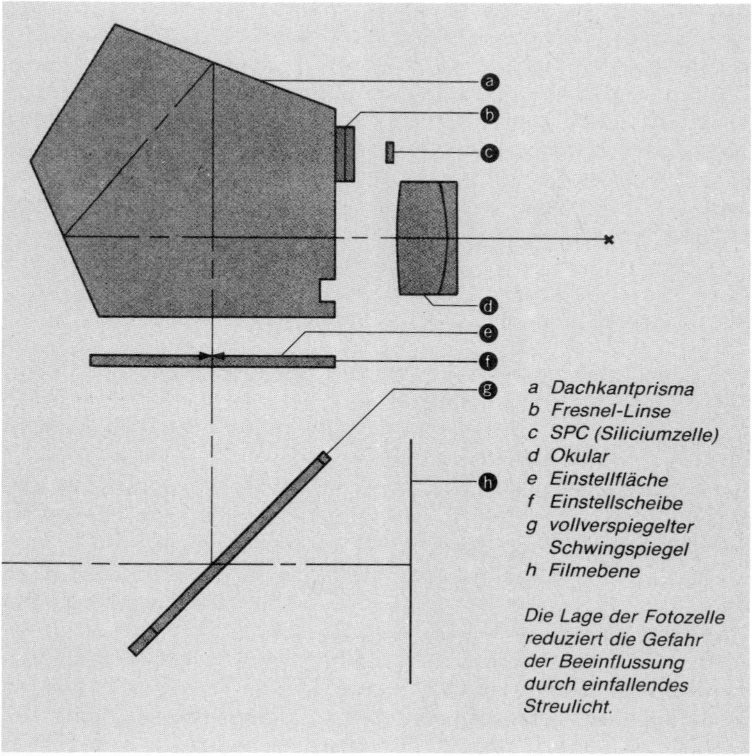

Querschnitt des AE-1 PROGRAM-Prismensuchers. Mit Darstellung des Lichtstrahlenverlaufs durch das Objektiv über den Rückschwingspiegel und durch das Pentaprisma ins Sucherokular usw.

ver Beleuchtung und schwächer bei Dämmerlicht und Dunkelheit. So kann das Auge immer optimal alle Angaben ablesen – in keinem Fall überbetont erscheint das Motivbild gegenüber der LED-Anzeige oder umgekehrt.

Das Sucherbild zeigt 94% des Gesamt-Filmbildes. Das entspricht z. B. in etwa dem sichtbaren Bildteil eines gerahmten Dias. Sollten Sie das Bildfeld derart ausnutzen wollen, daß bildwichtige Details

bis zum Bildrand gestaffelt sind, gewährt Ihnen diese Maßnahme die Garantie, daß das effektive Bild alles das zeigt, was Sie im Sucher gesehen haben.
Das Sucherbild der AE-1 bringt bei Einsatz eines 50-mm-Objektivs in ∞-Einstellung eine 0,83fache Vergrößerung. Das Okular zeigt demnach eine leichte Weitwinkelwirkung. Diese Vergrößerung resultiert aus der Verwendung einer Kondensor-Linse im Suchersystem und ist erforderlich um die außerhalb des Sucherbildes rechts angeordnete LED-Anzeige gut übersehen zu können.

Erläuterung der Sucheranzeigen

Im Sucher ist immer nur die „aktuelle" Anzeige sichtbar. Eine deutliche Farb-Codierung (rot/grün) gibt bei allen Lichtverhältnissen und programmierten Belichtungssteuerungen eine klare und unmißverständliche Orientierung.
Die Sucheranzeige gibt also nicht nur Auskunft darüber, welche Belichtungssituation vorherrscht, sondern auch darüber, welche Belichtungssteuerung Sie gewählt haben – es ist daher ein Voll-Kontrollsystem. Es zeigt auch Bereitschaften an: Blitzbereitschaft durch das Zusatzzeichen „ ⚡ " (blinkende Blendenzahl 32 wenn das Blitzgerät auf manuelle Steuerung fixiert ist) oder Selbstauslöserfunktion durch erlöschen der LED-Anzeige – aufgrund der Tatsache, daß bei dieser Vorauslösung der Meßwert bis zur endgültigen Verschlußauslösung gespeichert wird. Bei B-Einstellung ist von vornherein keine Sucheranzeige gegeben, wenn dabei der Blendenring des Objektivs noch in Automatikposition „A" steht; zur Erinnerung daran, daß die Belichtung geschätzt oder extern gemessen werden muß. Wird bei Programmautomatiksteuerung der Blendenring aus seiner Automatikposition entriegelt, erlischt das „P" und stattdessen erscheint das „M" für manuelle Blendeneinstellung; obwohl die Programmautomatiksteuerung damit nicht aufgehoben ist – die Programmblende kann jetzt korrigiert werden, man kann von der automatisch gewählten Zeit-/Blendenkombination abweichen. Eine Novität ist die Funktion des AUTO-CHECK im Sucher in Verbindung mit den Speedlite 166A und 188A. Blinkt nach der Auslösung das Blitzsymbol „⚡" bedeutet dies korrekte Belichtung. Mit diesem Sucher-Kontrollsystem ist die AE-1 PRO-

1 Lasermattscheibe (lichtverstärkend)

2 neuer Schnittbild-Indikator

3 Mikroprismenring

} Scharfeinstell-Elemente

4 Index für Arbeitsblendenmessung

5 Rote LED-Anzeige „M“ bei manueller Blendeneinstellung

6 Grüne LED-Anzeige „P“ bei Programmautomatik-Steuerung (blinkend bei Verschlußzeiten länger als $^{1}/_{30}$ Sek. als Langzeitwarnung)

7 Blendenwert 32 blinkt als Überbelichtungswarnung (gilt auch für Objektive mit kleinster Blende 16 oder 22)

8 Bereich der roten LED-Blendenanzeige – jeweils nur passender Blendenwert sichtbar – Wert, der die maximale Blendenöffnung des eingesetzten Objektivs betrifft und alle wenn noch möglich folgenden Werte bis Stufe 1 blinken bei Blendenautomatik als Unterbelichtungswarnung und bei Überschreitung des Meßwerk-Kupplungsbereiches (Bei Programmautomatik blinkt nur der Wert, welcher der maximalen Öffnung des Objektivs entspricht.)

9 Blinkanzeige als Unterbelichtungswarnung ab Max.-Objektivöffnung z. B. bei Einsatz eines FD 1,4/50 mm; beim Objektiv 1 : 1,2 blinkt eine dieser Ziffern aufgrund der nur ganzstufigen Blendenanzeige.

10 Grüne LED-Anzeige „ϟ“ bei Blitzbereitschaft eines Canon Speedlite. Blinkt 2 Sek. lang, wenn Automatik-Blitzbelichtung korrekt war (nur bei Einsatz der Canon Speedlite 166A und 188A)

GRAM erst so richtig vollautomatisch: man muß die Kamera bei Blendenautomatik nur evtl. zur Kontrolle der vorgewählten Verschlußzeit, bei den übrigen Automatiksteuerungen überhaupt nicht vom Auge nehmen.

Tabellarische Übersicht der möglichen Sucheranzeigen ▶

Darstellung der AE-1 PROGRAM-Sucheranzeigen bei den verschiedenen Varianten der Belichtungssteuerung, bezogen auf die unterschiedlichen Belichtungssituationen, bei Einsatz von FD-Objektiven und Canon Speedlite-Blitzgeräten der Serie A und G. Um Ihnen die wörtliche Erklärung verständlicher zu machen, habe ich Blendenwerte eingefügt – wo sinnvoll erläuternd – die den Einsatz des FD 2,8/100 mm zum Beispiel nehmen. Als Blitz-Programmblendenbeispiel gilt Blende 5,6. Darstellung siehe Tabelle rechte Seite.

Erläuterungen: Ziffern = rote LED-Blendenanzeige, M = rote LED-Anzeige bei manueller Blendensteuerung, P = grüne LED-Anzeige bei Programmautomatik, *ϟ = Blitzsymbol, grüne LED-Anzeige bei Blitzbereitschaft.*

1) Bei Blitzbereitschaft hat die daraus resultierende LED-Anzeige Priorität vor der Anzeige für die Tageslicht-Belichtung

2) Die vorgewählte Verschlußzeit bei Blendenautomatik bzw. die Verschlußzeit aus der Zeit-/Blendenkombination bei Programmautomatik wird auf $^{1}/_{60}$ Sek. Blitzsynchronzeit umgesteuert.

Anmerkung:

* Damit die Blitzautomatik-Kontrolle funktioniert, muß selbstverständlich der Auslöser leicht gedrückt bleiben, wie bei der Belichtungsprüfung. Die LED-Anzeigen verlöschen im Moment der Auslösung bzw. des Verschlußablaufes. Bleibt der Auslöser gedrückt (z. B. bei Serienaufnahmen) ist dies bei kurzen Verschlußzeiten nur ganz kurz, bei längeren Zeiten auffälliger zu beobachten. ▶

Belichtungssituation ▼	*Art der Belichtungssteuerung* *Blendenautomatik (Verschlußzeitenvorwahl)* *Blendenring-Position* *automatisch*	*manuell*	*Programmautomatik* *Blendenring-Position* *automatisch*	*manuell*	*B-Einstellung des Verschlusses* *Blendenring-Position* *automatisch*	*manuell*
	Umfang der LED-Anzeige		*Umfang der LED-Anzeige*		*Umfang der LED-Anzeige*	
Tageslichtbelichtung Normal	4	4 M	4 P	4 M		M
Unterbelichtungs-warnung	2,8 ↓ 1	2,8 ↓ 1 M M	2,8 P	2,8 M		M
Überbelichtungs-warnung	32	32 M	16 P	16 M		M
Langzeitwarnung			2,8 P			
Blitzbereitschaft[1]) beim Einsatz eines Speedlite A oder G	5,6 ⚡	5,6 ⚡ M	5,6 ⚡ *(Verschlußzeit wird umgesteuert[2])*	5,6 M ⚡	5,6 ⚡	5,6 ⚡ M
AUTO CHECK bei Einsatz des Speedlite 166A oder 188A	5,6 ⚡	5,6 ⚡ M	5,6 ⚡	5,6 M ⚡		
Blitzbereitschaft[1]) bei Einsatz des Makrolite ML-1	⚡ M	⚡ M	⚡ M *(Verschlußzeit wird umgesteuert[2])*	⚡ M	⚡ M	⚡ M
Blitzbereitschaft[1]) bei manuell ge-steuertem Speedlite	32 ⚡	⚡ M	32 ⚡ *(Verschlußzeit wird umgesteuert[2])*	⚡ M	32 ⚡	⚡ M
Besonderheit: Selbstauslösersteuerung	*Bei Beginn der Selbstauslöserfunktion erlischt jede LED-Anzeige*					

Vergleich der Blenden-Anzeige (ganzstufig) im Sucher mit der tatsächlichen stufenlosen Belichtungssteuerung

Belichtungssteuerung in $^1/_8$-Schritten

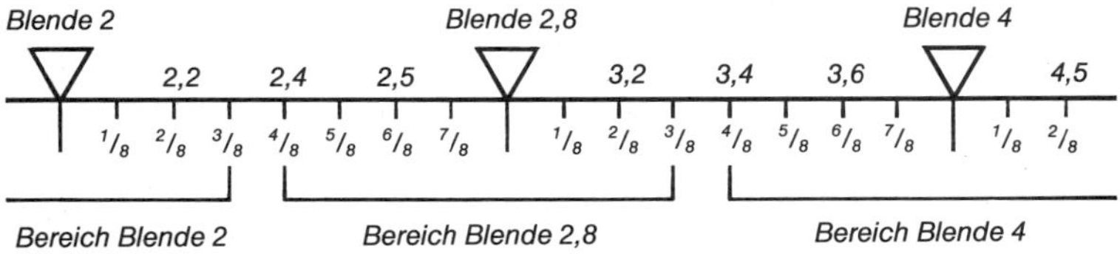

Sucheranzeige in Vollstufen

Gegenüberstellung der ganzstufigen Blendenanzeige und praktisch stufenlosen Belichtungssteuerung

Die Grafik zeigt die Belichtungssteuerung in $^1/_8$-Schritten im Verhältnis zur ganzstufigen Blendenanzeige im Sucher sowie den Anzeigebereich einer bestimmten Blendenzahl z. B. 2,8. Sie sehen hier allerdings nur einen Ausschnitt aus der Gesamtskala.

Anmerkung:

Bei Einsatz von Objektiven mit Lichtstärken, die zwischen vollen Stufen der linearen Blendenreihe liegen (1 : 1,2; 1 : 3,5; 1 : 4,5) wird Unterbelichtung durch die Blendenzahl darüber oder darunter angezeigt. Zum Beispiel bei 1 : 1,2 blinkt der Wert Blende 1,4 oder 1.

Das Scharfeinstellen

Einer der wesentlichsten Faktoren für eine gelungene Aufnahme. Diesem Bereich wurde deshalb auch bei der Konstruktion der AE-1 PROGRAM besondere Aufmerksamkeit geschenkt, und nicht nur das, Canon hat sich hier einiges Neues einfallen lassen, wie wir nachfolgend sehen werden. Was nicht generell neu ist: ein umfangreiches System von auswechselbaren Suchereinstellscheiben zur Bewältigung jedweder Scharfeinstell-Situation – erstaunlich allerdings für eine Kamera dieser Preisklasse. Eine Besonderheit ist

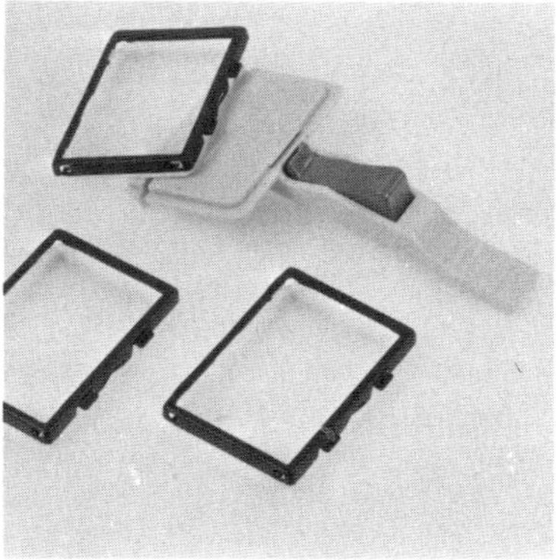

Für das Fokussieren (Scharfeinstellen) bietet die AE-1 PROGRAM 8 verschiedene Suchereinstellscheiben. Diese können mit Hilfe eines raffinierten Greifwerkzeuges vom Anwender in Sekundenschnelle selbst gewechselt werden; ohne Fummelei und Pinzetten. Die Scheiben werden nicht verschmutzt und nicht beschädigt.

auch die Möglichkeit, als Anwender diese Einstellscheiben selbst wechseln zu können. Nicht weniger interessant und vor allem neu ist die Art und Weise wie die Laser-Mattscheiben ausgewechselt werden können – ohne Finger-Fummelei und Pinzetten, Verfahrensweisen, die sowieso allzu leicht zur Beschädigung der Mattscheibe führen können. Jeder Mattscheibe ist ein kleines, handliches Greifwerkzeug beigefügt. Es besteht aus Griffteil mit Drucktaste und Platte (Teller) in den Ausmaßen einer Mattscheibe. Nach Abnahme des Objektivs wird die Platte des Greifwerkzeugs in Höhe über dem Rückschwingspiegel unter die Mattscheibe in der Ka-

mera geführt und gegen diese leicht angedrückt. Bei Druck auf die Taste am Griff wird die Haltefeder gelöst, welche die Mattscheibe präzise in Position unter dem Prisma hält, die Mattscheibe wird dadurch frei gegeben und liegt damit auf der Greiferplatte. Sie kann so geschützt aufliegend, ohne Gefahr der Beschädigung oder Verschmutzung, der Kamera entnommen werden. Umgekehrt wird die gewünschte neue Suchereinstellscheibe auf die Platte des Greifers gelegt und mit diesem vorsichtig hinten an die Haltenute im Spiegelgehäuse geführt und hochgedrückt, die Haltefeder schnappt ein, fertig. Ob es angebracht ist, vor dem Einführen der Mattscheibe und nach Fixieren, mit einem Luftpinsel evtl. Staubpartikelchen zu entfernen, hängt von Ihrer Sorgfalt bei der Handhabung und Aufbewahrung der Scheiben ab.
Das System der wechselbaren Suchereinstellscheiben besteht aus 8 verschiedenen Scheiben. Neben interessanten Einstellhilfen für bestimmte Sonderfälle wie Mikro-, Astro- und Architekturaufnahmen, fallen besonders zwei Canon-Novitäten auf. 1. Der neue Schnittbild-Indikator, der auch bei Einsatz mit Objektiven geringerer Lichtstärke (1 : 5,6) nicht mehr abgedunkelt – wie das bei herkömmlichen Ausführungen bekannt ist. Selbst bei Blende 8 tritt lediglich eine Verfärbung auf, die jedoch eine Einstellung noch nicht gänzlich unmöglich macht.
Diese „Aufhellung" eines Schnittbild-Indikators ist möglich geworden durch ganz spezielle Konstruktion und Anordnung mehrerer Prismenkeile, anstelle des bisherigen Einbaus eines einfachen Prismenkeil-Paares.

Dazu folgende Erläuterungen:
Um eine hohe Einstellgenauigkeit zu erlangen, haben herkömmliche Prismenkeile eines Schnittbild-Entfernungsmessers einen hohen Steigungswinkel. Dieser Winkel vermindert andererseits aber die Lichtstärkenleistung; das heißt, solange Objektive mit hoher Lichtstärke eingesetzt sind, werden die Lichtstrahlen von beiden Prismenkeilen uneingeschränkt in das hinter dem Sucherokular befindliche Auge geleitet. Ein nicht so lichtstarkes Objektiv lenkt einen engeren Lichtstrahl auf den Schnittbild-Indikator. Der Strahl wird so zerteilt, daß das Auge die Teilstrahlen nicht gleichzeitig beide erfassen kann. Dadurch entsteht die partielle Abdunkelung der oberen oder unteren Schnittkeil-Teile (siehe Abb. 60).

Nun könnte man den Steigungswinkel der Prismenkeile verringern, damit wäre ohne weiteres dem lichtschwächeren Objektiv ebenfalls Rechnung getragen und eine Abdunkelung würde gestoppt. Aber die Einstellgenauigkeit wird dadurch stark gemindert. Das heißt, die Versetzung (Verstellung) der Teilbilder wird gemindert – die Meßbasis eingeschränkt, leichtere Fehleinstellungen (Bildunschärfen) wären nicht mehr so genau festzustellen.
Die Lösung des Problems ,,Lichtstärkeleistung bei uneingeschränkter Einstellgenauigkeit" lösten die Canon-Optiker bravourös. Sie führten zunächst einmal den Prismenkeil mit zweifacher Steigung ein; Der Steigungswinkel beträgt in der unteren Hälfte 8° 30′ und in der oberen Hälfte nur 5° 40′. Außerdem werden nicht nur, wie bisher, zwei Prismenkeile zusammengefügt, sondern mehrere Keile der neuen Konstruktion zu einem ganzen Prismengitter ergänzt; (ein schlechter Vergleich ist der Hinweis auf die Formation eines Lattenzauns). Die Prismenkeilgitter sind dazu ober- und unterhalb der im Sucher sichtbaren Schnittlinie in ihrer Winkelstellung gegeneinander versetzt. Veranschaulichen möchte ich dieses an Hand des folgenden Schemas. Zuvor noch folgende Funktionserklärung: Die neue Konstruktion führt zur gleichbleibenden Helligkeit durch den Effekt, daß bei Einsatz lichtstarker Objektive die Motivbeurteilung/Scharfeinstellung über den Prismenteil mit dem höheren Steigungswinkel vorgenommen wird und bei Einsatz lichtschwächerer Objektive der Teil mit dem geringeren Steigungs-

Mikroskopische Vergrößerung der im neuen Schnittbild-Indikator eingesetzten Prismengitter, mit pro Prismenkeil zweistufiger Steigung zur Ausschaltung der partiellen Abdunkelung des Schnittbild-Indikators bei Einsatz lichtschwächerer Objektive

Schematische Erläuterungen zur neuen Sucher-Einstellscheibe mit nicht abdunkelndem Schnittbild-Indikator

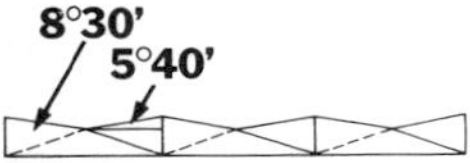

Neuer Schnittbild-Indikator mit mehreren Prismenkeilen (Prismen-Gitter) mit zweifachem Steigungswinkel. Dargestellt sind auch die sich kreuzenden Prismengitter ober- und unterhalb der Schnitt-Linie – die Keilspitzen weisen einmal immer nach rechts und das andere Mal immer nach links

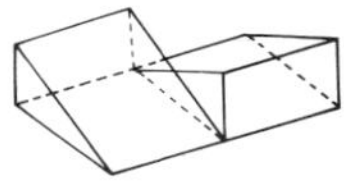

Herkömmliche Anordnung eines Prismenkeil-Paares mit einem Steigungswinkel von je 8°

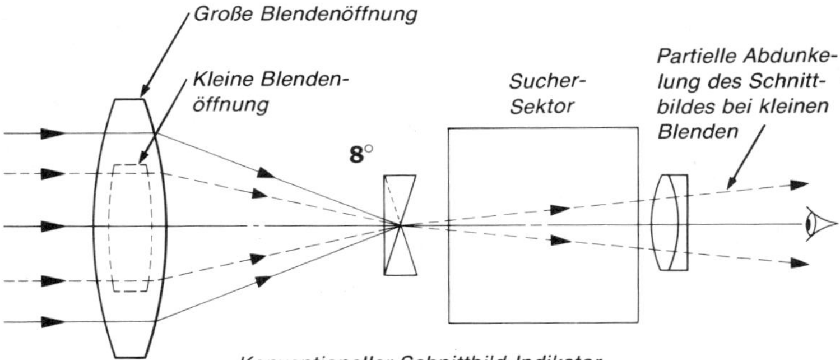

Konventioneller Schnittbild-Indikator

Neuer Schnittbild-Indikator

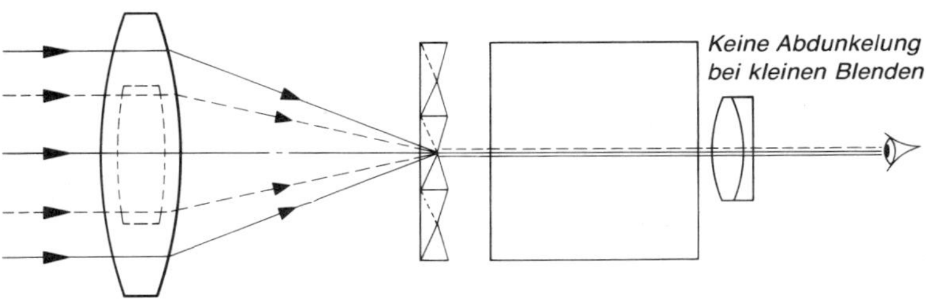

Bei Einsatz z. B. eines FD 5,6/300 mm ergibt sich beim herkömmlichen Schnittbild-Indikator diese partielle Abdunkelung des Schnittbild-Indikators.

Der neue lichtstärkere Schnittbild-Indikator zeigt eine klare Scharfeinstellung bei Einsatz von FD-Objektiven bis zur lichtschwächsten Ausführung 1 : 5,6.

winkel mit zur Wirkung kommt. Die Einstellgenauigkeit ist mit diesem neuen Schnittbild-Indikator in keiner Weise eingeschränkt und entspricht derjenigen des herkömmlichen Systems.

Die zweite auffallende Neuheit einer Einstellhilfe ist der Kreuzschnittbild-Indikator – ebenfalls eine Canon-Novität. Konstruktion und Funktion werden an Hand nachfolgender Schemata genau erklärt. Es ist eine sehr universelle Einstellhilfe, die im Gegensatz zum „einfachen" Horizontal-Schnittbild-Indikator nicht auf vertikal verlaufende Motivstrukturen (Linien wie Fensterrahmen usw.) angewiesen ist. Sie können mit dem Kreuzschnittbild-Indikator auf

Darstellung des Kreuz-Schnittbild-Entfernungsmessers

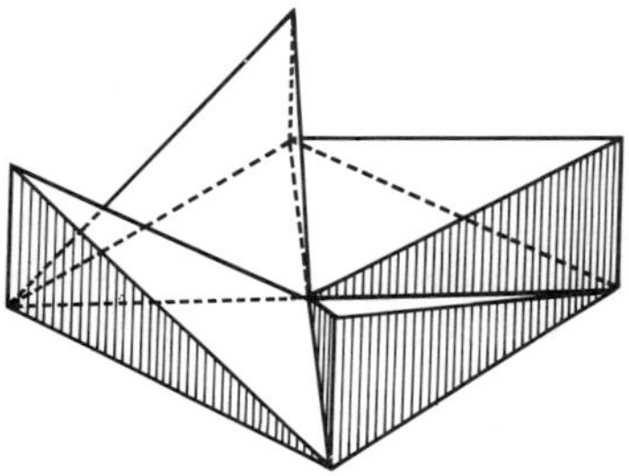

Eine außergewöhnlich schnell und einfach zu handhabende Scharfeinstellhilfe mit großem Einsatzbereich;
konstruiert aus vier Prismen, die jeweils über Eck miteinander verbunden sind.

Der Kreuz-Schnittbild-Indikator mit seinen verschiedenartigen Funktionen und Möglichkeiten:

1. *Funktion bei kreuzweise verlaufenden Motivlinien*

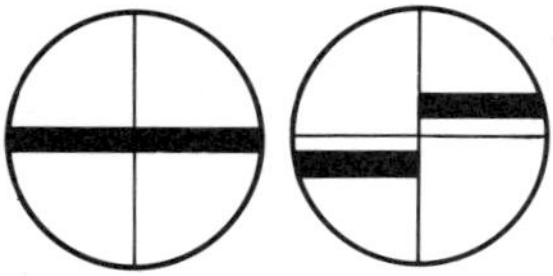

2. *Funktion bei horizontal verlaufender Motivlinie (vergleichbar mit einem Vertikal-Schnittbild-Indikator)*

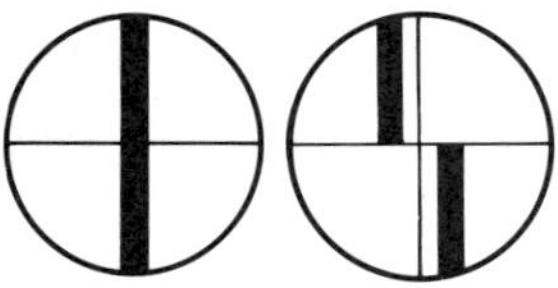

3. *Funktion bei vertikal verlaufender Motivlinie (vergleichbar mit einem Horizontal-Schnittbild-Indikator)*

Vergleich verschiedener Scharfeinstell-Situationen bei unterschiedlicher Motivform:

Waagrechte und senkrechte Linie bilden ein exaktes Kreuz

Horizontale Linie ist vertikal und vertikale Linie ist horizontal versetzt

Diagonal-Linien stehen exakt im rechten Winkel über Kreuz

Diagonal verlaufende Kreuzbalken gegeneinander versetzt

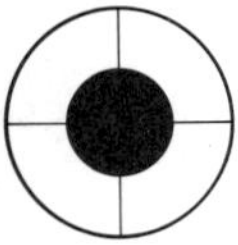

Präzise und eindeutige Kreisfläche im Zentrum

Kreisfläche im Zentrum spindelförmig verzerrt

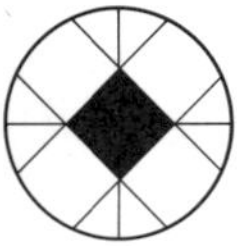

Exakt rautenförmige Linienführung

Rautenform nicht mehr erkennbar

Anmerkung:

Die Schnittbild-Indikatoren aller Art sind nur eine Einstellhilfe speziell für die schnelle Action-Aufnahme. Darüberhinaus ist es möglich, sich durch die wechselbaren Suchereinstellscheiben (siehe Seite 65) auf alle besonderen Aufnahme-Situationen – wie z. B. Architektur-, Astro-, Makro- und Mikroaufnahmen – einzustellen.

Motivstrukturen aller Art schnell und sicher scharf einstellen: auf kreisförmige, rautenförmige, diagonale, senkrechte, waagerechte usw. Das Sucherbild wird bei unscharfer Einstellung auf das Motiv in vier versetzte Teilbilder zerlegt; diese Teilbilder sind je nach Lage der Unschärfe (vor oder hinter der Scharfeinstell-Ebene) im Uhrzeigersinn oder diesem entgegen versetzt.
Der Kreuzschnittbild-Indikator kann wiederum nur mit sehr lichtstarken Objektiven (wenigstens 1 : 2,8) eingesetzt werden. Gehen wir zur Erläuterung auf die eingangs beschriebenen Konstruktionsunterschiede zurück, so weisen die vier Prismenkeile nur jeweils einen relativ hohen Steigungswinkel auf, um wie gesagt, die Einstellgenauigkeit nicht zu mindern.

Automatische Scharfeinstellung

Eine Überraschung auf diesem Sektor bietet Canon mit dem Autofocus-Vario „FD 4,0/35–70 mm AF". Eine noch vor der photokina '80 für den Reflexbereich nicht für möglich gehaltene Konstruktion. Individuell zu handhaben – automatische (auch selektive) und manuelle Einstellung. Lesen Sie genaueres auf Seite 209/210.

Die wechselbaren Suchereinstellscheiben der AE-1 PROGRAM

Typ E: Mattscheibe mit neuem Schnittbild-Indikator und Mikroprismenring; wird serienmäßig als Grundausstattung mit der AE-1 PROGRAM geliefert.
Typ A: Mattscheibe mit zentralem Mikroprismenfeld. Geeignet für Arbeitsblenden 5,6 und größer.
Typ B: Mattscheibe mit neuem Schnittbild-Indikator. Eine Universal-Einstellscheibe, die auch mit den lichtschwachen Objektiven eingesetzt werden kann – keine Einschränkung bezogen auf das Canon-Programm, mit Objektiven mit Lichtstärken von 1 : 1,2 bis 1 : 5,6.
Typ C: Vollmattscheibe mit feinstmattiertem Mittenfleck. Besonders geeignet für Aufnahmen mit Teleobjektiven und im Makrobereich; hier können unter Umständen andere Einstellhilfen stören bei den entstehenden Ausschnitt-Vergrößerungen.
Typ D: Vollmattscheibe mit Gitterteilung und feinstmattiertem Mittenfleck. Vornehmlich für Architekturaufnahmen und Reproduktionen geeignet.
Typ H: Vollmattscheibe mit feinstmattiertem Mittenfleck und horizontal und vertikal verlaufender Millimeterskala; die Linienabstände am Bildrand stellen die 5-Millimeter-Abstände dar. Diese Mattscheibe empfiehlt sich für Reproduktionen und Architekturaufnahmen, bei denen die Ermittlung der Objektgröße im Sucher von Bedeutung ist.
Typ I: Mattscheibe mit Doppelfadenkreuz in zentralem Klarfleck mit 5 mm ∅. Hervorragend geeignet für Mikroskop- und Astroaufnahmen.
Typ L: Mattscheibe mit dem neuartigen Kreuzschnittbild-Indikator. Für schnelle Scharfeinstellung auf alle Arten von Motivstrukturen. Universal-Einstellscheibe insbesondere für lichtstarke Objektive. ►

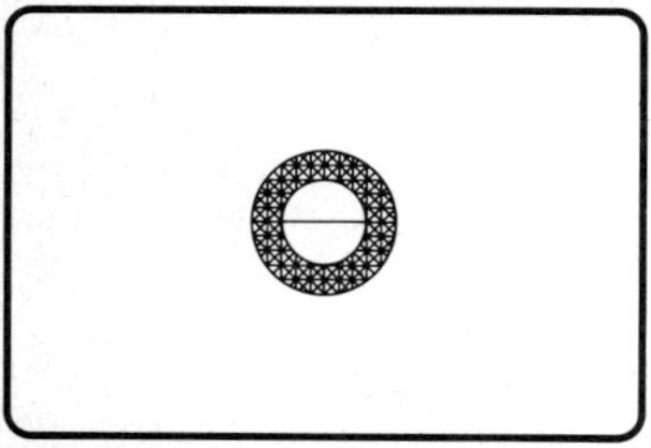

Typ E (Standard)

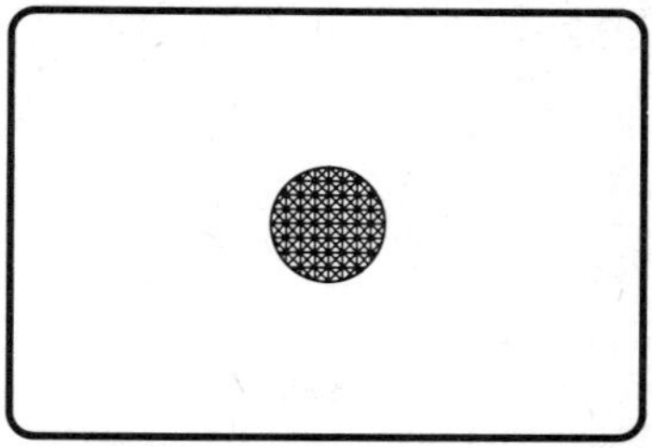

Typ A

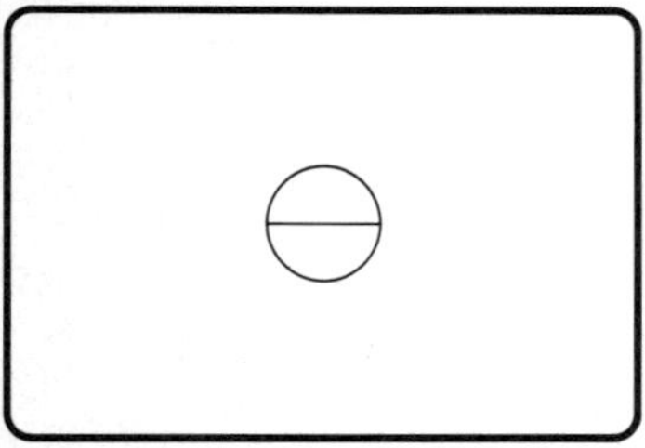

Typ B

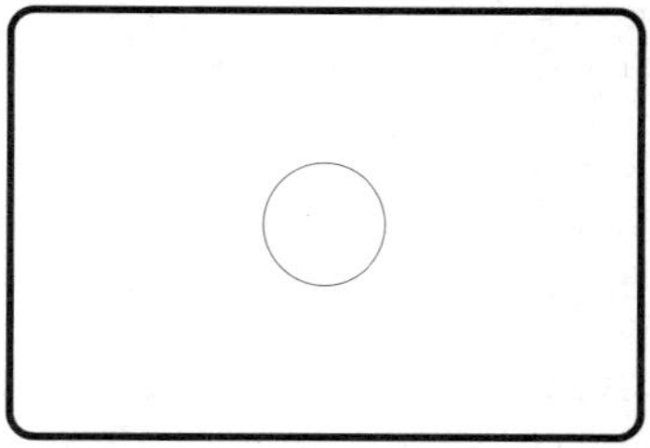

Typ C

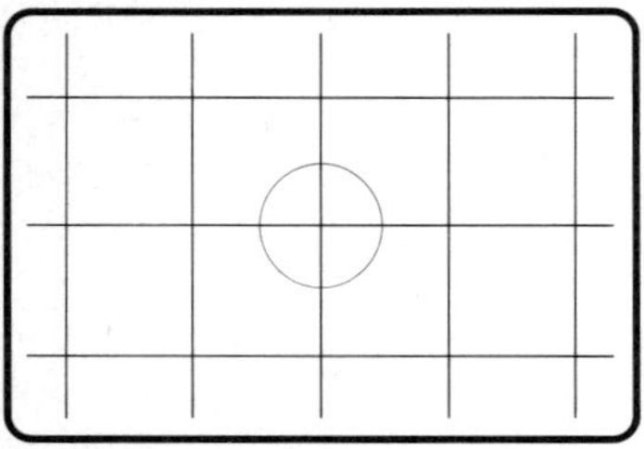

Typ D

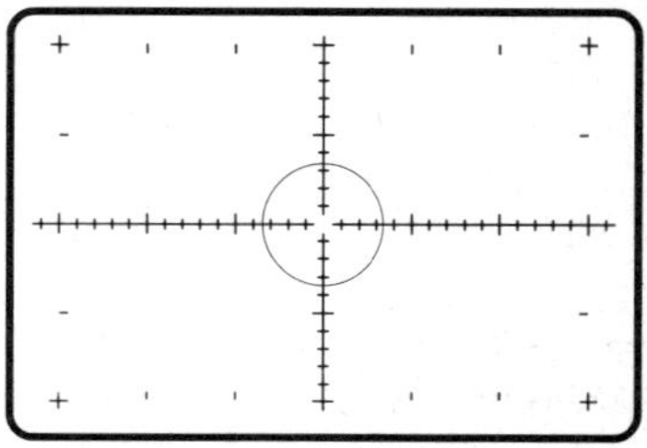

Typ H

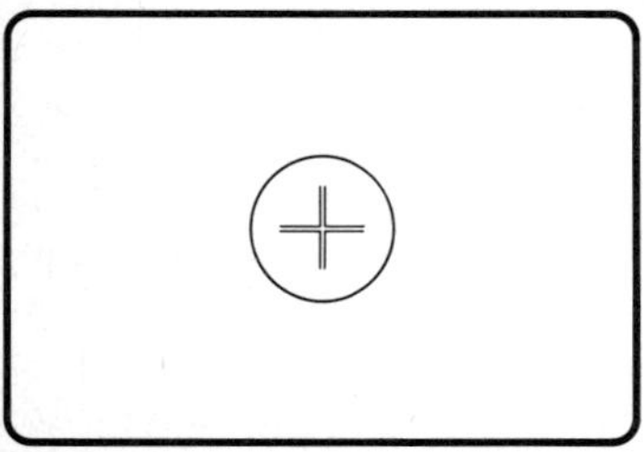

Typ I

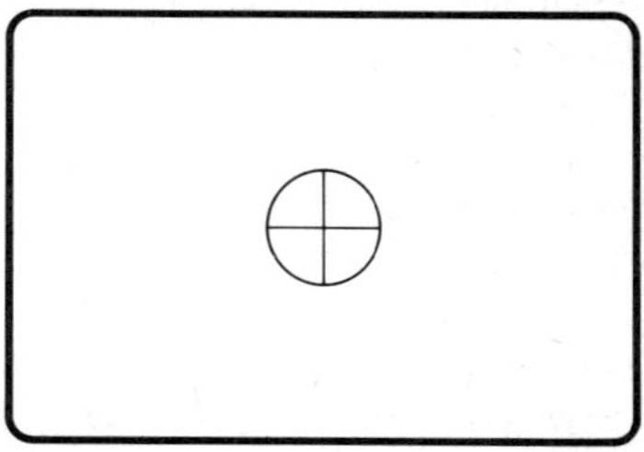

Typ L

Die Schärfentiefekontrolle

Für die Überprüfung bzw. die Steuerung der Schärfentiefe, des Schärfebereichs gibt es an der AE-1 PROGRAM zwei grundsätzliche Möglichkeiten: Die Schärfentiefeskala der Objektive oder die Abblendmethode. Der Unterschied dieser beiden Einrichtungen liegt in der Möglichkeit der visuellen bzw. nicht visuellen Schärfentiefekontrolle. Was heißt das? Die Schärfentiefeskalen der Objektive weisen Schärfebereiche auf rechnerischer Basis aus; die selbstverständlich auch stimmen. Eines können sie aber nicht, Ihnen auch visuell die Wirkung des gewählten Schärfebereichs auf das Bild zeigen: Vielleicht fotografieren Sie ein tiefgestaffeltes Motiv und möchten sicher gehen, daß der Schärfenbereich bei der gegebenen Blende ausreicht bzw. richtig gelagert ist. Oder es kommt Ihnen darauf an, den Beweis für die Wirkung der Hintergrundunschärfe auf das scharfe Vordergrundmotiv zu erhalten, so wie Sie es bei der Offenblendebeobachtung durch Ihr Teleobjektiv entdeckt haben; Sie sind sich aber nicht sicher, ob bei Blendenautomatikbetrieb z. B. die ermittelte Blende (Zufalls-Blende) diesen Effekt noch bringt. In diesem Fall kann der Schärfenbereich durch vorübergehende Arbeitsblenden-Einstellung überprüft werden. Interessant dagegen sind die Schärfentiefeskalen der Objektive dann, wenn es nur darum geht, bei Schnappschüssen und Serienaufnahmen z. B., in einem bewußten und planbaren Schärfebereich arbeiten zu können.

Abblenden mit der Abblendtaste

Grundsätzlich gilt: Verwenden Sie ein FD-Objektiv, sollten Sie auf jeden Fall vor der Schärfentiefekontrolle den Schnellschalthebel betätigen, damit der Verschluß gespannt wird. Tun Sie es nicht, kann es passieren, daß sich die Blende bei der Schärfentiefekontrolle nicht voll, das heißt, auf kleinere Werte schließen läßt; das hängt wiederum davon ab, mit welcher Blende die vorhergehende Aufnahme belichtet wurde. Um diesen unnötigen Rätseleien aus dem Wege zu gehen, spannen Sie also erst den Verschluß und prüfen dann die Schärfentiefe. Sie bewirken damit, daß der Blendensimulatorhebel des Objektivs wieder in seine Grundstellung zurücklaufen kann – womit dann das Öffnen und Schließen der Blende in vollem Umfang möglich ist.

Zur Schärfentiefeprüfung eingedrückter Abblendschieber der AE-1 PROGRAM (Abb. links) und die am FD-Objektiv aus der Automatikposition „A" entriegelte Blendenskala (Abb. rechts). Damit der Abblendschieber arretiert bleibt, muß das Minischarnier hochgeklappt werden.

Haben Sie den Verschluß gespannt, stellen Sie nun die geplante Blende manuell am Objektiv ein. Oder Sie ermitteln bei Einstellung auf Blendenautomatikbetrieb zunächst die zu erwartende Blende im Sucher (durch sanften Druck auf den Auslöser oder eine der Belichtungsprüftasten).

Zur Prüfung der Schärfentiefe wird anschließend zuerst der Blendenring des Objektivs aus seiner Automatikposition „A" entriegelt, die im Sucher ermittelte Blende auf den Blendenring übertragen – im Falle der oben erwähnten manuellen Belichtungssteuerung schon gegeben – und dann der Abblendschieber eingedrückt. Er rastet ein, wenn das kleine Scharnier am Abblendschalter hochgeklappt wird. (Ein Druck auf dieses kleine Scharnier hebt nach der Schärfentiefeprüfung die Arbeitsblendenposition des Objektivs wieder auf.)

Die Blende schließt jetzt auf den vorgewählten Wert und Sie können deutlich die Schärfeverteilung in Ihrem gewählten Bildmotiv sehen. Gefällt Ihnen die zu beobachtete Schärfentiefe nicht, wählen Sie eine andere Blende solange, bis alles Ihren Vorstellungen entspricht. Sie müssen sich anschließend wohl den gewünschten Blendenwert merken, um ihn nach Rückstellung auf Automatik durch entsprechende Zeitvorwahl zu erreichen.

Anmerkungen:

- *Der Abblendschieber kann nur gedrückt werden, wenn zuvor das Objektiv aus seiner Automatikposition „A" entriegelt wurde. Eine gute Sicherheit gegen Fehleinstellungen. Außerdem weist die LED-Anzeige „M" auf die Aufhebung der Blendenautomatiksteuerung hin.*
- *Stellen Sie den Blendenring nach der Schärfentiefeprüfung wieder auf Automatikposition, wenn Sie nicht eine Blendenkorrektur gegenüber der Automatikanzeige durchführen wollen (siehe Belichtungskorrektur). Zuvor muß jedoch der Abblendschieber erst wieder entriegelt und das Objektiv vor Automatikbetrieb manuell einmal voll aufgeblendet werden. Die Begründung dafür liegt in der Tatsache, daß FD-Objektive bei Kamera-Direktkontakt nicht für Arbeitsblendenmessung eingerichtet sind (siehe dazu Seite 96). Die hier beschriebenen Bedienungsgänge stellen aber bereits einen Schritt dazu dar.*
- *Bei direkt an die Kamera angesetztem FD-Objektiv führt die Belichtung bei gedrücktem Abblendschieber zur Fehlbelichtung (siehe dazu Seite 96).*

Die Schärfentiefeskala des Objektivs

Kommt es Ihnen nicht so sehr darauf an, die Wirkung des Schärfebereichs optisch zu prüfen, sondern nur darauf, den Bereich in Metern zu kennen, bietet die Schärfentiefeskala der Canon-Objektive die schnellere und bequemere Hilfestellung. Das Objektiv hat zwischen Blenden- und Entfernungsring eine Schärfentiefeskala aufgedruckt. Sie besteht aus einem Paar gleicher Blendenzahlenreihen, die sich zu beiden Seiten des Haupteinstell-Indexes gleichmäßig aufsteigend befinden.

Das Ablesen des Schärfentiefebereichs ist bei den verschiedensten Entfernungseinstellungen sehr einfach. Haben sie zum Beibpiel die Blendenskala auf den Wert 8 eingestellt (wie auf unserem Foto am Beispiel eines Normalobjektivs f = 50 mm dargestellt) würde bei der Entfernungseinstellung auf 3 m, in diesem Fall laut Schärfentiefeskala ein Schärfenbereich von etwa 2,4 m bis 4,5 m zur Verfügung stehen. Dieser Bereich ergibt sich optisch auf der Meterskala, wenn Sie die beiden Indexstriche der Blenden 8 auf der Schärfentiefeskala auf die Meterskala verlängern.

Anmerkung:

Die Kontrolle der Schärfentiefe auf diesem Wege ist auch bei automatischer Blendensteuerung und Programmautomatiksteuerung möglich (wenn Sie die Blende nicht vorwählen); da Sie ja bei der Belichtungsprüfung im Sucher auch die vom Computer ermittelte Aufnahmeblende ablesen können.

FD-Objektiv in Aktion zur Schärfentiefeabstimmung per Schärfentiefeskala. Blende 8 ist vorgewählt, und daher gilt als Schärfezone der Meterbereich zwischen den beiden „8" auf der Skala unter dem Meter-/feetring. Die Abbildung zeigt auch den Infrarot-Index. Ein (in natura) roter Punkt neben der rechten „4" auf dem Schärfentiefenring.

Der Infrarot-Index

Die Canon-Objektive haben auf ihrer Schärfentiefeskala eine Gravur, die als „Infrarot-Index" bezeichnet wird. Es ist ein roter Punkt auf den FD-Objektiven und ein kleines rotes R bei den FL-Objektiven.

Mit dieser Hilfsmarkierung kann die Schärfeeinstellung bei Verwendung von Infrarotfilm korrigiert werden. Die Schärfeeinstellung muß in diesem Fall korrigiert werden, da Infrarotstrahlen längerwellig sind als die Strahlen des sichtbaren Lichtes, sie werden schwächer gebrochen und schneiden die optische Achse etwas hinter den Strahlen des sichtbaren Lichtes. Da man also das von Infrarotstrahlen entworfene Bild nicht sieht, kommt es beim Scharfeinstellen auf übliche Weise zu Unschärfen, wenn diese Einstellung nicht korrigiert wird. Sie erhalten auch auf diesem Gebiet einwandfrei scharfe Aufnahmen, wenn Sie folgendes beachten: Stellen Sie zunächst auf gewohnte Weise scharf auf Ihr Motiv ein und lesen Sie anschließend die Position der Entfernungsskala gegenüber dem Haupt-Entfernungs-Einstellindex ab. Den hier ermittelten Entfernungswert, z. B. 5 m, verstellen Sie dann um soviel, daß er dem roten Index-Punkt gegenüber steht. Etwas schwieriger wird das bei Scharfeinstellungen, die Entfernungswerte zwischen den sichtbaren Zahlenwerten ergeben. Man kann sich hier mit kleinen Streifen von Selbstklebe-Etiketten helfen. Haben Sie scharf eingestellt, markieren Sie die Position auf der Entfernungsskala am Objektiv mit einem solchen Klebestreifen; diese Markierung können Sie dann leicht auf den Infrarot-Index führen.

Bei Schwarzweiß-Infrarotaufnahmen muß der größte Anteil des sichtbaren Lichtes zurückgehalten werden. Dazu verwendet man ein dunkles Rotfilter (im Canon-Programm das R-1). Bei Verwendung von Infrarot-Farbfilm ist dies nicht erforderlich. Für alle Fälle beachten Sie die Empfehlungen der Filmhersteller zur Belichtung.

Die Belichtungsmessung

Das Innen-Meßsystem der AE-1 PROGRAM arbeitet wie bei der Schwesterkamera AE-1 mit der hochempfindlichen, schnell reagierenden Silizium-Fotozelle. Man spricht deshalb von Messung in „Echtzeit" - verzögerungsfrei auch bis zur Anzeige der Meßdaten.
Bei der AE-1 PROGRAM wird die Gesamthelligkeit des Sucherbildes mit starker Mittenbetonung gemessen. Diese Integralmessung (zu deutsch Ganzfeldmessung) kommt bezogen auf das Hauptmotiv, meist in der Bildmitte liegend, einer Art Teilselektivmessung sehr nahe.
Das Prinzip der Integralmessung mit Mittenbetonung wird am Bildbeispiel mit den Meßzonenlinien deutlich. Der Bereich mit den enger zusammenliegenden Linien wird bei der Messung leicht vernachlässigt. Betrachten wir einmal die Querformataufnahme, dann wird verständlich, daß bei der Konzeption dieses Meßverfahrens die herkömmliche Landschaftsaufnahme (inbegriffen vergleichbare Ferien- und Reisefotos) Pate gestanden hat. Das stärker auf die Meßzelle einfallende Himmelslicht, und von ihr auch meist zu ungunsten der übrigen Bildanteile mehr beachtet, sollte etwas kompensiert werden. Genaugenommen trifft das Gesagte gar nicht einmal nur auf die Landschaftsaufnahmen zu. Eigentlich erhalten fast alle Motive draußen das meiste Licht von oben. Auch bei Innenaufnahmen möchte ich an das meist vorhandene Oberlicht erinnern. Ausnahmen gibt es bekanntlich überall.
Die Frage, ob dabei Hochformataufnahmen wie Querformataufnahmen bemessen werden können, beantwortet meines Erachtens das Hochformat-Bildbeispiel mit den Meßzonenlinien. Halten Sie im entsprechenden Falle die Kamera stets so, daß der Bildsektor mit dem größeren Hellanteil dem Oberteil der Kamera gegenüberliegend angemessen wird.

Schematische Darstellung der mittenbetonten Integral-Belichtungsmessung – die Zonenlinien erläutern die Meßbetonung. Je enger der Linienabstand ist, desto mehr wird in dieser Zone das reflektierte Motivlicht abgehalten. Die Seitenflanken des Meßovals wurden neuerdings leicht abgeflacht, um auch bei Hochformataufnahmen den besseren Effekt der Mittenbetonung zu erhalten. Ich zeige Ihnen hier drei Schemata der Meßzonenlinien. Sie erläutern die Messung jeweils mit einem 28-mm-, 50-mm- und 135-mm-Objektiv. Hier wird deutlich, daß man ein Teleobjektiv auch zur „Spot"messung einsetzen kann, wenn Nahmessung mit einem Weitwinkel nicht möglich ist. Der engere Bildwinkel des Tele vergrößert auch die Mittenmeßzone.

Hier wird an Hand der Meßzonenlinien auch deutlich gemacht, wie bei Hochformataufnahmen auch die seitlich, senkrecht verlaufenden zu hellen Motivbereiche bei der Messung berücksichtigt werden können. Je nach Lage der hellen Zone halten Sie Ihre Kamera mit der Oberseite nach links oder rechts.

Abbildung unten links zeigt einen Ausschnitt der Kamera-Vorderseite mit der Meßwertspeichertaste oben und der Belichtungsprüftaste darunter (siehe Pfeil).

Zudem sind auch die Seiten des Ovals (bezogen auf das Film-Querformat) mehr abgestumpft als bei der Meßcharakteristik der bisherigen AE-1. Dadurch erfolgt auch bei Hochformataufnahmen eine Dämfpung des Himmelslichtes usw.
Es hat schon immer viele Diskussionen darüber gegeben, welche Meßmethode vorzuziehen sei, die integrale oder die selektive. Grundsätzlich kann das Ansichtssache des einzelnen Hobbyfotografen etc. bleiben, bezogen auf seine Arbeitsweise. Es gibt Aufnahmesituationen/Motivbereiche, die mit der Integralmessung leicht zu bewältigen sind und die wiederum auch in den Tätigkeitsbereich einer bestimmten Anwendergruppe fallen. Ich meine die zwar ernsthaft interessierten, aber der Fototechnik nicht bis zur letzten Konsequenz verfallenen Hobbyfotografen. Die Tüftler, Semi-Profis, die alles mehr selber überdenken und beeinflussen möchten, brauchen dagegen etwas mehr Spielraum. Sie suchen den Vergleich, wollen abwägen. Daß heißt also in unserem Fall hier, selektive Messung – mögliche Ausschnittmessung. Es ist andererseits logisch, daß die Integralmessung dem Sinn der Automatik entspricht; schnelle sichere Steuerung auf eine Durchschnittsbelichtungsmessung hin, vor allem bedienengstechnisch gesehen vereinfacht ablaufend. Im Konzept der Automatik steht erst an zweiter Stelle die Möglichkeit für eine individuelle Steuerung. Ich möchte an dieser Stelle, wo gerade die Meßcharakteristik anhand der Meßzonenlinien demonstriert wird, auf die Möglichkeit der selektiven Belichtungsmessung mit einem Teleobjektiv hinweisen. Die Abbildungen Seite 71 machen dies überdeutlich. Mit zunehmender Brennweite vergrößert sich durch den enger werdenden Bildwinkel nicht nur der Bildausschnitt, sondern auch die mittenbetonte Meßzone des Belichtungsmessers.

Meßwertspeicherung für selektive Objektmessung/ Lichtmessung

Eine besondere Taste am Bajonettring der AE-1 PROGRAM hat eine interessante Doppelfunktion: sie kann zur Belichtungsprüfung herangezogen werden, dient aber in erster Linie zur Meßwertspeicherung; das heißt, mit dieser Taste können Sie den soeben von der Automatik ermittelten Meßwert fixieren/festhalten. Das eröffnet viele Möglichkeiten für individuelle gezielte Belichtungsmessungen.

a) Man kann bei größeren Aufnahmedistanzen aus einem Gesamtbild das wichtigste Detail gezielt nah „herausmessen", den ermittelten Meßwert fixieren und sich wieder in die ursprüngliche Aufnahmeposition begeben.
b) Sie können die Aufnahmeposition auch beibehalten und so verfahren: Um eine exakte Belichtung des bildwichtigen Details zu erhalten, messen Sie eine Fläche gleicher Helligkeitsstufe an. Zum Beispiel ist ein helles Gesicht Ihr Motiv, messen Sie ein gelbleuchtendes Kornfeld an; sind Personen im Schnee das Motiv, dient eine Baumgruppe oder Holzwand als Meßhilfe.
c) Möchten Sie bei Motiven im Gegenlicht keine Nahmessung durchführen oder können es auch evtl. garnicht, dann ist das Prinzip der Lichtmessung anzuwenden. Das heißt, es wird das Licht gemessen, das auf das Motiv fällt. Dazu muß man sich mit der Kamera um 90° drehen, den Horizont oder das Raumlicht messen und den ermittelten Meßwert ebenfalls mit der Speichertaste fixieren. Das Motiv wird jetzt so belichtet wie bei Aufnahmen mit dem Hauptlicht im Rücken der Kamera.
d) Zum Ausgleich von Lichtkontrast-Unterschieden bei der Belichtungsmessung gibt es noch eine andere Möglichkeit, wenn man sich mehrere Vergleichsmessungen auf verschiedene Hell-/Dunkel-Bildanteile ersparen will. Man mißt formatfüllend aus nicht zu kurzer Distanz eine Graukarte oder einen grauen Karton (mittleres Grau) an. Der dabei ermittelte Meßwert wird fixiert und zur Aufnahme verwendet. In vielen Fällen – in Ermangelung eines grauen Kartons – hilft auch die angemessene menschliche Hand.
Für die Meßwertspeicherung müssen Sie die Speichertaste nicht bis zur Verschlußauslösung gedrückt halten. Zur Belichtungsprüfung/-messung drücken Sie den Zweistufenauslöser der Kamera oder des MA-Motors. Soll der angezeigte Meßwert gespeichert werden, drücken Sie gleichzeitig einmal die Speichertaste. Danach bleibt nur der Auslöser gedrückt. Dies hat den Vorteil, daß Sie die linke Hand wieder frei haben, um eventuell noch einmal nachfokussieren zu können.

Merksatz:

Bei der Belichtungsmessung sollten Sie sich stets die verwendete Filmart in das Gedächtnis rufen. Um optimale Ergebnisse zu gewährleisten, müssen Sie im Falle erhöhten Motivkontrastes bei Verwendung von Negativmaterial auf die dunkleren Bildpartien messen und bei Verwendung von Umkehrmaterial auf die Lichter betont.

Die Belichtungskontrolle

Eine Belichtungskontrolle im wahrsten Sinne des Wortes ist nur erforderlich und angebracht bei automatisch gesteuerter Kamera. Eine manuelle Belichtungseinstellung erfordert im Prinzip keine nochmalige Überprüfung.

Bei der AE-1 PROGRAM (mit Automatiksteuerung), bei der die Werte eines Belichtungsfaktors vorwählbar sind und die Werte des anderen Faktors automatisch beigesteuert werden, oder bei Einstellung auf Programmautomatik beide Faktoren in Kombinationen automatisch bestimmt werden, liegt die Sache so: Ist zum Beispiel bei der AE-1 PROGRAM eine Verschlußzeit vorgewählt, weiß man noch nicht, ohne einen Blick durch den Sucher, ob überhaupt eine Blenden-/Zeitpaarung zustande kommt – Unterbelichtungs- bzw. Überbelichtungsgefahr besteht – oder welche Blendenstufe der Kamera-Computer der vorgewählten Verschlußzeit zugeordnet hat und ob die gebildete Kombination den eigenen Vorstellungen entspricht. Man muß also im Sucher nachschauen, vor der Verschlußauslösung. Ohne Kontrolle könnte es zu Fehlbelichtungen kommen, denn die Kamera hat in dieser Beziehung keine Auslösersperre eingebaut.

Für die Belichtungskontrolle gibt es an der AE-1 PROGRAM mehrere Möglichkeiten. Da ist erstens der Zweistufenauslöser, zweitens die Belichtungsprüftaste und drittens die Meßwertspeichertaste. Ist das Motor-Antriebssystem MA angesetzt, erweitern sich die Kontrollmöglichkeiten um je einen Auslöser am Motorteil und am Energieteil – es sind Zweistufenauslöser wie der Kamera-Auslöser.

Es hat seinen besonderen Grund, daß die Belichtungsprüftaste und die Meßwertspeichertaste in Aufnahmerichtung gesehen links neben dem Kamerabajonett am Kameragehäuse angeordnet sind: Sie können so mit der linken Hand (Zeigefinger oder Daumen) bedient werden. Dies ist erforderlich, will man die Belichtungswerte prüfen und gleichzeitig korrigieren – die Verschlußzeit ändern mit der rechten Hand. Und nur auf diese Bedienungsweise ist es möglich, die Meßwerte zu speichern (fixieren) – bei folgender Auslösung.

Die Belichtungs- (und Funktions)Kontrolle ist bei der AE-1 PROGRAM auf besonders übersichtliche Weise möglich. Das Auge am Sucher übersieht sofort eindeutig die Situation auf einer maskierten zweifarbigen Digital-LED-Anzeigeskala. Diese Leuchtziffern- und Leuchtzeichen-Skala ist deshalb als maskiert zu bezeichnen, weil zum Beispiel immer nur ein Blendenwert, der in Frage kommende, angezeigt wird. Ebenso erscheinen auch die Zusatzzeichen nur bei entsprechender Belichtungssteuerung.

Anmerkung:

Falls Sie bei der Bedienung eines der Auslöser oder einer Prüftaste keine LED-Anzeige haben, überprüfen Sie folgende Details: hat die Batterie genügend Spannung? Steht der Mehrzweck-Hebel (Selbstauslöserhebel) in Position „L" – alle Kamera-Funktionen abgeschaltet? Während der Belichtungskontrolle erfahren Sie, ob die Belichtungswerte ausreichen – wenn nicht, blinkt die rote LED-Blendenanzeige entweder als Warnung vor Über- bzw. Unterbelichtung.

Überbelichtungs- und Unterbelichtungswarnung

Bei Über-/Unterbelichtungswarnung (blinkender Blendenwert) müssen Sie je nach programmierter Automatik, ganz pauschal gesagt, eine andere Verschlußzeit vorwählen, ein Graufilter, einen niedriger- bzw. höherempfindlichen Film oder ein Blitzgerät einsetzen. Das hängt ganz davon ab, welcher Spielraum z. B. bei der Zeitvorwahl noch zur Verfügung steht.

Beispiele für die einzelnen Belichtungssteuerungen:

a) Blinkt bei Blendenautomatiksteuerung die Blendenzahl „32" bedeutet dies Warnung vor Überbelichtung; die Verschlußzeit muß solange verkürzt werden bis diese Zahl nicht mehr blinkt. Ist die kürzeste Verschlußzeit von $^{1}/_{1000}$ Sek. bei der Vorwahl erreicht, und blinkt die Blendenzahl 32 immer noch, muß ein Graufilter (Lichtreduzierfilter) eingesetzt werden. Dies ist m. E. der einzig praktikable Weg während der Aufnahmen mit ein und demselben Film. Die auch angezeigte Verwendung eines geringerempfindlichen Films ist wohl mehr Theorie, denn wer wechselt schon je nach Lichtsituation einen halb belichteten Film hin und her. (Vorteilhaft ist Zweit-Kameragehäuse).

   Anmerkung:

   Die Ziffer „32" blinkt bei Überbelichtungsgefahr unabhängig davon, ob das eingesetzte Objektiv die kleinste Blende 32, 22 oder 16 hat. Es ist also nicht schon damit getan, durch entsprechende Verschlußzeitverkürzung die Blinkwarnung aufzuheben, sondern man muß sich auch vor Augen führen, welche Blendenskala das eingesetzte Objektiv hat. Blinkt die Blendenzahl 32 beim Einsatz des FD 1,4/50 mm mit kleinster Blende 22 nicht, so führt dies doch noch zu einer Fehlbelichtung,

Darstellung der Über- und Unterbelichtungswarnung im Sucher der AE-1 PROGRAM; blinkende Blendenwerte. Unterbelichtungswarnung bei Programmautomatik z. B. wie Abb. links (Überbelichtung zeigt blinkende 16 – nicht abgebildet). Unterbelichtungswarnung bei Blendenautomatik z. B. wie Abb. Mitte und Überbelichtungswarnung immer bei 32.

denn die in der Meßanzeige angedeutete Steuerung mit Blende 32 schafft ja das FD 1,4/50 mm nicht. Die Verschlußzeit ist in diesem Fall so zu regeln, daß der Blendenwert 22 als letzte kleinste Stufe angewendet wird.
Eine andere Gangart ist hier nicht möglich. Unterschiedlich lange Blendenskalen können der Elektronik nicht eingegeben werden. So wurde sie auf die kleinste im Canon Objektiv-Programm vorkommende Blende 32 programmiert. Ab hier auf die Objektive mit größerer Endöffnung einzusteuern ist ja wie vorher gesagt nicht schwer.

b) blinkt bei Programmautomatiksteuerung die Blendenzahl „16“ gilt dies ebenfalls als Überbelichtungswarnung. Daß es hierbei nicht auch die Blendenzahl 32 ist, liegt am Kupplungsbereich der Programmautomatiksteuerung. Er beginnt oder endet – ganz wie man's nimmt – mit der Blenden-/Zeitkombination: Blende 16 und $^1/_{1000}$ Sek. und führt weiter über Blende 11 und $^1/_{500}$ Sek. bis zur möglichen größten Objektivblende mit der entsprechenden längeren Verschlußzeit – zur Blende 2,8 gehört die Verschlußzeit $^1/_{30}$ Sek. Die Kombinationen selbst sind also konstant (wobei in der Praxis stufenlos gesteuert wird). Eines funktioniert dadurch nicht, daß der Blendenwert 22 in Funktion tritt; daß hieße Verschiebung der Blenden-/Zeitkombinationen. Alle Objektive werden also bei Programmautomatik nur bis zur Kombination Bl 16 – $^1/_{1000}$ Sek. gesteuert, selbst, wenn eine Belichtung mit Blende 22 im Falle der Blendenautomatiksteuerung möglich wäre. Möchte man den vollen Bereich der Abblendung nutzen, muß man die Automatiksteuerung wechseln. Bei Programmautomatiksteuerung kann die Überbelichtungsgefahr nur mit einem Graufilter gebannt werden (oder wenn es die Situation erlaubt, durch Filmwechsel – niedrigerempfindlicher Typ).

c) haben Sie Blendenautomatiksteuerung gewählt und blinkt eine kleinere Blendenzahl als diejenige, die der maximalen Öffnung des Objektivs entspricht oder die gleiche (z. B. 2,8-1 beim Einsatz des FD 2,8/100 mm) bedeutet dies Warnung vor Unterbelichtung. Die Belichtung müßte laut Meßelektronik mit größerer Blende erfolgen, die das Objektiv aber nicht leistet. Verlängern Sie die Verschlußzeit solange, bis gemäß unserem Beispiel die Blendenzahl 2,8 in der Anzeige erscheint und nicht blinkt. Ist die längste Verschlußzeit von 2 Sek. dabei erreicht und die blinkende Blendenzahl bleibt in der Anzeige, ist der Einsatz eines Blitzgerätes gefordert oder, was wieder mehr Theorie ist, wenn kein Zweit-Kameragehäuse zur Verfügung steht, die Verwendung eines höherempfindlichen Films.

d) Im Falle der Programmautomatiksteuerung blinkt bei Unterbelichtungswarnung die Blendenzahl die der maximalen Öffnung des eingesetzten Objektivs entspricht (z. B. bei Einsatz des FD 1,4/50 mm blinkt die Zahl 1,4 oder beim FD 4,0/200 mm die Zahl 4). Abhilfe schafft hier ebenfalls nur Blitzeinsatz oder eine andere Zusatzbeleuchtung (bzw. höherempfindlicher Film).

Anmerkung:

Wie bereits an anderer Stelle gesagt, werden nur ganze Blendenstufen angezeigt. Bei Objektiven mit maximalen Öffnungen wie 1:1,2; 1:3,5 usw. wird die Warnung durch Blendenzahlen wie 1,4 oder 1 bzw. 2,8 oder 4 erfolgen.

Die Belichtungskorrektur

Legt man die normale Aufnahmesituation zugrunde – den ausgewogenen Motivkontrast –, kann man davon ausgehen, daß der integral (das Ganzfeld) messende Belichtungsmesser für optimale Belichtung sorgt.

Was nun ist als normale Situation bzw. ausgewogener Motivkontrast zu bezeichnen? Pauschal kann man sagen, ausgewogener Kontrast bedeutet Hell und Dunkel gleich anteilig und dazu gleich verteilt. Übertragen wir diesen Gedanken zum besseren Verständnis auf Schwarz und Weiß, ergäbe sich eindeutig Grau. Und so ist

denn auch der Belichtungsmesser interessanterweise auf einen mittleren Grauwert geeicht. Das bedeutet, daß das Meßgerät alle Messungen auf diesen Grauwert bezieht. Deshalb wird eine rein weiße Fläche, vollformatig aufgenommen, niemals rein weiß wiedergegeben, sondern hellgrau; umgekehrt eine schwarze Fläche nicht tief schwarz, sondern dunkelgrau. Anhand dieses Vergleichs ist es nun möglich, auf die außergewöhnlichen Situationen überzuleiten. Stellen Sie sich vor, daß der Hellanteil überwiegt und den Belichtungsmesser maßgeblich beeinflußt. Wenn wir uns wieder ins Gedächtnis zurückrufen, daß Hell (weiß) auf mittleres grau gestuft wird, dann muß ja eine kleinanteilige dunklere Zone zwangsläufig unterbelichtet werden. Dies ist umgekehrt, wenn der Dunkelanteil (braune und schwarze Flächen) überwiegt, zwangsläufig wird dann der kleinere Hellanteil überbelichtet.
Ganz typisch für diese Aussagen ist im ersten Fall die Gegenlichtaufnahme, deren Vordergrundstaffage je nach Intensivität des einfallenden Lichts bis schwarz erscheint, wenn man nicht korrigiert. Ein typisches Beispiel für Fall zwei ist die Aufnahme inmitten eines dunkleren Torbogens, innerhalb von Arkaden etc., die Lichter, sprich der helle Hintergrund (z. B. Himmel), erscheinen „ausgefressen", auch sie haben keine Zeichnung mehr.
Weitere Beispiele für dominierende Helligkeitsanteile sind die Schneelandschaft und der sommerliche Sandstrand. Für dominierende Dunkelanteile gibt es das Beispiel Nachtaufnahme bei Straßenbeleuchtung.

Merksatz:

In allen genannten Situationen kommt es auch auf das vorherrschende Licht ganz allgemein an. Ein wolkenverhangener Tag vermittelt geminderte, aber weichere Beleuchtung, grelle Sonne mehr Licht und Schatten. Wichtig ist auch zu wissen, daß sich bei Aufnahmen von Schneelandschaften insofern Unterschiede ergeben, als Schnee, von greller Sonne beschienen, mehr Licht auf evtl. Personen bzw. sonstige Motivteile reflektiert als diffuse Beleuchtung.

An dieser Stelle ist auch ein Hinweis auf die durch die Filmempfindlichkeitseinstellung mögliche Belichtungskorrektur angebracht.

Die Veränderung der Filmempfindlichkeit

Belichtungskorrektur auf diese Weise bedeutet die Möglichkeit für feinstufigste Korrektur; denn jede Verstellung um eine ASA- bzw.

DIN-Stufe wirkt wie $^1/_3$-Blenden- oder Zeitstufe. Drei DIN-Stufen (z. B. von 18 auf 21) oder ASA-Stufen (z. B. 50 auf 100) entsprechen einer vollen Blenden- bzw. Belichtungszeitstufe.
Wie funktioniert das nun in der Praxis? Nehmen wir an, es ist ein Film mit der Empfindlichkeit 100 ASA (21 DIN) in die Kamera eingelegt und diese Empfindlichkeit auch an der Kamera fixiert worden. Jetzt kommt es darauf an, ob Sie eine Pluskorrektur oder Minuskorrektur vornehmen möchten. Pluskorrektur bedeutet Überbelichtung oder Mehrbelichtung; erforderlich z. B. bei Gegenlichtaufnahmen, wenn die Schattenpartien mehr oder überhaupt Zeichnung erhalten sollen. Minuskorrektur bedeutet Unterbelichtung bzw. weniger Belichtung; diese wird evtl. erforderlich, wenn Sie in Räumen in Richtung Fenster fotografieren, aus Torbögen heraus in bestimmte Hellzonen (Himmel) hinein zielen. Damit die Lichter nicht „ausgefressen" – ohne jede Durchzeichnung – erscheinen, wird die Belichtung reduziert.
Zur Pluskorrektur kommt es, wenn Sie (laut unserem Beispiel oben) 50 ASA anstatt 100 ASA (18 DIN anstatt 21 DIN) einstellen. Dem Meßwerk der Kamera wird damit ein niedrigerempfindlicher Film als der eingelegte suggeriert. Hat das Meßwerk bei der tatsächlichen Empfindlichkeit Blende 5,6 plus $^1/_{125}$ Sek. ermittelt, so wird es nun, bei veränderter Filmempfindlichkeitseinstellung auf ASA 50, Blende 4 auf $^1/_{125}$ Sek. kombinieren. Bei Programmautomatik wird's durch die Kombination von Zeit- und Blendenstufen zur halbstufigen Veränderung kommen. Anstatt Blende 5,6 plus $^1/_{125}$ Sek. wird die Steuerung Blende 4,8 plus $^1/_{90}$ Sek. ca. wirksam. Der eingelegte 21-DIN (100-ASA)-Film wird in diesem Fall um eine Belichtungsstufe überbelichtet. Für die Korrektur in kleinerem Ausmaß genügt, wie bereits an anderer Stelle gesagt, die Einstellungsänderung in Einzel-DIN- bzw. ASA-Schritten.
Die Minuskorrektur ergibt sich durch Einstellung einer höheren Empfindlichkeit als derjenigen des eingelegten Films. Das Meßwerk vermutet also einen höherempfindlichen Film und schließt die Blende (bzw. verkürzt die Belichtungszeit anteilig bei Programmautomatik) entsprechend.
Die Belichtungskorrektur kann aber aus noch einem anderen Grund vorgenommen werden. Es kann vorkommen, daß ein Kamera-Belichtungsmesser mit seiner Grundeichung von der Filmempfindlichkeit leicht abweicht. Vermuten Sie dahinter aber bitte

keinen ernsthaften Konstruktionsfehler. Erstens ist die Abweichung (wenn) minimal (evtl. eine $^1/_3$ Blendenstufe) und zweitens kann auch das Filmmaterial mit seinen Unterschieden leichte Toleranzen bringen. Es kann auch ganz anders sein: Zahlreiche Hobbyfotografen lieben zarte Farben (Pastelltöne), andere wiederum schwere satte Farben. Darauf ist ein Belichtungsmesser selbstverständlich nicht geeicht. In allen Fällen schlagen Sie nun folgenden Weg für die Eichung des Belichtungsmessers ein: Sie machen drei Probebelichtungen vom gleichen Motiv zum gleichen Zeitpunkt, bei jeweils unterschiedlicher ASA-Einstellung. Das bedeutet: Haben Sie einen Film mit einer Empfindlichkeit von 100 ASA eingelegt, belichten Sie eine Aufnahme mit der Einstellung 100 ASA, eine weitere bei Einstellung 125 ASA und die dritte Aufnahme bei Einstellung 80 ASA.
Nach der Filmentwicklung (verwenden Sie übrigens am besten Umkehrfilm für den Test) sehen Sie da garantiert sofort, welche der drei Belichtungen richtig ist, bzw. im anderen Fall Ihnen zusagt, ob Sie Ihrem Wunsch nach Farbsättigung entspricht oder nach Pastelltönen. Dies kann nun für die Zukunft bedeuten, daß unter Umständen die ASA-Skala Ihrer Kamera auf den Wert 64 eingestellt werden muß, obwohl der Film eine Empfindlichkeit von ASA 50 angibt. Eine solche Verschiebung gilt dann selbstverständlich für alle Filme (z. B. bei eingelegtem 400-ASA-Film wird ASA 500 eingestellt usw.).

Anmerkung:

Je kleiner die ASA- bzw. DIN-Zahl, je weniger empfindlich ist der Film; je größer die ASA- bzw. DIN-Zahl, desto empfindlicher ist er. Zum Beispiel: Sie haben einen Film mit ASA 100 eingelegt, die Automatik ergibt die Messung Blende 5,6 : $^1/_{125}$ Sek. Unter gleichen Motivbedingungen würde jetzt ein eingelegter Film mit ASA 200 die Messung Blende 8 : $^1/_{125}$ Sek. (oder auch Blende 5,6 : $^1/_{250}$ Sek.) ergeben. Sie haben eine Belichtungsstufe Lichtgewinn. Umgekehrt wird ein Film mit ASA 50 die Messung Blende 4 : $^1/_{125}$ Sek. usw. ergeben, denn die Empfindlichkeit ist um eine Belichtungsstufe geringer. Die Filmempfindlichkeiten zwischen z. B. ASA 50 und 100 (ASA 64 und 80) ergeben unter gleichen Aufnahme-Bedingungen Abweichungen um $^1/_3$-Belichtungsstufen.

Meßwertspeicherung

Die Möglichkeiten der Meßwertspeicherung durch die Meßwertspeichertaste und bei Beginn des Selbstauslöservorlaufs wurden bereits in den betreffenden Abschnitten erwähnt.

Eigentlich möchte ich dabei nicht pauschal von Korrektur sprechen; obwohl es indirekt auch so etwas ist. Nehmen wir als Beispiels die Nahmessung, die wir durchführen, um ein wichtiges Motivdetail aus einem Gesamtmotiv herauszumessen, oder um bei Gegenlichtaufnahmen eine Unterbelichtung der Vordergrund-Staffage zu verhindern. Bis hierher muß man eher von selektiver Messung sprechen. Korrektur wird's aber in den Fällen, wo keine gezielte Nahmessung möglich ist, weil die Näherung an das Motiv nicht funktioniert (bei Tieraufnahmen z. B.) oder nicht reicht (natürliche Hindernisse), bei Gegenlichtaufnahmen und kontrastreichen Flächenanteilen.
Hier nur noch soviel: Auch in diesem Fall wird der aus verschiedenen Teilmessungen ermittelte Richtwert bzw. der aus anderen Ersatzquellen bezogene Meßwert über die Speichertaste fixiert und die Kamera dann wieder auf's Motiv gerichtet. Es spielt übrigens dabei keine Rolle welche der Automatik-Steuerungen Sie gewählt haben (außer Blitzautomatik selbstverständlich).
Eine Erkenntnis bringt die Möglichkeit der Meßwertspeicherung noch: Ein Abschalten der Automatik für individuelle manuelle Belichtungseinstellung ist in den meisten Fällen garnicht mehr erforderlich. Sie können so gut wie fast alle Belichtungswerte durch entsprechendes Anvisieren heller oder dunklerer Flächen und Gegenstände in der Digitalanzeige ermitteln und fixieren.

Belichtungskorrektur über das Objektiv

(bei allen Automatiksteuerungen möglich)

Blenden wir hier noch einmal ein, daß für die Belichtungssteuerung zunächst die Meßanzeige im Sucher Vorgabe ist. Wir erkennen daraus, daß im Verlauf der Steuerung zwei Faktoren übereinstimmen müssen: die nach Zeitvorgabe von der Elektronik ermittelte Blende bzw. die bei Programmautomatiksteuerung gegebene Blende mit der tatsächlich wirksamen Blendenfunktion am Objektiv. Beide Faktoren stimmen auch solange bei der vollelektronischen Steuerung überein, wie die Blendenskala am Objektiv in Automatikposition steht. Ein entsprechendes Signal wird der Kamera-Elektronik direkt übermittelt, durch den Automatik-Schaltstift am Objektiv, der ins Kamerabajonett einführt (siehe dazu „Erläuterungen der Funktionsteile der Kamera").

Für die individuelle Belichtungskorrektur kann die Blendenautomatik am Objektiv aufgehoben werden. Ist dieser Zustand erreicht, erscheint im Sucher die rote LED „M“. Sie erinnert daran, daß keine Blendenautomatiksteuerung gegeben ist.
Sobald aber die Blendenskala des Objektivs auf freie Blendenwahl gestellt wird, ist die direkte Blendensteuerung zwar nicht unterbrochen, aber sie kann zu Fehlergebnissen führen, wenn nicht der bei Zeitvorwahl automatisch ermittelte Blendenwert auf das Objektiv übertragen wird; der am Blendenring des Objektivs eingestellte Wert hat nämlich Priorität und wird bei der Verschlußauslösung wirksam. An dieser Stelle wird klar, wieso eine Belichtungskorrektur per Blende (in halben Stufen) möglich ist: Man braucht nur die Digitalanzeige entsprechend zu ignorieren. Beispiel: Digitalanzeige Blende 5,6, Blendeneinstellung am Objektiv 4,8 oder 4; auf 6,8 oder 8. Damit jedenfalls nehmen Sie eine Belichtungskorrektur vor.

Anmerkung:

Obschon bei der Programmautomatiksteuerung grundsätzlich nur die Zeit-/Blendenkombination „Blende 16 und $^1/_{1000}$ Sek.“ eingesteuert wird, ist es möglich über die manuelle Blendeneinstellung auch die kleinsten Blenden 22 und 32 (wenn am Objektiv gegeben) einzusteuern – will man versuchen auf diesem Wege zu korrigieren.

Beachten Sie:

Ich erklärte an anderer Stelle, daß die Blendenanzeige in vollen Stufen erfolgt, und die Anzeige aufgrund der stufenlosen Steuerung auch ca. einen halben Blendenwert darüber oder darunter bedeuten kann (siehe Übersichtstabelle auf Seite 56). Bei Belichtungskorrektur um eine halbe Stufe ist die Wirkung daher unter Umständen nicht wie gewünscht. Aus diesem Grund ist die Korrektur über die vorübergehende Veränderung der Filmempfindlichkeitseinstellung als sicherer Faktor anzusehen, wenn auch mit Fehlermöglichkeiten behaftet, durch falsche Einstellungen bei Rückorientierung. Man sieht auch hier, wie einfach dagegen die Korrektur über die Meßwertspeicherung vorgenommen werden kann.

Die Belichtungssteuerung

Sie ist nicht zu verwechseln mit der Belichtungsmessung und -anzeige. Beides funktioniert bei allen Kameras immer automatisch. Schalten Sie das Meßwerk ein, erfolgt sofort eine Meßwertanzeige. Es schließt sich daran an die Belichtungseinstellung, die in jedem Fall insgesamt oder teilweise eine manuelle Maßnahme darstellt, wenn es sich nicht um eine vollautomatische Kamera handelt, bei der weder Zeit noch Blende eingestellt werden müssen.
Die Belichtungseinstellung ist teilmanuell, wenn nur noch einer der Belichtungsfaktoren manuell vorgewählt wird. Im Falle der AE-1 PROGRAM ist das die Verschlußzeit – die Folgesteuerung wird als Automatik bezeichnet, weil die Kamera-Elektronik automatisch die bei der Belichtungsmessung angezeigte Blende ohne Vorgabe einsteuert.
Die Vorwahl der Blende ist im Gegensatz zur Verschlußzeit auf zwei Arten möglich: Es gibt die simulierte Vorwahl bei der Offenblendemessung und die direkte Vorwahl bei der Arbeitsblendenmessung.

Die Blendenautomatik

Die AE-1 PROGRAM als Blendenautomat funktioniert so, daß nach Vorwahl der Verschlußzeit automatisch die dazu passende und von der Kamera-Elektronik (Mikro-Prozeßrechner) ermittelte Blende digital im Sucher angezeigt wird. Hierbei wird die sich ergebende bzw. erforderliche Kombination der beiden voneinander abhängigen Faktoren „Zeit und Blende" zwangsläufig gebildet und beibehalten. Darin begründet sich das eigentliche Prinzip der Automatik: garantierte Einstellgenauigkeit ohne manuelle Fehler. Selbst wenn Sie eine andere Verschlußzeit wählen, kommt es automatisch zur richtigen Zeit-/Blendenkombination – richtig in jedem Fall im Sinne ausreichender Belichtung und selbstverständlich vorausgesetzt, daß der vorhandene Meßbereich nicht überschritten wird bzw. keine Fehlbelichtungswarnung vorliegt.
Die Blendenautomatiksteuerung bietet dem Fotografen die Möglichkeit, individuell auf das Motiv einzugehen. Es ist die ideale Automatik-Version z. B. für Aufnahmen von bewegten Objekten; wenn es darauf ankommt, sich mit der Verschlußzeit auf die Bewegung des Motivs einstellen zu müssen. Zum Beispiel bei Sportveranstaltungen, Reportagen von öffentlichen Veranstaltungen, Tier-

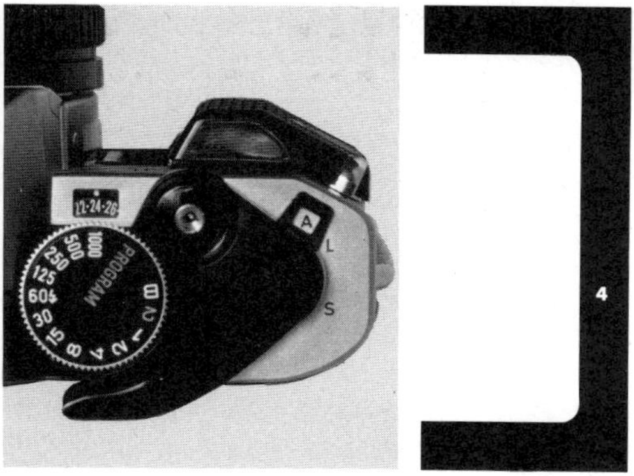

Eindeutige Programmierung auf Blendenautomatiksteuerung; durch Zeitvorwahl (Abb. links). Sichtbar in der Sucheranzeige durch bloße Blenden-LED (hier z. B. Wert 4).

aufnahmen usw. Immer wenn Aktion aller Art messerscharf im Bild festgehalten werden soll. Dazu gehört auch die Verschlußzeitenvorwahl beim Einsatz von Tele- und Super-Teleobjektiven, wenn der dabei größer werdenden Verwacklungsgefahr durch entsprechend kürzere Verschlußzeiten ganz bewußt begegnet werden soll. Und alles vollzieht sich vor dem Hintergrund der sicheren und richtigen Belichtung durch die automatische Steuerung der zweiten Belichtungskomponente ,,Blende''.

Alles um die Programmautomatiksteuerung der AE-1 PROGRAM

Was bedeutet ,,Programmautomatiksteuerung'' für den Hobby-Fotografen? Es ist bedienungstechnisch gesehen, die einfachste und bequemste Art der Belichtungssteuerung, die es für den Fotografen gibt. Er muß sich weder um die Blenden- noch die Verschlußzeitensteuerung kümmern. Die Meß- und Steuerelektronik besorgt das automatisch allein; sie bildet den Beleuchtungsverhältnissen entsprechende Zeit-/Blendenkombinationen.
Der Fotograf kann sich intensiver als sonst auf das Motiv konzentrieren, kann unbelastet auf Motivsuche gehen und muß sich um belichtungstechnische Dinge nicht kümmern – die Kamera wird's schon machen. Diese Art der Belichtungssteuerung macht den Fotografen besonders schnappschußtüchtig, er ist schnell aufnahmebereit. Seine einzige manuelle Tätigkeit besteht darin, das gefundene Motiv scharf auf die Mattscheibe zu bekommen.

Nachdem diese „Vollautomatik“steuerung – in ihrer einfachsten Art längst bekannt bei Knipser-Kameras und einigen besonderen Sucherkameras – jetzt in „veredelter“ Funktion auch Einzug in die Reflexkameratechnik gefunden hat, können nun ebenfalls technisch Unbegabte den Schritt in die anspruchsvollere Spiegelreflex-Fotografie wagen und vor allem den Einstieg auch schaffen.
Wenn ich eingangs von „veredelter“ Programmautomatik sprach, so deshalb, weil diese bei Reflexkameras wie die Canon AE-1 PROGRAM nicht einfach, für den Anwender betrachtet, eine blinde Vollautomatik ist, wie man sie bei zahlreichen Kompakt-Sucherkameras z B. mit Rot/Grünsignal kennt. Dazu kommt die bei diesen Kameras übliche externe Belichtungsmessung – sie ist durchschnittlicher und nicht so präzise wie die Innenmessung. Man kann auf gute Ergebnisse bezüglich der gewünschten Blende-/Zeitkombination nur hoffen. Die Programmautomatik der AE-1 PROGRAM mit ihrem LED-Anzeigesystem ermöglicht die volle Kontrolle, Korrektur und mittels der Meßwertspeicherung jede individuelle Messung.
Den Vorzug der Meßanzeige werden auch die sogenannten Einsteiger bzw. unbedarften Hobbyfotografen mit der Zeit begrüßen. Denn es ist schon interessant auch zu „sehen“, was die Kamera da so automatisch anstellt. Es ist sicher mehr wert, genau zu erfahren ab welcher Blenden- und Zeitstufe bzw. bis zu welchen Stufen eine Belichtung möglich ist, wann sie kritisch wird, und wodurch sie

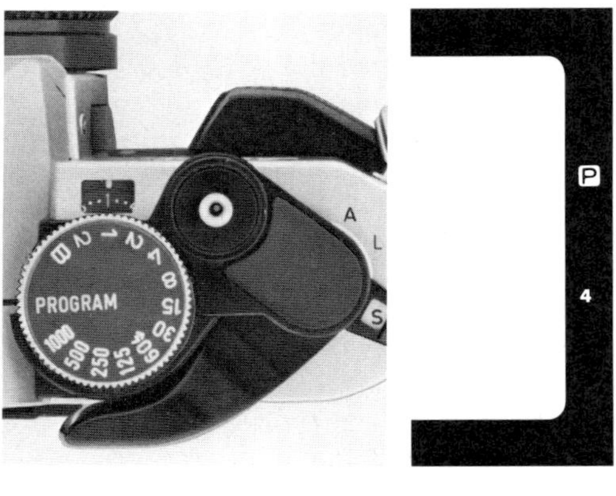

Für Programmautomatiksteuerung wird einfach der Index „PROGRAM“ am Verschlußzeitenrad eingestellt. Einfache Kontrolle im Sucher durch rote Blenden-LED und Zusatzzeichen „P“ (grün), die Programmzeit wird nicht mit angezeigt.

kritisch bzw. unmöglich wird, durch Überbelichtung oder Unterbelichtungsgefahr oder Überschreitung des Meßwerk-Kupplungsbereiches. Im kreativen Sinne kann sie auch kritisch werden, wenn Blende und Verschlußzeit ihr Soll bezüglich geforderter Schärfen-

---

Tabellarische Übersicht über die Steuerung der Zeit-/Blendenkombinationen bei Programmautomatik nach dem Lichtwertsystem

Die numerisch aufgeführten Lichtwertzahlen zeigen die halbstufige Steuerung, die in Wirklichkeit praktisch stufenlos (in $^1/_8$-Schritten) erfolgt. Siehe dazu auch die Schemazeichnung auf Seite 56 und die Grafik zum Meßwerk-Kupplungsbereich auf Seite 107. Die Blendenanzeige im Sucher ist nur ganzstufig.

Lichtwert	*Verschlußzeit*	*Blende*
18	$^1/_{1000}$ *Sek.*	**16**
17	$^1/_{750}$ *Sek.*	*13,5*
16	$^1/_{500}$ *Sek.*	**11**
15	$^1/_{375}$ *Sek.*	*9,5*
14	$^1/_{250}$ *Sek.*	**8**
13	*ca.* $^1/_{180}$ *Sek.*	*6,8*
12	$^1/_{125}$ *Sek.*	**5,6**
11	*ca.* $^1/_{90}$ *Sek.*	*4,8*
10	$^1/_{60}$ *Sek.*	**4**
9	$^1/_{45}$ *Sek.*	*3,4*
8	$^1/_{30}$ *Sek.*	**2,8**
7	*ca.* $^1/_{20}$ *Sek.*	*2,4*
6	$^1/_{15}$ *Sek.*	**2**
5	*ca.* $^1/_{10}$ *Sek.*	*1,7*
4	$^1/_8$ *Sek.*	**1,4***
3	$^1/_4$ *Sek.*	**1,4***
2	$^1/_2$ *Sek.*	**1,4***
1	*1 Sek.*	**1,4***

Die fettgedruckten Blendenzahlen sind diejenigen, die jeweils allein in der LED-Anzeige im Sucher erscheinen.

* *Ist bei Verwendung eines Films mit der Empfindlichkeit ASA 100 (21 DIN) z. B. ein FD 1,4/50 mm eingesetzt, erfolgt bei Erreichen der maximalen Blendenöffnung noch eine zusätzliche Verschlußzeitverlängerung bis 1 Sek. – erweiterter Meß- bzw. Steuerbereich. Diese Verschlußzeit-Nachsteuerung bezieht sich selbstverständlich auch auf lichtschwächere Objektive (z. B. FD 4/200 mm). Sie nimmt ab ASA 100 Empfindlichkeit aufwärts ab in Richtung kürzere Verschlußzeit.*

tiefe oder Vermeidung von Bewegungsunschärfe nicht erfüllen. Ein einfaches Rot-/Grünsignal sagt uns darüber nichts aus; eben nur ob das Licht ausreicht.
Übrigens wird die Programmautomatiksteuerung in der Reflexkamera-Version inzwischen auch von erfahrenen Profis sehr geschätzt. Viele Presse-Fotografen zum Beispiel gehen mit ihr bei dramatischen Situationen und unwiederbringlichen Moment-Action auf Nummersicher.
Wie bereits an anderer Stelle erklärt, blinkt die LED-Anzeige „P" bei Erreichen der $^1/_{30}$ Sek. Verschlußzeit als Langzeitwarnung und Warnung vor Verwacklungsgefahr. Da diese Verschlußzeit in der Kombination mit der Blende 2,8 besteht, blinkt das „P" im Zusammenhang mit der Blendenanzeige 2,8. Falls Sie nun z. B. ein FD-Objektiv mit der Lichtstärke 1 : 4 einsetzen, werden Sie die Blink-Warnanzeige „P" bei dieser maximal möglichen Blendenzahl 4 erfahren, sobald in der Verschlußzeitverlängerung die $^1/_{30}$ Sek. erreicht ist. Die Warnung funktioniert also auch dann, wenn die Blendenzahl 2,8 beim lichtschwächeren Objektiv nicht angezeigt werden kann.

Anmerkung:
Aufgrund der ganzstufigen Blendenanzeige wird die „P"-Blinkwarnung nicht sofort bei Erreichen (Anzeige) der Blendenzahl 2,8 erfolgen. Wie aus der Skizze für die Erläuterung der stufenlosen Blendensteuerung und ganzstufigen Blendenanzeige hervorgeht, erfolgt die Anzeige 2,8 bereits dann, wenn die Meßelektronik bei der stufenlosen Steuerung noch etwa die Kombination Blende 3,2 plus ca. $^1/_{35}$ Sek. wirksam werden läßt.

Blitzautomatiksteuerung allgemein und nach Canon-System

Siehe dazu Kapitel „Systemzubehör" unter Abschnitt „Blitzaufnahmen mit der AE-1 PROGRAM", ab Seite 134. Hier erfahren Sie mehr über die Kombination „Computerblitzautomatik plus Kamera-Blitzautomatik".

Die manuelle Belichtungseinstellung

Vielleicht gehören Sie zu den Individualisten, die jede Art von Automatik ablehnen, oder Sie wollen (lieber als mit der Kamera-Zonenmessung) gezielte, variable Messungen mit einem separaten Belichtungsmesser durchführen und die daraus resultierenden Meßwerte auf die Kamera übertragen; evtl. weichen die Belichtungsverhältnisse extrem vom Normalen ab, oder Sie wünschen eine besondere Effektbelichtung. All diese Situationen erfordern dann doch wohl eine ganz individuelle manuelle Belichtungseinstellung. Auch das ist mit der AE-1 PROGRAM kein Problem. Es gibt zwar keine besondere auffallende Automatik-Abschaltung per Hebel oder Knopfdruck, aber das ist eigentlich das Einfache bei dieser Geschichte. Nur FD-Objektiv aus der Automatikposition „A“ entriegeln. Im Sucher erscheint zur Sicherheit die rote LED „M“. Damit haben Sie bereits alles getan für die manuelle Belichtungseinstellung. Sie können die Blende am Objektiv vorwählen und eine Ihnen genehme Verschlußzeit einstellen. Sie können die Belichtungsdaten selbst schätzen, über einen Handbelichtungsmesser ermitteln und alle Einstellungen nach eigenem Geschmack korrigieren. Bedenken Sie dabei aber auch immer die Möglichkeiten, welche die Meßwertspeicherung der AE-1 PROGRAM bietet. Lesen Sie mehr darüber auf den Seiten 73 und 81.

Wichtige Anmerkung dazu!

Da ebenfalls Offenblendemessung in Anwendung kommt, passiert jetzt folgendes, in der Digitalanzeige der AE-1 PROGRAM bleibt weiterhin die elektronische Anzeige wie bei Blendenautomatik erhalten. Zur eingestellten Verschlußzeit (z. B. $^{1}/_{125}$ Sek.) steuert die Automatik die passende Blende ein (vielleicht 8). Das, was Sie eventuell verwirrt, ist die Digitalanzeige. Übersehen Sie die Blendenanzeige einfach. Andererseits könnte es vielleicht ganz interessant sein, zu wissen, was der Kamera-Belichtungsmesser in dieser und jener Situation einstellen würde. Sie haben also u. U. zwei Belichtungsmesser zur Verfügung – Ihren Handbelichtungsmesser, den der AE-1 PROGRAM, und dazu kommen Ihre persönlichen Erfahrungswerte – individueller geht es nicht.

Die manuelle Belichtungseinstellung entspricht der Programmierung auf Zeitvorwahl bei gleichzeitiger manueller Blendeneinstellung. Kontrolle im Sucher: Blenden-LED plus „M“. Abb. rechts zeigt die B-Einstellung am Verschlußzeitenrad – für Langzeitaufnahmen. Sucheranzeige in diesem Fall nur „M“ (nicht abgebildet).

Zeitaufnahmen – „B"-Einstellung des Verschlusses

Mit der B-Einstellung sind Aufnahmen zu realisieren, die eine beliebig lange Verschlußöffnung erfordern. Wohl ohne Zweifel Aufnahmen bei schlechter Beleuchtung (z. B. Nachtaufnahmen). Selbst diese Technik erbringt schöne Aufnahmeergebnisse, wenn man sie richtig nutzt und kennt.
Es gibt ein praktisches Beispiel dafür, und die B-Einstellung bietet in diesem Fall Vorteile gegenüber der längeren Verschlußzeit mit endlicher Belichtung: Das Feuerwerk. Da das Feuerwerk in nicht vorher bekannten Zeitintervallen abbrennt, ist es hier vorteilhafter den Verschluß offen zu halten, und während der Momente, in denen keine Rakete abfährt, die Mütze, den Hut oder ähnliches vor die Linse zu halten. Damit ist gewährleistet, daß tatsächlich nur die Raketenbahnen und Farbblitze auf den Film kommen, und nicht wie bei Dauerbelichtung möglich, auch Nebenlichter. Mehr über die B-Einstellung auf Seite 35 und 165.

Anmerkung:

Langzeitaufnahmen bedeuten für die Kamera sehr viel höheren Stromverbrauch. Die AE-1 PROGRAM liegt dabei für die gesamte Dauer der Belichtung an Spannung. Es versteht sich von selbst, daß die Batterie zumindest vor Beginn solcher Aufnahmen auf ihre Leistung überprüft werden muß.

Arbeitsblendenmessung/Offenblendemessung

Obwohl beide Begriffe schon ausdrücken, was gemeint ist, möchte ich hier kurz darauf eingehen: zum besseren Verständnis aller damit zusammenhängenden, an anderer Stelle behandelten Funktionen. Offenblendemessung heißt, die Belichtung wird bei offener Blende – der max. Öffnung des jeweiligen Objektivs, die in der Gravur angegeben ist – gemessen. Der Vorteil liegt darin, daß Sie bei stets gleicher Sucherhelligkeit Ihr Motiv betrachten können, den Bildausschnitt festlegen und fokussieren können. Je größer die Anfangsöffnung eines Objektives ist, desto besser kann man bei Verwendung von Weitwinkelobjektiven fokussieren. Nicht nur das. Die Scharfeinstellung ist in jedem Fall – auch bei Nah- und Makroaufnahmen – einfacher bei großer Öffnung.
Arbeitsblendenmessung heißt, die Belichtung wird auf die effektiv bei der Belichtungssteuerung wirksame Blende, die Arbeitsblende

(z. B. 4,0), gemessen. Dies ist zu erkennen am dunkler oder heller werdenden Sucher.

Schematische Darstellung zu den Begriffen „Offenblendemessung" und „Arbeitsblendenmessung". Bei Offenblendemessung bleibt die Blende geöffnet bis zur Belichtungssteuerung, bei Arbeitsblendeneinstellung wird auf das – direkte – Schließen und Öffnen der Blende gemessen.

Im Gegensatz zur Offenblendemessung, bei der die vorgewählte (simulierte) Arbeitsblende erst im Moment der Belichtungssteuerung und für diesen Moment kurzfristig eingestellt wird, stellen Sie bei Arbeitsblendenmessung jede Blendenöffnung manuell am Blendenring des Objektivs direkt ein.
Die Belichtungsabstimmung bei Arbeitsblendenmessung funktioniert wie folgt: Der Abblendschieber der Kamera wird wie bei Schärfentiefekontrolle eingedrückt, bis er einrastet. Es ist zu beachten, daß der Verschlußzeitenwähler nicht auf Programmautomatiksteuerung steht; hier ist eine Arbeitsblendenmessung nicht möglich. (Diese Meßmethode bringt übrigens gleichzeitig den Vorteil der Schärfentiefeprüfung mit sich.).
Bei Druck auf den Auslöser der Kamera, einen Auslöser des Motor MA oder eine der Belichtungsprüftasten, kommt es zur LED-Blen-

Zur Arbeitsblendenmessung wird an der Kamera der Abblendschieber eingerastet (Abb. links Pfeil) und der Meßabgleich im Sucher auf die Blenden-LED 5,6 mit Arbeitsblenden-Index (Strich) vorgenommen (Abb. rechts).

denanzeige. Der Blendenring am Objektiv oder die Verschlußzeitenskala (oder nur letztere, wenn die Objektivblende bestehen bleiben soll*)) werden solange verstellt, bis die Blendenanzeige 5,6 erfolgt, vor der der Arbeitsblenden-Index (Strich) positioniert ist. Eine korrekte Belichtung ist nur bei präziser Abstimmung wie gerade erläutert zu erwarten.

Anmerkung:*

Die Arbeitsblende ist nicht gleich Arbeitsblenden-Index mit Blende 5,6. Bei einer bestimmten gewünschten Blende muß also darauf geachtet werden, daß bei der Abstimmung zunächst die Blende vorgewählt wird und danach über die Verschlußzeit weiter gesteuert werden muß.

Es gilt bei der Verfahrensweise dieser Meßart ein paar Spielregeln zu berücksichtigen. FD-Objektive sind speziell für Offenblendemessung konzipiert. Sie sollten nicht bei direktem Kontakt mit der Kamera für Arbeitsblendemessung eingesetzt werden. Es gibt einen bestimmten Grund dafür, den ich nachfolgend (auf Seite 96) noch ausführlicher erklären werde. Es bereitet keine Schwierigkeiten, ein FD-Objektiv mit auszugsverlängerndem Zubehör wie Zwischenringe und Balgengeräte ohne Lichtstärkenübertragung für Arbeitsblendenmessung einzusetzen. Lesen Sie mehr darüber auf Seite 230ff.

Vorbereitungen der Objektive für die Arbeitsblendenmessung

Beide Objektivtypen (FD und FL) können für die Arbeitsblendenmessung (-einstellung) entsprechend umgeschaltet werden.
Grundsätzlich erforderlich für die manuelle Arbeitsblendeneinstellung ist die Festsetzung des Springblendenhebels am Objektiv. (Siehe aber auch Makro-Auto-Ring und Automatik-Balgen.) Dafür gibt es unterschiedliche Möglichkeiten.
Bleiben wir im Moment erst einmal beim Objektiv selbst. Der Springblendenhebel der FL-Objektive ist sehr einfach von außen (in jedem Fall) und bei angesetztem Objektiv zu verriegeln, es ist nur ein Schieber auf die Position „M" am Bajonettring zu stellen. Der Springblendenhebel der FD-Objektive muß dagegen am Bajonett selbst verriegelt werden, wenn z. B. M-Zwischenringe etc. eingesetzt werden, die den Springblenden-Mechanismus nicht übertragen. Dann nutzt nämlich auch der Abblendschieber der AE-1

Für manuelle Blendeneinstellung muß/kann in gewissen Fällen der Springblendenhebel am FD-Objektiv verriegelt werden. Wie das bei den beiden Objektivserien (bis 1979 und ab Mitte 1979) funktioniert, zeigen die vier Abbildungen: Oben links der unverriegelte Hebel am FD-Objektiv der neuen Serie (gültig für beide FD-Serien), oben rechts der mittels Kunststoffadapter verriegelte Hebel am neuen FD-Objektiv. Unten links und rechts die Verriegelung am bisherigen FD-Objektiv bis Mitte 1979 – einmal durch einfache Rastung (weiterhin auch bei den beiden Makro-Objektiven [FD f = 50 mm und f = 100 mm]), bei einigen Typen ist ein spezieller Verriegelungshebel vorhanden. (Abb. unten rechts.)

PROGRAM nichts. Der Springblendenhebel der Kamera erreicht dann das Objektiv nicht mehr. Canon hat dafür seinerzeit das FL-Zubehör entwickelt (Ringe und Balgengerät); Verlängerungsstifte bzw. -gestänge stellen eine Verbindung zum Springblendenhebel des Objektivs her. Drücken Sie bei Einsatz solchen Zubehörs den Abblendschieber der Kamera, bewegt sich am Objektiv der Springblendenhebel ebenfalls nach rechts (die Blende schließt sich).

Hier die Möglichkeiten der Verriegelung[1]:

a) Möglichkeit 1 –
Sie bezieht sich auf den FD-Objektiv-Typ der Serie bis Mitte 1979. Der Springblendenhebel wird zu seiner Arretierung bis an das Ende seines Bewegungsbereiches nach rechts geführt, über einen Widerstand weiter nach rechts gedrückt, wo er einrastet.

b) Möglichkeit 2 –
Sie bezieht sich ebenfalls auf das fühere FD-Objektiv. Einige dieser Typen haben einen getrennten Verriegelungshebel für den Springblendenhebel. Letzterer wird zunächst an seinen rechten Anschlag geführt und der Verriegelungshebel auf „L" gestellt.

c) Möglichkeit 3 –
Sie betrifft die neuen FDs der Baureihe ab Mitte 1979. Zur Verriegelung des Springblendenhebels muß ein separater Adapter – ein Kunststoffteil (siehe Abb. Seite 93) – aufgesteckt werden. Er hält den Springblendenhebel in der Verriegelungsposition fest. Der Hebel selbst kann nicht arretiert werden. (Ausnahme FD-Makro-Objektiv.)

Merksatz!

Vergessen Sie bitte nicht, nach Beendigung derartiger Aufnahmen, den Springblendenhebel wieder in seine Grundposition zu bringen.

Im übrigen gilt die Verriegelung der Springblende für alle Situationen, in denen eine manuelle Arbeits-Blendeneinstellung erforderlich ist[1]. Also auch bei Retrostellung des Objektivs[1]. Die Außenstellung des Bajonetts in dieser Objektivposition wie auch der Einsatz von M-Zwischenringen und des Balgengeräts M bereitet keine Einschränkungen bezüglich der Verriegelungsart des Springblendenhebels; im Gegensatz zu den Zwischenringen des Typs FL mit Übertragungselement für die Springblende. Siehe dazu Seite 97.

Erläuterung des Springblendenmechanismus

Die Springblende ist seit langem bekannt. Auch schon vor der Automatikzeit. Es war sozusagen die erste Mechanik, die bei ihrem Aufkommen als „Automatik" bezeichnet wurde. (Deshalb finden Sie am FL-Objektiv auch einen Schieber, der auf „A" und „M" umgeschaltet werden kann). Springblende bedeutet nichts anderes, als daß die Objektivblende von der gegebenen Offenstellung auf Arbeitsblende springt im Moment der Belichtung. Der Spring-

[1] Die Verriegelung des Springblendenhebels am Objektiv selbst stellt sowieso nur einen Weg dar, die Arbeitsblendeneinstellung zu ermöglichen; aufgrund der Manipulationen direkt am Objektiv ist es meiner Meinung nach auch nicht der beste. Machen Sie sich besser einmal mit den angebotenen Systemteilen „Makro-Auto-Ring" und „Automatik-Balgengerät" vertraut. Bei Einsatz dieser Zubehörteile entfällt nämlich die Verriegelung des Springblendenhebels von Hand. Sie erhalten sich außerdem die Offenblende-Fokussierung mit der Möglichkeit gleichzeitiger Arbeitsblendenvorwahl.

blendenhebel dient dazu, die gewählte oder automatisch programmierte Arbeitsblendenposition zu fixieren. Diese „Automatik" allein genügt noch nicht für die Offenblendemessung. Das muß einmal gesagt werden, damit Sie beides nicht verwechseln. Zur Offenblendemessung gehört noch der Lichtstärkenkontakt (dazu mehr nachfolgend). Was die Springblende allerdings auch schon ermöglicht, ist die Fokussierung bei Offenblende bei gleichzeitiger Blendenvorwahl.

FL-Objektive nicht für Offenblendemessung

Die FL-Objektive unterscheiden sich von den FD-Objektiven bezüglich der Blendensteuerung in folgenden für eine Offenblendemessung wichtigen Punkten: es fehlt der Lichtstärkenkontakt und der Blendensimulatorhebel. Aus diesem Grunde können diese Objektive nicht für die Offenblendemessung und Blendenautomatiksteuerung eingesetzt werden. Mit dem Blendensimulatorhebel, der mit dem Blendenring des Objektivs gekuppelt ist, wird der Kamera-Elektronik bei Offenblendemessung, im Moment der Blendenvorwahl, die entsprechende Blende (Arbeitsblende oder zur Wirkung kommende Blende) eingegeben. Sie wird vorprogrammiert bzw. simuliert, denn sie ist ja noch nicht tatsächlich eingestellt. Diese Programmierung bemißt die Elektronik auf die max. Öffnung des Objektivs, seine Lichtstärke, die der Kamera über den Lichtstärkenkontaktstift eingegeben wird. Fehlt also der Lichtstärkenkontaktstift, kann der Kamera-Elektronik auch nicht mitgeteilt werden, welche Anfangsöffnung das jeweilige Objektiv hat; und Anfangsöffnung ist gleich Offenblende. Der fehlende Lichtstärkenkontaktstift ist andererseits jedoch der Grund dafür, warum die FL-Objektive, direkt mit der Kamera verbunden, für die Arbeitsblendenmessung einzusetzen sind. Um das zu begründen, bedarf es folgender technischer Erläuterung; die wiederum miterklärt, warum es bei Arbeitsblendenmessung mit direkt an die Kamera angesetzten FD-Objektiven zu Fehl-Belichtungsmessungen bzw. -steuerungen kommt und warum Canon deshalb einen klaren Trennungsstrich zieht zwischen Offenblendemessung nur mit FD-Objektiven und Arbeitsblendenmessung nur bei Direktansatz von FL-Optiken, nicht bei Direktansatz von FD-Optiken sowie generell mit beiden Optiken plus auszugsverlängerndem Zubehör ohne Übertragung der Blendenautomatik:

Warum FDs bei Kamera-Direktkontakt keine Arbeitsblendenmessung zulassen

Wie bereits gesagt, ist es bei Offenblendemessung erforderlich, der Kamera-Elektronik die größte Blende des jeweils eingesetzten Objektivs mitzuteilen. Der Grund dafür ist einleuchtend: sämtliche Objektivprogramme bieten eine Vielzahl unterschiedlich lichtstarker Objektive. Die Meßelektronik der Kamera kann aber ohne technische Hilfe nicht erkennen, was ihr da jeweils für eine Optik vorgesetzt wird. Wie soll es außerdem zur exakten Unterbelichtungswarnung kommen, wenn der Belichtungsmesser gar nicht weiß, wie weit die Lichtleistung des betreffenden Objektivs reicht?

Die Übertragung der maximalen Lichtstärke des Objektivs wurde mit dem unterschiedlich langen Lichtstärkekontaktstift der FD-Objektive gelöst. Je lichtstärker das Objektiv, desto länger ist der Stift. Beim Einsetzen des Objektivs in die Kamera drückt dieser Stift auf einen Gegen-Federkontakt in der Kamera und gibt dem Meßwerk so die Lichtstärke des jeweiligen Objektivs ein. Der Gegen-Federkontakt in der Kamera ist auf den Blendenwert 1 : 5,6 geeicht. Es ist die maximale Lichtstärke des lichtschwächsten FD-Objektivs. Objektive mit dieser Anfangsöffnung üben keinen Druck auf den Kamera-Gegenkontakt aus. Der stärkste Druck kommt folglich vom lichtstärksten Objektiv 1 : 1,2.

Was passiert nun bei der Offenblende-Belichtungsmessung? Auf diese Messung ist die Kamera vorrangig konzipiert, und der Belichtungsmesser setzt volles Licht jeweils immer mit der über den Lichtstärkenkontakt eingegebenen Maximal-Objektivöffnung gleich. Es ist für ihn die Basis.

Schalten Sie ein direkt angesetztes FD-Objektiv auf Arbeitsblendenmessung um, kommt es aus folgendem Grund zu Meß- und Steuerungsfehlern: Obwohl die Meßelektronik durch die Lichtstärkeneingabe noch auf volle Öffnung programmiert ist, wählen Sie eine Abblendung mit der Öffnung 1 : 4,0; das Objektiv wird abgedunkelt und für den Belichtungsmesser die Basis-Lichtstärke verfälscht.

Erst wenn der Lichtstärkenkontakt unterbunden würde, wäre eine exakte Arbeitsblendenmessung möglich. Dies aber nur zur Erklärung, denn was soll's. Wir wollen ja keinen Rückschritt. Sagen wir alles zu seiner Zeit und auf dem richtigen Wege bzw. nach der angegebenen Rezeptur. Da, wo Arbeitsblendenmessung nötig wird

– beim Einsatz von auszugsverlängerndem Zubehör ohne Übertragung der Lichtstärke –, ist sie unproblematisch und ebenso genau. Deshalb gilt übrigens die Arbeitsblendenmessung präzise für die Canon-Objektive „Fischauge 5,6/7,5 mm, TS 2,8/35 mm und RL 8,0/500 mm", Objektive, die keine FD-Kupplung, also auch keinen Lichtstärkekontakt haben.

FD-Objektive bei Arbeitsblendenmessung mit FL-Zwischenringen

Die Kupplung beider Elemente: Objektiv und FL-Zwischenring bereitet grundsätzlich kein Problem. Die Umschaltung auf Arbeitsblendenmessung erfolgt über den Abblendschieber, wodurch der Springblendenhebel am Objektiv nach rechts arretiert wird, was die Arbeitsblendenvorwahl möglich macht.
Da nun aber auch die Kombination mit verschiedenem auszugsverlängerndem Zubehör, wie Zwischenringe M, Balgengerät etc., möglich ist, muß das Objektiv bei angesetztem Zwischenring FL plus verlängertem Auszug über Balgengerät und anderer Zwischenringe auch auf Arbeitsblendenmessung umschaltbar sein. Oder man muß auf die Kombination mit dem FL-Typ in dieser Weise verzichten.
Hat man beim FD-Objektiv den Springblendenhebel nach rechts verriegelt, läßt sich das Objektiv nicht mehr an den FL-Zwischenring ansetzen; die Aussparung (Schlitz) für die Hebelbewegung im FL-Zwischenring verläuft nur so weit, wie es für die Schließung auf kleinste Blende erforderlich ist. Die Arretierung des Springblendenhebels geht aber über diesen Bereich hinaus. Haben Sie also FL-Zwischenringe im Programm, ist folgende Montagefolge unumgänglich: Kamera – FL-Zwischenring – Zwischenring Typ M etc. – Objektiv. (Mehr über dieses Zubehör ab Seite 230.)
Möglich ist auch die Verwendung des FL-Zwischenringes am Automatik-Balgengerät plus Doppeldrahtauslöser. Das kann erforderlich sein, wenn Ihnen der mit einem Balgengerät max. erreichbare Aufnahmemaßstab nicht ausreicht. Dann ist die Montage-Reihenfolge: Kamera – Balgengerät – FL-Zwischenring – Objektiv. Im Balgengerät ist ein Ring mit der Funktion des Makro-Auto-Ringes plus Doppeldrahtauslöser bereits eingebaut. Bei Einsatz des gesamten „FL-Systems" (Balgen FL, Zwischenring FL) steuern Sie ohne Doppeldrahtauslöser nur über den Abblendschieber der Kamera.

Die Funktion von Zeit und Blende

Daß zur Belichtung die beiden voneinander abhängigen Faktoren Blende und Belichtungszeit grundsätzlich erforderlich sind, soll als fototechnisch gegeben vorausgesetzt werden. Befassen wir uns hier mit ihren spezifischen Eigenarten und fototechnischen Auswirkungen.

Belichtungstechnisch gesehen wird mit der Blende die Intensität gesteuert, mit der das Licht auf den Film einfällt. Über die Verschlußzeit wird die Länge der Dauer gesteuert, in der das Licht in seiner jeweils gewählten Intensität auf den Film einwirkt.

Sie wissen inzwischen, daß zur Steuerung in der vorgenannten Art und Weise jedes Objektiv über einen bestimmten Einstellbereich für die Blendenöffnung bzw. -schließung verfügt – beispielsweise angegeben durch Werte wie: 1,4; 2,0; 2,8; 4,0; 5,6; 8,0; 11,0; 16,0; 22,0 (auch 32 teilweise). Auch die Verschlußzeit kann durch verschiedenste Einstellungen variiert werden, bei der hier beschriebenen Kamera im Bereich von 2 bis $^1/_{1000}$ Sek. (genau: 2, 1, $^1/_2$, $^1/_4$, $^1/_8$, $^1/_{15}$, $^1/_{30}$, $^1/_{60}$, $^1/_{125}$, $^1/_{250}$, $^1/_{500}$ und $^1/_{1000}$ Sek.). Dazu kommt die B-Einstellung für Langzeitbelichtungen.

Damit die Werte berechenbar und auf Wunsch auch reproduzierbar (wiederholbar) sind, hat man beide Faktorenbereiche in diese linearen (sich verdoppelnden bzw. halbierenden) Belichtungsstufen eingeteilt. Grundsätzlich zunächst einmal im Hinblick auf vorhandene Blenden- und Zeitskalen für die manuelle Vorwahl. Darüber hinaus sind die Belichtungsstufen rastend einstellbar.

Die automatische Blendensteuerung (und Programmautomatiksteuerung) der AE-1 PROGRAM ist in der Praxis stufenlos.

Die einzelnen Belichtungsstufen ergeben dabei eine Verdopplung bzw. Halbierung ihrer Wirkung, gegenüber der folgenden oder vorherigen Stufe. Beispielsweise wirkt das Licht bei $^1/_{1000}$ Sek. Belichtungszeit nur halb so lange auf den Film ein wie bei $^1/_{500}$ Sek. oder bei 1 Sek. Belichtungszeit doppelt so lange wie bei $^1/_2$ Sek. Die Einstellung der Blendenstufe 2,8 bringt doppelt soviel Lichtintensität wie die Blendenstufe 4; die Lichtintensität wird halbiert, wenn zum Beispiel anstatt Blende 8 die Blendenstufe 11 gewählt wird. Dies verhält sich auch bei der stufenlosen Automatiksteuerung so, wenngleich sich beim stufenlos gesteuerten Belichtungsfaktor zahlreiche nicht erkennbare Zwischenwerte ergeben.

Beachten Sie, daß die Blenden- und Zeitstufen auch bei ihrer Kombination linear aufeinander abgestimmt sind: eine Zeitstufe entspricht einer Blendenstufe und umgekehrt. So gesehen stimmt die Belichtung an sich immer (auf sonstige Auswirkungen von Zeit und Blende, aufnahmetechnisch gesehen, komme ich noch zu sprechen).
Diese Gesetzmäßigkeiten zum Erhalt der stets gleichen Lichtmenge bei unterschiedlichsten Zeit-/Blendenkombinationen – bei der AE-1 PROGRAM durch die Blendensteuerung zwangsläufig erhalten und bei Programmautomatik gegeben, führte zur Konzeption des Lichtwertsystems, das ich ab Seite 104 erläutern werde. Die Beeinflussung dieses Systems bzw. der Kombinationen führt zur Belichtungskorrektur. Dabei weicht man mit einem der beiden Faktoren von der gemessenen Zeit-/Blendenkombination ab. Aber davon mehr auf Seite 82 im Abschnitt „Belichtungskorrektur".
Nachfolgend soll das Thema „Zeit und Blende und ihre Auswirkungen" erläutert werden.
Daß mittels der Blende die Intensität des auf den Film einfallenden Lichtes gesteuert wird und mit der Verschlußzeit die Dauer der Einwirkung dieses Lichtes auf den Film, hatte ich bereits erklärt. Die beiden Faktoren Blende und Belichtungszeit wirken jedoch nicht nur belichtungstechnisch zusammen, sondern sie beeinflussen jeder für sich die Aufnahmetechnik unterschiedlich. Während die Blende auch den Schärfentiefebereich steuert, wirkt sich die Belichtungszeit auf die Abbildungsschärfe ganz allgemein aus und gestattet dazu die unterschiedliche Darstellung der Bewegung. So gesehen sind die Größen der beiden Belichtungsfaktoren nicht gleichzusetzen.
Eine große Blendenöffnung führt zur Scharfabbildung eines nur begrenzten in die Tiefe gehenden Bereichs; mit einer kleinen Blendenöffnung erfaßt man dagegen einen wesentlich größeren Motivbereich scharf, bei gleichem Aufnahmeabstand. (Vergleichen Sie dazu auch die Darstellung „Was ist Schärfentiefe", auf Seite 280.) Dies bringt allgemein den Vorteil, die Bildaussage bezogen auf viele deutlich sichtbare Einzelheiten zu steigern, gestattet jedoch auch die Variation in der Gestaltung. Je nach Aufnahmebereich bzw. Aufnahmemaßstab können Sie mit der Unschärfe spielen. Stellen Sie sich einmal eine rote Rose vor, die sich plastisch von einem fast gleichmäßig weich strukturierten, grünen Hintergrund

Wenig Schärfentiefe (kleiner Schärfentiefebereich) bei Blende 2,8 ...

... großer Schärfentiefebereich bei Blende 16.

abhebt! Mit großer Blendenöffnung, nicht zu kleinem Aufnahmemaßstab (je nach Blütengröße bis etwa 0,5 : 1) und Scharfeinstellen auf die Rose ist das machbar! Das Blattwerk der übrigen Blumen und je nach Aufnahmemaßstab sogar jenes der fotografierten Rose zerfließen dabei zum Nichts bzw. zur samtweichen grünen Fläche. Es liegt auf der Hand, daß der Grad dieser Wirkung ebenfalls durch unterschiedliche Blendenwahl gesteuert werden kann. Die Beurteilung des Ganzen liegt sowieso im Ermessen jedes einzelnen Fotografen und sie fällt gewiß sehr unterschiedlich aus.
Zeigen Motive eine größere Ausdehnung in die Tiefe (Gebäude, Maschinen, Innenräume u. a. m.) liegt der Vorteil einer Blendenvorwahl zur Bestimmung der erforderlichen Schärfenbereiche sogar klar auf der Hand. Keine Diskussion für eine Bevorzugung der Blende gibt es wohl bei Nah-, Makro- und Mikroaufnahmen; bei

Aufnahmen, bei denen bekanntlich um jeden cm ja mm an Schärfentiefe gegeizt wird.
Die Blende kann bei der AE-1 PROGRAM auf einfache Weise auch „indirekt" bei der Blendenautomatiksteuerung vorgewählt werden. Das heißt, durch Veränderung der Zeitvorwahl kann die Blendenanzeige und damit die Blendensteuerung dahin gehend beeinflußt werden, daß eine entsprechend kleine Blende (große Zahl) zur Wirkung kommt. Man kann sich nun einmal darauf verlassen, daß kleine Blenden ab 8 und kleiner generell einige Schärfentiefe bringen. Genauer läßt sich der Bereich schon auf der Schärfentiefeskala des Objektivs überprüfen – falls diese Kontrolle ausreicht, kann man die Automatikeinstellung ungestört beibehalten; andernfalls muß die visuelle Kontrolle per Abblendung her (siehe dort).

Unter diesem Gesichtspunkt wird die Belichtungszeit zum Sekundärfaktor; es kann aber zu nicht gewollten längeren Verschlußzeiten kommen, was die Verwendung eines Stativs erfordert, wenn man Verwacklungsunschärfen vermeiden möchte.

Die Sekundärrolle der Verschlußzeit darf jedoch nicht bis zum Äußersten getrieben werden. Der Schwarzschildeffekt steht unter Umständen ins Haus. Er besagt, daß es nicht gleich ist, ob eine geringe Lichtintensität (also kleine Blende) während einer sehr langen Zeit auf den Film einwirkt oder eine große Lichtintensität (also große Blende) nur kurze Zeit. In der Colorfotografie mit Umkehrfilm (der einen geringeren Belichtungsspielraum hat als der Farbnegativ- oder Schwarzweißfilm) kommt es dadurch zu Farbverschiebungen und Unterbelichtungen. Beachten Sie dazu auch die Angaben der Filter-Hersteller.

Die Blendenautomatiksteuerung bietet auch Vorteile beim Objektivwechsel. Nehmen Sie Ihre AE-1 PROGRAM in die Hand und wechseln Sie Ihre FD-Objektive, eines nach dem anderen, und so oft Sie wollen. Ist die Verschlußzeit vorgewählt und entspricht die automatisch dazu bestimmte Blende (z. B. 5,6) Ihren Vorstellungen, müssen Sie daran nichts ändern. Das Objektiv wird angesetzt und fertig – Blendenregulierung automatisch, kein Nachstellen. (Ausnahme, wenn der Meßbereich generell überschritten wird).

Die Verschlußzeit ist der Faktor, mit dem sich der Fotograf auf bewegte Motive einstellen kann.

Bei Aufnahmen von bewegten Motiven ist zu beachten, aus welcher Richtung sie sich auf die Kamera zu- bzw. in welcher von ihr fortbewegen. Eine relativ kurze Belichtungszeit ist zu wählen, wenn die Motivbewegung parallel zur Filmebene verläuft. Sie kann um eine Stufe länger gewählt werden, wenn der Winkel zur Filmebene ca. 45° beträgt. Die Verschlußzeit ist um eine weitere Stufe verlängerbar, sobald das Objekt sich frontal auf die Kamera zubewegt, also im Winkel von 90° zur Filmebene. In der Tabelle „Sportarten und ihre Ausübungsgeschwindigkeiten" finden Sie zahlreiche Beispiele für das eben Gesagte. Aus dieser Tabelle wird auch folgendes ersichtlich: die Verschlußzeiten hängen wesentlich von der Eigengeschwindigkeit des Objekts und dessen Aufnahmeentfernung ab. Die Verschlußzeitenwahl zur Vermeidung von Verwacklungsunschärfe liegt neben einigen Faustregeln im Ermessen der Fotografen. Viele von ihnen weisen stolz darauf hin, daß sie die allgemein als äußerste noch aus der Hand zu beherrschende Verschlußzeit „$^{1}/_{30}$ Sek." unterbieten. Nun, es kommt halt dabei auf die ruhige Hand des Einzelnen an. Der Zufall schafft viele außergewöhnliche Produkte.

Zu beachten ist auch Verschlußzeitenvorwahl zur Anpassung an die unterschiedlichen Objektivbrennweiten; dies betrifft insbesondere die längeren Brennweiten mit ihrer Gewichtsverlagerung von der Kamera weg. Als Faustregel gilt: Verschlußzeit nicht länger als die Brennweite des Objektivs, eher kürzer; zum Beispiel $^{1}/_{125}$ Sek. bei 100 mm Brennweite (nicht mehr $^{1}/_{60}$ Sek); $^{1}/_{250}$ Sek. bei 200 mm Brennweite. Für alle Brennweiten ist selbstverständlich nicht eine genau passende Verschlußzeit zu finden (für 135 mm geht schon noch die $^{1}/_{125}$ Sek). Nehmen Sie dies als Orientierung und testen im übrigen am besten Ihre eigene Standsicherheit selbst.

Anmerkung:

Wenn Sie zu den geduldigen Fotografen gehören und nicht so sehr auf die Zeit schauen müssen, arbeiten Sie immer mit Stativ. Das schützt Sie in jeder Lage vor Verwacklungsgefahr. Ich kenne genügend Fotofreunde, die keine einzige Aufnahme ohne Stativ machen; es macht ihnen einfach Spaß, auf Nummer sicher zu gehen. Leider verzichten viele Hobbyfotografen auch auf ein Stativ nur deshalb, weil es angeblich zuviel Aufsehen erregt. Aber ein richtiger Foto-Fan vergißt doch seine Umwelt, wenn er „arbeitet".

Die Verschlußzeit als Gestaltungsfaktor ist nicht zuletzt ein sehr interessanter Aspekt. Mit der variablen Verschlußzeit sind Sie in

Die Darstellung von Bewegung oder ihr regelrechtes Einfrieren, zeigt dieser Bildvergleich. Das Brunnenwasser wurde einmal mit $^1/_{30}$ Sek. belichtet, was hier den Eindruck „fließendes Wasser" bereits ein wenig übertreibt – es wirkt wie ein Pinselstrich; mit $^1/_{60}$ Sek. (bis max. $^1/_{125}$ Sek.) kann individuell variiert werden. Wasser ist dann noch besser erkennbar. Bei $^1/_{250}$ Sek. ist der Wasserfluß zur Eissäule erstarrt.

der Lage, Bewegung darzustellen oder sie auch regelrecht „einzufrieren". Als sehr anschauliches Beispiel bietet sich das fließende Wasser in seiner mannigfaltigen Weise an: am Brunnen, an Wasserfällen, in Bächen, in Flüssen und am Meer.
Mit einer $^1/_{30}$ Sek. bis $^1/_{60}$ Sek. Belichtungszeit erhalten Sie im Bild noch den Eindruck fließenden Wassers; welche Zeit von beiden den besten Eindruck davon vermittelt, liegt auch im Ermessen des Einzelnen und hängt nicht zuletzt von der Fließgeschwindigkeit ab. Ich habe einmal einen reißenden Bergbach mit einer $^1/_{30}$ Sek. belichtet, was ein Bild ergab, welches inmitten Felsengeröll und Bäu-

men einen weißen Pinselstrich zeigte. Für meinen Geschmack bereits eine zu starke Verwischung des Wasserlaufs.
Ab $^1/_{125}$ Sek. Belichtungszeit scheint das Wasser still zu stehen. Noch kürzere Zeiten vermitteln den Eindruck von Glas oder Vereisung; am Brunnen zum Beispiel scheinen die stiebenden Wasserfontänen als Eistropfen und Eisgebilde in der Luft zu stehen.
Ein anderes treffendes Beispiel für die Darstellung der Bewegung sind Aufnahmen von Fahrzeugen, Flugzeugen etc. Soll das Objekt deutlich abgebildet sein und dennoch auch erkennbar bleiben, daß es sich fortbewegt hat, muß man sich der Mitziehtechnik bedienen. Das heißt, die Kamera wird beim Auslösen in Richtung der Objektbewegung mitgezogen. Nach ein wenig Übung erreicht man, daß das Fahrzeug vor verwischtem Hintergrund scharf abgebildet wird. Das ganze läßt sich selbstverständlich in zahlreichen Varianten kombinieren, bis zur Umkehrung ins Gegenteil: Fahrzeug verwischt vor scharfem Hintergrund. Denken wir dabei einmal an ein Auto-Rennen, kann eine unterschiedliche Bildinterpretation möglich sein: im ersten Fall, „verwischter Hintergrund", zeigt sich die Bewegung aus der Fahrer-Perspektive; im zweiten Fall, „verwischtes Fahrzeug", aus der Zuschauer-Perspektive.
Auch eine andere Möglichkeit der Bewegungsdarstellung soll hier nicht unerwähnt bleiben: wählen Sie die kürzestmögliche Verschlußzeit zur exakten Scharfabbildung des Fahrzeugs und achten Sie darauf, daß sich im Bild etwas ereignet, was auf eine Bewegung des Fahrzeugs schließen läßt; etwas was ohne die Bewegung des Objekts gar nicht hätte passieren können. Als Beispiel kann hier angeführt werden werden: aufspritzendes Pfützenwasser, aufwirbelnder Sand, Kondensstreifen am Himmel bzw. austretende Auspuffgase an Flugzeugen usw.

Der Lichtwert

Ich hatte bereits erläutert, daß die Objektiv-Blenden- und Verschlußzeitenskalen in international gültige Belichtungsstufen (Zahlenwerte) eingeteilt sind, die von Stufe zu Stufe eine Belichtungsverdopplung bzw. eine -halbierung ergeben. Das heißt, wenn Sie anstatt Blende 5,6 die Blende 8 wählen, ergibt sich eine Halbierung der Lichtintensität gegenüber der Blendenöffnung 5,6; umge-

kehrt führt die Öffnung der Blende von 5,6 auf 4 zu einer Verdopplung der Lichtintensität. Bei der Verschlußzeit verhält es sich ebenso: $^1/_{30}$ Sek. umgeschaltet auf $^1/_{60}$ Sek. bedeutet Halbierung der Belichtungszeitdauer und die Einstellung auf $^1/_{15}$ Sek. die Verdopplung.
Gehen wir von der gemessenen Kombination Blende 5,6 plus $^1/_{60}$ Sek. aus, wird eine richtige Belichtung auf zwei Wegen erreicht*: a) Schließen der Blende um zwei Stufen auf 11 erfordert Verlängerung der Belichtungszeit um zwei Stufen auf $^1/_{15}$ Sek; b) Öffnen der Blende um eine Stufe auf Blende 4 erfordert Verkürzung der Belichtungszeit auf $^1/_{125}$ Sek. Man kann auch umgekehrt von der Verschlußzeit ausgehen.
Da also bei der Belichtung das gleiche Resultat durch verschiedene Zeit-/Blenden-Kombinationen erzielt werden kann, wurden alle Gruppen derartiger Kombinationen unter jeweils einem Lichtwert zusammengefaßt. Zum Beispiel Lichtwert 11 (EV 11 oder LW 11) mit den Kombinationen: Blende 1,4 : $^1/_{1000}$ Sek, Blende 2 : $^1/_{500}$ Sek., Blende 2,8 : $^1/_{250}$ Sek. usw., oder Lichtwert 10 mit Blende 1,4 : $^1/_{500}$ Sek., Blende 2 : $^1/_{250}$ usw. (Gesamtaufstellung siehe Seite 107.)
Jeder Lichtwert ergibt mit seinen Zeit-/Blenden-Kombinationen eine Belichtung, bei der doppelt soviel Licht auf den Film einwirkt wie beim zahlenmäßig nächst höheren Lichtwert, bzw. die Hälfte der Lichtmenge des nächst niedrigeren Lichtwertes. Zum Beispiel: Lichtwert 9 (mit Blende 1,4 und $^1/_{250}$ Sek.) verdoppelt zu Lichtwert 10 (mit Blende 1,4 und $^1/_{500}$ Sek.), er halbiert zu Lichtwert 8 (mit Blende 1,4 und $^1/_{125}$ Sek.).

Die Meßwerk-Kupplungsbereiche

Warum werden Sie nachfolgend mit sogenannten „Meßwerk-Kupplungsbereichen“ konfrontiert? Die Grenzen des Kamera-Meßbereichs werden durch die Objektiv-Lichtstärke, den verfügbaren Verschlußzeitenbereich und den Bereich der einstellbaren Filmempfindlichkeiten bestimmt. Der Meßbereich der Kameras verschiebt sich mit der Empfindlichkeit des verwendeten Films. Im

---

* *Beachten Sie dabei die unterschiedlichen Resultate bezüglich Schärfebereich und Bewegungsunschärfe etc. Näheres auf Seite 98 ff.*

Grunde ist das nicht unbedingt nennenswert für den unbeschwerten Hobby-Alltag. In der Praxis werden Sie im Sucher Ihrer Kamera genauestens darauf hingewiesen, wann etwas mit der Belichtungseinstellung nicht stimmt, wann sie nicht ausreicht. Für viele Fotografen ist es jedoch nicht so ganz unwichtig, zu wissen, mit welcher Filmempfindlichkeit, welche Blenden-/Zeit-Kombinationen zu erreichen sind. Die Grafik hat noch einen Nebeneffekt: da heute auch viel über Lichtwerte geredet wird, kann eine solche Grafik in dieser Hinsicht ebenfalls zu Rate gezogen werden; sämtliche Lichtwerte mit ihren zugehörigen Blenden-/Zeit-Kombinationen finden Sie komplex auf einen Blick, nach dem Koordinatensystem. Die Angaben reichen bis zum Lichtwert 18 Theoretisch können aber auch die Kombinationen der Lichtwerte 19 (bis Blende 22 und $^1/_{1000}$ Sek.) und 20 (bis Blende 32 und $^1/_{1000}$ Sek.) angewendet werden – ohne Kamera-Belichtungsmesser, wenn die Lichtverhältnisse es zulassen. Canon bietet ja im übrigen FD-Objektive, die entweder bis zur kleinsten Öffnung 22 oder 32 abgeblendet werden können.
Um von vorneherein die zu große Gefahr einer Fehlbelichtungsanzeige zu vermindern, kann man sich mit der Empfindlichkeit des verwendeten Films auf seine Aufnahmesituationen einstellen. Wer vornehmlich in der lichtstarken Jahreszeit und draußen fotografiert (Urlaub am Strand etc.) ist max. mit einem mittelempfindlichen Film (15–21 DIN) gut bedient. Für die lichtarme Jahreszeit, sowie für Hobbyfotografen, die Fotoexkursionen mit ständigem Wechsel von Innen- und Außenaufnahmen unternehmen, empfiehlt sich dagegen der höher- bis höchstempfindliche Film (ab 23 DIN).
Will man sich in jeder Beziehung absichern, verbleibt meines Erachtens sowieso nur folgender Weg: Die Kombination „lichtstarkes Objektiv (z. B. 1 : 1,4/50 mm mit hochempfindlichem Film (27 DIN) und Graufilter (z. B. Canon ND-4 und ND-8 – die Ziffern geben jeweils den Verlängerungsfaktor an – mit denen man je nach Typ zwei oder drei Blenden steuern kann)". Damit haben Sie ausreichenden Spielraum bei ungünstigen Lichtverhältnissen und können andererseits bei Überbelichtungsgefahr eine Lichtreduzierung mittels Graufilter vornehmen.
Übrigens ... bietet auch die neue FD-Objektivserie mit ihrem erweiterten Blendenbereich bis Öffnung 22 bzw. 32 vermehrten Einsatzspielraum für den hochempfindlichen Film. Alle Objektive, die bisher noch als kleinste Öffnung die Blende 16 hatten, lassen sich

jetzt auch um einen Wert weiter schließen (außer einigen „Lichtriesen“ mit max. Blendenöffnung 1 : 1,2 oder 1 : 1,4). Zahlreiche Tele und Varios haben die Blende 32 als kleinste Öffnung. Ist das Objektiv dabei noch relativ lichtstark, kann man schon eine ganze Menge Licht damit steuern. Bedenken Sie einmal den Blendenbereich des Standardobjektivs FD 1,4/50 mm – von 1 : 1,4 bis 1 : 22 – bei Einsatz eines 21-DIN-Films (ASA 100). Es ergibt sich dabei ein Meßwerk-Kupplungsbereich von Lichtwert 1 (Blende 1,4 plus 1 Sek.) bis Lichtwert 18 (Blende 22 plus $^{1}/_{500}$ Sek.). Das ist an sich bereits ein recht passabler Meßbereich. Zeigt sich nun bei Blende 22 plus $^{1}/_{500}$ Sek. Belichtungszeit dennoch eine Überbelichtungsgefahr, dann setzen Sie entweder ein Graufilter auf oder verwenden einen niedriger empfindlichen Film. Umgekehrt, bei Unterbelichtungsgefahr in der Kombination Blende 1,4 plus 1 Sek. Belichtungszeit, hilft nur der Einsatz von Zusatzbeleuchtung (Blitzlicht, Fotoleuchten) oder ein höherempfindlicher Film. ▶

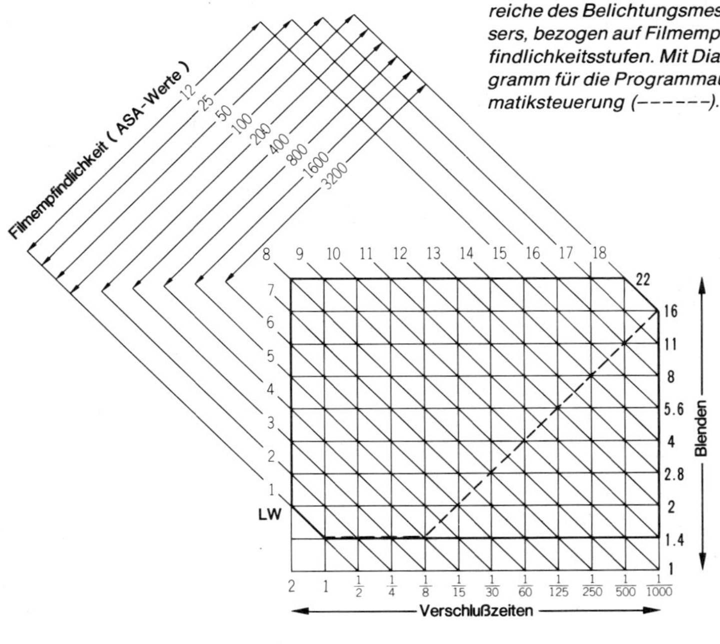

Darstellung der Kupplungsbereiche des Belichtungsmessers, bezogen auf Filmempfindlichkeitsstufen. Mit Diagramm für die Programmautomatiksteuerung (------).

Anmerkung:

Der Meßwerk-Kupplungsbereich ist filmempfindlichkeitsabhängig. Es ist nicht möglich, durch Einsatz des nächst höherempfindlichen Films den niedrigsten Lichtwert der vorherigen Empfindlichkeit zu erreichen. Beispiel: Bei ASA 100 ist der Lichtwert 1 (1 : 1,4 plus 1 Sek.) Begrenzung nach unten. Durch Einsatz eines Filmes ASA 200 ergibt sich jetzt nicht Lichtwert 0 (1 : 1,4 plus 2 Sek.), sondern Lichtwert 2 (1 : 1,4 plus 1/2 Sek.).

Die zum Thema Unter- und Überbelichtung gemachten Angaben beziehen sich jeweils auf Meßwerk-Kupplungsbereich und auch Automatikbetrieb bei der AE-1 PROGRAM. Ignorieren Sie den Kamera-Belichtungsmesser, ist eine Ausnutzung langer Belichtungszeiten und hochempfindlicher Filme selbstverständlich möglich.

Kurzschwung-Schnellschalthebel

Der Schnellschalthebel der Canon AE-1 PROGRAM benötigt nur 120° für einen kompletten Schwung, so daß das Spannen des Verschlusses und Transportieren des Films auch dann Sekundensache bleibt, wenn Sie die Kamera ohne den motorischen Schnellaufzug einsetzen. So sind selbst im Handbetrieb schnelle Aufnahmefolgen möglich.

In seiner Bereitschaftsstellung steht der Schalthebel 30° von der Rückwand ab, so daß der Daumen „automatisch" seinen Platz findet. Selbstverständlich kann der Film auch mit mehreren kurzen Einzelschwüngen transportiert werden (vorteilhaft beim Filmeinfä-

Der griffige Schnellschalthebel (unten im Bild) liegt bei Nichtgebrauch dicht an die Kamera an. In Bereitschaftsstellung 30° kann er bequem für den Filmtransport und Verschlußaufzug bedient werden – per Gesamtdurchzug 120° oder in Kurzschwüngen. Das Bildzählwerk (oben) ist in einem Sichtfenster deutlich einzusehen bei Vor- bzw. Rücktransport des Films.

deln!). Das Kunststoff-Griffstück des Schalthebels ist so geformt, daß es sich dem Daumen harmonisch anpaßt.

Das vor- und rückwärtslaufende Bildzählwerk

Das Bildzählwerk der AE-1 PROGRAM bietet neben der üblichen aufsteigenden Bildnummern-Anzeige auch die absteigende beim Filmrücktransport – es zählt rückwärts. Dieses Plus sollten Sie nicht unterschätzen. Bleiben wir nur beim normalen Filmtransport: es kommt nicht mehr vor (vorausgesetzt, Sie beobachten das Bildfenster beim Rücktransport), daß der Filmanfang unerkannt mit in der Filmpatrone verschwindet. Denn verfährt man beim Filmeinfädeln so exakt, wie Seite 25 beschrieben, hat man im Moment der Anzeige „S" die richtige Position zur Entnahme des Films erreicht; der Filmanfang steckt sogar noch in der Aufwickelspule.
Nicht nur Entwicklungsanstalten werden sich dafür bedanken, sondern auch diejenigen unter den Fotografen und -innen, die ihre Filme im Heimlabor etc. selbst entwickeln, ebenso alle Fotografen, die gelegentlich einen teilbelichteten Film aus irgendeinem Grund vorübergehend aus der Kamera entnehmen und diesen kurze Zeit später wieder einfädeln wollen. Es gibt ja nichts Zeitraubenderes und Unangenehmeres als den Versuch, bei völliger Dunkelheit (hoffentlich haben Sie auch im rechten Moment genügend davon) eine Filmpatrone zu öffnen, um an den verschwundenen Filmanfang zu gelangen. Entwickelt man selber und kann die Entwicklungsdose gleich dabei haben, wäre zu diesem Zeitpunkt das Manöver wenigstens schon vorbei. Doch muß der Film zur Entwicklung eingeschickt werden oder haben wir den Fall des eben erwähnten teilbelichteten Films, der weiterverwendet werden soll, wird die Angelegenheit problematisch: Der Filmanfang (die Lasche) muß nun erst wieder von oben in den Filmpatronenschlitz eingeführt und danach die Patrone verschlossen werden. Nicht unerwähnt bleiben darf, daß der Film bei diesen Manipulationen erheblich verkratzt werden kann, obwohl die Seitenwändchen des Filmschlitzes gut „gepolstert" sind. Ich möchte Ihnen nicht raten, es auf einen Versuch ankommen zu lassen. Ich kann mir vorstellen, daß Ihnen diese Schilderung ausreicht, die Schwerarbeit zu erkennen und damit auch den Vorteil eines rücklaufenden Bildzählers.

Anmerkung:

Machen Sie Doppel- und Mehrfachbelichtungen nicht nach Bild-Nr.-Stand beim Hin- und Rücktransport des Films. Benutzen Sie dafür die Technik, wie sie im Abschnitt „Doppel- und Mehrfachbelichtungen" beschrieben ist. Der gleichbleibende Bildstand ist nur in diesem Fall gewährleistet. Beim Film-Hin- und Rücktransport, wie vorher beschrieben, treten nicht zu kalkulierende Unregelmäßigkeiten auf; bedingt durch die schwankenden Filmwindungen beim Auf- und Abspulen (Filmdicken spielen auch eine Rolle). Der Bildstand war bei Versuchen um $^1/_2$ Bild verändert. Diese Unregelmäßigkeiten werden um so größer, je weniger Sie die Ratschläge im Kapitel „Filmeinfädeln" beachten. Insbesondere den Punkt für die Kontrollmöglichkeit des exakten Filmtransportes: Beseitigung der lockeren Filmwindungen durch Drehen der Filmrückspulkurbel im Uhrzeigersinn, nach dem Filmeinlegen.

Noch ein Tip: Da Sie beim Zurückspulen des Films nicht genauso exakt den nächsten Bildstand durch einen Zug wie mit dem Schnellschalthebel fixieren können (obwohl die Nr. XX angezeigt wird) – hinsichtlich der genannten schwankenden Filmwindungen, transportieren Sie den Film um wenigstens zwei Bild-Nummern weiter; in den Fällen, wo Sie einen teilbelichteten Film aus irgendeinem Grund zurückgespult haben, einen Film wieder neu einlegen. Sie vermeiden dadurch mögliche Überlappungen zweier Aufnahmen.

Noch etwas Technisches: Im Bildfenster sind direkt ablesbar: das „S" (weiß) für Start, die „1" (Orange) für den Filmzähler-Beginn, die geraden Zahlen 4, 6 ... bis 38; die Zahlen 20 und 36 sind orange eingelegt, damit die beiden Film-Enden* der KB-Patronen 135-20 und 135-36 markiert sind. Beim Öffnen der Kamera-Rückwand stellt sich das Bildzählwerk automatisch auf „S" (Start) zurück.

Die griffige AE-1 PROGRAM

Oft sieht man Fotografen, die ihre Kamera im falschen Moment wie ein rohes Ei behandeln, nämlich während der Aufnahme und beim Zwischentransport zur nächsten – in Momenten, in denen man eigentlich doch „kräftig" zupacken sollte. Nun, ich will gern zugeben, daß es leider auch ungriffige Kameras gibt – die AE-1 PROGRAM jedoch gehört nicht zu jenen.

** Nicht markiert sind leider die End-Bildstände der Konfektionierungen 135-12 und 135-24 (Neu). Diese Bildlängen müssen Sie sich gut merken, damit Sie nicht bei Film-Ende – dies kann z. B. beim Film 135-24 bei Bild-Nr. 26 liegen – unwissens darüber, zuviel Gewalt beim Filmtransport anwenden. Der Film reißt dabei leicht aus.*

Man kann sie prima anfassen. Schauen Sie sich nur die normale Griffplatte (Abdeckung des Batteriefaches) an der Kamera-Vorderseite an und prüfen Sie, wie bequem die Finger den Kamera-Boddy halten können. Darüberhinaus haben die Canon-Konstrukteure eine zweite nachträglich aufsetzbare Griffplatte entwickelt, mit der sich die AE-1 PROGRAM noch besser greifen läßt. (Die Konstrukteure haben wohl auch bemerkt, daß nicht alle Menschen gleich dünne bzw. dicke Finger haben.)
Jedenfalls bringen diese „Kleinigkeiten" eine Menge mehr an Stabilität nicht nur bei Aufnahmen mit längeren Verschlußzeiten, man kann die Kamera auch viel weniger verkrampft festhalten. Damit sind wir beim Thema *„richtige Kamerahaltung"*. Gemeint ist die bequeme und sichere Haltung für ungezwungenes, verwacklungsfreies Fotografieren.

Anmerkung:
Die zusätzliche Griffplatte kann bei angesetztem Motorsystem MA nicht aufgeschraubt sein, bzw. müßte erst abgenommen werden, damit der Motor angesetzt werden kann. Dies ist durch den eng am Kamerabody anliegenden Motorhandgriff bedingt; der aber sowieso die Griffplatte insofern überflüssig macht, als er mit seiner gegebenen Konstruktion und Integration an die Kamera die bestmögliche Kamera-Haltung erlaubt. Benutzen Sie zum Filmtransport den Winder A oder Winder A2, bietet sich dagegen die Griffplatte als sehr nützliche Verstärkung an.

Richtige Kamerahaltung – sicherer Kamerastand

Je sicherer Sie Ihre Kamera im Griff haben, bzw. je standfester Ihre Kamera postiert ist, um so mehr sind Ihre Aufnahmen vor Verwacklungsunschärfe geschützt. Unsichere und verkrampfte Körper- und Kamerahaltung sind schon die ersten Anzeichen für Verwacklungen. Auch kurze Verschlußzeiten nützen nichts, wenn Sie die Kamera verreißen.
Obwohl die AE-1 PROGRAM der Verwacklungsgefahr entgegen konstruiert wurde – sie hat ja einen elektromagnetischen Zweistufenauslöser eingebaut, den man gut und gern als „Sanftauslöser" bezeichnen kann, und sie ist eine „griffige" Kamera – muß man doch auf die richtige Kameralage in der Hand achten, und eine verspannte Körperhaltung vermeiden.
Nehmen Sie die AE-1 PROGRAM – jetzt denke ich zunächst einmal an die Kamera solo – in die rechte Hand und legen den Daumen hinter den Schnellschalthebel, den Zeigefinger auf die Finger-Auf-

lageplatte mit dem Auslöser. Die drei übrigen Finger greifen die Griffplatte an der Vorderseite der AE-1 PROGRAM. (Bei angesetzter Zusatz-Griffplatte kann man die Kamera unwahrscheinlich sicher in der Hand zwischen Daumen und Fingern tragen!)
Mit der linken Hand umfassen Sie das Objektiv mit dem Daumen nach unten gerichtet. So können Sie fokussieren bzw. den Blendenring bei Arbeitsblendeneinstellung verstellen. Der linke Ellenbogen ist dabei fest am Körper abgestützt und die Kamera wird an die Stirn gedrückt – während der rechte Arm leicht am Ober-Körper ruht und die rechte Hand die Kamera hält. Bei der Auslösung wirkt die linke Hand als Kamera/Objektivstütze. Soweit die Haltung bei Querformataufnahmen. Bei Hochformataufnahmen „liegen" die Dinge etwas anders. Hierbei wird der rechte Ellenbogen fast zwangsläufig am Körper abgestützt und die Kamera mittels Griffplatte fest in die rechte Handfläche gezogen. Die linke Hand greift das Objektiv jetzt von der Unterseite der Kamera her. Es sei denn, Sie machen Hochformataufnahmen in die andere Richtung – mit Kamera-Prisma nach links gerichtet. Hierzu informieren Sie sich bitte über die Auslösevorzüge mit dem Motorsystem MA.
Zur weiteren Verminderung der Verwacklungsunschärfe gilt nach wie vor auch der Tip: „Tief durchatmen, ausatmen, auslösen". Der Brustkorb ist dann völlig entspannt. Setzen Sie relativ lange Brennweiten ein und benutzen dabei kein Stativ, so stützen Sie sich wenn möglich stets an einer Wand, Mauer oder einem Baum ab.
Diese Empfehlungen gelten als Richtlinien, sie müssen nicht in jedem Fall sklavisch befolgt werden. Probieren Sie am besten selbst aus, in welcher Körperhaltung und bei welchem Kamera-„Griff" Sie am unverkrampftesten arbeiten können.
Bei Verwendung eines Stativs achten Sie aber auf folgendes: Es gibt Stative mit auffallend langen Stativschrauben; leider für man-

Wichtig!

- *Denken Sie immer daran, daß jede plötzliche Bewegung der Kamera zum Zeitpunkt der Auslösung Verwacklungsunschärfe erzeugt.*
- *Drücken Sie den Auslöser nicht ruckartig durch. Nehmen Sie Druckpunkt – bis zur Belichtungsmeßschaltung – und drücken Sie dann den Auslöser gleichmäßig durch.*
- *Denken Sie daran, sich mit der Verschlußzeit auf die Brennweite des Objektivs einzustellen (die Tabelle auf Seite 113 gibt Aufschluß darüber bzw. macht Vorschläge dazu).*
- *Ein Stativ im „Gepäck" lohnt sich immer (wird oft nicht oder zu spät eingesehen). Es gibt interessante standfeste Leichtgewichte unter ihnen.*

Geeignete Kombinationen „Verschlußzeit/Brennweite“ zur Vermeidung von Verwacklungsunschärfe

(speziell beim Einsatz von Teleobjektiven)

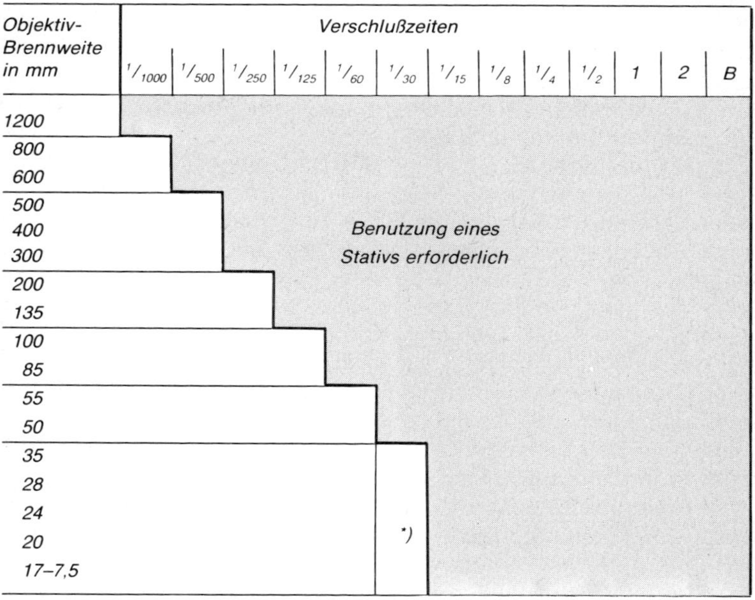

** Nur bedingt verwendbar – bei sehr ruhiger Hand. Bitte selbst testen.*

che Kameras. Sie dürfen auch bei der AE-1 PROGRAM nicht gewaltsam in die Tiefe des Kamera-Stativgewindes – über die Öffnung hinaus – in den Kameraboden geschraubt werden. Dies führt zu Beschädigungen.

An dieser Stelle soll nicht unerwähnt bleiben die Canon Kamerahalterung F-3 bzw. F-4 (neu). Es ist eine Universalhalterung für besonders sichere Adaptierung der AE-1 PROGRAM (und anderer Kameras) am Stativ und Reprogerät. Anschlußgewinde in der Bodenplatte und an der Seite der Halterung erlauben die Befestigung der Kamera in horizontaler oder vertikaler Stellung. Selbst bei adaptiertem Kamerahalter ist die Öffnung der Kamerarückwand zum Filmeinlegen möglich; sogar bei angesetztem Winder A.

Doppel- und Mehrfachbelichtungen

(Möglich, obwohl es keine spezielle Einrichtung dafür, wie bei der Canon „EF", „F-1", oder „A-1", gibt).
Hierbei entstehen durch Überlagerung bzw. Nebeneinanderstellen von zwei, drei oder mehreren Motiven Bildkompositionen und Fantasiebilder ganz persönlicher Note. Unter Zuhilfenahme verschiedener Perspektiven, Aufnahmeabstände oder Objektivbrennweiten ergeben sich interessante Bildinhalte.
Oft gesehene Szenen, besser gesagt, Bildkompositionen dieser Art sind: „Die Peripherie einer Stadt unter einem riesigen Sonnenball" oder Kombinationen wie „Landschaft mit nicht vorhandener Staffage (Gebäuden, Personen)" oder „Riesen-Sonnenball mit Flugobjekten (Vögeln, Skylinern)" usw. Aber auch aus der Trickkiste kann man einiges zitieren: Doppelgänger-Aufnahmen, Geisterbilder nach Science-fiction-Manier, Visionen, Traumbilder usw.
Aufnahmetechnisch sieht das so aus: Bei der echten Doppelbelichtung (Überlagerung) erscheinen beide Motive transparent. Hierbei müssen beide Motivteile um ca. 1 Blendenstufe unterbelichtet werden, damit eine zu helle Wiedergabe vermieden wird. Für die Zweifach- und Mehrfachbelichtung, bei der die Motivteile vor schwarzem Hintergrund stehen, entfällt dies, es kann auch mit der Kamera-Computer-Automatik gearbeitet werden (Beispiel: Doppelgänger). Jedesmal wird die volle Belichtungsstufe beibehalten. Der Positionswechsel wird von der bereits belichteten Bildhälfte (oder anderen anteiligen Flächengröße) in die unbelichtete vorgenommen. Es gibt auch noch die Möglichkeit des Einsatzes eines Kompendiums. Kameratechnisch gibt's keine Probleme. Unter Berücksichtigung der notwendigen Belichtungsart wird die erste Aufnahme regulär ausgelöst. Bevor Sie danach den Schnellspannhebel für die zweite Aufnahme betätigen, muß die Rückspulkurbel im Uhrzeigersinn solange gedreht werden, bis leichter Widerstand spürbar ist, dann wird der Freilaufknopf für die Filmrückwicklung leicht eingedrückt (er rastet ein). Die Rückspulkurbel wird beim Ziehen des Schnellspannhebels festgehalten. So spannen Sie zwar den Verschluß, aber der Bildtransport unterbleibt – es kommt zur Doppelbelichtung. Betätigen Sie anschließend den Schnellspannhebel kommt es wieder zu Verschlußaufzug plus Filmtransport. Der Freilaufknopf springt nämlich schon wieder heraus, wenn der

Schnellspannhebel zur zweiten Aufnahme voll durchgezogen ist. Damit wird auch klar, daß Sie für jede weitere Belichtung (Mehrfachbelichtung) lediglich den Freilaufknopf vor dem Spannen des Verschlusses eindrücken müssen. Funktioniert auch bei Verwendung des Winder A/A2 für Einzelbildaufnahmen!

Merksatz:

Bei echten Doppelbelichtungen können Sie ebenfalls mit Computerautomatik arbeiten. Verdoppeln Sie dazu lediglich die ASA-Einstellung gegenüber dem eingelegten Film; also: Film = ASA 50 (18 DIN), Einstellung = ASA 100 (21 DIN). Bei dreifach-Belichtung rechnen Sie einfach ASA-Zahl = dreifach: ASA 50 ändern in ASA 200.

Führen Sie bitte bei Mehrfachbelichtungen stets Nahmessungen durch. Der schwarze Hintergrund irritiert den Belichtungsmesser. Echte Doppelbelichtungen mit Blitz sind ebensogut möglich. Hier ist einige Erfahrung vonnöten. Mehrmaliges Blitzen ist nämlich nicht mit einer konstanten Grundbeleuchtung gleichzusetzen.
Beim Blitzeinsatz für Mehrfachbelichtungen ist auch darauf zu achten, daß der Blitz-Sensor nicht zu weit vom Objekt entfernt mißt. Der schwarze Hintergrund führt dann ebenfalls leicht zu einer falschen Bemessung des reflektierten Lichtes vom Sensor aus. Sehr interessant für diese Art Blitzaufnahmen ist die Makroblitz-Sensoreinheit National PW-50 M, die auf Seite 174 angesprochen wird.

Foto-Exkursionen bei Hitze und Kälte

Im allgemeinen kann Ihr Aufnahmesystem schon eine Portion an Außeneinflüssen vertragen. Die elektronisch gesteuerten Systeme sind unempfindlich gegen Klimaschwankungen, Temperaturschwankungen und Feuchtigkeit. Im Sommer ist jedoch darauf zu achten, daß die Geräte nicht allzu großer Hitze ausgesetzt sind. Zum Beispiel sollten Sie Ihre Ausrüstung nicht im geschlossenen Auto in der Sonne schmoren lassen. Der eingelegte Film nimmt Ihnen dies sowieso ziemlich schnell übel.
Bei Super-Hitze kann es zu Fehlern bei gekitteten Objektiven und Elektroniksteuerung der Kamera kommen.
Bei Aufnahmen unter dem Gefrierpunkt ist zu beachten, daß die Leistungsfähigkeit der Batterien abnimmt bzw. die Batterien gänzlich ausfallen. Extrem niedrige Temperaturen können auch die Ka-

mera beschädigen. Im Winter sollten nur frische Batterien verwendet werden. Vor der Aufnahme müssen Gerät und Batterien wohl temperiert bleiben. Das Mitführen von entsprechenden Ersatzbatterien ist unbedingt zu empfehlen, wenn Sie nicht einer eventuellen Störung unterliegen wollen. Batterien, die in der Kälte versagen, sind nicht schon unbedingt erschöpft; wärmen Sie sie in der Mantel- oder Jackentasche erst einmal wieder auf, ehe Sie sie wegwerfen. Bei den Erläuterungen zum Winder A erwähnte ich das externe Batterie Pack A für Winder A und AE-1 PROGRAM-Kombinations-Stromversorgung mit höherer Kapazität. Dieses System ist für Winterbetrieb daher sehr zu empfehlen.

Bei zu starker Kälte kann die Blenden- und Verschlußfunktion schwergängig werden. Prüfen Sie Blendenfunktion z. B. durch manuelle Einstellung.

Vielleicht haben Sie schon einmal bemerkt, daß nach dem Aufenthalt draußen in der kalten Luft Ihre Brille oder andere Dinge beschlagen, wenn Sie wieder in einen warmen Raum treten. Ebenso ergeht es Ihrer Aufnahmeausrüstung. Auf der Kamera und auf dem Objektiv etc. schlägt sich Kondenswasser nieder. Dieses Kondenswasser kann bei verschiedenen Teilen (Metall) zur Korrosion führen. Sie können die Kondenswasserbildung vermeiden, wenn Sie Ihre Ausrüstung sozusagen erst einmal wieder auftauen. Stecken Sie Ihre Ausrüstung dazu in einen Plastikbeutel o. ä., noch ehe Sie in den warmen Raum treten. Der Beutel muß luftdicht verschlossen sein. Nach einer halben bis spätestens einer Stunde können Sie den Beutel öffnen, die Geräte, Batterien usw. haben dann die Raumtemperatur erreicht. Übrigens verfährt man mit dem Filmmaterial umgekehrt genauso, falls es im Kühlschrank aufbewahrt wird. Ehe der Film in die Kamera eingelegt wird, sollte er sich erst an seine Umgebungstemperatur gewöhnen. Gehen Sie nicht mit dem „eiskalten“ Film sofort in die Sonne.

Werden die Aufnahmegeräte längere Zeit nicht benutzt, entnehmen Sie die Batterien bitte. So verhindern Sie ein eventuelles Auslaufen und Beschädigen der elektrischen Kontakte.

Andererseits ist zu empfehlen, längere Zeit nicht benutzte batteriebetriebene Geräte zwischenzeitlich wieder mit der Batterie bzw. den Batterien zu laden und ein paarmal in Funktion zu setzen, damit der Blitzkondensator oder die Mechanik der Kamera und des Motors nicht ein„rosten“.

DIE AE-1 PROGRAM UND IHR UMFANGREICHES ZUBEHÖRSYSTEM

Den speziell an der Canon AE-1 PROGRAM verwendbaren elektronischen Zubehör-Komponenten der Serie „A" werden die nächsten Seiten zuerst gewidmet. Einmal, weil es sich um die ersten Bausteine für die schnelle weitere Bedienungsvereinfachung und Erweiterung der Aufnahmechancen handelt, und zweitens, weil dieses Zubehör das Spezialzubehör darstellt, welches unmittelbar und kabellos in die vollektronische Computersteuerung der Kamera integriert werden kann und damit direkt zur Erläuterung der Kamera gehört. Es handelt sich dabei um die Winder A und A 2, den Motor MA (bekannt von der Canon A-1), die Speedlite-Blitzgeräte der Serie A und G sowie das Data Back A (eine Datierrückwand, die anstelle der Normal-Rückwand an die Kamera angesetzt werden kann). Diese hochinteressanten Systemzubehörteile sind dennoch „nur" Eckpfeiler eines umfangreicheren Zubehör-Programms, das der AE-1 PROGRAM jedes nur erdenkliche Aufnahmegebiet erschließt – sei es im hobbymäßigen Bereich oder professionellen aller Schattierungen. So folgt das Canon-Objektivprogramm der Superlative (neuerdings mit dem ersten Canon Autofocus-Objektiv) und das umfassende Zubehörprogramm für Aufnahmebereiche wie die Nah-, Makro- und Mikrofotografie, Dia- und Filmkopie, Reprofotografie usw.

Ideenreichen Fotografen eröffnet dieses Zubehörsystem eine Vielzahl verschiedenster Motivbereiche und Einsatzgebiete. Damit fügt sich auch diese vollelektronisch gesteuerte Reflexkamera harmonisch ein in ein Gesamtkonzept, das einer Vielfalt unterschiedlichster Wünsche Rechnung trägt und optimale Aufnahmeergebnisse verspricht – sei es im Beruf oder zur Erbauung.

Schnelle Action-Fotografie

Der Begriff „Action" sagt klar und deutlich, daß es sich hier um die Momentaufnahme, das in Sekundenschnelle ablaufende Geschehen handelt. Viel Zeit für die Bedienung der Kamera hat man dabei meist nicht. Denken Sie z. B. an die zahlreichen Sportveranstaltungen mit ihren oft dramatischen Höhepunkten – beispielweise möchten Sie den Stabhochspringer auch exakt im Kulminationspunkt erwischen; das ist der Moment zwischen Aufwärts- und Abwärtsbewegung des Springers, wenn er über die Latte setzt. Der oft zitierte Torschuß ist meist nur mit einem schnellen Nachschuß oder besser noch mit der Bildserie im richtigen Moment einzufangen. Anzusprechen wären auch die Szenen beim kindlichen Spiel, die Tierposen, das Lächeln einer Frau oder Freundin usw. Alle diese Momente, den besten Zeitpunkt des Geschehens, muß man im Nu erfassen können. Das klappt nur bei ständigem Augen-/Sucherkontakt und wenn die Kamera ohne Unterbrechung schußbereit ist. Welches Zubehör wäre geeigneter für die Erhöhung der „Schuß"-bereitschaft der Kamera als der Motorantrieb für automatischen Filmtransport und Verschlußaufzug; sei es in Form eines Winders oder echten Motors für noch schnellere Bildfrequenzen. Rechnen Sie noch die an anderer Stelle dieses Buches noch zu erwähnenden Kamera-Vorzüge – wie Belichtungsautomatik, Blitzautomatik und das Sucher-Kontrollsystem ohne Kompromisse – hinzu, sind Sie in der Aufnahmebereitschaft und -schnelligkeit unschlagbar.
Für die AE-1 PROGRAM stehen insgesamt drei motorische Antriebssysteme zur Verfügung: der Winder A (bekannt von der AE-1), der neue Winder A 2 und das Motorsystem MA (bekannt von der A-1). Beginnen wir mit den „einfacheren" kleineren Windern, dem Antrieb mit der niedrigeren Bildfrequenz bei der Bildserie.

Motorischer Schnellaufzug (Winder)

Eines der speziellen elektronischen Zubehörteile für die AE-1 PROGRAM, welches die Anwendungsmöglichkeiten schon beträchtlich erweitert.
Mit einem Winder schaffen Sie sich bereits die perfekte Kombination von automatischer Belichtungssteuerung mit automatischem

Die AE-1 PROGRAM mit dem eigens für sie gebauten Winder A 2 (es passen auch der Winder A und der Motor MA). Der Winder A 2 hat getrennte Einzelbild- und Dauerlaufschaltung und kann fernausgelöst werden.

Filmtransport und Verschlußaufzug; also die automatische Steuerung eines gesamten Aufnahmesystems mit der Bedienung über den Kameragehäuse-Auslöser. Indem das manuelle Verschlußspannen und der manuelle Filmtransport mittels Schnellschalthebel entfällt, kann das Auge am Sucher bleiben, die volle Konzentration auf das Motiv wird nicht gestört. Man kann somit augenblicklich reagieren. Auf einfache Weise und präzise können schnelle Bilder geschossen werden; sogar Bildserien, die Filmtransportgeschwindigkeit beträgt nur 0,5 Sekunden pro Filmbild. Das Ganze ist möglich bei voller Ausnutzung der elektronischen Belichtungs-

steuerung der Kamera, im Verschlußzeitenbereich von 2 bis $^1/_{1000}$ Sek. (wobei für die schnellen Bildserien der Zeitenbereich von $^1/_{60}$ bis $^1/_{1000}$ Sek. in Frage kommt). Wie schnell die Serienaufnahme abläuft, bezogen auf die Verschlußzeitsteuerung, haben Sie selbst in der Hand. In Verbindung mit der AE-1 PROGRAM bestehen bezüglich der auf die Verschlußzeit bezogenen Bildserien-Rhythmen keine Probleme. Wählen Sie die Belichtungssteuerung mit Blendenautomatik oder die manuelle, kann die Verschlußzeit vorgewählt werden.
Es versteht sich, daß der motorische Schnellaufzug (Winder) Ihnen schnelle Bildfolgen nicht aufzwingt, sondern ebenso die Möglichkeit für das Einzelbild und den evtl. Nachschuß läßt. Wollen Sie trotzdem einmal mit dem Schnellschalthebel arbeiten, müssen Sie deshalb den Winder nicht gleich demontieren, abschalten genügt.

Auch Langzeitaufnahmen mit der „B-Einstellung" des Verschlusses sind bei Betrieb mit dem Winder möglich. Jedoch logischerweise nicht im Zusammenhang mit der Belichtungsautomatik. Hier muß geschätzt werden oder ein Handbelichtungsmesser in Aktion treten.
Im Canon-Programm werden für die AE-1 PROGRAM der Winder A und Winder A 2 angeboten. Sie unterscheiden sich nicht hinsichtlich des Umfanges der Bildfrequenzen, jedoch im Design, Aufbau und in der Funktion.
Der „ältere" Winder A ist exakt auf das Maß des Kameragehäuse-Umfanges (Grundflächenmaß) abgestimmt. Er hat ein auswechselbares Batteriemagazin (gestattet den raschen Batteriewechsel, wenn man ein zweites solches Magazin in Reserve hat) und kann in Verbindung mit dem „Batterie Pack A" mit erhöhter Kapazität eingesetzt werden. Die Umschaltung von Einzelbild auf Bildserie bedarf keines besonderen Hebels oder Schalters, allein die Dauer des Fingerdrucks auf den Kamera-Auslöser entscheidet darüber; ständiger Druck bewirkt den Dauerlauf.
Gegenüber dem Winder A fällt beim Winder A 2 die getrennte Einzelbild- und Dauerlaufschaltung auf. Wählbar über den einzigen Hauptschalter mit den Positionen: „Aus" in der Mitte, „C" (Continuous = Dauerlauf) links und „S" (Single = Einzelbild) rechts. Diese Konstruktion ist hier erforderlich, weil der Winder A 2 auch für die Fernsteuerung mittels Kabel-Fernauslösern bzw. drahtlos

mit Infrarot-Fernauslöser eingerichtet ist. In diesen Fällen muß logischerweise der Rhythmus Einzelbild/Bildserie vorher bestimmt werden können, denn der unmittelbare Kontakt Fotograf/Kamera-Auslöser entfällt ja zwangsläufig dabei. Übrigens können an den Kontakt für die Fernauslöser auch Timer, wie das Modell „Intervall Timer E" aus dem Canon Filmkamera-Zubehörprogramm oder „Quartz Timer TM-1" bzw. „Timelapse Programmer" aus dem Canon Reflexkamera-Zubehörsystem, angeschlossen werden; für vollautomatische Steuerung der Kamera (ohne Fotografen) in verschiedenen Zeitintervallen – in der Spitze über Stunden und den Tag verteilt. Doch darüber mehr im Abschnitt „Kamera-Auslösung", ab Seite 36.

Beachten Sie!

Im Zusammenhang mit dem Winder kann auch der eingebaute Selbstauslöser der AE-1 PROGRAM als Intervalltimer genutzt werden, für automatische Aufnahmeserien im 10-Sekunden-Rhythmus. Ausführliches darüber lesen Sie bitte auf Seite 42 nach.

Die Funktionsteile des Winder A 2

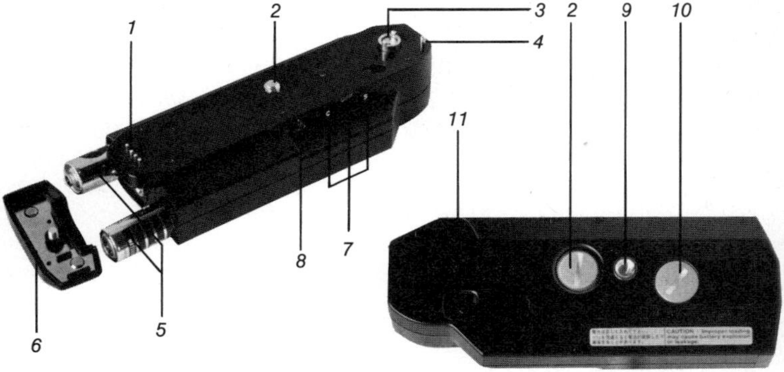

1 Die vier Steuerstifte (Kontakte) zur Integration in die vollelektronische Steuerung der AE-1 PROGRAM in allen Funktionen 2 Stativgewindeschraube 3 Filmtransportkupplung (Mitnehmer für den Filmaufzug) 4 Paßstift für den exakten Ansatz an die Kamera 5 Batteriekammern (getrennt) 6 Gemeinsame Kontaktplatte zur Abdekkung der Batteriekammern 7 Rote Warnlampe für Anzeige von Film-Ende und Batterieausfall 8 Hauptschalter für die Positionen „AUS (OFF)", C (Continuous = Dauerlauf) und S (Single = Einzelbild) 9 Stativbuchse 10 Aufbewahrung der Abdeckplatte für die Kamera-Filmtransportkupplung (Schraubdeckel) 11 Freilaufknopf für die Filmrückspulung.

Der Winder A 2 ist insgesamt in der Höhe flacher und im Umfang der Grundfläche größer gebaut als der Winder A. Eine notwendige Maßnahme, wenn man die Kontaktleisten der beiden Winder für die elektronische Steuerung über den Kamera-Computer vergleicht. Die erweiterte Steuerung des Winder A 2 erfordert doppelt so viele Kontakte (vier anstatt zwei). Für den uneingeschränkten Aufbau der Kontakte mußte eine Änderung der Lage des Energieteils, sprich der Batterien vorgenommen werden. So werden die vier Batterien im neuen Winder in zwei getrennten Kammern an den beiden Längsseiten seines Gehäuses untergebracht – daher die größeren Grundflächenmaße. Die Abdeckung der Batteriekammern ist trotzdem gut gelöst, zwangsläufig, denn durch die erforderliche Kontaktbrücke für die Batteriefunktion ergibt sich nur ein einziger gemeinsamer Batteriefachdeckel, der zudem mit einer Münze einfach und schnell ab- und aufgeschraubt werden kann.
Das ganze Gehäuse hat bezüglich der Abmessungen keinerlei Nachteile gegenüber dem des Winder A, denkt man an die Handlichkeit. Die AE-1 PROGRAM liegt auch mit dem angesetzten Winder A 2 sehr gut in der linken Hand, die Objektivbedienung ist nicht eingeschränkt.
Auch bezüglich der Energiequellen unterscheiden sich beide Winder voneinander. Bereits angesprochen wurde der Einsatz des Winder A mit dem Batterie Pack A. Er schließt andererseits die Verwendung der stärkeren NC-Batterien (mit gleicher Größe wie die Normal-Batterien) aus. Dies ist beim A 2 möglich, durch eine besondere Sicherheitsschaltung, die bei Film-Ende den Filmriß vermeidet. Sofort bei LED-Film-Endewarnung wird auch dieser Winder automatisch abgeschaltet, jedoch löst zusätzlich ein Kontakt die Rutschkupplung aus, welche die Zugspannung auf die Filmwickelspule löst – wie beim Druck auf den Entriegelungsknopf (am Kameraboden) für die Filmrückwicklung, wenn man doppelbelichten will.

Anmerkung für Belichtungen mit Programmautomatiksteuerung:

Achten Sie darauf, daß bei Programmautomatiksteuerung der Verschlußzeitenbereich von $^1/_{60}$ bis $^1/_{1000}$ Sek. für Dauerlaufschaltung des Winders nicht unterschritten wird. Sie können sich im Sucher der Kamera leicht darauf orientieren, indem Sie sich als maximale Blende in der Anzeige den Wert 4 merken. Im Zeit-/Blendenprogramm ist mit der Blende 4 die Verschlußzeit $^1/_{60}$ Sek. kombiniert. Erscheint der Blendenwert 2,8 in der Anzeige, arbeiten Sie in Kombination dazu mit der Verschlußzeit $^1/_{30}$ Sek. (siehe dazu Tabelle auf Seite 87).

Kamera-Anschluß

Der Winder wird kabellos mit der Kamera synchronisiert. Fixieren Sie lediglich den Winder mit seinen Paßstiften auf die entsprechenden Nuten im Kameraboden und sichern Sie den Anschluß durch die in den Winder integrierte Schraube im Stativgewinde der Kamera. Vor dem Winder-Ansatz muß allerdings noch ein kleiner Deckel über der Filmtransportkupplung in der Bodenplatte der Kamera abgenommen werden. Damit Sie diesen kleinen, flachen Schraubdeckel nicht verlieren, können Sie ihn am Winder-Gehäuse aufbewahren. Am Winder A ist dafür eine Klemme oben auf dem Gehäuse vorgesehen; doppelte Sicherung ist dadurch gegeben, daß

Bevor der Winder bzw. Motor an die Kamera angesetzt werden kann, muß die Abdeckplatte über der Filmtransportkupplung am Kameraboden entfernt werden. (Aufbewahrung am Winder- bzw. Motorteil möglich), – Deckel ist hier bereits abgenommen.

Die AE-1 PROGRAM mit Winder A 2 und angesetztem Fernauslöser Nr. 3, für Kabelfernauslösung über eine max. Distanz von 10 m (Verlängerung möglich). Fernauslösung der Kamera ist nur mittels Winder A 2 oder Motorsystem MA möglich.

die Winder-Oberfläche beim Kamera-Ansatz insgesamt durch den Kameraboden verdeckt wird. Beim Winder A 2 liegt die Mulde für die Aufnahme dieses kleinen Deckels auch nach Kameraanschluß noch frei nach außen – sie ist am Winder-Boden angebracht –, aber dafür hat sie ein Gewinde, so daß der Deckel unverlierbar eingeschraubt werden kann.
Der Stromverbrauch des Winders ist sehr niedrig. Mit den vier preiswerten Batterien (zu je 1,5 V) – überall und jederzeit erhältlich – kann man zig Filme belichten. Auch hier wirkt sich der Vorteil der sequentiellen Funktionssteuerung der Kamera aus. Alle Funktionsteile liegen erst dann an Spannung, wenn sie an der Reihe sind und verbrauchen also erst dann kurzfristig Batteriestrom; der Winder ganz zum Schluß nur im Moment des Filmtransportes.
Der Winder verlangt beim Fotografieren keine besondere Aufmerksamkeit, selbst bei Bildserien nicht. Beachten Sie lediglich das Aufleuchten der kleinen roten Leuchtdiode auf der Rückseite des Winders. Damit signalisiert er Ihnen, daß der Film zu Ende ist bzw. die Batteriespannung nicht mehr ausreicht. Sollten Sie nicht gleich hinschauen, wenn der Winder sich nicht mehr rührt, kann trotzdem nichts passieren, er schaltet sich bei Film-Ende automatisch ab. Nur die rote Warnlampe verbraucht Batteriestrom.
Im Falle mangelnder Batteriespannung werden Sie auch schon beim Transportgeräusch hörbar auf diesen Zustand aufmerksam gemacht; es hört sich nicht mehr so schwungvoll an, der Motor quält sich und transportiert langsamer.
Bei Film-Ende schalte ich den Winder trotz aller Sicherungen auch per Hauptschalter ganz ab. Denn noch etwas wird überwiegend eintreten: die Restlänge des Filmes reicht auch für das vollkommene Verschlußspannen nicht aus, wenn sie für einen kompletten Filmbilddurchzug zu kurz ist. Der Winder bleibt auf halbem Wege stehen. Ich decke dann das Objektiv ab, spule den Film um ein paar Filmbilder zurück (auch bei angesetztem Winder leicht möglich), ziehe den Schnellschalthebel einmal voll durch und löse den Verschluß aus. Danach wird der Film komplett zurückgespult und möglichst sofort zur Entwicklung eingeschickt, oder wenn Sie Foto-Hobbylaborant sind selbst verarbeitet.
Weitere Einzelheiten über die Winder lesen Sie bitte in der Übersicht „Technische Daten der Motor-Antriebssysteme der AE-1 PROGRAM“, Seiten 128ff, nach.

Externe Stromversorgung „Batterie Pack A“ für AE-1 PROGRAM plus Winder A

Wenn schon vor Beginn der Foto-Exkursion bzw. der Aufnahmearbeiten abzusehen ist, das größere Energiereserven erforderlich sind, ist es von Vorteil, das externe „Batterie Pack A“ anzusetzen. Es versorgt die Kamera plus Winder in einer Einheit. Dazu bedarf es nur folgender schneller Handgriffe: das Batterieteil des Winder A wird abgenommen und mit einem weiteren gleichen Batterieteil in die Kontakt-Kassette gesetzt. Anstelle des Batterieteils wird das mit der Kontakt-Kassette verbundene Kontakt-Rückteil (gleiche Größe wie Original-Batterieteil) an den Winder A angefügt. Die Batterie 6 V vorn in der Kamera wird ebenfalls entnommen und stattdessen das entsprechende Kontaktstück mit Verbindungskabel in die Batteriekammer eingeführt. In diesem Fall muß vorher die zusätzliche

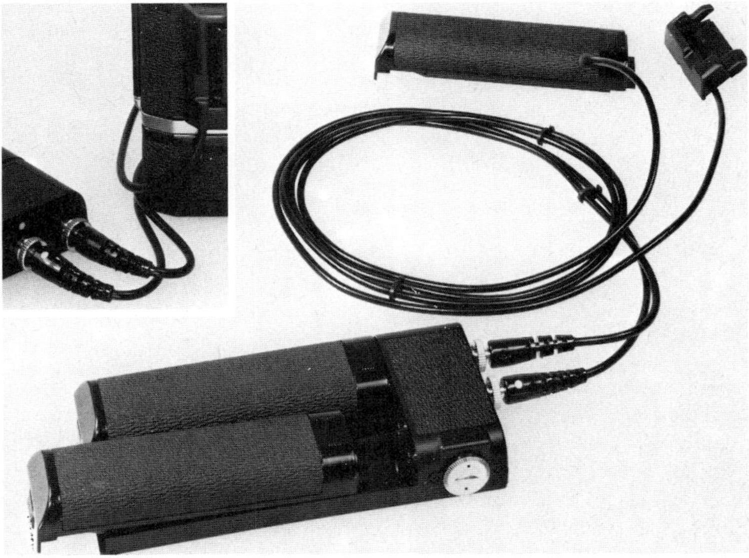

Das Batterie Pack A als leistungsstärkere Einheit für den Einsatz mit AE-1 PROGRAM plus Winder A. Links im Bild Detailansicht des an die Kamera angesetzten Systems.

gewölbte Griffplatte über dem Batteriefachdeckel abgeschraubt werden – das geht schnell und einfach mit einer Münze – sonst ist ein Zugriff zum Batteriefach nicht möglich. Die externe Stromversorgungseinheit enthält damit insgesamt 8 Batterien à 1,5 V (Typ AA) für den Betrieb des Winder A und eine Batterie 6 V für die Steuerung der AE-1 PROGRAM.

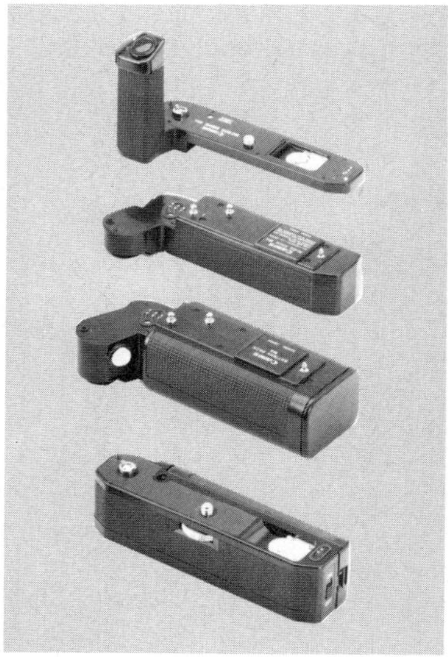

Die AE-1 PROGRAM mit ihren weiteren motorischen Antrieben: Abb. links oben „Winder A", links unten „Motor MA". Bild rechts zeigt den Winder A und das Dreifachsystem Motor MA solo.

Motorsystem MA

Ebenfalls ein Antriebssystem für motorischen Filmtransport und Verschlußaufzug, wie die Winder. Jedoch ein umfangreicheres System mit mehr Möglichkeiten, bezogen auf die Bildfrequenzen und die Funktion, und stärker in der Leistung. Auffallend ist die zweiteilige Konstruktion, bestehend aus eigentlichem Motorteil und zwei auswechselbaren Energieteilen (Batterie-Pack MA mit 12 Mignon-Batterien zu je 1,5 V und NC-Akku-Pack MA). Diese interessante Konstruktion bringt folgenden Vorteil: Die Motoreinheit, einmal an die Kamera angesetzt, muß nicht mehr gelöst werden, wenn es darum geht, neue Kraftreserven zu „tanken"; das heißt, wenn die Batterien gewechselt werden müssen bzw. der NC-Akku nachgeladen werden muß.
Lediglich die Motoreinheit – Handgriff mit Kontaktplatte für direkten, kabellosen Anschluß unmittelbar am Kameraboden – wird im Stativgewinde der AE-1 PROGRAM mittels einer Griffschraube befestigt (nachdem am Kameraboden die Abdeckung über der Transportkupplung entfernt wurde). Die beiden Energieteile sind an die Kontaktplatte schnell adaptierbar über Klinkenstecker mit Sicherheitsverriegelung.
Welchem Energieteil der Vorzug zu geben ist, kann hier nicht bestimmt werden. Beide haben ihre Vorzüge (und, subjektiv betrachtet, auch kleinen Nachteile). Das Batterie Pack MA bringt die geringfügig höhere Leistung bei den Bildfrequenzen, das NC-Akkuteil MA ist wirtschaftlicher bei Oftgebrauch des Motors, weil nachladbar. NC-Akkus sind auch widerstandsfähiger bei niedrigeren Temperaturen. Das Batterieteil MA hat ein etwas höheres Gehäuse als das NC-Akkuteil. Bedenkt man aber die darin verborgene Energiequelle und die eingebaute Direktschaltung für die High-Speed-Bildfrequenz, sind die Größenunterschiede der Energieteile als relativ anzusehen. Der Stromverbrauch insgesamt ist niedrig, wenn man bedenkt, daß die Filmtransport-Kapazität beider Teile bei über 60 KB-Filmen à 36 Bilder pro Batterieladung liegt. Stromspannungsentlastend wirkt sich auch hier die schon beim Winder zitierte elektronische Folgesteuerung beim Funktionsablauf in der Kamera aus und der Zweistufenkontaktauslöser, der ungewollten Energieverlust verhindert. Die Energieteile sind ebenfalls separat abschaltbar.

Fortsetzung Seite 133 ▶

Technische Daten der Motor-Antriebssysteme der AE-1 PROGRAM

Antriebseinheit	MA-System	Winder A	Winder A 2
Typ:	Motor-System	Motorischer Schnellaufzug	Motorischer Schnellaufzug
Funktion:	Filmtransport und Verschlußaufzug, Fernauslösung der Kamera	Filmtransport und Verschlußaufzug	Filmtransport und Verschlußaufzug, Fernauslösung der Kamera
Konstruktion:	2 teiliges System – a) Motoreinheit mit Kontaktplatte b) auswechselbare Energieteile MA	1 teiliges System – Kompaktgehäuse mit Mikromotor und wechselbarem Batterieeinsatz. Separates, externes Batterieteil	1 teiliges System – Kompaktgehäuse mit Mikromotor und zwei Batteriekammern. NC-Batterien einsetzbar
Kamera-Kupplung:	Elektromechanische Kupplung* – direkt am Kameraboden – kabellos. Schnellanschluß mit Griffschraube in das Stativgewinde der Kamera	Elektromechanische Kupplung* – direkt am Kameraboden – kabellos. Schnellanschluß mit Rändelschraube in das Stativgewinde der Kamera	Elektromechanische Kupplung* – direkt am Kameraboden – kabellos. Schnellanschluß mit Schlitzschraube (am Winder-Boden) in das Stativgewinde der Kamera; einschrauben mittels Münze

* Nachdem Abdeckung über Transportkupplung am Kameraboden entfernt wurde – mittels Geldstück möglich. Abdeckplatte ist im Motor-/Winder-System unter Klemmfeder aufzubewahren (bzw. am Winder A 2-Gehäuse zur Aufbewahrung einzuschrauben).

Antriebseinheit	**MA-System**	**Winder A**	**Winder A 2**
Stromversorgung:	a) Batterie Pack MA. Energieteil mit 12 Batterien à 1,5 V (z. B. MN-1500) im auswechselbaren Batterieeinsatz b) NC-Akkuteil MA (wiederaufladbar mit Akku-Ladegerät MA-E) Schnellanschluß der Energieteile über 2 Klinkenstecker mit Sicherheitsverriegelung am Motorteil	4 Batterien à 1,5 V (z. B. MN-1500) im auswechselbaren Batterieeinsatz. (keine NC-Batterien verwenden!) Oder über externes Stromversorgungsteil mit 8 Batterien 1,5 V plus 6-V-Batterie für die AE-1 PROGRAM. Siehe Seite 125 (höhere Kraftreserve).	4 Batterien à 1,5 V (z. B. MN-1500) oder NC-Batterien gleicher Größe (wiederaufladbar)
Bildfrequenzen: a) bei Batteriebetrieb b) bei NC-Akkubetrieb	Einzelbild (Pos. „S“)** 3,5 B/Sek. (Pos. „L“)** 4,0 B/Sek. (Pos. „H“)** 3,0 B/Sek. (Pos. „L“)** 4,0 B/Sek. (Pos. „H“)**	Einzelbild*** 2 B/Sek.***	Einzelbild* 2 B/Sek.*

* Einstellung über kombinierten Hauptschalter und Frequenzwähler. S = Single (Einzelbild), C = Continuous (Dauerlauf)

** Einstellung über kombinierten Hauptschalter und Frequenzwähler. S = Single (Einzelbild), L = Low („langsame Serie“), H = High Speed (schnelle Serie)

*** Ein Frequenzwähler entfällt. Einzelbild- bzw. Serienbildauslösung wird allein durch die Länge des Auslöserdruckes bestimmt.

Fortsetzung „Technische Daten der Motor-Antriebssysteme der AE-1 PROGRAM“

Antriebseinheit	MA-System	Winder A	Winder A 2
Steuerung/ Auslösung:	Über den Kamera-Auslöser und zwei weitere Auslöser am Motorsystem (für Hoch- und Queraufnahmen)[3]	Über den Kamera-Auslöser[3]	Über den Kamera-Auslöser[3]
	3) Alle Auslöser verriegelbar.		
Verwendbarer Verschlußzeitenbereich:			
a) bei Einzelbild	2–$^1/_{1000}$ Sek. B	2–$^1/_{1000}$ Sek. B	2–$^1/_{1000}$ Sek. B
b) bei 2 Bilder/Sek.	–	$^1/_{30}$–$^1/_{1000}$ Sek.[1]	$^1/_{60}$–$^1/_{1000}$ Sek.
c) bei 3,5 (3) Bilder/ Sek.	$^1/_{30}$–$^1/_{1000}$ Sek.	–	–
d) bei 4 Bilder/ Sek.	$^1/_{60}$–$^1/_{1000}$ Sek.	–	–
	1) Sofern nur der Dauerlauf praktiziert wird (und nicht die schnelle Bildfolge im Vordergrund steht), ist der Einsatz aller Verschlußzeiten bei ständigem Auslösedruck möglich – Ergebnis z. B. Filmtransport 0,5 Sek./Bild + 1 Sek. Belichtung		
Fernauslösung.	Klinkensteckeranschluß. Fernauslöser Nr. 3 (Länge 10 m) Nr. 6 (Länge 60 cm), MF 60 (Länge 60 cm), Verlängerungskabel E 1000 (10 m) im Programm. Drahtlose Infrarotfernsteuerung		Klinkensteckeranschluß. Fernauslöser Nr. 3 (Länge 10 m), Nr. 6 (Länge 60 cm), MF 60 (Länge 60 cm), Verlängerungskabel E 1000 (10 m) im Programm. Drahtlose Infrarotsteuerung

Antriebseinheit	**MA-System**	**Winder A**	**Winder A 2**
Automatische Steuerung:	Mit allen Verschlußzeiten über Selbstauslöser als Intervalltimer (nur möglich bei Einstellung auf Frequenz 3,5 B/Sek.!) Über Zeitsteuergerät wie Timelapse Programmer A + B, Quartz Timer TM-1 oder über handelsübliche Intervalltimer, sofern anschließbar und die Energieversorgung separat ist oder die Energieaufnahme aus dem MA-Energieteil möglich ist.	Mit allen Verschlußzeiten über Selbstauslöser als Intervalltimer	Mit allen Verschlußzeiten über Selbstauslöser als Intervalltimer (nur möglich bei Einstellung auf Dauerlauffrequenz). Über Zeitsteuergerät wie Timelapse Programmer A + B, Quartz Timer TM-1 oder über handelsübliche Intervalltimer, sofern anschließbar und die Energieversorgung separat ist.
Filmtransportkapazität: a) mit Batterien b) mit NC-Akkus	über 60 KB-Filme 135-36[3]) über 60 KB-Filme 135-36[4])	über 20 KB-Filme 135-36[3])	über 40 KB-Filme 135-36[3]) über 60–80 KB-Filme[4])
	3) bei Normaltemperatur. Bei – 10°C werden ca. 5 Filme bei Batteriebetrieb bzw. 15 4) pro NC-Akkuladung transportiert.		
Hauptschalter:	Am Fuß des Energieteils, mit Position OFF, S, L, H	Hauptschalter ON/OFF.	Hauptschalter mit Positionen C, OFF, S
Funktion im Temperaturbereich: a) bei Batteriebetrieb b) bei Akkubetrieb	– 10° bis + 45°C – 20° bis + 40° C	– 10° bis + 45° C –	– 10° bis + 45° C – 10° bis + 45° C

Fortsetzung „Technische Daten der Motor-Antriebssysteme der AE-1 PROGRAM“

Antriebseinheit	**MA-System**	**Winder A**	**Winder A 2**
Filmrückwicklung:	Bei angesetztem Motor möglich. Übertragungsstift bzw. -hebel vorhanden.		
High-Speed-Direktschaltung:	Für direkte verzögerungsfreie Zuschaltung des 4er-Ganges – wenn Motor auf Single oder „L“ steht; über weißen Druckschalter am „Batterie Pack MA“		
Bildzählwerk:	Bildzählwerk der Kamera (zählt rückwärts bei Filmrücktransport)		
Sonstiges:	Automatische Endabschaltung bei Filmende und Batterieausfall, Film-Endewarnung und Warnung bei Batterieausfall mit roter Leuchtdiode Kombinierter Einsatz mit Speedlite Typ A und G sowie Data Back A möglich.		
Maße: Motorteil MA Batterieteil MA NC-Akkuteil MA	 151 × 76 × 80 mm 151 × 67 × 40 mm 151 × 61 × 29 mm	141 × 42 × 34 mm	140,8 × 27,5 × 53,4 mm
Gewicht einschl. Batterien: Motorteil MA Batterieteil MA NC-Akkuteil	 200 g 395 g 205 g	300 g	275 g

Fortsetzung von Seite 127
Der Motor MA ist mit seinen runden 500 g Gewicht sicher nicht so leicht wie ein Winder, bringt aber damit auch noch mehr Gleichgewicht zum angesetzten Objektiv. Die Konstruktion mit Handgriff (in 90° Winkel zur Kontaktplatte rechts am Kameraboddy anliegend), mit für das Gewicht entscheidend, bringt nur Vorteile, denn sie verbessert die Handlichkeit des Systems wesentlich.
Ein nicht uninteressanter Vorteil ist, daß der Motor MA zwei eigene (verriegelbare) Auslöser hat. Der Auslöser oben am Handgriff der Steuereinheit hebt die Handlichkeit des Systems weiter hervor; hat man einmal den Griff des Motors sicher in der Hand, muß diese Sicherheit nicht wieder aufgegeben werden für das Auslösen der Kamera, man kann dies gleich am Handgriff des Motors tun. Der Zweitauslöser – jeweils rechts seitlich am Energieteil angebracht – erhöht die Bedienungssicherheit und -vereinfachung auf vollendete Weise bei Hochformataufnahmen. Der rechte Arm kann in der oft zitierten Lage am Oberkörper angelehnt verbleiben, zur ruhigen, verwacklungsfreien Auslösung und muß nicht vor den Bauch oder vor die Stirn gezogen werden.
Der Motor MA ist wie der Winder A 2 mit getrennter Einzelbild- und Dauerlaufschaltung ausgestattet. Die Bildfrequenzschaltung ist jedoch weitreichender. Der Motor MA hat einen regelrechten Frequenzwähler im Energieteil eingebaut. Es gibt die Einstellungen OFF (Aus), S (Single) für Einzelbildschaltung, L (Low) für die „langsame" Serie mit 3,5 Bilder/Sek. und H (High Speed) für Schnellschuß-Bildserien mit 4 Bilder/Sek. Zweitens bietet Canon beim MA-System eine Einrichtung, die die schnelle Umschaltung von Einzelbildbelichtung auf High Speed-Serie ermöglicht: Man kann den Frequenzwähler auf Einzelbildposition oder Position „L" eingestellt lassen und hat trotzdem die Möglichkeit, auf Serienbelichtung mit 4 Bilder/Sek. kurzfristig umzuschalten – sollte die Aufnahmesituation diesem Wunsche entsprechen. Möglich ist die verzögerungsfreie Zuschaltung der High-Speed-Frequenz über einen separaten weißen Druckschalter am Energieteil „Batterie Pack MA" vorn. Nach Freigabe dieses Druckschalters wird augenblicklich z. B. wieder die Einzelbildfrequenz wirksam.
Hier kurz erwähnen möchte ich die an anderer Stelle schon beschriebene Möglichkeit der Fernbedienung. Die AE-1 PROGRAM, kombiniert mit dem Motorsystem MA, kann auch über die von Ca-

non lieferbaren Fernauslöser ausgelöst werden; Direktkontakt (Klinkensteckerbuchse) ist vorhanden. Ebenso möglich ist vollautomatische Fotografie, bei der die entsprechend „präparierte“ AE-1 PROGRAM ohne Ihr Zutun über eine max. mögliche Distanz von 36 Bildern (KB-Patrone 135-36) selbsttätig Aufnahmen macht.

Winder oder Motorsystem MA?

Beide Antriebssysteme haben ihre spezifischen Vorzüge, nicht nur dadurch, daß der eine Motor einteilig, kompakter und leichter ist, der andere zweiteilig mit dem Vorzug des schnell auswechselbaren Energieteils. Die Wahl für den Einsatz des einen oder anderen Systems richtet sich nicht zuletzt auch nach den vorhandenen Aufnahmesituationen und danach, was Sie überwiegend fotografieren. Vielleicht erlaubt Ihr Portemonnaie Ihnen neben mehreren Wechselobjektiven auch zwei Antriebssysteme? Kann man beide Motorsysteme sein eigen nennen, eröffnen sich weitere Chancen: es ist ja nicht uninteressant, ein zweites Kameragehäuse zu besitzen (für den Filmsortenwechsel etc.). Nicht immer muß es die gleiche Kamera sein; eine preiswertere, einfachere tut's auch. Wählt man z. B. aus dem Canon-Programm eine AV-1, kann diese mit dem Winder ausgerüstet werden – der Motor paßt sowieso nicht – und die AE-1 PROGRAM mit dem Motor MA.

Blitzaufnahmen mit der AE-1 PROGRAM

Die Blitzsynchronisation

Die AE-1 PROGRAM und Elektronenblitzgeräte bzw. Blitzlampen werden über den am meisten verbreiteten X-Kontakt synchronisiert. Elektronenblitzgeräte mit einer Verschlußzeit von $^1/_{60}$ Sek. und Blitzlampen ab $^1/_{30}$ Sek. und länger. In Verbindung mit den Canon-Blitzgeräten der Speedlite A-Serie und der G-Modelle Speedlite 533G und 577G sowie Macrolite ML-1 schaltet die Kamera-Elektronik automatisch auf Blitzsynchronzeit von $^1/_{60}$ Sek., sobald das Blitzgerät aufnahmebereit ist und dies im Sucher der Kamera angezeigt wird. Beim Einsatz anderer handelsüblicher

Blitzgeräte muß die Blitzsynchronzeit wie sonst üblich manuell am Verschlußzeitenwählrad der Kamera vorgewählt werden.

Blitzkontakte an der AE-1 PROGRAM

Die AE-1 PROGRAM verfügt insgesamt über zwei grundsätzliche Haupt-Blitzkontakte. Der wichtigste Kontakt – im Hinblick auf die Automatiksteuerung – ist der Mittenkontakt im Zubehörschuh. Er ist für kabellosen Ansatz von Blitzgeräten gedacht. Der auch sogenannte Mittenkontakt-Zubehörschuh der AE-1 PROGRAM hat noch zwei Zusatzkontakte, die in Verbindung mit den Canon Speedlite Blitzgeräten der Serie A und G sowie dem Makrolite ML-1 die spezielle Canon-Blitzautomatiksteuerung ermöglichen.
An der Kamera-Vorderseite befindet sich der zweite Synchronanschluß, der Normkontakt für Blitzgeräte mit Synchronkabelverbindung (auch mit den Canon Speedlites der Serie A und G, außer Speedlite 166A und 188A, möglich). Dieser Anschluß dient ebenfalls zur synchronen Verbindung des Data Back A. Er ist gegen Verschmutzung mit einer Gummi-Abdeckung versehen.
Da diese beiden Kontakte gleichzeitig benutzt werden können, besteht zunächst die Möglichkeit, gleichzeitig zwei Blitzgeräte zu verwenden bzw. zu zünden. Für Kabelkontakte sind aber im Handel auch sogenannte Verteiler – Doppel- und Dreifachstecker – erhältlich, so daß max. bis zu vier Blitzgeräte gleichzeitig eingesetzt und gezündet werden können.

Die Blitzkontakte der AE-1 PROGRAM erlauben sowohl die Synchronisation über den Mittenkontakt als auch Kabelkontakt (siehe Pfeile). Im Zubehörschuh sind auch deutlich die beiden Spezialkontakte für die besondere Canon-Blitzautomatiksteuerung zu sehen. Beide Haupt-Blitzkontakte erlauben dazu den Einsatz von mindestens zwei Blitzgeräten gemeinsam.

Praktisch ist die Zahl der gleichzeitig zu verwendenden Blitzgeräte jedoch auf maximal drei beschränkt, und diese drei Geräte sollten die gleiche Zündspannung haben (möglichst drei Canon Speedlites verwenden). Ansonsten kommt es zu einer Kontaktbeanspruchung, die zu Schäden führt. Verwenden Sie also erstens max. drei Blitzgeräte, zweitens Geräte mit je einer Leitzahl nicht höher als 30, drittens Geräte gleichen Typs. Sie haben dann nicht nur die Gewähr für gleiche Zündspannung, sondern auch für gleiche Farbtemperatur des Blitzlichtes. (Beispiel wären 2–3× Speedlite 177A).

Eine Ausnahme sollte an dieser Stelle nicht unerwähnt bleiben: Der Einsatz der Datierrückwand „Data Back A" zusammen mit einem

Ein Dreiwegstecker (im Fachhandel erhältlich) in den Kabelkontakt der Kamera adaptiert, gestattet den Einsatz von drei Blitzgeräten gleichzeitig (beachten Sie dabei aber bitte die Erläuterungen im laufenden Text!).

Kontaktschonendes Blitzfeuerwerk bei höchst individueller Blitzgerätepostierung ermöglichen die Servo-Blitzauslöser (auch als Sklavenblitze bekannt). Blitzgeräte, die mit dieser Foto-Zelle ausgerüstet sind, werden vom Hauptblitz aus verzögerungsfrei mitgezündet.

Blitzgerät; es können hierbei selbstverständlich dann auch Blitzgeräte mit höherer Leitzahl als 30 benutzt werden. Hat das Blitzgerät einen Kabelkontakt, muß der an anderer Stelle bereits angesprochene Zweiweg- bzw. Dreiwegstecker zwischengeschaltet werden.

Eine andere interessante Möglichkeit der auch kontaktschonenden Blitzausleuchtung mit mehreren Geräten ist mit den Servo-Blitzauslösern gegeben; Fotozellen, die auch als Sklavenblitz bezeichnet werden. Da die synchrone Auslösung drahtlos – ohne Kamerakontakt – über den an der Kamera angesetzten Hauptblitz erfolgt, ist die Belastung des Kamera-Zündkontaktes aufgehoben. Blitzauslösung per Servorblitzauslöser hat auch den Vorteil, daß die Zusatzblitzgeräte kabelfrei und damit schneller und in größerem Aktionsradius überall postiert werden können. Die Servo-Zelle von National z. B. hat ein Stativgewinde und zusätzliche Riemchen eingebaut. Nicht nur die Befestigung am Stativ ist möglich, sondern der Auslöser kann auch an allen nur erreichbaren runden und eckigen Sessellehnen, Tischbeinen, Stuhlbeinen und Lampenständern insbesondere aber auch an Stab-Blitzgeräten befestigt werden. Damit der Zündimpulsempfänger (Fotozelle) in jeder Lage und Postierung auf den Hauptblitz gerichtet werden kann, ist er drehbar. So ein Servoblitzauslöser trägt ein Blitzgerät huckepack im eingebauten Zubehörschuh. Es ist meist Mittenkontakt-Synchronisation möglich, bei National auch die Synchronisation über Kabel; beide Kontakte sind dafür vorhanden. Sobald Sie nach Anschluß bzw. Ausrichtung mehrerer Blitzgeräte auf diese Weise auf den Kamera-Auslöser drücken, erleben Sie ein regelrechtes Blitzfeuerwerk.

Für die Kombination von Blitzgeräten (auch mit unterschiedlichen Synchronkontakten) mit der Kamera oder für den Anschluß an Servoblitzauslösern stehen zahlreiche Varianten von Blitzschuhen, Blitzneigern, Blitzschienen, Kamera-Handgriffen mit Blitzneigern usw. zur Verfügung; ebenso Übergangsadapter für die Kombination von Mittenkontakt auf Kabelkontakt oder umgekehrt. Eingearbeitete Stativ- und Kameragewinde erlauben eine rasche Verbindung. Kabeltrommeln mit meterlangem Synchronkabelvorrat haben aufgenietete Kontaktschuhe und können gleichzeitig als Blitzgeräteständer verwendet werden; ebenfalls versehen mit Stativgewinde, sind auch sie überall zu postieren. In dieser Art können Sie sich interessante und vor allem wirksame Beleuchtungssysteme zusammenstellen, für alle Aufnahmesituationen, Beleuchtungsarten und -effekte.

Anmerkung:

Vermeiden Sie Blitzaufnahmen in stark rauchgeschwängerten Räumen, wie sie bei Festen, Parties usw. vorkommen. Sorgen Sie vor der Aufnahme für gute Entlüftung; ansonsten sind unscharfe Bilder das Ergebnis!

Wichtig:

Bei Verwendung ab zwei Blitzgeräten ist keine Blitzautomatik möglich. Das heißt, bei Verwendung von mehreren Geräten muß die Lichtstärke nach der Leitzahlrechnung ermittelt werden, plus Berücksichtigung der Gerätezahl. In Verbindung mit den Speedlite der Serie A und G entfällt dabei auch die kameraseitige Blitzblendensteuerung durch den Computer. Die Blende muß manuell eingestellt werden.
Lassen Sie sich nicht von der Digitalanzeige täuschen, wenn diese trotz zweier angeschlossener Speedlites weiterhin „Blitzautomatik" = Blitzsymbol „⚡" und Blitz-Blende ... (vorgewählt am Speedlite mit Direktkontakt) anzeigt. Bei Anschluß eines Blitzgerätes per Direktkontakt und eines per Kabelkontakt wird die Digitalanzeige nicht verändert gegenüber dem Einsatz nur eines Gerätes. Das liegt daran, daß die am Speedlite mit Direktkontakt vorgewählte Automatikblende Priorität hat bei der Kamera-Elektronik und damit auch in der Digitalanzeige. Aber Achtung! Weil diese Blende auch vom Kamera-Computer objektivseitig gesteuert wird, droht bei Zündung zweier Blitze gleichzeitig Überbelichtungsgefahr!

Computer-Elektronenblitzgeräte der Speedlite A- und G-Serie

Ganz allgemein, auf den ersten Blick gesehen, sind es z. Zt. neun handelsübliche moderne Computer-Elektronenblitzgeräte, die an allen Kameras verwendet werden können – Speedlite 155A, 166A, 177A, 188A, 199A, 533G und 577G sowie die einfacheren, hier nicht ausführlich erwähnten Speedlite 011A und 133A. Sie haben einen eingebauten Sensor, über den das vom Objekt reflektierte (Blitz-)Licht gemessen wird, der ermittelt, ob die Ausleuchtung des Motivs perfekt ist. Heißt die Rückmeldung an den Computer „o. k.", wird das Blitzlicht sozusagen „abgehackt". Man spricht daher von automatischer Lichtmengensteuerung. Beeinflußt wird die Abgabe der Blitzenergie also von der Objekthelligkeit, aber auch von der Objektentfernung, denn das Licht nimmt ja bekanntlich im Quadrat der Entfernung ab. Eine vorteilhafte Einrichtung ist dazu die Thyristorsparschaltung. Sie sichert einen wirtschaftlichen Energiehaus-

halt. Durch diese Technik wird nämlich die Restenergie einer Blitzladung nicht vernichtet, sondern für den Folgeblitz gespeichert. Das bedeutet, daß weit weniger neue Energie aufgeladen werden muß als bei herkömmlichen Blitzgeräten ohne diese Einrichtung. Es liegt klar auf der Hand, daß man dadurch eine Menge mehr Blitzkapazität pro Batteriesatz bzw. NC-Akku-Ladung zur Verfügung hat (siehe technische Daten auf Seite 150ff).
Wie bei vielen Blitzgeräten anderer Hersteller sind auch bei den Canon Speedlites verschiedene Arbeitsblenden vorwählbar, man hat zwei bzw. drei Automatik-Arbeitsbereiche zur Verfügung und ist damit in der Lage, die Schärfentiefe zu beeinflussen.
Soweit die besonderen Merkmale für die allgemeine Verwendung. Besondere kleinere Ausstattungselemente entnehmen Sie bitte den technischen Daten auf Seite 150). Was diese Modelle darüber hinaus so interessant macht, ist die mögliche volle Integration in die elektronische Steuerung der AE-1 PROGRAM. Die Geräte sind für die spezielle Canon-Blitzautomatik mit dieser Kamera ausgelegt. Was ist nun in diesem Fall spezielle Canon-Blitzautomatik?
Zur Erklärung zunächst folgendes: Früher gab es mit Blitzautomatik bezeichnete Systeme, bei denen die Objektivblende kameraseitig automatisch eingesteuert wurde, nachdem die Aufnahmeentfernung vorgegeben war – mit dem Vorteil, daß auch dabei schon das umständliche Leitzahlenrechnen entfiel.
Die moderneren Computer-Blitzgeräte brachten in ihrer zweiten Generation die Möglichkeit der vorwählbaren Programmblende (Arbeitsblende) – bei größeren Spitzengeräten sind heute bereits bis zu fünf Blenden vorwählbar (je nach Filmempfindlichkeit verschieden).
Nun konnten beide Systeme – kameraseitige Blitz-/Blendenautomatik und Blitzgeräte-Vorwahlblende – nicht gleichgeschaltet werden. Der Fotograf wußte ja nicht die von der Kamera automatisch ermittelte Blende, die er theoretisch hätte auf das Blitzgerät übertragen können.
Die Wende brachte Canon mit der AE-1 plus Speedlite Typ A. Seit der in der AE-1 verwendeten Mikro-Computer-Technik (in der AE-1 PROGRAM forgesetzt) ist folgendes möglich: Spezialkontakte am Blitzgerät und im Zubehörschuh der Kamera (zusätzlich zum Blitz-Mittenkontakt) integrieren diese Spezialblitzgeräte der Speedlite-Serien vollständig in die elektronische Steuerung der Kamera. Das

Die AE-1 PROGRAM (hier in schwarzer Ausführung und ohne die besondere Griffplatte, um einmal die Adaptionsstelle deutlich zu machen) mit dem Speedlite 188A für erweiterte Blitzautomatik (AUTO CHECK im Sucher).

heißt, in dem Moment, wenn die Bereitschaftslampe am aufgesetzten Blitzgerät aufleuchtet, schaltet der Kamera-Computer (CPU) automatisch auf die Blitzsynchronzeit für E-Blitzgeräte von $^{1}/_{60}$ Sek. um. Dabei können alle am Zeitwähler einzustellenden Verschlußzeiten (2–$^{1}/_{1000}$ Sek. – außer B) vorgewählt sein. Nicht nur das, bei der Aufnahme wird die am Blitzgerät vorgewählte Programmblende vom Kamera-Computer automatisch objektivseitig eingesteuert. Die Lichtmengensteuerung übernimmt dabei, wie eingangs schon gesagt, der am Blitzgerät eingebaute Sensor.
Nach der Blitzaufnahme steuert der Computer umgekehrt; die Tageslicht-Belichtungsautomatik (Blendenautomatik mit Zeitvorwahl, Programmautomatik) wird wieder wirksam – bis die Bereitschaftslampe am Blitzgerät erneut aufleuchtet. Da dieser Vorgang je nach Batteriezustand, Blitzgerät und Aufnahmesituation min. nur 0,2 Sek. dauert, kann man leicht ermessen, wie schnell die Elektronik der Kamera reagiert. Damit erklärt sich aber auch folgender Vorteil für die Aufnahmepraxis: Kamera und Blitzgerät können kombiniert bleiben und müssen nicht ständig bei wechselnden Außen- und Innenaufnahmen voneinander getrennt werden. Denn lediglich durch das Ein- und Ausschalten des Blitzgerätes kann auf Belichtungsautomatik für Tageslicht oder Blitzlicht gewechselt

Die LED-Anzeige im Sucher der AE-1 PROGRAM bietet die Vollkontrolle speziell bei Blitzautomatik: die am Blitzgerät Speedlite Typ A oder G gewählte Programmblende wird bei Blitzbereitschaft im Sucher angezeigt, die Blitzbereitschaft zusätzlich durch ein Blitzsymbol (grüne LED) visuell untermauert. Bei Einsatz des Speedlite 166A oder 188A ist dann die Vollkontrolle so richtig perfekt: blinkt das Blitzsymbol nach der Belichtung, zeigt dies korrekte Blitzbelichtung an. Die Kamera kann ständig am Auge bleiben.

werden. Dazu ein Beispiel: Eine Foto-Safari oder Foto-Exkursion läuft an, und es ist klar, daß es dabei z. B. auch zu Innenaufnahmen in Baudenkmälern, Burgen, Schlössern, Museen, Zoo-Tierhäusern usw. kommt. Nehmen wir weiter an, die Außenaufnahmen können mit einer $^{1}/_{250}$ Sek. Belichtungszeit gemacht werden und der Verschluß ist darauf eingestellt. Kommt es jetzt zur Innenaufnahme und das Blitzlicht wird eingeschaltet, stellt sich automatisch (nach Aufleuchten der Bereitschaftslampe am Blitzgerät) die $^{1}/_{60}$ Sek. Blitzsynchronzeit ein. Sind die Innenaufnahmen mit Blitz beendet, ist der Blitz abgeschaltet, und tritt man ins Freie, kann augenblicklich wieder mit der vorher schon eingestellten Verschlußzeit von $^{1}/_{250}$ Sek. weitergearbeitet werden.

Wie einfach ist dabei sogar die Beeinflussung der Schärfentiefebereiche (im Umfang der verwendeten Filmempfindlichkeit). Verschieben Sie einfach den Automatik-Wählschalter am Blitzgerät und ein anderer Blendenwert ist programmiert.

Eine Besonderheit des Systems liegt auch darin, daß die vorgewählte Blitz-Programmblende bei Blitzbereitschaft verzögerungsfrei im Sucher der Kamera angezeigt wird, sobald Sie den Auslöser antippen oder die Belichtungsprüftaste der Kamera drücken. Ebenso verzögerungsfrei wird jede Blitzblendenänderung angezeigt. Die Blitzbereitschaft wird außerdem zusätzlich durch ein grünes Blitzsymbol „ϟ" angezeigt, dies gilt für alle Canon Speedlite-Blitzgeräte der Serien A und G (auch für das Macrolite ML-1, siehe dort). Eine weitere Funktion, die das Blitzsymbol erfüllt, gilt jedoch nur im Zusammenhang mit den Speedlite 166A und 188A, die in dieser Hinsicht speziell für die AE-1 PROGRAM konstruiert wurden (siehe dort). Dies ist nicht nur Information, sondern bietet auch die Möglichkeit, das System der Belichtungsautomatiken zu kontrollieren. Man weiß beim Blick durch den Sucher auch, wann die Blitzautomatiksteuerung in Funktion tritt.

Ein Beweis für die Schnelligkeit und Leistungsfähigkeit der Canon Speedlites ist auch dies: der Einsatz zusammen mit einem motorischen Schnellaufzug (Winder A oder Winder A 2) bzw. dem Motorsystem MA. Ein Vorteil, der sich aus der technischen Konzeption der Blitzgeräte ergibt. Da ist einmal die Thyristorsparschaltung, welche die Restenergie bei Blitzentladungen speichert, und zum anderen die Tatsache, daß bei sehr hellen Motiven und kürzeren Aufnahmeabständen – genauer gesagt, Blitzabständen – 0,5 bis max. 1–2 m, die Blitzleuchtzeit kürzer ist (möglicher Bereich $^{1}/_{1000}$ Sek. bis $^{1}/_{50\,000}$ Sek.). Beide Fakten zusammen erlauben kürzere Blitzfolgen und mehr Blitzkapazität. Bei Einsatz eines Winder werden im Nahbereich ohne weiteres Blitzaufnahmen mit einer Frequenz von 2 Bildern/Sek. machbar, mit allen Blitzgeräten. Für die Kombination AE-1 PROGRAM plus Motorsystem MA kommen nur die Speedlites 199A, 533G und 577G in Frage. Mit ihrer möglichen kürzesten Blitzfolge von 0,2 Sek. sind sie in gewissen Bereichen sogar für Serienaufnahmen mit der Frequenz von 4 Bildern/Sek. einzusetzen.

Anmerkung:

Beachten Sie, daß Blitzaufnahmen mit einer Frequenz von 2 Bildern/Sek. nur im Nahbereich zu erzielen sind. Im Nahbereich werden die notwendigen kürzesten Blitzleuchtzeiten und Blitzfolgezeiten erreicht, aufgrund der schnelleren Ausleuchtung.

Mit dieser Technik ist die AE-1 PROGRAM schnell, superschnell. Ohne besondere Manipulation können Sie Ihre Motive durch Licht- und Schattenphasen verfolgen, sich in jeder Situation auf sie einstellen, drinnen und draußen, blitzschnell.
Fazit: Canon-Blitzautomatik heißt „automatischer Funktionsablauf auch bei Blitzaufnahmen, sobald Sie den Kameraauslöser drücken“. Sie schalten nur den Blitz ein und auf Automatiksteuerung; zwischendurch fokussieren Sie auf Ihr Motiv, und sobald das Blitzsymbol „ϟ“ im Sucher erscheint (der gewählte Automatik-Blitzarbeitsbereich sollte inzwischen Ihrem Wunsch entsprechen), drücken Sie ab – mit der Garantie, korrekt blitzbelichtete Aufnahmen zu erhalten.
Diese Form der Blitzautomatik funktioniert nur mit den FD-Objektiven von Canon, die speziell auf Blendenautomatiksteuerung eingerichtet sind. Sie haben einen Blendensimulator, Automatikschaltstift usw. eingebaut, der die automatische Blendenvorwahl und -steuerung in vollem Umfang durch die Kamera-Elektronik ermöglicht. Die FL-Objektive erlauben lediglich die Blitzautomatik mit dem Vorteil der automatisch eingesteuerten Blitzsynchronzeit von $^{1}/_{60}$ Sek. bei Blitzbereitschaft. Sie gestatten keine automatische Blendenvorwahl und daher auch keine Rückschaltung auf Tageslicht-Belichtungsautomatik. Selbstverständlich schaltet sich beim Abschalten des Blitzgerätes ebenfalls die Blitzsynchronzeit wieder zurück auf den jeweiligen an der Kamera gewählten Zeitwert.

An dieser Stelle werden nun zunächst die einzelnen Canon Speedlite-Blitzgeräte mit ihren spezifischen Unterschieden vorgestellt. Danach folgen weitere, die spezielle Blitzaufnahmetechnik der AE-1 PROGRAM betreffende Erläuterungen.

Speedlite 155 A/Kamerakupplung

Ein einfaches Computer-Elektronenblitzgerät (aber als erstes bewährt an der berühmten Canon AE-1). Mit zwei vorwählbaren Programm(Arbeits)blenden und zwei Automatik-Entfernungsbereichen – farbig markiert auf dem Kalkulator an der Gehäuse-Rückseite. Einfach zu bedienen (auch manuell) über nur drei Elemente: den als griffiges Rändelrad konstruierten Filmempfindlichkeitswähler, Blendenautomatik(Manual)schalter und den Hauptschalter ON/OFF (Ein/Aus). Dazu kommt evtl. der Leuchtknopf für die Bereitschaftsanzeige, der als Handauslöser benutzt werden kann.

Es ist ein aufsteckbares Gerät, das mittels Rändelringschraube im Zubehörschuh der Kamera arretiert und gesichert werden kann. Kamera-Synchronanschluß über Mittenkontakt bzw. Synchronkabel auch an anderen Kameras mit entsprechenden Synchronkontakten. Technische Gesamtdaten siehe Seite 150ff.

Speedlite 177 A/Kamerakupplung

Das Speedlite mit erhöhter Leistung. Zwei wählbare Programmblenden und Automatik-Arbeitsbereiche stehen zur Verfügung, farbig markiert auf der Gehäuserückseite. Automatik-Programmblenden und manuelle Steuerung sind mittels Programmwähler einschaltbar. Auch die Bedienung sonst ist sehr einfach: über den Hauptschalter (EIN/AUS – ON/OFF), die Bereitschaftslampe (gleichzeitig Handauslöser) und den transparenten, griffigen Vollrändelring zur Filmempfindlichkeitswahl (das Speedlite 155 A hat nur einen Teilrändelring). Für den Automatikbetrieb im Weitwinkelbereich kann eine Diffusorscheibe aufgesteckt werden. Diese Weitwinkel-Reflektorvorsatzscheibe streut das Blitzlicht optimal für Bildwinkel von Objektiven bis f = 28 mm.
Es ist ein aufsteckbares Blitzgerät, das mittels Rändelschraubring im Zubehörschuh der Kamera arretiert und gesichert werden kann. Kamera-Synchronanschluß über Mittelkontakt bzw. Synchron-

kabelkontakt, auch an anderen Kameras einsetzbar. Technische Gesamtdaten siehe Seite 150ff.

Speedlite 166A und 188A/Kamerakupplung

Speedlites mit erhöhter Leistung. Speziell für die AE-1 PROGRAM-Blitztechnik passend, mit der gemeinsam eine interessant erweiterte Blitzautomatik funktioniert. Daß bei Blitzbereitschaft im Sucher der Kamera ein Blitzsymbol „⚡" aufleuchtet (grüne LED) habe ich schon erklärt. Aber die Canon-Novität ist dies: bei korrekter Automatik-Blitzbelichtung blinkt das Blitzsymbol für 2 Sekunden. Diese auch als AUTO CHECK zu bezeichnende Kontrolle war bisher nur in Form einer grünen LED auf der Rückseite entsprechender Blitzgeräte (z. B. 199A) bekannt (sie leuchtet auf, wenn die Blitzausleuchtung korrekt ist)*. Die neue Form der Blitzkontrolle im Sucher der Kamera ist wohl als die absolute zu bezeichnen – im Hinblick auf die Aufnahmeschnelligkeit und die Kreativität des Fotografen. Er muß das Auge praktisch für nichts mehr vom Sucher nehmen (wenn dazu noch ein Motorsystem angesetzt ist).

**** Anmerkung:***

Blinkt das Blitzsymbol nach der Blitzauslösung nicht, muß, wenn noch möglich, die nächstfolgende größere Blitzprogrammblende gewählt oder der Aufnahmeabstand verringert werden. Siehe dazu erläuterndes Beispiel im Abschnitt „Speedlite 199A/Kamerakupplung", nachfolgend.

Die Rückseite des Speedlite 188 A zeigt die klare und übersichtliche Anzeige„tafel" für die Filmempfindlichkeitswahl, Automatik-Blitzblenden- und -Arbeitsbereichswahl und -anzeige, und die Bedienungstasten und -schalter.

Mit zwei wählbaren Programmblenden und Automatik-Arbeitsbereichen, farbig markiert auf der Gehäuserückseite.
Automatik-Programmblenden und manuelle Steuerung sind mittels Programmwähler einschaltbar. Programmblendenschaltung gekoppelt mit Automatik-Arbeitsbereichs-Anzeige und Programmblendenanzeige. Bei Schaltung erscheint im 2. Sichtfenster von oben die entsprechende Programmblende, im unteren Fenster – zwischen dem Meter-/feet-Zeilenband – der entsprechende Automatik-Arbeitsbereich, markiert durch ein rotes Farbband, zugehörig zur großen Blende, bzw. ein grünes Farbband, zugehörig zur mittleren Blende. Der schwarze Indexstrich auf den Farbbändern beim Speedlite 188A markiert die verkürzten Arbeitsbereiche bei aufgesetztem Diffusor-Vorsatz, der das Blitzlicht optimal streut für Bildwinkel von Objektiven bis f = 28 mm. Einfache rastende Filmempfindlichkeitseinstellung mittels Schiebeschalter. Anzeige im Sichtfenster. Filmempfindlichkeitseinstellung gekuppelt mit Blitzprogrammblendenanzeige. Übersichtlich angeordneter Hauptschalter „ON/OFF" (EIN/AUS) und kombinierter Handauslöser- und Bereitschaftslampe.
Die Speedlite 166A und 188A sind Aufstecktypen. Sicherung im Zubehörschuh der Kamera mittels Rändelschraubring. Kamera-Anschluß nur über Mittenkontakt möglich. Technische Gesamtdaten siehe Seite 150ff.

Anmerkung:

AUTO CHECK (Automatikblitz-Kontrolle) im Sucher gilt nur bei Einsatz der Speedlite 166A und 188A! Es kann vorkommen, daß das Blitzsymbol auch bei Zündung eines anderen Canon Speedlite blinkt; werten Sie dies jedoch bitte nicht als Anzeige einer ausreichenden Blitzbelichtung.

Speedlite 199A/Kamerakupplung

Ein Computer-Blitzgerät mit höherer Leistung. Mit drei Automatik-Entfernungsbereichen – farbig markiert auf dem Kalkulator an der Gehäuse-Rückseite.
Bequeme Bedienung über Hauptschalter ON/OFF (Ein/Aus), Automatikblenden(Manual)wahlschalter und großdimensionierter Plexiglas-Abdeckung mit Rändelring zur Filmempfindlichkeitseinstellung. Dazu kommen zwei praxisgerechte Leuchtdruckknöpfe: a) für Bereitschaftsanzeige (Pilotlicht mit Doppelfunktion: Standlicht = Energieaufladung, gestattet bereits Automatikbetrieb; Blinklicht

= Blitzbereitschaft – erst in dieser Phase ist manueller Betrieb möglich) – gleichzeitig Handauslöser, und b) für Skalenbeleuchtung, wenn Aufnahmen bei Dunkelheit bzw. in der Dämmerung gemacht werden – gleichzeitig Kontrolleuchte für die automatische Lichtdosierung. Etwas zur Funktion der Kontrolleuchte: Löst man einen Blitz probeweise per Handauslöser aus, wird eine grüne Lampe dann aufleuchten, wenn die Blitzausleuchtung für den gewählten Bereich gewährleistet ist; leuchtet diese Lampe nicht auf, muß man die Aufnahmeentfernung verringern bzw. eher, wenn noch möglich, eine größere Blende vorwählen.
Das Speedlite 199A hat noch einen wesentlichen Vorzug gegenüber den anderen Speedlites der A-Serie: die Möglichkeit bei Automatikbetrieb mit der AE-1 PROGRAM indirekt blitzen zu können. Diese Methode wird gern angewandt, da das Indirektlicht (engl. = Bounce-Light genannt) eine weniger harte Beleuchtung ergibt.
Kamera-Synchronanschluß über Mittenkontakt bzw. Synchronkabel, auch an anderen Kameras mit entsprechenden Synchronanschlüssen. Technische Gesamtdaten siehe Seite 150ff.

Speedlite 533G und 577G/Kamerakupplung

Bei den Canon Speedlite-Blitzgeräten der G-Serie handelt es sich um Spitzenmodelle hoher Leistung für mannigfaltige Blitztechniken. Mit drei vorwählbaren Programm(Arbeits)blenden und drei Automatik-Arbeitsbereichen – farbig markiert auf dem Kalkulator am Reflektorkopf. Es sind sogenannte Stabblitzgeräte, bestehend aus Kameraschiene und Blitzstab (Rundgriff mit Blitzreflektor) sowie externem, wechselbarem Sensor. Der Sensor hat die gleichen Spezialkontakte wie die Speedlite-Geräte der A-Serie. Er wird in den Zubehörschuh der AE-1 PROGRAM geschoben und mittels Rändelringschraube gesichert. Über den Sensor wird also die spezielle Canon Blitzautomatik gesteuert. Der externe Sensor (mit dem Blitzgerät lösbar verbunden) oder der abnehmbare Blitzstab und die vertikale sowie horizontale Schwenkbarkeit des Reflektorkopfes erlaubt die total entfesselte Blitzaufnahme aus allen Lagen. Ein zweiter externer Sensor (Zubehör) gestattet die Entfesselung des Blitzstabes bis zu 1 m. Direkt- und Indirektblitz verschiedenster Nuancen sind bei automatischer Blitzbelichtung nach Canon-Manier möglich.

Diese Ausrüstung ermöglicht dem Fotografen den professionellen Einsatz der AE-1 PROGRAM in weiten Bereichen: Kamera mit Motorsystem MA und Speedlite 577G mit der hohen Leitzahl 48 und getrenntem Sensor sowie Schwenkreflektor. Entfesselter Blitz bei Canon-Blitzautomatik und Blitzserienfotografie u. a. sind möglich.

Für weitere Blitzbeleuchtungseffekte (kombiniertes Front- und Seitenlicht/Ober- und Unterlicht etc.) kann ein zweites Blitzgerät (z. B. Speedlite 155A, 177A) am G-Modell mittels Synchronkabel angeschlossen werden. Dabei ist dann allerdings die manuelle Steuerung beider Geräte erforderlich. Die G-Modelle unterscheiden sich durch verschieden hohe Leistung und dadurch, daß das Speedlite 533G nicht generell manuell geschaltet werden kann (es muß dazu der externe Sensor aus dem Zubehörschuh der Kamera entfernt und der Kabelkontakt gewählt werden).
Zum Programm gehören Reflektorvorsätze, die die Weitwinkel-Ausleuchtung (größere Lichtstreuung) bei Aufnahmen mit 20-mm-

und 24-mm-Objektiven bzw. die Lichtkonzentration bei Aufnahmen mit 100-mm-Objektiven und solchen mit längerer Brennweite gestatten. Eine gute Idee von Canon war es, den Reflektorvorsätzen die dem Normalleuchtwinkel des Blitzgerätes gegenüber veränderten Automatik-Arbeitsbereiche aufzudrucken – von oben gut lesbar und vor allem farbig codiert gemäß der Skala am Blitzgerät, so daß umständliches Nachlesen in der Bedienungsanleitung oder gar Rechnen entfällt. Die Geräte sind leicht steuerbar über Hauptschalter „ON/OFF" (EIN/AUS), Programmblenden- und Arbeitsbereichswähler sowie Filmempfindlichkeitsselektor (Knebelschalter). Zur Kontrolle der korrekten Blitzausleuchtung haben beide Geräte die Automatik-Kontrolleuchte eingebaut (AUTO CHECK). Sie leuchtet auf, wenn die Blitzbelichtung ausreicht (wenn Sie im richtigen Arbeitsbereich und mit der richtigen Blende blitzen). Technische Gesamtdaten siehe Seite 156ff.

Erläuterungen zum AUTO CHECK beim Speedlite 166A, 188A, 199A, 533G und 577G

Verwendet wird zum Beispiel ein Film mit ASA 100 Empfindlichkeit, daraus ergibt sich laut Kalkulatorscheibe z. B. des 199A die programmierbare Blendenreihe 2,8; 5,6 und 11. Vorgewählt wurde die Blende 5,6 für mittlere Blendenöffnung und dazu gehört der Automatik-Entfernungsbereich 1 bis 5,3 m. Leuchtet bei dieser Einstellung beim Probeblitz die grüne Lampe nicht auf, gibt es dafür verschiedene Ursachen: Das Motiv liegt im hinteren Bereich bei etwa 5 m und ist sehr dunkel; man befindet sich in größerer Entfernung als vorgegeben. Um eine exakte Ausleuchtung zu gewährleisten, gibt es nun die Möglichkeit, den Abstand zu verringern oder die in diesem Fall noch wählbare größere Blende 2,8 einzustellen. Ist diese max. Blende aber bereits eingestellt und Sie haben deren zugeordneten Arbeitsbereich überschritten, bleibt nur die Verringerung des Aufnahmeabstandes oder eine bessere Ausleuchtung des Motivs. Bitte vergessen Sie nicht, bei Ihren Überlegungen den gewünschten Schärfebereich zu beachten – deshalb auch der Vorschlag: anstatt Blendenöffnung (mit geringerem Schärfentiefebereich) für mehr Grundhelligkeit am Objekt zu sorgen. Das gestattet auch, den Aufnahmeabstand nur mäßig verändern zu müssen, bis die grüne Lampe bei weiteren Probeblitzen aufleuchtet.

Canon Speedlite 155 A, 166 A, 177 A, 188 A und 199 A
Technische Daten auf einen Blick

Modell / Kriterien	**Speedlite 155 A**	**Speedlite 177 A**	**Speedlite 188 A**	**Speedlite 166 A**	**Speedlite 199 A**
Typ	Computer-Elektronenblitzgerät mit automatischer Lichtmengensteuerung über eingebauten Sensor. Mit Thyristor-Sparschaltung (Restenergiespeicherung). An alle Kameras mit Mittenkontakt und Synchronkabelanschluß adaptierbar (166 A und 188 A nur Mittenkontakt). Mit zusätzlichen Spezial-Direktkontakten ausgestattet, für erweiterte Blitzautomatik mit Canon SLR-Kameras.				
Stromversorgung a) Mignon-Batterien à 1,5 V (Typ AA), z. B. MN-1500 b) NC-Batterien (Typ AA)	 4 4	 4 4	 4 4	 4 4	 4 4
Leitzahl bei Filmempfindlichkeit ASA 100/21 DIN	**17**	**25** (16 bei aufgesetztem Weitwinkel-Diffusor)	**25** (16 bei aufgesetztem Weitwinkel-Diffusor)	**20**	**30** (18 bei aufgesetztem Weitwinkel-Diffusor)
Blitzzahl a) bei Betrieb mit Alkali-Batterien b) bei Betrieb mit NC-Batterien	 Über 100* Über 90*	 Über 200* Über 70*	 Über 200* Über 70*	 Über 250* Über 80*	 Über 100* Über 50*

Modell/ Kriterien	Speedlite 155 A	Speedlite 177 A	Speedlite 188 A	Speedlite 166 A	Speedlite 199 A
<u>Blitzfolgezeit</u> a) bei Betrieb mit Alkali-Batterien	Unter 7 Sek.*	Unter 8 Sek.*	Unter 8 Sek.*	Unter 7 Sek.*	Unter 10 Sek.*
b) bei Betrieb mit NC-Batterien	Unter 5 Sek.*	Unter 6 Sek.*	Unter 6 Sek.*	Unter 5 Sek.*	Unter 6 Sek.*
<u>Blitzleuchtzeit</u>	$^1/_{1000}$–$^1/_{50\,000}$ Sek.*[1])	$^1/_{1500}$–$^1/_{50\,000}$ Sek.*[1])	$^1/_{700}$–$^1/_{50\,000}$ Sek.*[1])	$^1/_{1000}$–$^1/_{150\,000}$ Sek.*[1])	$^1/_{1000}$–$^1/_{50\,000}$ Sek.*[1])
<u>Leuchtwinkel</u> (Vertikal/Horizontal)	45°/60° bei Normal-Leuchtwinkel (abgestimmt auf den Bildwinkel eines 35-mm-Weitwinkelobjektivs)				
	–	53°/70° bei aufgesetztem Weitwinkel-Diffusor, für den Bildwinkel eines 28-mm-Objektivs	53°/70° bei aufgesetztem Weitwinkel-Diffusor, für den Bildwinkel eines 28-mm-Objektivs	–	62°/80° bei aufgesetztem Weitwinkel-Diffusor, für den Bildwinkel eines 24-mm-Objektivs
<u>Schwenkreflektor</u> für Indirektblitz bei Automatikbetrieb	–	–	–	–	Mit Raststufen bei 0°, 60°, 75° und 90° Schwenkwinkel (auch stufenlos einstellbar)
<u>Blitzblenden-programmschalter</u>	■	■	■	■	■

▼

Fortsetzung „Canon Speedlite Serie A – Technische Daten auf einen Blick"

Modell / Kriterien	Speedlite 155 A	Speedlite 177 A	Speedlite 188 A	Speedlite 166 A	Speedlite 199 A
Programmierbare Blitzblenden	2	2	2	2	3
z. B. bei ASA 100/21 DIN (in Klammern Angabe des Farb-Codes zur optischen Anzeige)	2,8 (rot) 5,6 (grün)	2,8 (rot) 5,6 (grün)	2,8 (rot) 5,6 (grün)	2,8 (rot) 5,6 (grün)	2,8 (rot) 5,6 (grün) 11,0 (gelb)
Automatik-Arbeitsbereich in Klammern Angabe des Farb-Codes zur optischen Markierung	0,5–0,6 m (rot) 0,5–3,0 m (grün)	1 –9 m (rot) 0,5–4,5 m (grün)	1 –9 m (rot) 0,5–4,5 m (grün)	1 –7 m (rot) 0,5–3,5 m (grün)	1,5–10,6 m (rot) 1,0– 5,3 m (grün) 0,5– 2,6 m (gelb)
** bei aufgesetztem Weitwinkel-Diffusor	–	1,0–5,7 m (rot)** 0,5–2,8 m (grün)**	1 –5,6 m (rot)** 0,5–2,8 m (grün)**		1,5– 6,3 m (rot)** 1,0– 3,2 m (grün)** 0,5– 1,6 m (gelb)**
Arbeitsbereich bei manuellem Betrieb (je nach Leuchtwinkel und Filmempfindlichkeitseinstellung)	ca. 0,26–41 m	ca. 0,2–60 m	ca. 0,2–60 m	ca. 0,6–39 m	ca. 0,25–71 m

Modell/ Kriterien	**Speedlite 155 A**	**Speedlite 177 A**	**Speedlite 188 A**	**Speedlite 166 A**	**Speedlite 199 A**
Spezielles	**Blitzautomatikbetrieb mit Canon AE-1 PROGRAM** möglich. Bei Blitzbereitschaftsanzeige automatische Umschaltung jedweder eingestellten bzw. automatisch gewählten Verschlußzeit auf Blitzsynchronzeit 1/60 Sek. durch den Kamera-Computer. Darüberhinaus bei Kamera-Auslösung auch objektiv-seitige Einsteuerung der am Blitzgerät programmierten Blitzblende ebenfalls durch den Kamera-Computer. Blitzbereitschaftsanzeige im Sucher – Blitzsymbol „ϟ" –, funktioniert in Verbindung mit Speedlite 166 A und 188 A auch als AUTO CHECK, optische Automatikblitzkontrolle im Sucher der AE-1 PROGRAM; das Auge kann für alle Kontrollen am Sucher bleiben. Anzeige der programmierten Blitzblende.				
Sonstiges					
a) Automatik abschaltbar	■	■	■	■	■
b) Kalkulatorscheibe	■	■	■ (Skalenbänder)	■ (Skalenbänder)	■
beleuchtbar	–	–	–	–	■ (mittels Leuchtdrucktaste)
c) Bereitschaftslampe/ Handauslöser	■	■	■	■	■
d) Blitz-Ausleucht-kontrolle (AUTO CHECK)	–	–	■ (blinkendes Blitzsymbol im Sucher der AE-1 PROGRAM)	■	■ (grünes Pilotlicht bei korrekter Blitzausleuchtung)
e) Blitzschuh-Sicherung	Rändelschraube	Rändelschraube	Rändelschraube	Rändelschraube	Verriegelungshebel
f) Farbtemperatur	5600 K	5600 K	5600 K	5600 K	5600 K

▼

Fortsetzung „Canon Speedlite Serie A – Technische Daten auf einen Blick“

Modell / Kriterien	Speedlite 155 A	Speedlite 177 A	Speedlite 188 A	Speedlite 166 A	Speedlite 199 A
Sonstiges (Forts.)					
g) Blendenskala	1–32	1–32	1,4–16	1,4–16	1–32
h) Filmempfindlichkeitsbereich	ASA 25–800 15–30 DIN	ASA 25–800 15–30 DIN	ASA 25–800 15–30 DIN	ASA 25–800 15–30 DIN	ASA 25–800 15–30 DIN
i) Blitzbereichsanzeiger	0,5–15 m 2–40 feet	0,5–20 m 2–50 feet	0,5–9 m 1,6–30 feet **	0,5–7 m 1,6–22 feet	0,5–20 m 2–50 feet
k) Hauptschalter ON/OFF	■	■	■	■	■
Abmessungen in mm	105 (H) × 70 (B) × 51 (T)	107 (H) × 72 (B) × 58 (T)	103 (H) × 68 (B) × 52 (T)	98 (H) × 66 (B) × 49,5 (T)	166 (H) × 79 (B) × 83 (T)
Gewicht (einschl. Batterie)	280 g	290 g	290 g	260 g	455 g

1) Die längste angegebene Blitzleuchtzeit gilt auch bei manuellem Betrieb
* Je nach Objekthelligkeit und -entfernung
** Mit Index für Bereich mit Weitwinkel-Diffusor

Anmerkung: Im Nahbereich ist die Leuchtzeit des Blitzgerätes relativ kurz, daher werden kürzere Blitzfolgezeiten erreicht. Je nach Blitzgerät und Aufnahmeabstand (0,5-1-2 m) war bei Tests Schnellschußfotografie in Verbindung mit Motor MA bzw. Winder A möglich. Eigene Erfahrungswerte sind jedoch unbedingt zu beachten!

Der Indirektblitz ist eine heute gern angewandte Blitzmethode. Schafft sie doch das weichere, diffusere Blitzlicht ohne starke Schlagschatten usw. Interessant ist, daß der Indirektblitz bei den entsprechenden Canon Speedlites bei Blitzautomatik funktioniert, da der Sensor immer auf das Motiv gerichtet bleibt. Eine spezielle Automatikblitz-Kontrolleuchte zeigt an, wenn die Blitzausleuchtung korrekt war. Im Bild das Canon Speedlite 199A mit Reflektorschwenkphasen-Aufnahme.

Spezialität „Bounce light" (Indirektblitzlicht)

Dabei gilt es aber folgendes zu bedenken: Der indirekt gesetzte Blitz sollte möglichst gegen eine helle, weiße Fläche bzw. einen weißen Reflexschirm abgestrahlt werden. Dunkle Flächen schlukken Licht. Versuche in Zimmern mit grauen Decken ergaben, daß das Automatik-Pilotlicht erst wieder grün aufleuchtete, nachdem die noch größere Blende vorgewählt wurde. Verkürzung der Aufnahmeentfernung hatte keinen Erfolg. Beispiel: Aufnahmeentfernung 5 m, Blendenprogrammierung auf 5,6. Pilot-Rückmeldung bei Direktblitz „grün" = ok, bei Indirektblitz = negativ; danach Blendenprogrammierung auf 2,8, Pilotlicht-Rückmeldung bei Indirektblitz „grün" = richtige Beleuchtung. Würde manuell gerechnet, wäre die Blitzentfernung „Blitzgerät – Decke/Decke – Motiv" auch maßgebend.

Diese Einschränkung wirkt sich selbstverständlich negativ auf die aufnahmetechnischen Möglichkeiten aus, ist aber nicht zu ändern und mit physikalischen Gesetzen zu begründen: Denken Sie daran, daß das Licht im Quadrat der Entfernung abnimmt – und bei Indirektlicht wird es dazu bis zu einem Winkel von 90° vom Objekt abgelenkt. Mitbestimmend ist in jedem Fall die Helligkeit, die grundsätzlich am Motiv vorherrscht. Ebenso wird man den Grad des Schwenkwinkels variieren müssen. Je heller es am Motiv ist, um so günstiger ist die Schärfentiefe bzw. die Tiefenausleuchtung

Fortsetzung Seite 160 ▶

Technische Daten der Canon Speedlite 533 G und 577 G

Gerät	**Speedlite 533 G**	**Speedlite 577 G**
Typ:	Stab-Computerblitzgerät für automatischen und manuellen Blitzbetrieb. Mit automatischer Lichtdosierung über externen Sensor (wird in den Zubehörschuh der Kamera geschoben und koppelt direkt mit der Elektronik der AE-1 PROGRAM) bei drei wählbaren Automatik-Arbeitsbereichen und -Blitzblenden. Mit Thyristor-Sparschaltung (Restenergie wird für Folgeblitz gespeichert). Kamera-Anschluß mittels Blitzgeräteschiene mit Schnellklemmvorrichtung. Blitzsynchronisation über Mittenkontakt und Spezialkontakten für die Canon Reflexkameras Typ A und die neue F-1. Anschluß eines Zweitblitzgerätes möglich (Canon Speedlite 155 A, 177 A oder 199 A), bei manuellem Betrieb.	
Stromversorgung:	6 Batterien à 1,5 V (Typ AA) oder NC-Batterien gleicher Größe, im Blitzstab. Externe Energieversorgung* mittels tragbarem Transistor-Batterie-Pack G, für 6 Alkali-Mangan-Batterien à 1,5 V (Typ C-Babyzellen) oder für wiederaufladbares NC-Akku Pack TP.	Nur mit der externen Energiequelle „Transistor Pack G“
Leitzahl: für 21 DIN/ASA 100 – bei Normalleuchtwinkel für f = 35 mm weitem Leuchtwinkel für f = 24 mm	 36 22	 48 28

Gerät	**Speedlite 533 G**	**Speedlite 577 G**
weitem Leuchtwinkel		
für f = 20 mm	18	24
Tele-Leuchtwinkel		
für f = 100 mm und mehr	51	63
Blitzleuchtzeit:		
bei manuellem Betrieb	$^{1}/_{800}$ Sek.	$^{1}/_{400}$ Sek.
bei Automatikbetrieb	$^{1}/_{800}$–$^{1}/_{50\,000}$ Sek.**	$^{1}/_{400}$ bis $^{1}/_{50\,000}$ Sek.**
Blitzzahl bei Stromquelle:		
a) Alkali-Mangan (AA)	120–1200**	–
b) NC-Batterien (AA)	55– 550**	–
externe Stromversorgung		
c) Transistor Pack G		
mit Alkali-Mangan-Batterien (Typ C)	220–2200**	100–1000**
mit NC-Akkus (Typ C)	180–1800**	120–1200**
mit NC-Akku Pack TP	110–1100**	75– 750**
Blitzfolge bei Stromquelle:		
a) Alkali-Mangan (AA)	0,2–10 Sek.**	–
b) NC-Batterien (AA)	0,2–5,5 Sek.**	–
externe Stromversorgung		
c) Transistor Pack G		
mit Alkali-Mangan-Batterien (Typ C)[2])	0,2–9 Sek.**	0,2–8 Sek.**
mit NC-Akkus (Typ C)[2])	0,2–4 Sek.**	0,2–7 Sek.**
mit NC-Akku Pack TP	0,2–4 Sek.**	0,2–7 Sek.**

▼

Fortsetzung „Technische Daten der Canon Speedlite 533 G und und 577 G“

Gerät	Speedlite 533 G	Speedlite 577 G
Blitzleuchtwinkel:	45° vertikal/60° horizontal für f = 35 mm, mit Weitwinkel-Diffusoren für f = 24 und 20 mm, (60°/78° bzw. 67°/87°), mit Televorsatzscheibe für f = 100 mm und mehr (20°/28°).	
Meß-Charakteristik:	Integralmessung	

Programmierbare Automatik-Blitzblenden: bei Filmempfindlichkeiten:	21 DIN/ASA 100	15 DIN/ASA 25	27 DIN/ASA 400
im Rotbereich	2,8	1,4	5,6
im Grünbereich	5,6	2,8	11
im Gelbbereich	11	5,6	22

Automatik-Arbeitsbereiche: (Angaben in Metern)	Sektor (533 G)			Sektor (577 G)		
	Rot	Grün	Gelb	Rot	Grün	Gelb
bei Normalleuchtwinkel	2,5–12,8	1,5–6,4	1 –3,2	2,5–17	1,5– 8,5	1 –4,3
mit						
Ww-Diffusor für f = 24 mm	1,5– 7,8	1 –3,9	0,5–2	1,5–10	1 – 5	0,5–2,5
Ww-Diffusor für f = 20 mm	1,5– 6,4	1 –3,2	0,5–1,6	1 – 8,5	1 – 4,2	0,5–2,1
Tele-Vorsatz für f = 100 mm	2,5–18,2	2,5–9,1	2,5–4,5	2,5–22,5	2,5–11,2	2,5–5,6

Indirektblitz:	Der indirekte bzw. entfesselte Blitz ist auf vielfältige Weise möglich, und zwar automatisch, weil der Sensor an der Kamera immer auf das Motiv gerichtet bleibt. Der eingebaute Schwenkreflektor kann um 120° vertikal geschwenkt werden (mit Rastungen bei 60°, 75° und 90°) und um 120° horizontal in beiden Richtungen (mit Rastungen bei 60°, 75°, 90° und 105°).

Gerät	**Speedlite 533 G**	**Speedlite 577 G**
Automatik-Kontrollampe:	Leuchtet beim Blitzen diese Lampe grün auf, zeigt sie damit an, daß die Blitzbeleuchtung korrekt ist und Sie sich im richtigen Arbeitsbereich befinden.	
Spezielles	**Blitzautomatikbetrieb mit Canon AE-1 PROGRAM** möglich. Bei Blitzbereitschaftsanzeige automatische Umschaltung jedweder eingestellten bzw. automatisch gewählten Verschlußzeit auf Blitzsynchronzeit $^1/_{60}$ Sek. durch den Kamera-Computer. Darüberhinaus bei Kamera-Auslösung auch objektivseitige Einsteuerung der am Blitzgerät programmierten Blitzblende ebenfalls durch den Kamera-Computer. Blitzbereitschaftsanzeige im Kamerasucher – durch Blitzsymbol „⚡“ und Anzeige der Blitz-Programmblende.	
Sonstiges:	Lampenstab mit Stativgewinde, Hauptschalter, Bereitschaftslampe gleichzeitig Handauslöser, AUTO/MANU-Schalter (Blendenwähler)[1]), Anschluß für externen Sensor, Zweitblitzberät und Synchronkabel; ablesbare Reflektorschwenkwinkel, Filmempfindlichkeiten 25–800 ASA und Blendenskala 1,4–32.	
Abmessungen:	93 × 104 × 248 mm, Griff-∅ 44 mm	99 × 107 × 245 mm, Griff-∅ 44 mm
Gewicht:	655 g (ohne Batterien)	600 g (ohne Batterien)

[1]) Speedlite 533G nicht abschaltbar – manuelle Steuerung dadurch möglich, daß Sensor aus Kamera-Zubehörschuh entnommen und per Synchronkabel synchronisiert wird.

[2]) Babyzellen.

* Einheit für lange Aufnahmeserien oder Winterbetrieb.

** Je nach Objekthelligkeit und -Entfernung.

Fortsetzung von Seite 155
– um deren Erhalt es ja im eigentlichen Sinne hier geht – zu beeinflussen. Falsch ist überhaupt nichts zu machen, wenn man auch in dieser Situation das Automatik-Kontrollicht beachtet. (Es ist insbesondere für die Indirekt-Blitzmethode geschaffen.)

Anmerkungen:

Beim Automatik-Blitzbetrieb halten Sie bitte die mit der vorgewählten Blende zusammenhängenden Automatik-Entfernungsbereiche ein, damit vermeiden Sie Unterbelichtung durch zu große Entfernung, wenn Sie die Kontrollampe (den AUTO CHECK) bei den Speedlite 199A, 533G und 577G einmal außer acht lassen. AUTO CHECK im Sucher der AE-1 PROGRAM, wie mit dem Speedlite 166A oder 188A, ist mit diesen Geräten nicht machbar.

Bei Indirektbeleuchtung(Blitz) liegen logischerweise andere Beleuchtungsstärken vor als bei Direktblitz. Das Blitzlicht gestaltet sich zwar insgesamt natürlicher und weicher, gelangt aber in verminderter Stärke zum Motiv. Je nach Aufnahme-Entfernung und Objekthelligkeit gleicht der Computer des Blitzgerätes dies im Bereich von $^1/_{1000}$–$^1/_{50\,000}$ Sek. Blitzzeit zwar aus, aber bei Indirektbeleuchtung und mäßiger Grundhelligkeit ist die längste Zeit von $^1/_{1000}$ Sek. schnell erreicht, und es käme zur Unterbelichtung, wenn man keine Möglichkeit zur Kontrolle (Lichtmessung) hätte. Aber gerade hier bieten die Speedlite 199A, 533G und 577G einen wesentlichen Vorteil: Obwohl der Reflektor nach oben geschwenkt ist, zeigt der Sensor noch direkt aufs Motiv und mißt ebenso direkt das davon reflektierte Licht. Damit Sie nun kontrollieren können, ob die Beleuchtung ausreicht, leuchtet bei korrekter Belichtung eine grüne Kontrollampe auf der Gehäuserückseite auf. Zeigt das Kontrollicht keine Reaktion, muß die Automatikblende verändert werden. Allgemein kann man damit rechnen, daß die Blendenöffnung gegenüber Direktblitz um 1–2 Stufen nach größer verändert werden muß.

Prioritäten bei der Speedlite-Steuerung

Canon Blitzautomatik und Sucherinformation beim Einsatz eines Speedlite in Automatikposition

Bei der vollelektronischen Steuerung der AE-1 PROGRAM sind zur Trennung und Sicherung der verschiedenen Automatiksteuerungen bestimmte Steuer-Prioritäten für die Meßwertanzeige und den Belichtungsvorgang gesetzt. (eingeschobene wiederholte technische Erläuterung: die am Objektiv manuell gewählte bzw. einsteuerbare Blende hat Vorrang vor der Blendenanzeige im Sucher; siehe dazu auch Abschnitt „Belichtungskorrektur", Seite 78ff).
Die Blitzbereitschaft bei Canon Blitzautomatiksteuerung (angezeigt im AE-1 PROGRAM-Sucher durch Blitzsymbol „ϟ" (grüne

LED) und Blitz-Programmblende (rote LED), wirkt wie folgt auf die anderen Belichtungssteuerungen:

a) bei Blendenautomatik mit Zeitvorwahl – Aufhebung der entsprechenden Blendenanzeige und Belichtungssteuerung
b) bei Programmautomatik – Aufhebung der entsprechenden Blendenanzeige und Belichtungssteuerung
c) bei Arbeitsblendenmessung – Aufhebung der Blendenanzeige 5,6 (Arbeitsblenden-Index) und entsprechenden Belichtungssteuerung*
d) bei manueller Belichtungssteuerung – Aufhebung irgendeiner automatischen (aber hier unwichtigen) Blendenanzeige und der gewählten Verschlußzeit*
e) bei B-Einstellung des Verschlusses – es entfällt nur die automatische Synchronzeiteinstellung; bleibt das FD-Objektiv in Automatikposition, erfolgt bei Blitzbereitschaft die Sucheranzeige wie bei Blitzautomatik, die vollautomatische Blitzblendensteuerung kann praktisch, wenn diese Blende für die Langzeitsteuerung paßt, beibehalten werden.

** würde eine Auslösung erfolgen, wird die Blende eingesteuert, die am Objektiv manuell eingestellt ist.*

Ich möchte diese Angaben anhand einer Tabelle optisch deutlicher machen:

Art der Belichtungs-steuerung	Sucheranzeige vor Blitzbereitschaft (Blenden-Beispiele)	Sucheranzeige nach Blitzbereitschaft (Blitzblende 5,6 als Beispiel)
Blendenautomatik (Zeitvorwahl z. B. $^1/_{500}$ Sek.)	2,8	5,6 ϟ (Zeitumstellung auf $^1/_{60}$ Sek.)
Programmautomatik (Zeit-/Blenden-kombination z. B. $^1/_{250}$ Sek.-Blende 8)	P 8,0	5,6 ϟ (Zeitumstellung auf $^1/_{60}$ Sek.)
Arbeitsblenden-messung (Abgleich auf Index 5,6 mit Blende 11 und $^1/_8$ Sek.)	M 5,6 ⊗	M –5,6*– ϟ (Zeitumstellung auf $^1/_{60}$ Sek.)

▶

Fortsetzung von Seite 161

Art der Belichtungs-steuerung	Sucheranzeige vor Blitzbereitschaft (Blenden-Beispiele)	Sucheranzeige nach Blitzbereitschaft (Blitzblende 5,6 als Beispiel)
Manuelle Belichtungs-einstellung (Wahl $^1/_{250}$ Sek. und Blende 4)	M 8,0 ⊗	M 5,6** ⚡ (Zeitumstellung auf $^1/_{60}$ Sek.)
B-Einstellung des Verschlusses und FD-Objektiv in „A"-Position	– (M, wenn FD-Objektiv aus Automatikposition entriegelt)	5,6 ⚡

* *Blendenwert blinkt als Warnung, daß die notwendige Blendenautomatiksteuerung durch Zwischenring (z. B. Typ M) unterbrochen ist. Blitzblende kann nicht eingesteuert werden.*

** *Blitzblende kann ebenfalls nicht automatisch eingesteuert werden, jedoch manuell auch auf das Objektiv übertragen werden.*

⊗ Möglich ist auch die ebenfalls manuelle Steuerung des Blitzgerätes. Situation führt ohne Beachtung der Blendenvorgaben zur Fehlbelichtung durch Blendenfehlsteuerung.

Etwas ganz Besonderes bietet auch hier die Kamera-Elektronik, sprich Digitalanzeige: Vor Über- bzw. Unterbelichtung bei Blitzaufnahmen wird mit blinkendem Blendenwert dann gewarnt, wenn Sie am Blitzgerät eine Automatikblende vorwählen und diese vom Objektiv nicht geleistet wird. Zum Beispiel wählten Sie Blende 2,8 am Blitzgerät und das Objektiv hat Lichtstärke von nur 1 : 4,0.

Anmerkung:

Die LED-Blitzbereitschaftsanzeige „⚡" in der Sucheranzeige gilt nur bei Einsatz der Blitzgeräte der Speedlite A- und G-Serie. Sie ist auch bei manuellem Betrieb der Geräte wirksam, entfällt jedoch bei Einsatz sonstiger Blitzgeräte von Fremdherstellern. Für die Verwendung von Computer-Blitzgeräten anderer Hersteller gilt nur die Blitzgeräte-eigene Blitzautomatik, mit manueller Einstellung der Blitzblende am Objektiv, und die Blitzsynchronzeit muß an der Kamera extra vorgewählt werden; die Kamera-Elektronik verhält sich so wie bei Tageslicht-Belichtungsautomatik: zur vorgewählten Verschlußzeit $^1/_{60}$ Sek. wird die entsprechende Blende automatisch angezeigt, sie ist natürlich ungültig und muß „übersehen" werden. Daß die Blitzblende manuell am Objektiv eingestellt werden muß und die Sucheranzeige nicht übereinstimmt, darauf weist das „M" in der LED-Sucheranzeige hin.

Auch dies unterstreicht die besondere Digitalanzeige. Sie unterscheidet zwischen den Geräten und der Automatik-Art und informiert darüber.

Beachten Sie!

Zu Beginn des Buches, im Abschnitt der technischen Erläuterungen zur AE-1 PROGRAM habe ich bereits angeführt, daß in der LED-Sucheranzeige nur volle Blendenstufen angegeben werden, obwohl die Blendenautomatiksteuerung wirksam stufenlos ist. Dies verhält sich bei Blitzautomatiksteuerung ebenso. Sie werden bereits festgestellt haben, daß die Filmempfindlichkeitsskalen der Speedlite-Blitzgeräte und die Skala der Kamera ASA-Zahlen und Punkte aufweisen; selbstverständlich entsprechen diese Punkte weiteren ASA-Stufen. Es ist nun aber so, daß die programmierbaren vollen Blendenstufen von 1,4 bis 16 genau auf die lesbaren Filmempfindlichkeitswerte (ASA-Stufen) fixiert sind und dementsprechend in der Sucheranzeige erscheinen. Bei Wahl einer anderen Filmempfindlichkeitsstufe liegt die Skalenanzeige am Blitzgerät zwischen den vollen Blendenstufen (Blendenwerten), im Sucher angezeigt wird jedoch der vorherige oder folgende Blendenwert. Als Beispiel soll die Einstellung ASA 50 (18 DIN) gelten: Die Blendenanzeige dafür ist 2 oder 4. Wählen Sie nun stattdessen die Filmempfindlichkeit ASA 64 (19 DIN), ist die Anzeige ebenfalls 2 oder 4; sie wechselt auf 2,8 oder 5,6 bei Einstellung auf ASA 80 (20 DIN), das ist der Bereich für ASA 100 (21 DIN). Wie die Anzeigebereiche jeweils liegen soll optisch deutlicher anhand folgender Tabelle erläutert werden:

Die am Blitzgerät wählbaren Filmempfindlichkeitsstufen und die Zuordnung der Blitzprogrammblenden sowie der LED-Blendenanzeige-Bereich im Sucher der AE-1 PROGRAM

Die ASA-Skala	Die Blitz-Programmblenden mit Anzeigebereich im Sucher Werte in Klammer () bei 3 Programmblenden			Die entsprechenden DIN-Werte zur Information
25 . (32)	1,4	2,8	(5,6)	15 16
. (40) 50 . (64)	2,0	4,0	(8,0)	17 18 19
. (80) 100 . (125)	2,8	5,6	(11,0)	20 21 22
. (160) 200 . (250)	4,0	8,0	(16,0)	23 24 25
. (320) 400 . (500)	5,6	11,0	(22,0)	26 27 28
. (640) 800	8,0	16,0	(32,0)	29 30

Die in Klammern gesetzten ASA-Werte sind auf der Skala nur in Punkten ausgewiesen.

Automatische Blitzaufnahmen mit FL-Objektiven

Die kameraseitige Blitzautomatik, die bei Blendenautomatiksteuerung mit FD-Objektiven bis zur objektivseitigen Einsteuerung der Blitzprogrammblende reicht, ist bei Einsatz von Objektiven ohne Blendensimulator (Möglichkeit der Offenblendemessung) bzw. Blendenautomatik – wie bei den FL-Objektiven gegeben – eingeschränkt. Im Falle der Blitzbereitschaft wird „nur" die Blitzsynchronzeit automatisch eingestellt; die Blitzprogrammblende muß manuell auf das Objektiv übertragen werden.

Anmerkung:

Auch FL-Objektive haben einen Springblendenmechanismus, der oft mit Automatikblende bezeichnet wird, aber nichts mit kameraseitiger Blendenautomatiksteuerung bei Offenblendenmessung zu tun hat. Sie können wohl die Blitzblende bei offener Objektivblende vorwählen, die Springblendenmechanik bewirkt beim Auslösen der Kamera das Schließen der Blende auf den gewünschten Wert. Die Sucheranzeige ist so uneingeschränkt wie bei Blitzblendenautomatik. Es kommt lediglich die rote LED-Anzeige „M" hinzu, die besagt, daß die im Sucher bei Blitzbereitschaft angezeigte Blende manuell auf das Objektiv übertragen werden muß.

Wichtig!

Auch diese Blitzautomatiksteuerung gilt nur bei Einsatz eines Speedlites der Serie A und G.

Blitzen mit Verschlußzeiten länger als $^1/_{60}$ Sek.

Diese Aufnahmetechnik ist bei Direktanschluß eines Canon Speedlites Typ A und G über den Zubehörschuh der AE-1 PROGRAM nicht möglich. Auch wenn das Blitzgerät auf manuelle Steuerung geschaltet ist, wird automatisch auf Blitzsynchronzeit $^1/_{60}$ Sek. gesteuert. Will man diese Steuerung unterbinden, muß das Speedlite Typ A über einen zusätzlichen Blitzneiger oder eine Kameraschiene mit der Kamera verbunden und die Synchronität per Kabel hergestellt werden (mit den Speedlite 166A und 188A nicht möglich). Beim Typ G ist der externe Sensor vom Kamerazubehörschuh zu lösen, zur Unterbrechung der Kameraautomatiksteuerung. Synchronisierung ebenfalls über Kabelkontakt. Ist die Kamera-Automatik unterbunden, kann auch mit längeren Verschlußzeiten geblitzt werden. Blitzlicht und Belichtungszeit kommen dann gemeinsam zur Wirkung.

Blitzen bei B-Einstellung des Verschlusses

Es wurde bereits an anderer Stelle erläutert, daß bei B-Einstellung des Verschlusses keine Belichtungsautomatik möglich ist und die Belichtungsdaten geschätzt bzw. per Handbelichtungsmesser festgestellt werden müssen. Da die Meßelektronik der Kamera logischerweise nicht automatisch eine Blende berechnen kann auf eine vorher nicht zu ermessende, vom Fotografen gesteuerte „unendliche" Verschlußzeit. Für die Meßelektronik „endlich" sind nur die fest einstellbaren Zeiten von 2 bis $^{1}/_{1000}$ Sek. Um Belichtungsfehler auszuschließen, „verweigert" die Kamera-Elektronik bei Tageslicht-Belichtungsautomatik auf sinnreiche Weise jegliche Sucheranzeige solange sich der Blendenring des FD-Objektivs in Automatikposition befindet (erst bei Entriegelung aus dieser Position wird im Sucher das rote „M" sichtbar).
Interessant und bedienungstechnisch sehr bequem ist nun die Möglichkeit, auch ohne automatische Blitzzeiteinstellung die automatische Blitzprogrammblendensteuerung objektivseitig durch den Kamera-Computer (Canon-Blitzautomatik) nutzen zu können. Sobald das Speedlite blitzbereit ist, wird die am Blitzgerät programmierte Blende im Sucher angezeigt, wie auch das Blitzsymbol. Wird die Kamera nun ausgelöst, zur Langzeitbelichtung, fällt der Blitz in den offenen Verschluß; eine Technik, die als Offenblitzmethode bekannt ist. Die Blende kann dabei wie gewünscht durch Veränderung der Filmempfindlichkeitseinstellung am Blitzgerät gewählt werden, da in diesem Fall die richtige Belichtung durch die entsprechend längere oder kürzere Zeitbelichtung geregelt werden kann. Die Blendenwahl ist wichtig zur Steuerung der Schärfentiefezone.
Wann und wo der Blitzeinsatz bei B-Einstellung des Verschlusses angemessen ist, bleibt Ihnen überlassen. Beispielsweise zielen Sie mit der Langzeitbelichtung auf den helleren Hintergrund eines tiefgestaffelten Motivs, mit im Schatten liegendem Vordergrund (Gegenlichtwirkung). Mit Blitzlicht kann der Vordergrund dann aufgehellt werden.
Dazu ein Beispiel für mögliche Meßdaten. Sie wollen mit Handbelichtungsmesser die Werte für eine „Nachtaufnahme" ermitteln:
Der verwendete Film hat die Empfindlichkeit von ASA 100/21 DIN. Am Blitzgerät ist u. a. die Programmblende 5,6 einstellbar und wird

von Ihnen gewählt. Laut Handbelichtungsmesser ergibt sich zur Blende 5,6 die Zeitbelichtung von 4 Sek. Wenn Sie diese Zeitbelichtung nun auslösen wird automatisch mit Blende 5,6 geblitzt, belichtet und der Vordergrund aufgehellt.
Wollen Sie mehr Schärfentiefe, erreichbar mit kleinerer Blende, wählen Sie durch Veränderung der Filmempfindlichkeitseinstellung am Speedlite eine andere Blende (z. B. bei ASA 200/24 DIN: Blende 8). Sie müssen nun lediglich die Belichtungsdaten wieder aufeinander abstimmen, um eine Unterbelichtung des Hintergrundes zu vermeiden. Das heißt: War die Kombination vorher Blende 5,6 und Verschlußzeit 4 Sek., muß sie bei Blende 8 plus Verschlußzeit 8 Sek. lauten.

Anmerkung:

Entgegen den normalen Langzeitaufnahmen ohne Blitz, die immer mit der kleinsten Objektivblende erfolgen, sofern Sie das Objektiv in Automatikposition verriegelt lassen, besteht bei Blitzblenden-Automatiksteuerung die Möglichkeit, mit allen Blendenöffnungen zu arbeiten (im Bereich der Filmempfindlichkeitseinstellung am Speedlite). Sobald das Speedlite der Serie A oder G in Automatikstellung aktiviert ist, wird die gewählte Automatik-Blitzblende auch hier auf das FD-Objektiv übertragen und wirksam. Damit bestehen interessante Möglichkeiten für die Beeinflussung der Belichtungszeit und vor allem aber der Schärfentiefebereiche auch bei der Langzeitbelichtung.

Blitzen bei manueller Steuerung des Aufnahmesystems

Bei manueller Steuerung des Aufnahmesystems, wenn der Direktkontakt des Speedlites A oder G unterbrochen ist (bei Kabelkontakt) oder ein Fremdblitzgerät eingesetzt wird, unterbleibt die Umsteuerung der vorgewählten Verschlußzeit auf Blitzsynchronzeit, die Blitzblende muß manuell am Objektiv eingestellt werden (siehe Erläuterung zur Sucheranzeige im Anschluß an den Abschnitt „Blitzen mit Fremdblitzgeräten"). In diesem Fall kann auch mit längeren Verschlußzeiten als $^1/_{60}$ Sek. geblitzt werden. Nachfolgend eine tabellarische Übersicht, die erläutert, welche Synchronzeit für welche Blitzlichtquelle überhaupt in Frage kommt. Dabei interessiert hier natürlich in erster Linie der Bereich „Elektronenblitz", die kaum noch üblichen Blitzlampen sind jedoch vergleichsweise mit aufgeführt.

Verschlußzeit	$^{1}/_{1000}$	$^{1}/_{500}$	$^{1}/_{250}$	$^{1}/_{125}$	$^{1}/_{60}$	$^{1}/_{30}$	$^{1}/_{15}$	$^{1}/_{8}$	$^{1}/_{4}$	$^{1}/_{2}$	1	2	B
Blitzlampen FP	Blitzbelichtung nicht möglich, Filmbild wird bei Schlitzverschlußkameras nur teilbelichtet.					×	0	0	0	0	0	0	0
M und MF						×	0	0	0	0	0	0	0
Elektronenblitz					0	0	0	0	0	0	0	0	0

0 = Verschlußzeit für Blitzaufnahmen geeignet
× = Je nach Blitzlampentyp ergibt sich eventuell eine ungleiche Ausleuchtung

Berechnungs-Formeln für den Bereich Blitzlicht:

1. Berechnung der Aufnahmeentfernung (E) – Motiv/Blitz

$$E = \frac{\text{Leitzahl}}{\text{Blende}} = \frac{\text{z. B. } 20}{\text{z. B. } 4} = 5\,\text{m}$$

2. Berechnung der Aufnahmeblende (B)

$$B = \frac{\text{Leitzahl}}{\text{Entfernung}} = \frac{20}{5\,\text{m}} = \text{Blende } 4$$

3. Berechnung der Leitzahl (L)

$$L = \text{Entfernung} \times \text{Blende} = 5\,\text{m} \times \text{Blende } 4 = 20$$

4. Umrechnung der Leitzahl auf eine andere Filmempfindlichkeit als angegeben:

Bei fast allen Blitzgeräten wird die Leitzahl nur für eine Filmempfindlichkeit angegeben. Die Errechnung der Leitzahl für die nicht angegebenen Filmempfindlichkeiten kann so vorgenommen werden. Beispiel: Leitzahl 17 für 21 DIN. Verwendet wird aber ein Film mit 27 DIN. Wie groß ist in diesem Fall die Leitzahl? Zur Umrechnung bedienen wir uns der Formeln 1 und 3.

$$E = \frac{\text{Leitzahl}}{\text{Blende}} = \frac{17}{4} = 4\,\text{m}.$$

Da 3 DIN-Stufen einer Blendenstufe entsprechen, könnte man bei Verwendung eines 27-DIN-Filmes um 2 Blenden auf Blende 8 abblenden, bei gleicher Entfernung. Wenn wir jetzt Formel 3 anwenden: L = Entfernung × Blende = 4 m × Blende 8, haben wir das Ergebnis 32 und damit die Leitzahl für die Filmempfindlichkeit 27 DIN.

Blitzaufnahme mit Fremdblitzgeräten

Bei Einsatz eines Blitzgerätes, das nicht wie die Canon Speedlites der Serie A und G mit den speziellen Steuerkontakten für die zusätzliche Blitzautomatiksteuerung durch den Mikro-Computer der Kamera ausgestattet ist, muß erstens die Blitzsynchronzeit $^1/_{60}$ Sek. manuell an der Kamera vorgewählt werden und zweitens die Blitzprogrammblende auf das Objektiv (auch FD-Objektiv) manuell übertragen werden.

Wichtig!

Die Sucheranzeige muß vollkommen ignoriert werden. Bei Einsatz eines FD-Objektivs wird die Meßelektronik der AE-1 PROGRAM, aufgrund der Offenblendemeßtechnik, einen der gegebenen Situation entsprechenden Blendenwert zur vorgewählten Blitzsynchronzeit von $^1/_{60}$ Sek. anzeigen, der jedoch nichts mit der Blitzprogrammblende des Fremdblitzgerätes zu tun hat. Für die Meßelektronik der AE-1 PROGRAM besteht in diesem Fall der Zustand wie bei Blendenautomatiksteuerung mit Zeitvorwahl. (Rein zufällig kann die Blendenanzeige selbstverständlich mit der Blitzprogrammblende übereinstimmen.)

Wann sind Belichtungsfehler bei Blitzautomatikbetrieb zu erwarten

Bei zu großen Motivkontrasten kann der Blitz-Computer irritiert werden. Wenn beispielsweise das Motiv relativ klein vor dunklem Hintergrund steht, wird der Sensor weniger reflektiertes Licht messen und damit der Blitz-Computer zur längeren Blitzlichtabgabe angeregt. Es kommt zur Überbelichtung des gewünschten Motivs. Das gleiche gilt, wenn das kleinere Motiv vor einem weit entfernten Hintergrund steht, dem Blitz-Computer wird „falscher" Blitzbereich gemeldet.

Umgekehrt kommt es zur Unterbelichtung, wenn das Motiv vor hellem Hintergrund bzw. in einer stark reflektierenden Umgebung

steht; der Sensor erfaßt mehr – bezogen auf das Motiv zuviel – Licht, die Blitzabgabezeit wird verkürzt.
Bei Blitzaufnahmen mit Selbstauslöser ist darauf zu achten, daß die Anzeige der Blitzbereitschaft und Blitzprogrammblende vor Auslösung der Kamera erfolgt. Grund: bei aktiviertem Selbstauslöser wird der Belichtungsmeßwert im Moment der Kamera-Auslösung fixiert bis zur endgültigen Verschlußauslösung; also auch die Blitzprogrammblende. War das Blitzgerät jedoch bei Kamera-Auslösung noch nicht blitzbereit, wird die Blende und Verschlußzeit aus der Tageslicht-Belichtungsmessung gespeichert.
Wird bei Einsatz des Speedlite 166A und 188A mit Einstellung auf Blitzautomatik geblitzt und die Sucheranzeige lautet auch „M", ist das blinkende Blitzsymbol „ϟ" nicht als Beweis für korrekte Blitzausleuchtung (AUTO CHECK) zu werten.

Ein interessantes Spezial-Computerblitzgerät für den Nah- und Makrobereich

Macrolite ML-1

Mit diesem Spezial-Blitzgerät vereinfacht Canon die Blitzbelichtung bei Aufnahmen im Nah- und Makrobereich sehr wesentlich. Das wird klar, wenn man sich kurz die Konstruktionsmerkmale des Gerätes vor Augen führt. Das Macrolite ML-1 besteht aus drei Teilen – mit Synchronkabeln fest miteinander verbunden: der Blitzeinheit (die am FD-Objektiv montiert wird) mit eingebautem Sensor für die automatische Lichtdosierung, plus je einem Blitzreflektor rechts und links (auch einzeln zu schalten); einem tragbaren Energieteil mit Ein-/Aus-Schalter – eine Batteriekassette mit Tragriemen und Klemme (um das Gehäuse eventuell auch am Gürtel tragen zu können) – und einem gemeinsamen Synchronstecker (die Steuereinheit), auf dessen Rückseite eine Bereitschaftslampe angebracht ist, die gleichzeitig als Handauslöser fungiert, dazu eine Automatik-Kontrollampe (AUTO CHECK).
Der Synchronstecker wird einfach in den Zubehörschuh der Kamera geschoben und mittels Rändelringschraube gesichert; er stellt so die Synchronität zwischen Kamera und Blitzgerät her. Bei Blitzbereitschaft wird die Integration in die Steuerelektronik der AE-1 PROGRAM wirksam, denn auch beim Einsatz des Macrolite

ML-1 kommt es zur automatischen Einsteuerung der Blitzsynchronzeit von $^{1}/_{60}$ Sek. und Anzeige der Blitzbereitschaft im Kamera-Sucher durch das Blitzsymbol „⚡". Die Blendenanzeige entfällt, Blitzblenden müssen manuell am Objektiv eingestellt werden. Dadurch, daß die Blitzeinheit mit Sensor direkt am Frontring des Objektivs befestigt werden kann und daß sich die Reflektoren zusätzlich um 90° im Uhrzeigersinn sowie um 45° entgegengesetzt drehen lassen, dürfte einer perfekten, schattenfreien Blitzbelichtung im Nah- und Makrobereich nichts mehr im Wege stehen. Dazu kommt ja, daß die Blitzlichtmenge automatisch gesteuert wird, denn es handelt sich beim Makrolite ML-1 auch um ein Computer-Elektronenblitzgerät mit drei programmierbaren Blitzblenden (z. B. bei ASA 100: 5,6; 11; 22).

Das Macrolite ML-1 ist insbesondere mit dem Canon Vario-Objektiv FD 4,0/80–200 mm (in Verbindung mit der Nahlinse 500T) sowie mit den Canon Makro-Objektiven FD 3,5/50 mm und FD 4,0/100 mm sowie FD 4,0/200 mm einzusetzen. Entsprechende Adapterringe für die verschiedenen Filtergewinde-∅ etc. (52 und 55 mm) stehen zur Verfügung. Das FD 80–200 mm der neuen Serie und das neue FD-Makro 4,0/200 mm haben den Filtergewinde-∅ von 58 mm und können ohne Adapterring direkt angesetzt werden. Das Gerät ist darüberhinaus auch mit anderen Objektiven zu verwenden, die eine Makro-Einrichtung haben (es sind dabei jedoch auch einige Belichtungskorrekturen zu beachten (Blendeneinstellung), siehe vergleichsweise die Angaben in den nachfolgenden Tabellen.

Ein paar technische Daten: Leitzahl 16 bei ASA 100/21 DIN (9,5, wenn die Weitwinkel-Diffusoren aufgesetzt werden). Automatik-Kontrollampe leuchtet grün auf, wenn Blitzausleuchtung korrekt war (Prüfung zweckmäßig durch Probeblitz). Wahlschalter erlaubt die Zündung beider Reflektoren gleichzeitig oder getrennt. Blitzkapazität pro Batteriesatz (8 Mignonzellen à 1,5 V): 250 Blitze bei Zündung beider Reflektoren, 200 Blitze mit einem Reflektor. Blitzfolge alle 4 Sek. Blitzleuchtzeit $^{1}/_{500}$–$^{1}/_{50\,000}$ Sek. bei Automatikbetrieb – das Blitzgerät ist auch manuell zu steuern nach dem Leitzahl-Prinzip. Leuchtwinkel 50° quadratisch, wenn der Blitzabstand 2 m beträgt und beide Reflektoren gezündet werden. Automatik-Arbeitsbereiche werden drei geboten: für die kleine Blende (Gelbzone) 0,4–0,7 m, für die mittlere Blende (Grünzone) 0,4–1,4 m und die große Blende (Rotzone) 0,6–2,8 m – mit Weitwinkel-Diffusor

Die Anatomie des Canon Macrolite ML-1

① *Blitzeinheit, mit ...*
② *Objektiv-Adapterring innen,*
③ *zwei drehbare Reflektoren (Blitzleuchten auch einzeln zündbar)*
④ *Eingebauter Sensor für automatische Lichtdosierung*
⑤ *Energieteil mit EIN-/AUS-Schalter (Tragbare Kassette mit 8 Batterien je 1,5 V-Mignonzellen)*
⑥ *Synchronstecker – verbindet die Blitzeinheit und das Energieteil synchron mit der Kamera*
⑦ *Blitzbereitschaftslampe*
⑧ *Automatik-Kontrollampe – zeigt bei ihrem Aufleuchten an, daß die Blitzbelichtung korrekt ist.*

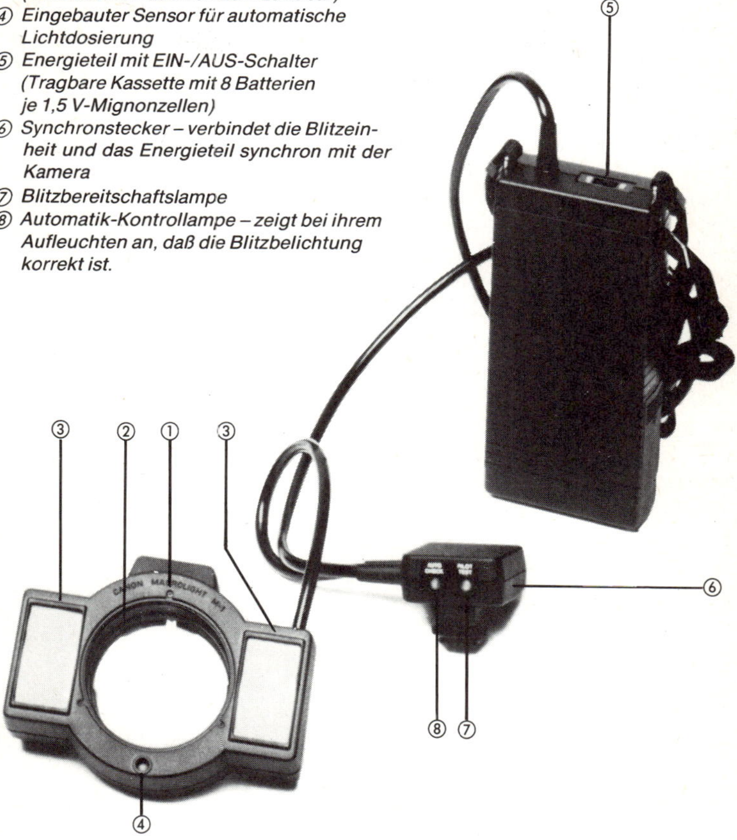

Der Blendenwähler für die programmierbaren Blitz-Blenden (3 pro Filmempfindlichkeit) ist hier nicht sichtbar.

verkürzen sich die Bereiche wie folgt: 0,6–1,6 m (Rotzone), 0,4–0,8 m (Grünzone). Die Maße der Einheit sind: 131 × 39,7 × 99 mm für die Blitzeinheit, 77,4 × 35,6 × 162 mm für die Energieeinheit und 50 × 59 × 38,5 mm für den Synchronstecker. Das Gewicht von 170 g beim Blitzteil, 70 g beim Synchronstecker und 560 g beim Energieteil belastet die Kamera und das Objektiv nicht so sehr. Das gesamte Blitzgerät wiegt komplett mit Batterien nicht mehr als 800 g.

Verwendbare Canon FD-Objektive und ihr Anschluß

Objektiv	*Filtergewinde-∅*	*Adaptions-Methode*
FD 4,0/80–200 mm NEU *FD 4,0/200 mm Makro NEU*	*58 mm* *58 mm*	*Direkt (ohne Adapterring)*
FD 4,0/80–200 mm *FD 3,5/50 mm Makro* *FD 4,0/100 mm Makro*	*55 mm* *55 mm* *55 mm*	{ *Makrolite-Adapter 55* *Klemmschraubring 55*
FD 3,5/50 mm Makro NEU *FD 4,0/100 mm Makro NEU*	*52 mm* *52 mm*	{ *Makrolite-Adapter 52* *Klemmschraubring 52*

Erforderliche Korrektur der Objektivblende gegenüber der Blitzprogrammblende

Bei Einsatz des FD 4,0/80–200 mm ist keine Korrektur erforderlich.

Wird das FD 4,0/200 mm Makro mit dem Makrolite verwendet, beachten Sie folgende Tabelle:

Aufnahme-Distanz	*Vergößerungs-faktor*	*Veränderung der Objektivblende um Stufe*
3 m–0,75 m	*0,5 ×*	*ohne Korrektur*
0,58 m	*1,0 ×*	*+ 1*

Korrekturen bei Einsatz der Makro-Objektive FD 3,5/50 mm und FD 4,0/100 mm:

Bei Aufnahmen mit den beiden Makro-Objektiven FD 3,5/50 mm und FD 4,0/100 mm sind entsprechende Korrekturen nach folgender Aufstellung vorzunehmen (Angaben auch auf der Rückseite der Reflektoreinheit des Macrolite ML-1):

Makro FD 3,5/50 mm
bei Arbeitsbereichen 0,23–0,6 m, mittlerer Blende (Grünbereich) und mit Weitwinkel-Diffusor:

Bei Aufnahmeabstand	*Veränderung der Objektivblende um Stufe*
0,23–0,40 m	*+ 1/2*
0,40–0,45 m	*+ 1/2*
0,45–0,60 m	*+ 1/2*

Makro FD 4,0/100 mm
– bei Arbeitsbereichen 0,4–1 m:

a) bei Normalleuchtwinkel und kleiner bis mittlerer Blende (Gelb- und Grünbereich):

Bei Aufnahmeabstand	*Veränderung der Objektivblende um Stufe*
0,40–0,45 m	*+ 1,0*
0,45–0,60 m	*+ 0,5*

b) mit Weitwinkeldiffusor:

Bei Aufnahmeabstand	*Veränderung der Objektivblende um Stufe*
0,40–0,45 m	*+ 1,5 { nur bei Blenden*
0,45–0,60 m	*+ 1,0 { im Grünbereich*
0,60–1,00 m	*+ 0,5 bei Blenden im Grün- und Rotbereich*

Aufnahmedaten für Canon FD 1 : 4/80–200 mm (neue Ausführung mit 58 mm Filtergewinde-∅) mit Nahlinse 500 T

Brennweite	*Einstellentfernung*	*Aufnahmeabstand**	*Objektfeld*	*Vergrößerung*
80 mm	*∞*	*709 mm*	*148 × 222 mm*	*0,16×*
	1 m	*531 mm*	*78 × 117 mm*	*0,31×*
200 mm	*∞*	*709 mm*	*62 × 92 mm*	*0,39×*
	1 m	*531 mm*	*33 × 49 mm*	*0,74×*

** Als Aufnahmeabstand gilt die Entfernung von der Filmebene.*

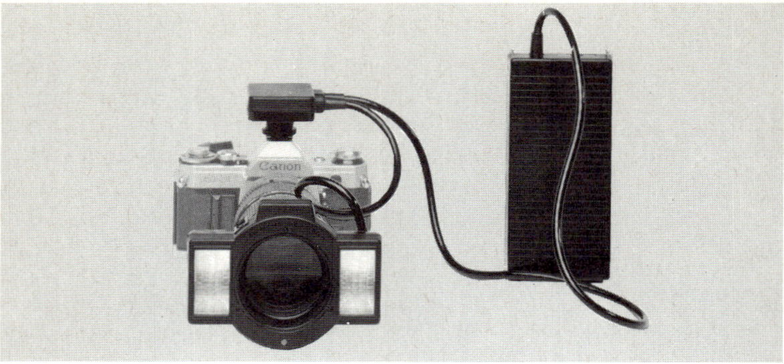

Das Spezialblitzgerät Macrolite ML-1 synchronisiert mit der Kamera. Ansicht einmal von vorn und von hinten – gut zu erkennen sind die Skalen und Bedienungselemente am Reflektorteil und Synchronstecker. In Abbildung unten sehen Sie ein Aufnahmeergebnis: die Rose wurde bei Reflektorstellung 45° diagonal zum Bildquerformat geblitzt. Daher die leichte Schattierung in der Blüte. Die Verstellbarkeit des Reflektorteils sowie die wahlweise Zündung eines oder beider Reflektoren bietet viele Möglichkeiten der Effektbeleuchtung.

National Makroblitz-Sensoreinheit PW-50 M

Ein interessantes Zubehör außerhalb des Canon-Reflexsystems. Ich halte es für nennenswert, da es zur Zeit die preiswerteste und einfachste Art der Makroaufnahme mit Computerblitzautomatik darstellt. Es ist, genauer gesagt, ein Set, welches aus einem Lichtleitkabel und mehreren Objektiv-Adapterringen besteht, sowie aus einem neigbaren Blitzgeräteschuh. Das Lichtleitkabel kann mit einem Ende am Sensor verschiedener National-Blitzgeräte (z. B. PE-280C, PE-247S oder PE-387S) wahlweise adaptiert werden, mit dem anderen Ende – mittels Adapterring – am Objektiv. So kann das Licht direkt in nächster Nähe am Makro-Objekt gemessen werden.

Datierrückwand „Data Back A"

Haben Sie nicht schon oft einmal darüber nachgedacht, wie interessant, ja sogar wichtig für Sie eine Einrichtung sein könnte, die Ihnen die Einbelichtung des Tages-Datums, bestimmter Code oder Kennziffern in den Film erlaubt? Das Data Back A ist so ein interessantes Zubehörteil, das vor allem auch problemlos gehandhabt werden kann; dieser Hinweis vorweg, denn vielfach wird mit der Verwendung eines solchen Zubehörs Umstand und Problematik in Beziehung gebracht. (Hier sollte nicht der Hinweis fehlen, daß Canon gerade auch auf diesem Gebiete große Erfahrung aufzuweisen hat.)

Das Data Back A wird ganz einfach anstelle der normalen AE-1 PROGRAM-Rückwand eingesetzt – es ist ja im Prinzip eine gleiche Rückwand, die zusätzlich lediglich „huckepack" die Datiereinrichtung trägt. Nach der Adaption und dem Einschalten auf Funktion ist das Data Back A voll in die elektronische Steuerung der AE-1 PROGRAM integriert.

Die Tatsache, daß damit ganz nach Wunsch einige oder alle Aufnahmen, automatisch und völlig synchron mit der eigentlichen Filmbelichtung, datiert, gekennzeichnet oder codifiziert werden können, eröffnet der AE-1 PROGRAM zahlreiche neue Einsatzgebiete und dem Fotografen weitere Anwendungsmöglichkeiten.

Fortsetzung Seite 178 ▶

Datierrückteil „Data Back A"
Technische Daten auf einen Blick

Besonderheiten:

Ermöglicht die Einbelichtung von Daten/Code/Kennziffern in den Film – völlig synchron und automatisch während der eigentlichen Aufnahme. Die Einbelichtung ist jedoch auch getrennt per Handauslöser möglich.

Kamerakupplung:

Mühelos ohne besondere Justierung. Data Back A wird anstelle der normalen Kamerarückwand angesetzt. Synchronisation mit der Kamera und deren elektronische Steuerung und automatische Auslösung über Synchronkabel (Einführen in den Kabelblitzkontakt der AE-1 PROGRAM).

Stromquelle:

Batterie 6 V (z. B. Mallory PX-28)

Kapazität:

6000 Einbelichtungen. Frequenz: 5 Belichtungen pro Sekunde

Datenwahl:

Über drei Wählscheiben (Rändelrädchen) sind Daten in drei Versionen und Codes sowie Kennziffern in zahlreichen Kombinationen einstellbar.

a) Die Wählscheibe für die Wahl des Tagesdatums (mit „Tag" bezeichnet) bietet 32 Ziffern (0–31) plus zwei Leerfelder □ □ ;

b) Die Wählscheibe für die Wahl des Monatsdatums (mit „Monat" bezeichnet) bietet 39 Ziffern/Buchstaben (0–31, A–G) plus ein Leerfeld □;

c) Die Wählscheibe für die Wahl des Jahresdatums (mit „Jahr" bezeichnet) bietet 39 Ziffern/Zahlen/Buchstaben (0–9, 77–88, I–X und a–g) plus ein Leerfeld □. Beispielsweise können auch Zahlen von 1–999 gewählt werden.

Dateneinbelichtung:

Eingebaute Miniblitzlampe belichtet die eingestellten Daten von hinten in den Film ein.

Anordnung des Datums etc. im positiven Bild:

Bei Querformataufnahmen steht die Datenzeile unten rechts waagrecht im Bild (von links nach rechts zu lesen).
Bei Hochformataufnahmen steht die Zeile je nach Haltung der Kamera entweder links unten senkrecht im Bild (von oben nach unten zu lesen) oder rechts oben senkrecht im Bild (von unten nach oben zu lesen).

Filmwahl:

Die Dateneinbelichtung kann mittels Wählschalter auf bestimmte Filmempfindlichkeitsbereiche abgestimmt werden, um eine Überstrahlung zu vermeiden.
Einstellung 3 = Filme bis 18 DIN
Einstellung 2 = Filme von 19 bis 23 DIN
Einstellung 1 = Filme über 23 DIN

Sonstiges:

Data Back A verwendbar auch mit Motorantrieb (z. B. bei Serienaufnahmen mit 4 Bilder/Sek.).
Handauslöser, Hauptschalter ON/OFF (Ein/Aus). Batteriekontrolle durch Leuchtdiode im Handauslöser.

Abmessungen:

103 × 48,5 × 14 mm

Gewicht:

160 g (einschl. Batterie)

Die Anatomie des Data Back A

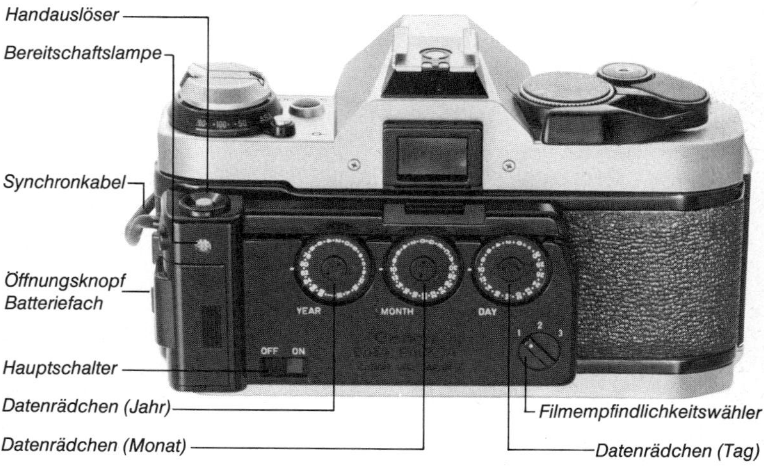

▶

Fortsetzung von Seite 175
Man kann die AE-1 PROGRAM in dieser Ausstattung gewissermaßen in die Gruppe der „Registrierkameras" einreihen; besser noch, wenn man das System um einen motorischen Antrieb (Winder A/A2 oder Motor MA), gegebenenfalls um ein Blitzgerät (z. B. Speedlite 188A oder 199A) erweitert. Mit der dadurch verbundenen Möglichkeit, die Kamera fernauslösen, drahtlos funkfernsteuern und sogar vollautomatisch steuern zu können, eröffnen sich interessante Aspekte des Einsatzes solch eines Bildregistriergerätes. Leider mit der Einschränkung, daß maximal nur die Filmkapazität einer KB-Filmpatrone 135-36 (36 Aufn.) zur Verfügung steht. Dennoch bleiben uns noch viele Anwendungsmöglichkeiten offen.

Nicht nur Fachleute, sondern auch Hobbyfotografen werden es interessant und aufschlußreich finden, wenn ihnen später das Foto bzw. die Fotos z. B. nicht nur Aufschluß über drei der bekannten W's „Wo-Wer-Was" geben, sondern auch über „Wann oder Wie". Ohne Datum bzw. Kennziffer oder Code erhält man auf die beiden letzten Fragen allerdings keine Antwort; es sei denn, man hat sich irgendwo eine Notiz gemacht.

Anmerkung:

Es muß trotz aller praktischen Vorzüge daran gedacht werden, daß die Codierung/Datierung innerhalb des Bildfeldes stattfindet und nicht auf dem Bildrand. Eine Tatsache, die der kreativen Fotografie nicht gerade entgegenkommt. Aber Registrierung plus Datierung bestimmter wichtiger Ereignisse hat mit Bildgestaltung nicht unbedingt etwas zu tun. Man muß wie bei allen anderen Situationen abwägen, wann der Einsatz einer Methode am vorteilhaftesten ist, und manchmal auch gute Kompromisse schließen können.

Fotografen, die konsequent mit Datiereinrichtung arbeiten möchten, müssen sich selbstverständlich jederzeit der Lage des Datums, der Kennziffer usw. im Bild bewußt sein. Das Hauptmotiv darf ja auf keinen Fall durch diese Einblendung beeinträchtigt werden. Beachten Sie, daß die Datenzeile nur bei Querformataufnahmen waagerecht in der rechten unteren Bildecke steht; bei Hochformataufnahmen je nach Haltung der Kamera dagegen links unten oder rechts oben und nur senkrecht zu lesen.

Wie aus den technischen Daten auf Seite 176 ersichtlich ist, gibt es zahlreiche Möglichkeiten für die Kennzeichnung eines Fotos: Tages-, Monats- und Jahresdatum, Einzelziffern, Buchstaben groß und klein, römische Ziffern und Leerfelder, und dabei sind einige interessant kombinierbar.

Findige Hobbyfotografen werden z. B. aus den vorhandenen Mitteln ihren Code für Angaben der Aufnahmeblende, Verschlußzeit und verwendeten Belichtungsautomatik ausdenken. Ich habe z. B. für die Kennzeichnung der Automatik die römischen Ziffern eingesetzt I = Blendenautomatik, II = Programmautomatik und III = Blitzautomatik.

Für die Blendenangabe benutze ich die Ziffern 0–30 des Tageswählers und für die Verschlußzeitenangabe die Ziffern 0–30 des Monatswählers.

Als weitere Beispiele lassen sich anführen: Aufnahmen der Verkehrspolizei an Unfallorten (auch wir können das tun), Aufnahmen anderer Polizeidienststellen zur Beweisführung bei Gericht – Recherchen über das „Wann" werden erheblich erleichtert. Wissenschaftler, Mediziner, Laboranten können Fotos codieren für Bildserien, zur Archivierung – der Zugriff wird erleichtert. Techniker und Analytiker werden es begrüßen, wenn Aufnahmen von Bewegungsstudien und Phasenaufnahmen je Prozeß unterschiedlich codiert bzw. gekennzeichnet werden können usw. Es ist in diesem Zusammenhang interessant zu wissen, daß das Data Back A auch bei schnellen Bildserien eingesetzt werden kann. Das Rückteil arbeitet selbst mit einer Frequenz von 5 Einbelichtungen pro Sek., ist also ohne weiteres mit dem Motorsystem MA und einer Aufnahmefrequenz von 4 Bilder/Sek. zu verwenden. Die Funktion mit anderen, längeren Frequenzen, wie 3 B/Sek. und beim Winder mit 2 B/Sek., steht also gar nicht erst in Frage.

Ein interessanter Aspekt auch für Sportfotografen und Bildjournalisten: Während eines Fußball-Länderspiels, einer Leichtathletik-Meisterschaft, während eines Auto-Rennens, einer Flugschau u. v. m. Aufnahmen machen zu können, die mit Datum versehen sind, dürfte manchen Bildarchivar und Journalisten, Chronisten interessieren. Nehmen wir doch den Fall an, daß während eines Fußballturniers der Fotograf sich als „Torjäger" betätigt. Es ist doch ein leichtes Unterfangen, vor jeder packenden Torszene am Datenwähler Kombinationen wie 1 □ 1; 5 □ 3 usw. einzustellen. Es bleibt auch erfahrungsgemäß genügend Zeit für Veränderungen. Wer ganz sicher gehen will, kann auch die manuelle Nachbelichtung wählen – Tor-Aufnahme abwarten und Daten nach der Aufnahme in Ruhe nachbelichten. Ist die Bildserie des entsprechenden Ereignisses angereichert durch Aufnahmen mit einbelichtetem

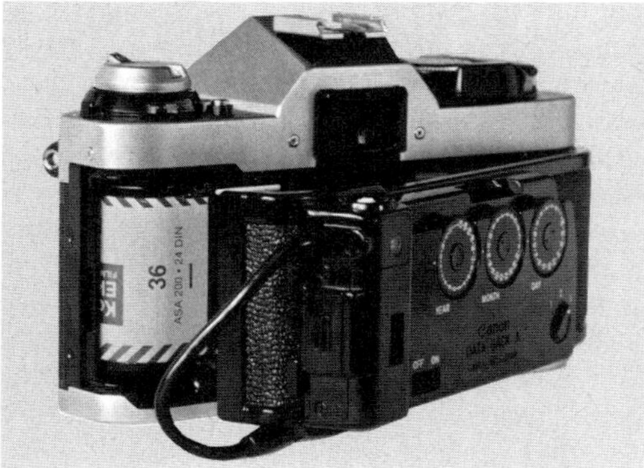

Das Data Back A ist einfach gegen die Normal-Rückwand der AE-1 PROGRAM zu wechseln. Zum Filmwechsel muß vorübergehend das Synchronkabel aus dem Kamera-Blitzkabelkontakt entnommen werden. Abbildung unten zeigt ein Beispiel für den Einsatz des Data Back A: Einblendung des Spielstandes 0 : 1 (001) bei einem Fußballspiel.

Datum, kann man in der Rückschau jederzeit genau Auskunft darüber geben, wann das Spiel stattgefunden hat, und sogar darüber, welches Tor zu welchem Ergebnis geführt hat.
Ich kann an dieser Stelle lediglich ein paar Beispiele anführen. Alle Möglichkeiten ausführlich zu beschreiben, dafür reicht der Platz nicht aus. Der Hinweis auf mannigfaltige Möglichkeiten mag dazu animieren, selbst neue Ideen zu verwirklichen.

Kamera-Kupplung

Das Wechseln der Normal-Kamerarückwand gegen die Datierrückwand bedarf keines großen Aufwandes. Bei geöffneter Rückwand genügt ein leichter Druck auf eine winzige Feder am Scharnier, das sich sofort öffnet und die Rückwand freigibt. Beim Einsatz der Datierrückwand muß hier ebenfalls diese winzige Feder gedrückt werden, damit der Scharnierstift zurücktritt und die Scharnierteile ineinandergreifen können. Legen Sie jetzt den Film ein und schließen Sie die Rückwand.

Anmerkung:

Denken Sie immer daran, daß Sie mit der Datierrückwand kein Wechselmagazin besitzen, das den Wechsel bei eingelegtem Film erlaubt. Planen Sie den Einsatz der Datierrückwand rechtzeitig, damit Sie nicht erst im Laufe der Aufnahmearbeit auf die Idee kommen, das Data Back A gegen die normale Rückwand austauschen zu wollen. Vorteilhafter und mit weniger Umständen verbunden ist der Ansatz des Data Back A von vornherein. Will man keine Aufnahmen mit Datierung/Kennzeichnung machen, schaltet man das Gerät ab. Das beeinträchtigt die Aufnahmen in keiner Weise.

Nach dem Filmeinlegen und Schließen der Datierrückwand müssen Sie nun noch das am Data Back A befindliche Synchronkabel aus seiner Halterung nehmen und dessen Stecker in den Blitzsynchronkabelkontakt der AE-1 PROGRAM einführen, sowie den Filmempfindlichkeitsbereichswähler in die entsprechende Position bringen (damit wird die „Blitz"belichtung für das Datum etc. der Empfindlichkeit des eingelegten Films in etwa angepaßt).

Wird das Data Back A jetzt über seinen Hauptschalter auf Funktion geschaltet, dann ist es sofort mit in die elektronische Steuerung der AE-1 PROGRAM integriert. Während jeder folgenden Bildbelichtung wird nun völlig synchron dazu das gewählte Datum o. ä. in den Film mit einbelichtet – von hinten mittels einer eingebauten kleinen Blitzlampe. Die Funktion des Data Back A wird durch eine ständig leuchtende Glimmlampe im Handauslöser angezeigt. Die Helligkeit der Lampe nimmt im Moment der Dateneinbelichtung etwas ab. Der Stromverbrauch ist sehr gering. Eine Batterie 6 V reicht etwa für ein Jahr bzw. über 6000 Dateneinbelichtungen aus.

Anmerkung:

Die Einbelichtung des Datums/Code kann auch getrennt von der Belichtung per Handschalter ausgelöst werden (manuell). Das ist vorteilhaft z. B. bei Langzeitbelichtungen und Mehrfachbelichtung, wenn man evtl. durch die längere Belichtung mit Überstrahlung rechnen muß. Vielleicht wurde auch eine Aufnahme gemacht ohne Codierung, und im Nachhinein besteht der Wunsch, doch noch ein Datum bzw. einen Code einzubelichten. Ohne den Verschluß noch einmal spannen zu müssen, wird einfach nachbelichtet. Ein Druck auf den Handauslöser des Data Back A genügt. (Bitte Einschalten des Gerätes nicht vergessen, Synchronkabel ist von der Kamera gelöst!)

Canon Wechselobjektive – ein Objektivprogramm der Superlative

Beginnen wir mit dem entscheidenden, grundsätzlichen Vorteil von Wechselobjektiven: Er besteht darin, daß man weder aufnahmetechnische noch gestalterische Kompromisse schließen muß. Mit anderen Worten, der Fotograf kann sich völlig den wechselnden Aufnahmesituationen anpassen, seine optischen Mittel gänzlich auf die Vielzahl variierender Motive abstimmen. Er holt unter allen Umständen mehr aus jedem einzelnen Aufnahmeobjekt heraus. Die motiv- und aufgabengerechte Anwendung von Wechselobjektiven mit verschiedenen Brennweiten und Lichtstärken (oder Extraausrüstung, wie z. B. die Einrichtung für Perspektivekorrektur oder Makro-Einstellung usw.) garantiert optimale Bildresultate. In jedem Falle läßt sich eine wesentliche Wirkungs- und Aussagesteigerung erzielen, die den Betrachter zur Auseinandersetzung mit dem Bildinhalt herausfordert. Bei überlegtem Einsatz können Objektive kurzer, mittlerer, langer und variabler Brennweite den Aufmerksamkeitswert der Abbildung beträchtlich erhöhen: Durch Betonung motivlicher Eigenarten, optische Anpassung an unkonventionelle Aufnahmeobjekte, Ausgleich situationsbedingter Mängel, symbolischer Übersteigerung des Bildinhaltes, themenkonforme oder freie künstlerische „Verfremdung".

Canon bietet dazu ein besonders exklusives und lückenloses Wechselobjektiv-Programm, das völlig in das Kameragehäuse integriert werden kann. Es spart keinen Anwendungsbereich aus. Die bewährte Objektivreihe enthält gegenwärtig über 50 Spitzenobjektive, die auf die mannigfaltigen Wünsche von Allroundfotografen und Spezialisten abgestimmt sind.

Dem Praktiker werden dabei einige besondere Pluspunkte offenbar: außergewöhnliche Kompaktheit und geringes Gewicht, universelle Verwendbarkeit und außerordentlicher Bedienungskomfort. Beim Canon-System sind mechanische und optische Elemente optimal aufeinander abgestimmt; sämtliche Objektive sind innerhalb des Systems voll austauschbar. Die einäugigen SLR-Kameras von Canon zeichnen sich durch ein sehr kurzes Auflagemaß (42 mm) aus. Dadurch hatten und haben die Objektiv-Konstrukteure u. a. die Möglichkeit, Hochleistungsobjektive von besonderer Kompaktheit zu bauen.

Teilansicht des Original-Canon-Objektivprogramms, das aus über 50 verschiedenen Typen besteht. Dazu kommen drei Tele-Konverter.

Das eigens dazu konstruierte, weltberühmte Spezial-Bajonett ist praktisch verschleißfrei und absolut funktionssicher. Die Fachwelt hat das Canon-Objektivbajonett mit seinen ausgeklügelten und zeitlosen Blendenfunktions-Übertragungshebeln oft als eines der besten der Welt bezeichnet.
Die große Sicherheit, bei Canon heute und morgen schon den „Anschluß an die Zukunft" zu haben, ist immer mehr ein entscheidendes Argument für die Wahl des Canon-Systems und die Garantie dafür, daß man sich mit der Kamera aus dem Canon-Reflexsystem ein zukunftssicheres Aufnahmegerät angeschafft hat.
Der große Bajonettdurchmesser erlegt den Optikern keine konstruktiven Beschränkungen auf und ergibt extreme Dauerhaftigkeit. Der Abstand von der Objektivauflage zur Filmebene – das Auflagemaß – ist eines der kritischsten Maße einer Kamera mit Wechseloptik. Bei der von Canon verwendeten Konstruktion drehen sich die dieses Maß bestimmenden Flächen nicht gegeneinander. Die Objektive können in Sekundenschnelle an die Kamera angesetzt werden, mit einer Hand. Die automatische Innenkupplung stellt dabei einen zuverlässigen Kontakt zwischen den Übertragungselementen her. Die Objektive sind fest fixiert und wackeln nicht. Die Auflagefläche des Objektivauflageflansches unterliegt keiner Abnutzung.
Seit Mitte 1979 gibt es praktisch zwei FD-Serien im Markt – ich sage dies bezogen auf die Praxis, das lieferbare Programm besteht selbstverständlich nur aus einer Serie. Es gibt jetzt Objektive, die beim Einsetzen in die Kamera äußerlich insgesamt gedreht werden; im Gegensatz zu den früheren Typen, die nur angedrückt werden, wobei sich der hier vorhandene bewegliche Bajonett-Überwurfring selbsttätig auf dem ersten Wege eindreht, anschließend wird der Ring lediglich ganz fest fixiert.
Beide Objektivtypen zeigen aber sonst keinerlei Unterschiede, bezogen auf die Kompatibilität – sie sind uneingeschränkt zu mischen und passen sämtlich auch an die neuen Automatik-Kameras bzw. lassen sich mit deren automatischer Belichtungssteuerung verwenden.
Alle Objektive haben eine Sicherheitssperre (Blendenverriegelung) bei Nichtgebrauch eingebaut. Sie ist durch die unterschiedliche Bajonettring-Konstruktion bei beiden Objektivtypen etwas verschieden. Gleich ist dagegen, daß die Verriegelung wirksam wird,

sobald das Objektiv durch Linksdrehung von der Kamera gelöst und abgenommen wird.
Nehmen wir zunächst die Sicherheitsverriegelung der früheren FDs: Die Sicherung der Blendenlamellen funktioniert in dem Moment, wo der bewegliche Anschlußring nach links bis zum Anschlag geführt wird. Das ganze bewirkt eine Blattfeder unterhalb des Bajonettringes oben, es kommt zu einer rastenden Fixierung. Erst wenn der Ring wieder an ein Bajonett angedrückt wird (die Blattfeder erhält dabei jedes Mal den richtigen Druck), löst sich die Sperre und der Ring bewegt sich zunächst automatisch nach rechts (von vorn besehen), und mit der Bewegung des Ringes werden die Blendenlamellen und der Blendensimulator wieder freigegeben. Die Blendenlamellen werden bei voller Öffnung verriegelt. Dieses System läßt sich auch leicht mit einem spitzen Gegenstand manipulieren, die Blattfeder ist gut sichtbar; drückt man auf die Blattfeder, bewegt sich der Ring auch ohne Bajonettkontakt.
Die Sicherheitssperre der neuen FDs funktioniert anders. Die Verriegelung erfolgt durch mehrere Federstifte hinter der beweglichen Bajonettscheibe. Um die Blendenfunktion der auf Position 5,6 festgesetzten Blendenlamellen wieder zu erhalten, muß auf jeden Fall ein Bajonettkontakt her. Üblicherweise ist der Bajonettkontakt bei beiden Objektivtypen ja sowieso bei Normalstellung gegeben. Für die auch bekannte Retrostellung (mit der Hinterlinse in Aufnahmerichtung) steht ein sogenannter „Makro-Hood" zur Verfügung – ein Zubehör, das dem Objektivrückdeckel ähnlich, jedoch voll geöffnet ist. Hiermit wird der Bajonettkontakt vollzogen (imitiert). Echter Bajonettkontakt bei Retrostellung des Objektivs ist bei Einsatz des Automatik-Balgengerätes oder Makro-Auto-Ringes gegeben.
Für die Güte eines Objektivs gibt es verschiedene Kriterien. Auflösungsvermögen, Kontrastwiedergabe, Lichtstärke, Korrektion der Bildfehler, Fokussiergenauigkeit, leichte Bedienung usw.
Canon-FD-Objektive sind für höchste Ansprüche konstruiert. Ihre außergewöhnlich hohe Qualität wurde durch unparteiische Prüfungen bestätigt. Gleichmäßige und gleichbleibende Farbwiedergabe im gesamten Brennweitenbereich. Keine Farbsprünge in Diaserien, wenn Bilder mit verschiedenen Brennweiten gemacht wurden.
Das Canon Wechselobjektivprogramm ist breit gefächert. Es reicht

vom Super-Super-Weitwinkel f = 7,5 mm (Fish-eye) bis zum Super-Tele f = 1200 mm, dazu kommen die Vario-Objektive. Es enthält Makro- und Spezialobjektive (z. B. ein Objektiv für Perspektivekorrektur), Objektive mit asphärischen Linsen, lichtstarke Objektive z. B. 1 : 1,2 oder im Brennweitenbereich 300 und 400 mm 1 : 2,8. Die Objektive mit Linsen aus Fluorit (künstlichem Flußspat) bzw. mit Linsen aus UD-Glas (vergleichbar etwa mit Fluorit, bezogen auf die Eigenschaften) sind fast frei von Farbfehlern, das normalerweise in Tele-Objektiven längerer Brennweite kaum vermeidbare sekundäre Spektrum ist ebenfalls beseitigt.
Objektive mit asphärischen Linsen (bei den Typenbezeichnungen mit AL, neuerdings nur „L", kenntlich gemacht) zeichnen sich durch höchste Leistung schon bei voller Öffnung aus, bei sehr hoher Lichtstärke (z. B. 1 : 1,2). Dazu schaffte Canon die Möglichkeit, asphärische Linsen maschinell zu schleifen; womit Canon das Verdienst zufällt, auch solche Spitzenobjektive preiswerter anbieten zu können.
Andere besondere Vorzüge, deren Bedeutung und praktischer Wert, wie bei allen anderen, durch unabhängige Tests immer wieder bestätigt werden, sind zum Beispiel auch die bei allen Objektiven einheitliche Farbwiedergabe durch eine lichtstärken- und brennweiten-adäquate Mehrschichten-Vergütung (bisher bei der Objektivbezeichnung ausgewiesen durch „SC" bzw. „SSC"; ausgesprochen „Spectra-Coating" bzw. „Super-Spectra-Coating". Bei der neuen FD-Serie ab 1979 verzichtete Canon auf diese spezielle Codierung).
Einige Spitzenobjektive sind zusätzlich mit „Floating-Elements" ausgerüstet. Dieses Floating-System ist ein Korrektionsausgleich, der für gleichbleibend hohe Abbildungsleistung bei kurzen Aufnahmeabständen sorgt. Dank dieser Vorrichtung verändert sich beim Scharfeinstellen der Luftabstand zwischen Vorder- und Hinterlinsengliedern des Objektivsystems. Damit werden die bei kürzeren Einstellungen zunehmenden sphärischen Bildfehler der Vorderglieder stets in geeignetem Maße vom Hinterglied ausgeglichen. In diesem Zusammenhang weise ich auch auf die Möglichkeit hin, bei Nahaufnahmen einige Objektive mittels spezieller Adapter (Umkehrringe) umgekehrt an die Kamera angesetzt (in Retrostellung) verwenden zu können, dies dient einer optischen Anpassung des Korrekturzustandes des Objektivs an die veränderten

Verhältnisse bei extremen Nahaufnahmen. Auch in dieser Stellung können Sie sich die Blendenfunktion (öffnen/schließen) für die Arbeitsblendenmessung erhalten. Erläuterung siehe Seite 231.

Erstes Canon Autofocus-Objektiv

Bereichert wurde das Programm zur Zeit der ersten Drucklegung dieses Buches um eine Objektiv-Sensation für den Reflexkamerabereich: das erste Canon Autofocus-Varioobjektiv. Siehe dazu Abschnitt „Zoomobjektive", Seite 210.

Objektivgruppen, Brennweiten, Lichtstärken und optische Spezialitäten kurz erläutert

Jedes Objektivprogramm wird aufgrund bestimmter Kriterien (Bildwinkel, Brennweiten) in verschiedene Objektiv-Gruppen unterteilt: Man unterscheidet typische Hauptgruppen wie Fischaugen-, Superweit-, Weit-, Normal(Standard)-, Tele- und Supertele- bzw. Fernobjektive. Dazu kommen die Zoom(Vario)-Objektive.

Das erste Canon-Autofocus-Objektiv für das Kleinbild-Reflexsystem. Eine Sensation der Photokina '80, jetzt lieferbar. Das FD 4,0/35–70 mm AF kann individuell gehandhabt werden: automatisch auf Knopfdruck und manuell über den Reflexsucher; dadurch ist auch die selektierte Schärfeneinstellung auf jeden Sektor des Objektfeldes bei Autofocus möglich.

Die Aufteilung nach Brennweiten-Gruppen

Üblich sind bei Canon folgende Gruppierungen: bis f = 15 mm – Fischaugenobjektive; von f = 17 mm bis 24 mm – Superweitwinkelobjektive; von f = 28 mm bis 35 mm – Weitwinkelobjektive; f = 50 (und 55 mm im neuen Programm nicht mehr enthalten) – Normal- bzw. Standardobjektive; f = 85 mm bis 150 mm – mittlere Teleobjektive; f = 200 mm bis 300 mm – Teleobjektive und ab f = 400 mm (bis bei Canon 1200 mm) – Fernobjektive oder auch Supertele. Die Vario-Objektive bilden hier eine Ausnahme, denn sie beinhalten mehrere Brennweiten stufenlos, vor allem in ganz unterschiedlichen Brennweitenbereichen (z. B. 24–35 mm, 28–50 mm, 35–70 mm (jetzt auch in Autofocus-Ausführung). 50–135 mm, 70–210 mm, 80–200 mm, 50–300 mm, 150–600 mm usw.). Sonderoptiken sind die Lupenobjektive f = 20 und 35 mm.

Die optischen Spezialitäten

Da jeder ernsthafte Fotograf auf seine Art ein Individualist ist und dafür auch das auf ihn zugeschnittene Rüstzeug benötigt, ist es nicht unwichtig, für dessen Auswahl die speziellen Unterschiede und bevorzugten Einsatzgebiete der Objektive zu kennen. Doch ehe wir auf die einzelnen Objektive des Canon-Programms selbst eingehen, sollten noch einmal einige wichtige Grundbegriffe erläutert werden, die immer wieder in den Objektiv-Gravuren zu finden sind; mit denen sich das jeweilige Objektiv schon auf den ersten Blick in die typische Brennweitengruppe einreihen läßt, an denen man seine speziellen Vorzüge und Eigenschaften erkennen kann. Nehmen wir als Beispiele folgende Typen des Canon Objektiv-Programms: Das Standard-Objektiv „FD 50 mm/1 : 1,4"; das Teleobjektiv MACRO FD 100 mm/1 : 4; das Teleobjektiv „FD 300 mm/ 1 : 2,8 L". „FD" steht z. B. als Serien-Marke für die Canon-Objektive mit automatischer Blendensteuerung bei Offenblendemessung (neben „FL"-Objektiven für manuelle Blendensteuerung – Arbeitsblendenmessung). Die erste Zahl gibt jeweils über die Brennweite Auskunft – das ist der Abstand zwischen der Filmebene und einer imaginären Hauptebene des Objektivs. Diese Angabe zählt zu den wichtigsten. Sie erfahren damit in welche Brennweitengruppe das Objektiv einzureihen ist (z. B. Weitwinkel, Tele oder Fern); womit gleichzeitig deutlich wird, ob dieses oder jenes Objektiv beim gleichen Abstand viel oder wenig zur Abbildung auf das Kleinbildformat bringt. (Siehe Brennweitenvergleich auf den Seiten 194/195). Die Verhältniszahl in der Gravur – unsere Beispiele 1 : 1,4; 1 : 2,8 oder 1 : 4 – gibt die Lichtstärke an bzw. bezeichnet das Öffnungsverhältnis. Lichtstärke bedeutet hier die Menge des eingelassenen Lichtes. Je kleiner die Zahl nach dem Doppelpunkt, desto lichtstärker ist das Objektiv und um so größer ist die relative Anfangsöffnung (Blendenöffnung).

Ein Objektiv 2,8/100 mm hat gegenüber einem Objektiv 4,0/100 mm eine ca. 50% größere, relative Anfangsöffnung (exakt $\sqrt{2}$ = 1.414 ...), ist also lichtstärker. Es ist aber wiederum genau lichtstark wie ein Objektiv 2,8/50 mm. Wieso das so ist, soll einmal rechnerisch näher erläutert werden (obwohl Sie diese Fakten bei Ihren fotografischen Unternehmungen vergessen können):

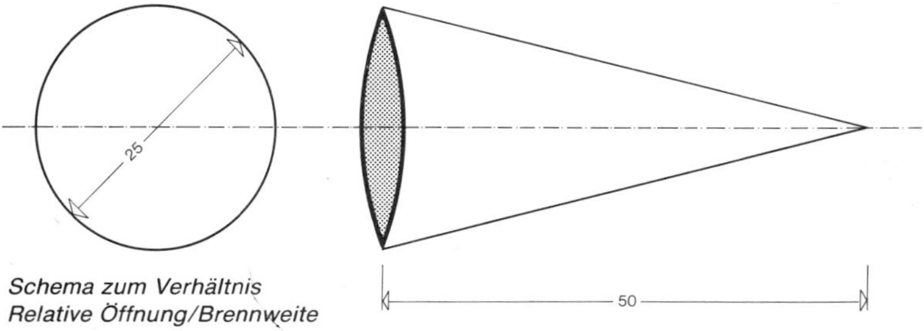

Schema zum Verhältnis Relative Öffnung/Brennweite

Als relative Öffnung bezeichnet man das Verhältnis zwischen wirksamem Objektivdurchmesser (d) und Brennweite (f).

Die Berechnung der Lichtstärke – wie auch jeder Blendenöffnung – ist also brennweitenabhängig. Die Lichtstärke kennzeichnet man daher mit dem Bruch $^d/_f$. Der Kehrwert des Öffnungsverhältnisses heißt Blendenzahl, in der Formel $^f/_d$ ausgedrückt.

Beispiel:

d = 25 mm, f = 100 mm;
$^d/_f$ = d : f = 25 : 100 = 1 : 4 (relative Öffnung),
$^f/_d$ = f : d = 100 : 25 = 4 : 1 = 4 (Blendenzahl).

Weitergeführt ist daraus abzuleiten, daß zum Beispiel der Wert 1 : 2,8 bedeutet: Der Durchmesser der (Anfangs)Blendenöffnung 2,8 ist = 2,8 × im Brennweitenwert enthalten; bei 1 : 4,0 = 4 ×; bei

1 : 16 (oder Blende 16 genannt) = 16 × und beim Wert 1 : 1,4 = nur 1,4 ×. (Damit sind auch die unterschiedlich bzw. auch gleich großen Öffnungs-Durchmesser, evtl. Frontlinsenglieder und Objektive erklärbar.)
Will man nun den Durchmesser zum besseren Verständnis ermitteln, dividiert man den Brennweitenwert (f) durch den angegebenen Blendenwert (Bl) = $^{f}/_{Bl}$.

Beispiele:

Anfangsöffnung 35,7 mm ∅ beim 1 : 2,8/100 mm = 100 : 2,8 = 35,7 mm
Anfangsöffnung 25 mm ∅ beim 1 : 4,0/100 mm = 100 : 4,0 = 25 mm
Anfangsöffnung 35,7 mm ∅ beim 1 : 1,4/ 50 mm = 50 : 1,4 = 35,7 mm
Anfangsöffnung 107,1 mm ∅ beim 1 : 2,8/300 mm = 300 : 2,8 = 107,1 mm

Zum Vergleich mit der Objektiv-Gravur und der Formel $^{d}/_{f}$ leiten wir jetzt noch folgendes Beispiel ab: 1 (35,7 mm) : 2,8 (100 mm).

Aus allen diesen Rechnungen und Beispielen ist erkennbar und beweisbar, daß ein Objektiv 1,4/50 mm lichtstärker ist als ein Objektiv 2,8/100 mm.
Gleich lichtstark sind die Objektive 2,8/100 mm und 2,8/300 mm – mathematisch nachweisbar durch den 3 × größeren Durchmesser der Anfangsöffnung beim 300 mm (107,1 mm) gegenüber dem 100 mm (35,7 mm).

Die Blendenskala

Ehe ich auf die Blendenskala selbst näher eingehe, möchte ich erst einmal erläutern, von was wir denn da eigentlich reden – den Blenden.
Die Blende eines Objektivs läßt sich sehr gut mit der Pupille unseres Auges vergleichen. Denn auch die Pupille schließt und öffnet sich, je nach der auf das Auge einwirkenden Lichtintensität. Falls Sie dies noch nicht wissen oder es nicht bewußt bemerkt haben, machen Sie doch einmal die Probe aufs Exempel. Sie werden bemerken, daß die Pupille bei grellem Licht nur sehr klein ist – Durchmesser ca. 4 mm – und bei Schwachlicht bzw. bei Dunkelheit stark geweitet, vergrößert ist. Damit tut das Auge nichts anderes als wir es bei unserer Objektivblende tun bzw. automatisch erleben, es paßt sich den gegebenen Lichtverhältnissen an, indem es die Lichteintrittsöffnung (Pupille) steuert.

Nun unterliegt das Auge keinerlei Gesetzmäßigkeiten bezogen auf die Notwendigkeit einer Reproduzierbarkeit der Öffnungsverhältnisse; dies ist aber sehr wohl der Fall bei der Fotografie. Im Verhältnis zur Filmempfindlichkeit und zur Verschlußzeit muß die jeweilige Blendenöffnung fest fixiert werden können. Denn es bedarf einer bestimmten Linearität, will man z. B. wahlweise die Blende oder Verschlußzeit vorwählen.

So beruht die heute benutzte Blendenskala (international) auf dem Prinzip der Verdoppelung bzw. Halbierung der eintretenden Lichtintensität und sie ist auch in ihrer Abstufung auf die Belichtungsstufen der Verschlußzeit und des Filmmaterials abgestimmt. So kann man sagen, daß eine Blendenstufe einer Belichtungszeitstufe oder 3 DIN-Graden bzw. ASA-Stufen entspricht. Beispiel: Blende 5,6 und 1/250 Sek. bei 18 DIN-(50 ASA) Film = Blende 4 und 1/500 Sek. = Blende 4 und 1/250 Sek. bei 15 DIN-(25 ASA) Film.

Die international genormte, lineare Blendenskala sieht so aus:
1,0 – 1,4 – 2,0 – 2,8 – 4,0 – 5,6 – 8,0 – 11,0 – 16,0 – 22,0 – 32,0.

Sie werden einige Lichtstärken bemerken, die dieses Verdoppelungsprinzip durchbrechen (z. B. 1,8; 3,5 und 4,5 usw.). Es handelt sich hierbei um erlaubte Toleranzen bei der Berechnung der Anfangs-Öffnungen. Das ist aber ohne Bedeutung für Sie bei der normalen fotografischen Betätigung, sprich Zeit-/Blendenpaarung usw.

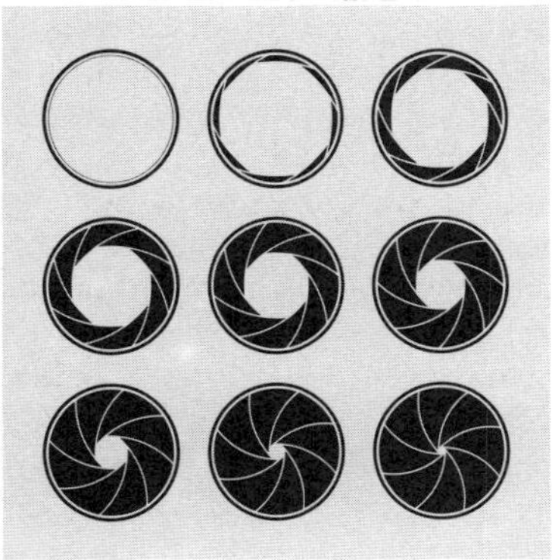

Schematische Darstellung der Blendenöffnungen nach der internationalen Skala – hier in Vollstufen von Blende 1,4 bis 22.

Die modernen Objektive haben eine Blendenskala, deren Einstellwerte mit Rastungen versehen sind. Vorteil, man kann auch ohne hinzusehen, mit der Kamera am Auge, feststellen, um welche Stufen die Einstellung verändert wird. Die meisten Objektive haben Blendenringe, deren Skala sich in halben Zwischenstufen rastend einstellen läßt. Ein interessanter Vorteil bei der Belichtungskorrektur.
Zusatz-Code in der Gravur, wie „MACRO", ASPHERICAL, „FLUORITE", bezeichnen Spezialausführungen. Makro-Objektive gestatten besonders kurze Aufnahmedistanzen bei Aufnahmen im Nah- und Makrobereich, ohne besonderes Zubehör wie Nahlinsen. Der Begriff „ASPHERICAL" (kurz AL, neuerdings auch nur „L") kennzeichnet Objektive mit asphärisch geschliffenen Linsen, die eine hohe Lichtstärke (z. B. 1 : 1,2) mit max. Korrektionszustand ermöglichen. Der Begriff „FLUORITE" weist auf die Verwendung von Fluorit-Linsen (aus künstlichem Flußspat) im Objektivsystem hin. Der Zusatz-Code „L" weist bei Tele-Objektiven wie FD 4,0/300 mm L etc. auf die Kombination mit UD-Gläsern hin; mit ähnlichen Eigenschaften wie bei den Fluoritlinsen; sie ermöglichen zudem kompaktere Objektive. Im neuen FD-System tragen alle hochkorrigierten Spitzenobjektive den gemeinsamen, einheitlichen Zusatz-Code „L" in der Gravur.

Der Bildwinkel

Mit der Brennweite eines Objektivs ändert sich für ein gegebenes Bildformat der erfaßte Bildwinkel. Durch die rechteckige Form des Kleinbildformats ergeben sich unterschiedliche Werte für den horizontalen, vertikalen und diagonalen Bildwinkel.
Zur Klassifizierung von Wechselobjektiven bedient man sich gewöhnlich des Bildwinkels über die Formatdiagonale. Dieser liegt bei Normalobjektiven für Kleinbild um 45°. Mit zunehmend längerer Brennweite (Teleobjektive) verringert sich der Bildwinkel, mit zunehmend kürzerer Brennweite (Weitwinkelobjektive) nimmt er höhere Werte an.

Die Grafik auf Seite 193 zeigt die Variation der Bildwinkel bei den verschiedenen Brennweiten in geometrischer Form. Die extreme Bildwinkelverengung bei 1200 mm Brennweite gegenüber dem Halbkugelblick bei Brennweite 7,5 mm wird überdeutlich. Die Wirkung dieses Bildwinkel„spiels" auf das Motiv zeigt anhand einer kleineren Brennweitenauswahl die Bildserie auf den folgenden Seiten. ►

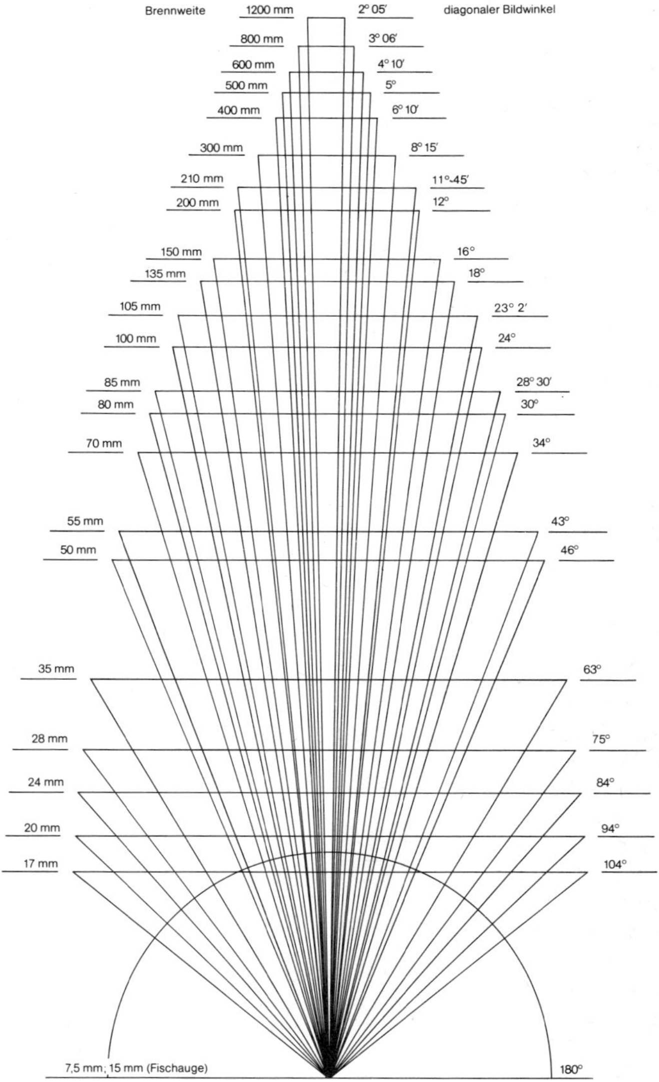
Brennweite
diagonaler Bildwinkel
1200 mm
2° 05′
800 mm
3° 06′
600 mm
4° 10′
500 mm
5°
400 mm
6° 10′
300 mm
8° 15′
210 mm
11°-45′
200 mm
12°
150 mm
16°
135 mm
18°
105 mm
23° 2′
100 mm
24°
85 mm
28° 30′
80 mm
30°
70 mm
34°
55 mm
43°
50 mm
46°
35 mm
63°
28 mm
75°
24 mm
84°
20 mm
94°
17 mm
104°
7,5 mm; 15 mm (Fischauge)
180°

Canon FD-Objektive im Brennweitenvergleich –

180° 7,5 mm

180° 15 mm

104° 17 mm

94° 20 mm

83° 24 mm

75° 28 mm

64° 35 mm

46° 50 mm

ein Motiv mit Bildwinkeln von 180° bis 3,1° gesehen

29° 85 mm

24° 100 mm

18° 135 mm

12° 200 mm

8,3° 300 mm

6,2° 400 mm

4,1° 600 mm

3,1° 800 mm

Technische Daten der Canon FD-Objektive

Typ	Bezeichnung	Anzahl der Linsen	Anzahl der Glieder	Bildwinkel	Kleinste Blende	Kürzeste Einstellentfernung (m)	Größter Aufnahmemaßstab	Filter-∅ mm	Gegenlichtblende	Baulänge (m)	Gewicht (g)
Makro-Objektive	Lupen-Objektiv 3,5/20 mm	4	3	–	22	ca. 16,5 mm[1])	–	–	–	20 (25)[3])	35
	Lupen-Objektiv 2,8/35 mm	6	4	–	22	ca. 31,5 mm[1])	–	–	–	22,5	60
(Normal-Makro)	FD Makro 1 : 3,5/50 mm									(27,5[3])	
	mit Zwischenring FD 25 (1 : 1-Adapter)[6])	6	4	46°	32, A	0,232	0,5x	52	BW-52A ●	57	235
(Tele-Makro)	FD-Makro 1 : 4,0/100 mm										
	mit Zwischenring FD 50 (1 : 1-Adapter)[6])	5	3	24°	32, A	0,45	0,5x	52	BT-52 ●	95	455
	FD-Makro 1 : 4,0/200 mm (bis 1 : 1)[6])	9	6	12°	32, A	0,58	1,0x	58	eingebaut	182,4	830
Superweitwinkel-Objektive	FE 1 : 5,6/7,5 mm Fischaugen-Objektiv	11	8	180°	22	Fixfokus	–	6 eing.	keine	62	365
	FD 1 : 2,8/15 mm Fischaugen-Objektiv	10	9	180°	22, A	0,20	0,14x	4 eing.	eingebaut	60,5	460
	FD 1 : 2,8/14 mm L (asphärisch)	14	10	114°	22, A	0,25	0,099x	[9])	eingebaut	83,5	490
	FD 1 : 4,0/17 mm[7])	11	9	104°	22, A	0,25	0,10x	72	BW-72 ●	56	360
	FD 1 : 2,8/20 mm[7])	10	9	94°	22, A	0,25	0,13x	72	BW-72 ●	58	305
	FD 1 : 1,4/24 mm L (asphärisch[7])	10	8	84°	16, A	0,30	0,12x	72	BW-72 ●	68	430
	FD 1 : 2,0/24 mm[7])	11	9	84°	22, A	0,30	0,11x	52	BW-52C ●	50,6	285
	FD 1 : 2,8/24 mm[7])	10	9	84°	22, A	0,30	0,11x	52	BW-52C ●	43	240
Weitwinkel-Objektive	FD 1 : 2,0/28 mm[7])	10	9	75°	22, A	0,30	0,13x	52	BW-52B ●	47,2	265
	FD 1 : 2,8/28 mm	7	7	75°	22, A	0,30	0,13x	52	BW-52B ●	40	170
	FD 1 : 2,0/35 mm[7])	10	8	63°	22, A	0,30	0,17x	52	BW-52A ●	46	245
	FD 1 : 2,8/35 mm	6	5	63°	22, A	0,35	0,13x	52	BW-52A ●	40	165
	TS 1 : 2,8/35 mm SSC										
	Objektiv mit Perspektivekorrektur	9	8	63°/–79°	22	0,30	0,19x	58	BW-58B ●	74,5	550
Standard-Objektive	FD 1 : 1,4/50 mm	7	6	46°	22, A	0,45	0,15x	52	BS-52 ●	41	235
	FD 1 : 1,8/50 mm	6	4	46°	22, A	0,60	0,1x	52	BS-52 ●	35	170
	FD 1 : 1,2/50 mm[7])	7	6	46°	16, A	0,50	0,13x	52	BS-52 ●	45,6	315
	FD 1 : 1,2/50 mm L (asphärisch)[7])	8	6	46°	16, A	0,50	0,13x	52	BS-52 ●	50,3	380
Tele-Objektive	FD 1 : 1,2/85 mm L (asphärisch)	8	6	28° 30′	16, A	0,90	0,116x	72	BT-72 ●	71	680
	FD 1 : 1,8/85 mm	6	4	28° 30′	22, A	0,85	0,123x	52	BT-52 ●	53,5	345
	FD 1 : 2,8/85 mm Softfocus	6	4	28° 30′	22, A	0,80	0,106x	58	BT-58	134,2	735
	FD 1 : 2,0/100 mm	6	4	24°	32, A	1,00	0,12x	52	BT-52 ●	70	445
	FD 1 : 2,8/100 mm	5	5	24°	32, A	1,00	0,12x	52	BT-52	53,4	270
	FD 1 : 2,0/135 mm	6	5	18°	32, A	1,30	0,13x	72	eingebaut	90,4	670
	FD 1 : 2,8/135 mm	6	5	18°	32, A	1,30	0,13x	52	eingebaut	78	395
	FD 1 : 3,5/135 mm	4	4	18°	32, A	1,30	0,13x	52	eingebaut	85	325
	FD 1 : 2,8/200 mm	7	6	12°	32, A	1,50[4])	0,16x	72	eingebaut	134,2	735
	FD 1 : 4,0/200 mm	7	6	12°	32, A	1,50[4])	0,15x	52	eingebaut	121,5	440
Supertele-Objektive	FD 1 : 2,8/300 mm L (Fluorit/UD-Objektiv)[5])	9	7[7])	8° 15′	32, A	3,00	0,11x	48 ●●	eingebaut	245	2300
	FD 1 : 4,0/300 mm	6	6	8° 15′	32, A	3,00[4])	0,11x	34 ●●	eingebaut	204	945

	FD 1 : 4,0/300 mm L (UD-Objektiv)[5]	7	7	8° 15′	32, A	3,00[4]	0,11x	34 ●●	eingebaut	207	1100
	FD 1 : 5,6/300 mm	6	5	8° 15′	32,A	3,00[4]	0,11x	58	eingebaut	198,5	635
	FD 1 : 2,8/400 L (UD-Objektiv)[5]	10	8	6° 10′	32, A	4,00[4]	0,115x	48 ●●	eingebaut	348	1500
	FD 1 : 4,5/400 mm[7]	6	5	6° 10′	32, A	4,00[4]	0,109x	34 ●●	eingebaut	288	1250
	FD 1 : 4,5/500 L (Fluorit/UD-Objektiv)[5]	7	6	5°	32, A	5,00[4]	0,14x	48 ●●	eingebaut	395	2900
	RL 1 : 8,0/500 mm (Spiegellinsenobjektiv)	6[2]	3[2]	5°	8	4,00	0,14x	34 ●●	eingebaut	146	705
	FD 1 : 4,5/600 mm	6	5	4,1°	32, A	8.00[4]	0,079x	48 ●●	eingebaut	462	3740
	FD 1 : 5,6/800 mm L (UD-Objektiv)[5]	7	6	3° 06′	32, A	14,00[4]	0,057x	48 ●●	eingebaut	577	4100
	FL 1 : 11,0/1200 mm SSC	7	5	2,1°	64, A	40,00	0,03x	48 ●●	eingebaut	853	6200
Zoom-Objektive	FD 1 : 3,5/24–35 mm L (asphärisch[7])	12	9	84°–63°	22, A	0,40	0,08–0,11x	72	BW-72 ●	86,6	495
	FD 1 : 3,5/28–50 mm □	10	9	75°–46°	22, A	1,00 o	0,03–0,05x	58	W-69B ●	99,5	470
	FD 1 : 3,5–4,5/28–55 mm	10	10	75°–43°	22, A	0,40 o	0,086–0,157x	52	BW-58C ●	60,9	220
	FD 1 : 2,8–3,5/35–70 mm	10	10	63°–34°	22, A	1,00 o	0,04–0,07x	58	W-69	120	545
	FD 1 : 4,0/35–70 mm □	8	8	63°–34°	22, A	0,50	0,08–0,15x	52	W-62	84,5	315
	FD 1 : 3,5–4,5/35–70 mm	9	8	63°–34°	22, A	0,50 o	0,07–0,142x	52	BW-58C ●	60,9	210
	FD 1 : 4,0/35–70 mm[8] AF □	8	8	63°–24°	22	0,94	(0,5)	52	–	84,5	604
	FD 1 : 3,5/35–105 mm	15	13	63°–23°20′	22, A	1,50 o	0,028–0,079x	72	BW-72B ●	108,4	640
	FD 1 : 3,5/50–135 mm x	16	12	48°–18°	22, A	1,50 o	0,042–0,106x	58	BS-58	125,4	720
	FD 1 : 4,5/50–300 mm L (UD-Objektiv)	16	13	46°–8′15′	32,A	2,5 m	0,144x	34 ●●	S-100	250	1945
	FD 1 : 4,5/70–150 mm x □	12	9	34°–16°20′	32,A	1,50	0,06–0,13x	52	eingebaut	132	530
	FD 1 : 4,0/70–210 mm x	12	9	34°–11°45′	32,A	1,20 o	0,08–0,23x	58	BT-58 ●	151	705
	FD 1 : 4,0/80–200 mm	15	11	30°–12°	32,A	1,00	0,12–0,29x	58	eingebaut	161	765
	FD 1 : 5,6/85–300 mm	15	11	38° 30′–18′15′	32,A	2,50	0,042–0,149x	Serie IX	eingebaut	246,8	1690
	FD 1 : 5,6/100–200 mm x □	8	5	24° –12°	32,A	2,50	0,05–,01x	52	eingebaut	167	610
	FD 1 : 5,6/100–300 mm x	14	9	24°–8° 15′	32,A	2,00	0,06–0,18x	58	BT-58 ●	207	835
	FD 1 : 5,6/150–600 mm L (UD-Objektiv) x	19	15	16° 20′–4° 10′	32,A	3 m[4]	0,07–0,26x	34 ●●	eingebaut	468	4350
Konverter	FD 1,4×A-Konverter für f = 300 mm und lg.	4	3	–	– A	–	–	–	–	34,6	210
	FD 2×A-Konverter für f = 300 mm und lg.	6	4	–	– A	–	–	–	–	35,2	210
	FD 2×B-Konverter für f = bis 300 mm	7	5	–	– A	–	–	–	–	43,9	240

□ *Auslaufmodelle*
● *FD Gegenlichtblende mit Bajonettfassung*
●● *Einlegefilter/Steckfassung*

A = *Blendenautomatiksteuerung möglich (FD-Kupplung) und Rastblende*
SSC *Hinweis auf Vergütung (Super-Spectra-Coating – Mehrschichtenvergütung) bei früheren Objetiven.*

1) *In Verbindung mit Balgengerät.* 2) *Spiegel und Linsen.* 3) *Einschließlich Anschlußring ( ). L = Zusatzcode für Spezialobjektive besonders hoher Leistung; ersetzt die bisherigen Code „Asphärisch" bzw. „Fluorit".* 4) *Innenfokussierung.* 5) *Apochromatische Korrektur.* 6) *Speziell für den Einsatz mit dem Makrolite ML-1 vorgesehen.* 7) *Mit floating elements.* x = *Schiebezoom.* 8) *Autofokus-Vario-Objektiv, AF-Funktion bis 0,94 m, manuell bis 0,5 m.* 9) *für handelsübliche Gelatinefilter.*

o *Makro-Einstellung möglich:*

	Aufnahmemaßstäbe
bei FD 3,5/28–50 mm = 0,25 m	*0,23x*
bei FD 2,8–3,5/35–70 mm = 0,30 m	*0,2x*
bei FD 3,5/35–105 mm = 0,30 m	*0,0067–0,1785x*
bei FD 3,5/50–135 mm = 0,60 m	*0,1x*
bei FD 4,0/70–210 mm = 0,44 m	*0,25x*
bei FD 3,5–4,5/28–55 mm = 0,29 m	*0,13–0,23x*
bei FD 3,5–4,5/35–70 mm = 0,39 m	*0,11–0,2x*

von der Filmebene gemessen

Die Canon Wechselobjektive – in Gruppen vorgestellt

Spezial-Makrofoto-Objektive (Lupen-Objektive)

Die Lupenobjektive sind gesondert gerechnete Spezial-Makrofoto-Objektive für größere Aufnahmemaßstäbe schon bei geringerem Objektivauszug:
Eine interessante Variante im Canon-Makrofoto-System. Die Objektive sind einsetzbar mit Balgengerät und Zwischenringen und erlauben als wesentlichen Vorteil gegenüber Normalobjektiven größere Aufnahmemaßstäbe bei gleichem künstlichen Auszug, bzw. man kann auch sagen, bei geringerem Objektiv-Auszug. Maßstäbe vergleichbar: bis 3 : 1 = AE-1 PROGRAM puls Balgengerät FL plus Normal-Objektive f = 50 mm, und 4–10 : 1 = setzt man anstelle des Normalobjektivs das Lupenobjektiv „Canon 3,5/ 20 mm" ein.
Die Lupen-Objektive werden an das Balgengerät oder die Zwischenringe über einen Adapterring mit dem Canon Spezial-Schnellwechselbajonett adaptiert. Praktisch können die Objektive damit an alle Systemteile mit Canon-Bajonett angesetzt werden. Dieser Adapterring hat innen das entsprechende Schraubgewinde für die Lupen-Objektive – 20,32 mm × 0,706 (über das sogar Mikroskop-Objektive adaptiert werden können, wenn sie dieses Gewinde haben). Der Vorteil, den diese Spezial-Objektive gegenüber Mikroskop-Objektiven haben, liegt im optischen System: man kann sie über einen nicht kleinen Blendenbereich auf- und abblenden. Fokussiert werden kann nicht über das Objektiv selbst, sondern nur über das Balgengerät oder die Vario-Zwischenringe M. (Ein Grund, der teilweise gegen die Verwendung mit Zwischenringen konstanter Länge spricht, da diese keine Einstellschnecke haben.)

Makro-Objektiv 1 : 3,5/20 mm (Lupenobjektiv)

Typ: Lupenobjektiv für Aufnahmemaßstäbe 4 bis 10 : 1 mit Balgengerät
Optischer Aufbau: 4 Linsen in 3 Gruppen
Blendenskala: 3,5–5,6–8–11–16–22, Rastblende
Blendeneinstellung: manuell
Filter-∅ 22,5 mm
Anschluß: Mikroskopanschlußgewinde 0,706 × 20,32 mm, über Adapter an Canon-Bajonett

Die beiden Canon-Lupenobjektive komplettiert mit dem Adapterring zum Übergang auf das Canon Schnellwechselbajonett. Im Bild oben der Adapterring solo.

Entfernungseinstellung: ab 16,5 mm am Balgengerät
Maße: Länge 25 mm, 32 mm ∅, Gewicht 35 g
(Optische Länge des Adapterringes 2,6 mm Maße: Länge 6,6 mm, ∅ 63 mm, Gewicht 40 g)

Makro-Objektiv 1 : 2,8/35 mm (Lupenobjektiv)

Typ: Lupenobjektiv für Aufnahmemaßstäbe 1,8 bis 5 : 1 mit Balgengerät
Optischer Aufbau: 6 Linsen in 4 Gruppen
Blendenskala: 2,8–4–5,6–8–11–22, Rastblende
Blendeneinstellung: manuell
Filter-∅: 22,5 mm
Anschluß: Mikroskopanschlußgewinde 0,706 × 20,32 mm, über Adapter an Canon-Bajonett
Entfernungseinstellung: ab 31,5 mm am Balgengerät
Maße: Länge 27,5 mm, 40 mm ∅, Gewicht 60 g
(Optische Länge des Adapterringes 2,6 mm/Maße: Länge 6,6 mm, ∅ 63 mm, Gewicht 40 g)

Stufenlos von 1:1 bis ∞ mit den Universal-FD-Makro-Objektiven

Im Canon Objektiv-Programm gibt es drei Makro-Objektive – FD 3,5/50 mm, FD 4,0/100 mm und FD 4,0/200 mm – die alle praktisch stufenlos von ∞ bis zum Maßstab 1 : 1 abbilden. Die überlangen Einstellschnecken der beiden ersten Objektive gestatten grundsätzlich bereits einen Auszug, der Maßstäbe bis 1 : 2 ermöglicht. Setzt man zusätzlich den mitgelieferten Zwischenring ein, erweitert sich der Maßstabsbereich bis 1 : 1. Das FD 4,0/200 mm schafft den Bereich von 1 : 1 bis unendlich ohne zusätzlichen Zwischenring.

Anmerkung: Interessant an dieser Stelle ist auch, daß die beiden Zwischenringe der Objektive FD 3,5/50 mm und FD 4,0/100 mm – FD 25 bzw. FD 50 – die volle Übertragung des FD-Bajonettsystems ermöglichen. Alle Blenden-Funktionen bleiben erhalten – bis hin zur automatischen Blendensteuerung.

Was – Wann – Wo

Obwohl man die Makro-FD's gleichermaßen für alle Bereiche „universell" einsetzen kann und die gleichen Maßstäbe erreicht, hat jedes der Objektive doch seine speziellen Vorzüge: Sie stützen sich auf folgende Gesetzmäßigkeiten:

- Bei gleichem Maßstab, gleicher Blende und unterschiedlichem Aufnahmeabstand ergibt sich gleiche Schärfentiefe.
- Bei gleichem Aufnahmeabstand, gleicher Blende, ergeben sich unterschiedliche Maßstäbe und unterschiedliche Schärfenbereiche.
- Die Perspektive ist bei unterschiedlichem Aufnahmeabstand verschieden.
- Der Aufnahmeabstand ist bei gleichem Maßstab kürzer beim FD 3,5/50 mm als beim FD 4,0/100 mm oder gar FD 4,0/200 mm.
- Objektive bis 50 mm Brennweite eignen sich zur Retrostellung am Balgengerät.

Zwei von drei Canon FD Makroobjektiven: FD 3,5/50 mm (links) und FD 4,0/100 mm (rechts). Das nicht abgebildete FD 4,0/200 mm bringt den Maßstab 1 : 1 schon ohne zusätzlichen Zwischenring.

Daraus ergibt sich die bessere Eignung des FD 3,5/50 mm Makro für statische Aufnahmen wie z. B. Reproduktionen mit dem Reprogerät. Das FD 4,0/100 mm oder FD 4,0/200 mm würde eine viel höhere Reprosäule erfordern, wollte man den gleichen Maßstab erreichen. Das gleiche gilt für Arbeiten mit dem Dia-Kopiergerät (ein zu langer Balgenauszug wäre erforderlich). Die kürzere Brennweite gestattet den Einsatz am Balgengerät in Retrostellung. Das FD 4,0/100 mm oder 200 mm hat Vorzüge bei Aufnahmen in freier Natur von Kleinlebewesen, z. B. scheuen Insekten, die sogenannte Fluchtdistanz ist gewahrt. Bei größerem Aufnahmeabstand kann das Objekt besser ausgeleuchtet werden. Der mögliche größere Aufnahmeabstand schafft Raum für die dynamische Freihandaufnahme. Setzt man bei den Objektiven den gleichen Aufnahmeabstand voraus und läßt den Maßstab außer acht, bietet das 100- und 200-mm-Objektiv Vorteile beim Spiel mit der Schärfentiefe, das FD 4,0/100 mm ist mit seiner Brennweite auch ein ideales Porträtobjektiv.

Die Fish-Eye Objektive

Das Fish-Eye-Objektiv (zu deutsch = Fischaugen-Objektiv) nimmt mit seinem 180°-Bildwinkel eine Sonderstellung unter den Wechselobjektiven ein. Das Sehvermögen eines Fisches – die Rundumsicht – stand Pate bei der Konzeption dieser Sonder-Optik. Hat man seine Kamera mit einem solchen extravaganten Objektiv bestückt, entgeht einem kaum das, was sich oben, unten, rechts und links vor der Frontlinse befindet. Tests ergaben, daß sogar die Krawatte des Fotografen erfaßt wird (und dieser Fotograf hatte keinen Bauch!). Damit erleben wir die Perspektive in völlig neuen Dimensionen; deren Reiz sich aber wohl kaum jemand entziehen kann.

Das Fish-Eye Objektiv war ursprünglich für die technisch-wissenschaftliche Fotografie gedacht. Das kreisrunde Bild bietet nämlich gewisse Möglichkeiten zur Vermessung von bestimmten Objektpunkten im Bild. Das bringt Vorteile bei der Himmelsfotografie sowie Gebiets- und Verkehrsplanung usw. Die „außergewöhnliche perspektivische Wiedergabe" rief allerdings ziemlich schnell die kreativsten unter den Fotografen auf den Plan – die Werbefotografen. Plakate wie „TEE-Lok der Bundesbahn" mit der perspektivisch übertriebenen Frontansicht sind uns noch gut in Erinnerung. Aber auch unzählige Hobbyfotografen erkannten inzwischen die „versteckten“ Möglichkeiten, die dieser außergewöhnliche Objektivtyp bietet. So können immer wieder bemerkenswerte Bildergebnisse in den Fach-Journalen bewundert werden. Wagen auch Sie, als stolzer Reflexkamera-Besitzer, möglichst bald einen Versuch mit diesem Objektiv-Typ. Sie werden Ihre helle Freude daran haben.

Die Superweitwinkel- und Weitwinkel-Objektive

„Ein Objektivtyp, der zu den kreativsten gehört – für die gestalterische Fotografie wie geschaffen“, so urteilen Kenner. Superweitwinkel-/Weitwinkel-Objektive weisen eine kürzere Brennweite auf als Normalobjektive. Somit erfassen sie ein sehr großes Bildfeld. Ihr Bildwinkel (z. B. 104° beim FD 4,0/17 mm) übersteigt heute bereits bei weitem die 46° eines Normalobjektivs. Die Superweitwinkel erfassen in ihrer Spitze einen Extrem-Bildwinkel ähnlich den Fischaugenobjektiven, arbeiten jedoch ohne lineare Verzeichnung. Die großen Schärfentiefebereiche dieser Objektive machen sie unentbehrlich für Schnappschüsse, Sport- und Reportage-Fotografie; für Aufnahmen von Menschenansammlungen, großflächigen Motiven sowie für Aufnahmen auf beschränktem Raum (z. B. Innenräume, enge Gassen).
Superweitwinkel- und Weitwinkelobjektive betonen die Perspektive (bis zur Übertreibung); sie lassen sich daher auch zur Erzielung besonderer Effekte einsetzen. Beachten muß man bei solchen Aufnahmen allerdings eine sehr gute Kamerahaltung. Die steile Perspektive der sehr kurzbrennweitigen Objektive, die sich bei Nahaufnahmen stark auswirkt, hat den Effekt, daß alles, was sich direkt vor der Kamera befindet, in „natürlicher Größe“ abgebildet wird und weiter entfernte Dinge verhältnismäßig stark verkleinert kommen. Verkantet man dabei die Kamera, sind nicht gewünschte Verzerrungen zu erwarten.
Canon bietet diese Objektivgruppe zur Zeit mit einer Abstufung von jeweils 10° Bildwinkel.

Das Spezialobjektiv Canon TS 2,8/35 mm mit Perspektive-Korrektur

Da dieses Objektiv auf der Liste für Spezialoptik steht, möchte ich es an dieser Stelle etwas ausführlicher vorstellen.

Das TS 1 : 2,8/35 mm gestattet die Perspektive-Korrektur nicht nur durch die Verschiebung der optischen Achse sondern auch durch Verschwenkung. Und damit sind die optischen Möglichkeiten dieses hochinteressanten Objektivs sehr vielschichtig. Man kann sie zwar beschreiben, aber erst in der Praxis voll erkennen.
Und nun etwas zur Technik: Das Objektiv läßt sich parallel zur Kamera verstellen (verschieben) und neigen bei Veränderung des Winkels Optische Achse/Filmebene. Hier möchte ich gleich einfügen, daß dieser Objektivtyp auch unter der Bezeichnung „Tilt- und Shift-Objektiv" bekannt ist. Diese Bezeichnung ist aus dem Englischen hergeleitet; denn „to shift" heißt verstellen (verschieben) und „to tilt" bedeutet neigen.
Mit Hilfe der Verstellung läßt sich das TS „dezentrieren", ohne die Rechtwinkligkeit von optischer Achse und Filmebene einzubüßen. Mit der Verschwenkung sind Verlagerungen der Schärfeebene möglich, ohne daß das Objektiv dazu besonders abgeblendet werden müßte. Im Bereich dieser Technik liegt auch die Möglichkeit, die Schärfentiefe über das normalmögliche Maß zu „reduzieren". In beiden Fällen (shift und tilt) kann im Hoch- und Querformat gearbeitet werden. Dieser Vorzug ergibt sich durch die Drehbarkeit des Objektivs um 180° in seiner optischen Achse (es sind auch Zwischeneinstellungen möglich, eine Rastung der Drehung ergibt sich je 30°). Darüber hinaus sind beide Verstellmöglichkeiten auch kombinierbar. Es kann dabei sowohl horizontal verschoben und

Fortsetzung Seite 206 ▶

Das Tilt- und Shift-Objektiv „TS 2,8/35 mm" an der Kamera. Hier zur Demonstration seitlich verschoben und nach oben verschwenkt. Die Verstellungen richten sich selbstverständlich nach den motivlichen Gegebenheiten.

Die Verschiebung des TS-Objektivs aus der optischen Achse ist für verschiedene Situationen anwendbar. So zum Beispiel zur Vermeidung stürzender Linien (obere Bildreihe). Hochverschieben gestattet die Aufnahme des vollständigen Turms ohne Verkanten der Kamera. Panoramaaufnahmen sind möglich durch Ausnutzung des gesamten Verstellbereichs links und rechts – ein Wohnraum kann aus nächster Nähe vollständiger im Bild gezeigt werden; die beiden überlappenden Bilder müssen an einer günstigen Stelle in der Mitte passend geschnitten werden.

Schematische Darstellung der Hochverschiebung des TS zur Vermeidung stürzender Linien

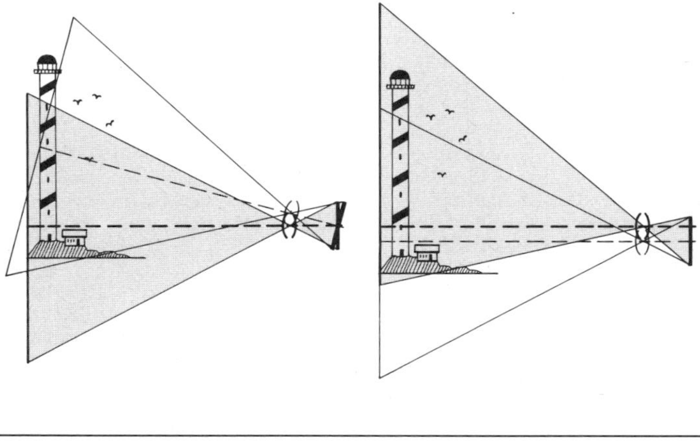

Fortsetzung von Seite 203
verschwenkt werden als auch vertikal. (Geliefert wird das Objektiv in der Position: Horizontal schieben/vertikal schwenken und drehbar umgekehrt. Durch Lockern bestimmter Schrauben ist jedoch eine Drehung der Fassung um 90° möglich.) Bei Inanspruchnahme von Verschwenkung und Verschiebung gleichzeitig ist darauf zu achten, daß der rote Bereich beider Skalen nicht benutzt wird. Dabei ergibt sich immer noch eine Verschiebungsmöglichkeit von 7 mm in beiden Richtungen.
Um dieser Technik Genüge leisten zu können, wurde das „TS" mit einem auszeichnenden Bildkreis von 58,4 mm ∅ versehen. Die Verstellbewegung funktioniert in beiden Richtungen mit 11 mm und die Verschwenkung mit je 8 mm.

Beispiele für fotografische Möglichkeiten mit dem „TS"

a) Bei Verschieben der optischen Achse (to shift):
Aufnahmen z. B. von hohen Gebäuden, aus geringer Distanz, ohne stürzende Linien bzw. perspektivische Verzerrungen. Das gleiche gilt für Aufnahmen von erhöhtem Standpunkt aus, bei denen die tiefer im Vordergrund liegenden Motivpartien ebenfalls mit erfaßt werden sollen.
„Frontal"-Aufnahmen, obwohl der Aufnahme-Standpunkt seitlich vom Objekt liegt.
Ausschaltung störender Objekte am Bildfeldrand, wenn der Aufnahmestandort nicht verändert werden kann.
Vermeidung von Reflexen und Spiegelungen.

b) Bei Verschwenken der optischen Achse (to tilt):
Verlagerungen der Schärfeebene, ohne besondere Abblendung des Objektivs. Ein z. B. im Winkel von 45° zur optischen Achse verlaufendes Motiv kann von vorn bis hinten scharf gestellt werden. Der Schärfebereich erscheint gedehnt.
Perspektive-Aufnahmen in der Architektur werden vom Vordergrund bis zum Hintergrund scharf gezeichnet.
Künstliche Verringerung der Schärfentiefe über das mögliche Maß der vollen Aufblendung hinaus; um ein Motiv völlig aus seiner Umgebung herauszulösen.

c) Bei Verschwenken und Verschieben kombiniert; Verlagerung der Schärfe auf die ganze Fläche und Aufhebung der perspektivischen Verzeichnung bei Aufnahme von dreidimensionalen Objekten – beispielsweise eine Truhe von schräg oben über die Vorderkante aufgenommen.

Achtung!

Die Blendenautomatiksteuerung entfällt weil das TS keine entsprechende Funktion aufweist. Aber auch die manuelle Arbeitsblendenmessung erfordert Testaufnahmen. Durch die Verschiebung des Objektivs wird auch eine Verschiebung des Meßstrahls verursacht. Es kann zu Abweichungen bis zu einer Blendenstufe gegenüber normal kommen. Aus diesem Grund ist es nicht ratsam, den vollen Verstellbereich in jedem Fall unbedingt zu nutzen.

Die Verschwenkung des TS gestattet die Verlagerung der Schärfe-Ebene auf diagonal in die Tiefe verlaufende Bildteile ohne besondere Abblendung. Die beiden Schemazeichnungen zeigen die Wirkung in geometrischer Darstellung. Die Schärfenzone liegt korrekt, wenn sich die Ebenen „Motiv – Objektiv – Film" in der verlängerten Linie in einem Punkt schneiden. Die Abbildung oben rechts macht deutlich, wie durch Gegenschwenk ein Einzelsektor auch gezielt herausgehoben werden kann – selektierte Schärfentiefebestimmung.

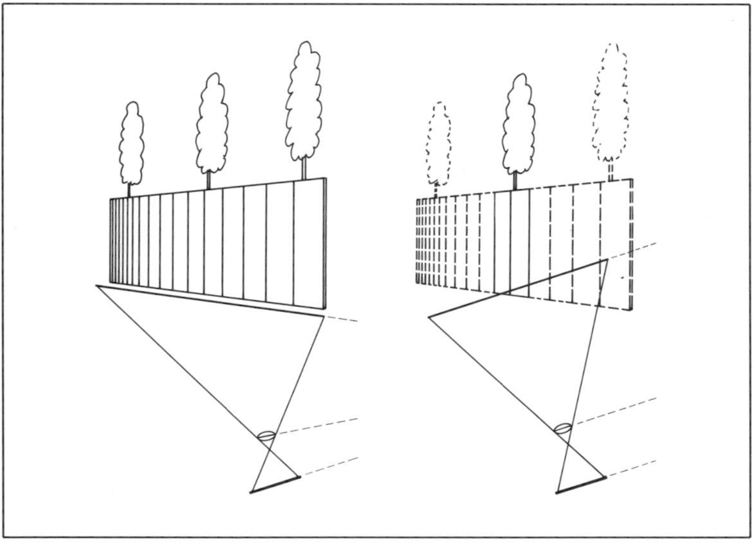

Die Normal- oder Standardobjektive

Eigentlich sollte dieser Objektivtyp mit „Universalobjektiv" bezeichnet werden; denn diese Objektive sind sehr vielseitig. Sie sind dabei, wenn es gilt, Aufgabenstellungen im Bereich der „allgemeinen Fotografie" zu lösen. Normalobjektive geben alle Motive in augenrichtiger Perspektive wieder, wenn sie im Mittel- und Fernbereich eingesetzt werden. Sie gehören deshalb zu den meist benutzten Objektiven. Aufgrund ihrer meist hohen Lichtstärke eignen sie sich neben Schnappschüssen aller Art, Landschaftsaufnahmen, ebenso hervorragend für Aufnahmen unter ungünstigen Lichtverhältnissen. Normalobjektive haben die Brennweite von 50 (und 55 mm – nicht mehr im Lieferprogramm) und erfassen einen Bildwinkel von 43° (bzw. 46°).
Obschon sich alle Normalobjektive auch für Aufnahmen mit kurzen Einstellentfernungen – wie z. B. Reproduktionen, Makroaufnahmen – eignen, wurde das Makro-Objektiv FD 1 : 3,5/50 mm speziell für diesen Zweck gerechnet. (Siehe Seite 198).

Die Teleobjektive

Wenn wir die Vorsilbe „Tele" aus dem Griechischen ins Deutsche übersetzen, haben wir die Eigenschaft dieser Objektivgruppe schon erfaßt. Tele heißt nämlich „Fern". Und Teleobjektive schlagen Brücken über größere Entfernungen, zwischen nah und fern. Doch nicht nur das. In der Gruppe der Teleobjektive finden wir recht unterschiedliche Teilgruppen. Es gibt da die „kurze Tele" genannten Objektive mit Brennweiten von 85 bis 150 mm, die Teleobjektive bis 300 mm und schließlich die Supertele mit Brennweiten von 400 bis 1200 mm – die bei Canon auch Fernobjektive genannt werden. Der Bildwinkel von Teleobjektiven ist schmaler als bei Normalobjektiven und liegt bei Canon-Objektiven im Bereich von ca. 29° bis 2,1° (beim Supertele 1200 mm). Welche Brennweite und damit welchen Bildwinkel man einsetzt, hängt ganz vom persönlichen Geschmack, den Umständen bzw. Aufnahmesituationen ab; davon, was man letztlich im Bild festhalten möchte. Fest steht folgendes: Teleobjektive zeigen formatfüllend das, worauf es ankommt, sie holen ferne Details näher heran – mal mehr oder mal weniger, je nach Brennweite.
Sie eignen sich vorzüglich für die Sport- und Reportagefotografie, für Aufnahmen von schwer zugänglichen Dingen. Wegen ihrer na-

türlichen Perspektive werden die „kurzen“ Teleobjektive bevorzugt in der Porträt- und Industrie-Fotografie eingesetzt. Man kann mit den Teleobjektiven aber auch bewußt gestalten, die selektive Schärfe einsetzen.
Canon Teleobjektive zeichnen sich durch besondere Konstruktion aus, was ihrem Gewicht und ihrer Handlichkeit zugute kommt. Hier sind vornehmlich die Objektive mit echter Innenfokussierung zu nennen, bei denen die Länge des Objektivs nicht verändert wird und keine Gewichtsverlagerung stattfindet.

Die Zoom- oder Vario-Objektive

Das sind die Objektive mit den vielen, vielen Brennweiten. Das heißt, während man im Normalfall Wechselobjektive in der Brennweitenabstufung von z. B. 28, 35, 50, 85, 100, 135, 200, 300 mm erhält, sind in einem Zoom-Objektiv z. B. 28–50 mm oder 85–300 mm „unzählige“ Brennweiten enthalten und stufenlos einstellbar. In der fotografischen Praxis gibt es oftmals schnell wechselnde Situationen, die häufigen und schnellen Objektivwechsel erforderlich machen. Nehmen wir dafür folgende Beispiele: Man kann den Aufnahmestandort nicht verändern, die Motive sollen aus einer anderen Perspektive aufgenommen werden, man möchte mehr oder weniger Schärfentiefe (z. B. betonte Unschärfe des Hintergrundes), gewünscht ist die Betonung eines Details oder der Perspektive usw. Und dabei gibt es wiederum Situationen, in denen selbst der schnellste Objektivwechsel zu spät kommt (obwohl Canon-Wechselobjektive sämtlich mit dem verschleißfreien Spezial-Schnellwechsel-Bajonett ausgestattet sind). Ein Zoom-(Vario)Objektiv mit seiner kontinuierlich veränderlichen Brennweite bringt hier eine sehr wesentliche Arbeitserleichterung. Interessant sind auch Aufnahmen mit Zoomeffekt. Der Brennweitenbereich des Objektivs wird während der Belichtung von einem Ende bis zum anderen verstellt. Dies muß selbstverständlich schnell gehen und ist bei relativ kurzen Verschlußzeiten kaum durchführbar. Überhaupt erfordert dieses Verfahren einige Übung; aber es lohnt sich.

Erstes Canon Autofocus-Objektiv „FD 4,0/35–70 mm AF“

Diese das Canon Reflexkamerasystem revolutionierende Neuheit wurde bereits auf der photokina ’80 vorgestellt und ist jetzt in der gezeigten Form überraschend lieferbar. Bezogen auf die optische Konstruktion ist dieses Vario-Objektiv mit dem bekannten normalen FD 4,0/35–70 mm identisch. Der Bajonettanschluß entspricht demjeni-

gen der neuen FD-Serie. Man kann sagen, daß die Autofocus-Steuereinheit um das Grundobjektiv herumgebaut wurde. Die AF-Steuereinheit ist ausschließlich Teil des Objektivs, ein Kontakt mit der Kamera besteht diesbezüglich nicht.
Die automatische Scharfeinstellung erfolgt nicht zwangsläufig, sondern bedarf in jedem Fall eines Drucks auf die spezielle Autofocus-Taste. Daraus resultiert ein Vorteil, der ganz im Sinne der Reflexfotografie ist: Individualität – es kann auch selektiert gemessen werden und die manuelle Steuerung über den Reflexsucher der Kamera funktioniert wie üblich. Eine optische Anzeige der AF-Funktion erfolgt nicht; dafür ertönt aber nach Beendigung bzw. erfolgter Scharfeinstellung ein akustisches Signal (Piepton), das die Konzentration auf irgendwelche Anzeigen erspart – ganz im Sinne der Kreativität. Das Akustiksignal ist übrigens auch abschaltbar. Wer will, kann das Autofocus-Ergebnis über den Mikroprismenteil der Suchereinstellscheibe kontrollieren.

Anmerkung:

Eine akustische Anzeige (Funktionsmeldung) erfolgt nicht, wenn der Reflexionsbereich (unter Lichtwert 3,5 bzw. über Lichtwert 17) nicht eingehalten wird, die Einstellentfernung unter 1 m liegt oder die zu gleichförmige Motivstruktur die AF-Steuerung irritiert. Hier wirkt sich der Vorteil, die Scharfeinstellung manuell steuern zu können, günstig aus.
Bereich der AF-Funktion von 0,94 m bis ∞ (manuell ab 0,5 m – ist nicht auf der Skala vermerkt). Das Objektiv hat keine Schärfebereichskala und keinen Infrarot-Index.
Etwas zum Steuersystem: Steuerung nach dem SST-(Solid-State-Triangulation) System – Dreiecksmessung mit Festkörper-Meßsystem – Bildabstandsmessung über Sensor, der in 45° zu den Formatseiten des Filmbildes plaziert ist und daher sowohl bei Quer- als auch Hochformataufnahmen präzise Messungen liefert. (Das SST-System hat sich bereits in der Canon Super 8-Filmkamera AF 514 XL-S bewährt).
Für die automatisch-motorische Scharfeinstellung wird der Batteriestrom von 2 Mignonzellen (Typ AA) à 1,5 V benötigt. Batterieprüfung per Druckknopf – LED-Anzeige grün = Spannung o. k., Anzeige rot = Batterien müssen gewechselt werden. Erfolgt keine Anzeige, heißt das kein Batteriekontakt. Maße: 95,5 (H) × 85 (T) × 84,5 (L) mm. (bei erfolgtem Objektivansatz ergibt sich ein Außenformat 100 (H) × 100 (T) mm. Gewicht: 604 g (ohne Batterien). Gehäuse silbergrau, mit schwarz eingelegten Autofocus-Meßfenstern.

Tele-Konverter für Canon FD-Objektive

Die Funktion des Tele-Konverters ist bekanntlich die Brennweitenverlängerung des Grundobjektivs. Was bringt demnach so ein Tele-Konverter für Vorteile?
Man kann sich mit diesem preiswerten optischen Spezialzubehör „indirekt“ seinen Objektivbesitz verdoppeln, die gewünschte Brennweitenbrücke anders, wirtschaftlicher, gestalten. Je nach Brennweite und Objektivbauweise wirkt sich mit zunehmender langer Brennweite auch der platzsparende Effekt immer mehr aus. (Vergleichen Sie einmal einen Tele-Konverter mit einem FD 4,5/500 mm L.) Jeder Fotograf hat den Wunsch möglichst lichtstarke Ob-

Interessante Kombination:
AE-1 PROGRAM in Position Programmautomatiksteuerung plus FD 4,0/35–70 mm AF plus Winder A2: Für Totalautomatik über nur zwei Handgriffe: a) Druck auf die Autofocus-Taste und anschließend b) Druck auf den Kameraauslöser.

jektive zu besitzen, um bei allen Lichtverhältnissen bereit sein zu können. Die Lichtriesen sind jedoch logischerweise nicht die billigsten Objektive. Andererseits sind sie die eigentliche Voraussetzung für den Einsatz mit dem Tele-Konverter, als Ausgleich für den einzigen den Konvertern anhaftenden Nachteil – die Lichtstärkenminderung des Grundobjektivs. Die ist aber logischerweise nicht zu ändern. Immerhin packen Sie Ihrem Objektiv durch den Konverter einen schönen Batzen zusätzlicher Linsen einfach so hinten dran, innerhalb eines separaten Tubus, und das schluckt Licht. Darauf ist Ihr Objektiv aber nicht eingerichtet.
Beziehen wir an dieser Stelle den möglichen Einsatz des erstklassigen höchstempfindlichen Filmmaterials in unsere Überlegungen mit ein, so ergibt sich mit folgendem Kompromiß meines Erachtens eine Ideallösung (ein vielfach abwandelbares Beispiel):
Mit FD 2,0/35 mm, FD 1,4/50 mm, FD 2,0/135 mm, FD 2,8/200 mm und Tele-Konverter FD 2×-B haben Sie ein effektives Objektiv-

Sortiment mit 8 verschiedenen Brennweiten zur Verfügung; bei obiger Reihenfolge können Sie sich zusätzlich ein FD 4,0/70 mm, FD 2,8/100 mm, FD 4,0/270 mm und FD 5,6/400 mm kombinieren.
Es ist Ihnen sicher bereits aufgefallen, daß die so entstandenen „neuen" Objektive um zwei Blendenstufen lichtschwächer sind als die Grundobjektive. Dies ergibt sich bei Einsatz eines 2fach-Telekonverters, wie der FD 2×-B auch einer ist. Canon bietet auch einen Telekonverter an, der die Lichtstärke nur um eine Blendenstufe mindert. Der Typ B gilt für den Brennweitenbereich von 7,5 mm bis einschließlich 200 mm. Hier sind durchweg lichtstarke Objektive anzutreffen, die einen Lichtstärkeverlust von zwei Blendenstufen relativ gut verkraften. Ganz anders ist das beim Brennweitenbereich ab 300 mm und länger; in dem nur ganz vereinzelt „Lichtriesen" zu finden sind. Es gibt für diesen Brennweitenbereich zwei Tele-Konverter des Typs A: zusätzlich zum bisherigen 2fach-Konverter hat Canon einen 1,4fach-Konverter auf den Markt gebracht. Der Grund war, dem speziell bei den langen „Tüten" konstruktiv bedingten Lichtstärke„mangel" etwas entgegenzusetzen. Die Lichtstärke des Grundobjektivs wird damit nur um eine Blendenstufe verringert, die Brennweite allerdings auch nur um den Faktor 1,4× verlängert – aus 300 mm werden 420 mm Brennweite. Die geringere Brennweitenverlängerung wirkt sich jedoch in diesem Bereich weniger auffällig aus als zwei Blendenstufen Lichtstärkeminderung sich nachteilig bemerkbar machen.
Die Tele-Konverter werden zwischen Kameragehäuse und Objektiv gesetzt – mit ihrem doppelseitigen Canon-Schnellwechselbajonett leicht und schnell zu handhaben. Das Bajonett überträgt voll die gesamte Blendenmechanik und Blendenautomatiksteuerung sowie die Lichtstärkeneingabe (deshalb FD-Typen). Damit kann auch plus Tele-Konverter die Blendenautomatik bei Offenblendemessung eingesetzt werden.
Die Canon Tele-Konverter sind von bester optischer Qualität und dadurch bleibt das Gleichgewicht in der Farbwiedergabe und die hohe Auflösung und Kontrastübertragung über das gesamte Bildfeld – wie objektivseitig gegeben – voll erhalten. Dies wird noch unterstrichen durch die Erweiterung des Canon Tele-Konverter-Programms und die konstruktive Zuordnung der einzelnen Konverter zu bestimmten Brennweitengruppen, für optimale Ausnutzung der Leistung. Der Tele-Konverter FD 2×-B ist, wie bereits gesagt,

für Brennweiten von 7,5 mm bis einschließlich 200-mm gerechnet; die Konverter FD 2×-A und FD 1,4×-A für Brennweiten ab 300 mm und länger. Beim FD 2×-A müßte man korrekterweise sagen „eingeteilt“, denn dieser Tele-Konverter ist nicht neu und vielen bekannt als Konverter für Brennweiten 100 mm und länger. Dies ist auch grundsätzlich in Zukunft nicht ausgeschlossen, eine Überlappung nach unten ist möglich (wie bei den Gängen beim Schaltgetriebe eines PKWs). Der B-Konverter bringt halt in dem Bereich die noch bessere Leistung, und es spricht nicht gegen Canon, eine Einteilung zu ändern, wenn sie noch präziser sein kann.
Interessant ist auch die Überlegung, daß der Einsatz des Tele-Konverters maßstabsverdoppelnd wirkt, wenn man den Aufnahmeabstand laut Skala des Grundobjektivs nicht verändert.

Anmerkung:
Nicht nur aus Gründen der zu starken Lichtstärkenminderung verbietet sich ein gleichzeitiger Einsatz von zwei Tele-Konvertern, sondern auch deshalb, weil die Springblendenmechanik nur mit einem Konverter präzise funktioniert. Damit die Funktionsübertragung 100%ig klappt spannen Sie vor der Kupplung des Konverters den Verschluß.

Die Tele-Konverter im einzelnen

Blendensteuerung: Automatisch, sämtliche Blendenfunktionen für Offenblendemessung und automatische Blendensteuerung werden übertragen (FD-Kupplung). Automatische Berücksichtigung des Verlängerungsfaktors auch bei Blendenautomatik und Programmautomatik.

Der Canon Tele-Konverter FD 1,4×-A. Er ist für den Brennweitenbereich ab 300 mm und länger gedacht (Zoomobjektive die diese Brennweite enthalten können allerdings nicht damit eingesetzt werden). Der FD 1,4×-A vermindert die Lichtstärke des Grundobjektivs um nur eine Blendenstufe und verlängert die Brennweite um das 1,4fache.

Die Tele-Konverter FD 2×-A und FD 2×-B. Bezüglich der Leistung besteht kein Unterschied: Beide Konverter vermindern die Grundlichtstärke um 2 Blendenstufen und verlängern die Brennweite des Objektivs um das Zweifache. Der Typ B ist für den Brennweitenbereich ab 7,5 mm bis einschl. 200 mm und der Typ A für den Bereich ab 300 mm gedacht. Beide Konverter schließen auch die Zoomobjektive mit den entsprechenden Brennweiten mit ein.

1,4fach-Telekonverter „FD 1,4×-A"

Typ: Brennweitenverlängerung 1,4fach bei Lichtstärkenminderung um 1 Blendenstufe. Beispiel: Kupplung mit FD-Objektiv 4,0/300 mm ergibt ein Objektiv 5,6/ 420 mm.
Optischer Aufbau: 4 Linsen in 3 Gliedern.
Sonstiges: Optimal geeignet für die Kombination mit allen Objektiven ab 300 mm Brennweite und länger. (Ausnahme FD 4,0/300 mm L.). Für Zoomobjektive, die diesen Brennweitenbereich enthalten, ist dieser Konverter nicht vorgesehen.
Maße: Länge 34,6 mm, Durchmesser 64 mm, Gewicht 210 g.

2fach-Telekonverter „FD 2×-A"

Typ: Brennweitenverlängerung zweifach bei Lichtstärkenminderung um 2 Blendenstufen. Beispiel: Kupplung Konverter mit FD-Objektiv 5,6/800 mm ergibt ein Objektiv 11,0/1600 mm.
Optischer Aufbau: 6 Linsen in 4 Gliedern.
Sonstiges: Optimal geeignet für die Kombination mit allen Objektiven mit Brennweite ab 300 mm und länger. (Ausnahme FD 2,8/300 mm L.) Geeignet auch für Zoomobjektive, die diesen Brennweitenbereich enthalten.
Maße: Länge 35,2 mm, Durchmesser 64 mm, Gewicht 210 g.

2fach-Telekonverter „FD 2×-B"

Typ: Brennweitenverlängerung 2fach bei Lichtstärkenminderung um zwei Blendenstufen.

Beispiel: Kupplung mit FD-Objektiv 2,8/24 mm ergibt ein Objektiv 5,6/48 mm.
Optischer Aufbau: 7 Linsen in 5 Gliedern.
Sonstiges: Optimal geeignet für die Kombination mit allen Objektiven ab 200 mm Brennweite und kürzer – bis zum Fish-eye 5,6/7,5 mm. (Ausnahme FD 1,4/24 mm L, TS 2,8/35 mm.) Geeignet auch für die Zoomobjektive, die den Brennweitenbereich beinhalten. (Ausnahme FD 5,6/100–300 mm und FD 4,5/85–300 mm.) Verwendbar auch für FD 2,8/300 mm L.
Maße: Länge 43,9 mm, Durchmesser 64 mm, Gewicht 240 g.

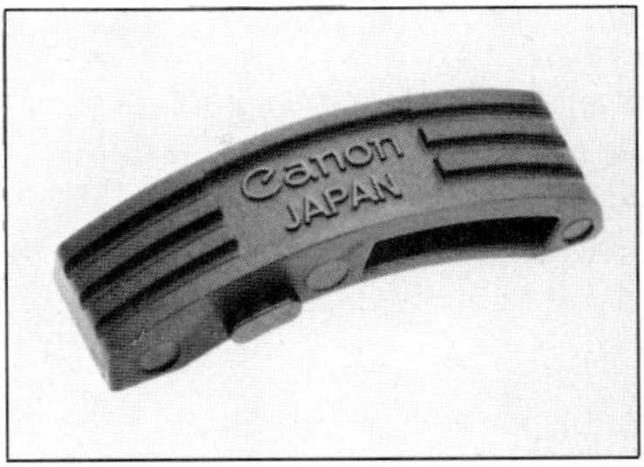

Springblendenhebel-Verriegelung für neue FD-Objektive

(Manuell Diaphragm Adapter)

Dieser Kunststoff-Adapter gestattet die Verriegelung des Springblendenhebels auch an den neuen FD-Objektiven der Bauserie ab Mitte 1979. (Bei den FDs der früheren Bauserie und weiterhin auch bei den FD Makro-Objektiven 3,5/50 mm bzw. 4,0/100 mm und 4,0/200 mm, kann der Springblendenhebel ohne besonderes Zubehör von Hand nach rechts verriegelt [eingerastet] werden). Die Verriegelung des Springblendenhebels ermöglicht die manuelle Arbeitsblendeneinstellung für Arbeitsblendenmessung bei Verwendung von auszugsverlängerndem Zubehör ohne Blendenfunktionsübertragung, wie z. B. Zwischenringe und Balgengerät Typ M; ebenso bei Retrostellung des Objektivs. Bei Einsatz nach dieser Methode ist kein „Makro-Auto-Ring" oder „Automatik-Balgengerät" plus Doppeldrahtauslöser erforderlich (siehe Seite 231). Andererseits machen letztgenannte System-Zubehörteile die oben erwähnte Verriegelung überflüssig.

Die Aufnahmefilter und ihre Verwendung

Wir unterscheiden allgemein zwei Hauptgruppen: Filter für die Schwarzweiß-Fotografie und solche für die Color-Fotografie. Innerhalb dieser Gruppen sind aber auch Filter zu finden, die sowohl für den einen als auch den anderen Aufnahmebereich zum Einsatz kommen. Unter anderen das UV-, Polarisations- und Graufilter.
Es gibt Korrekturfilter zum Ausgleich bestimmter Farben oder Grautöne zur tonwertrichtigen Wiedergabe; Kontrastfilter zur Kon-

traststeigerung; Effektfilter, mit denen Grauwerte und Kontraste übersteigert werden können; Sperrfilter beseitigen ultraviolette und infrarote Strahlungseinflüsse oder werden zur Lichtminderung eingesetzt. Konversionsfilter verändern die Farbtemperatur des Lichtes und werden bei der Colorfotografie benötigt.

Filter sind meistens in mehreren Dichten (Durchlässigkeitsstufen) erhältlich. Die Wirkung ist um so intensiver, je dichter das Filter ist. Die Dichte der Filter ist wichtig. Hellere Filter lassen noch etwas von allem durch. (Wir wollen ja auch keine generellen Farbauszüge machen.) Mit einigen Ausnahmen schlucken Filter Licht; das heißt, bei der Belichtung muß ein, je nach Filter unterschiedlicher, Verlängerungsfaktor einkalkuliert werden. Diesen Faktor können Sie aber bei Ihrer AE-1 PROGRAM mit Innenmessung vergessen. Das TTL-Belichtungsverfahren berücksichtigt automatisch auch die Lichtreduzierung durch das Filter.

Auch Canon bietet eine Auswahl von hochwertigen Glasfiltern in Metallschraubfassungen und mit verschiedenen Gewinde-Durchmessern, beziehungsweise Filterhalterungen für alle Objektivtypen. Die optische Leistung der Objektive wird damit nicht merklich herabgesetzt!

Eine Auswahl der Canon Aufnahmefilter. Hier das CCA 4 und CCB 8 Konversionsfilter, das Skylightfilter, sowie das Orange-, Rot- und mittlere Gelbfilter; alle für Gewinde-∅ 52 mm. Canon Filter gibt es darüberhinaus auch für alle anderen im Reflexsystem vorkommenden Filtergewinde-∅.

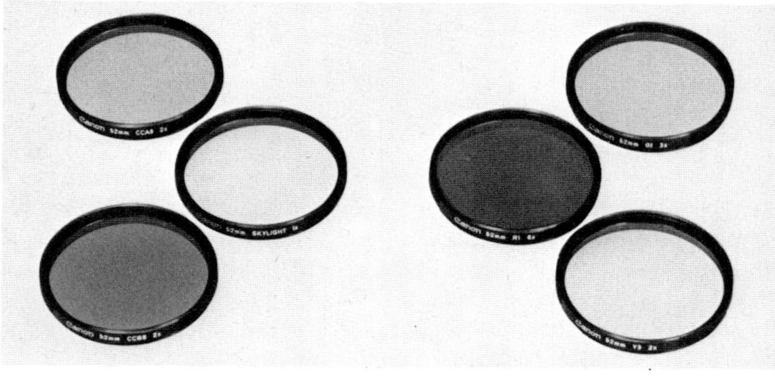

1. Die Filter für Schwarzweißaufnahmen

Die fotografische Schicht des Schwarzweißfilms gibt Farben in Grautönen wieder; das heißt, es kann sein, daß Farben, die unser Auge in verschiedenen Helligkeitsstufen sieht, von der fotografischen Schicht in gleichen Helligkeitswerten wiedergegeben werden. Damit man nun in diesen Fällen gute Kontraste erzielen kann, benutzt man Korrektur-Filter (siehe Tabelle Seite 219).
An dieser Stelle möchte ich die Vorstellung der Aufnahmefilter kurz unterbrechen und zum besseren Verständnis der Filtertechnik etwas über das Tageslicht, über Spektral- und Komplementärfarben sagen.
Da ist also zunächst das alles beherrschende weiße Licht, das nur dem menschlichen Auge weiß erscheint. In Wirklichkeit besteht unser Licht aus einem ganzen Farbenspektrum – ultraviolett, blau, grün, gelb, orange, rot und purpur, mit allen Zwischentönen – das mit einem Prisma sichtbar gemacht werden kann; bzw. jedem Hobbyfotografen irgendwann schon einmal sichtbar im Regenbogen geworden ist. Der Regenbogen entsteht ja auch durch die Lichtbrechung der Sonnenstrahlen in den Regentropfen, die wie unzählige kleine Prismen wirken. Mischt man diese Lichtfarben wieder zusammen, ergeben sie wieder weißes Licht.
In diesem Zusammenhang (mit den Spektralfarben bzw. der Farblehre generell) tauchen nun Begriffe wie Grundfarben und Komplementärfarben auf. Was sind Komplementärfarben und was sind Grundfarben? Letztere sind zunächst alle Farben des Spektrums. Zur Vereinfachung werden meist nur drei genannt: Gelb, Rot und Blau. Komplementärfarben sind Ergänzungsfarben.
Hier muß eingeschoben werden, daß bei der Farbmischung die subtraktive und additive Methode zu unterscheiden ist. Die additive Mischung der Lichtfarben ergibt weißes Licht, während die subtraktive Methode theoretisch Schwarz ergibt (die Methode, mit der die Filterung bei der Foto-Aufnahme zu vergleichen ist).
Gehen wir nun auf die Begriffe Grundfarbe und Komplementärfarbe wieder zurück, so bedeutet das folgendes: Weißes Licht oder Schwarz entsteht durch mischen einer Grundfarbe mit einer Komplementärfarbe, welche die restliche(n) Farbe(n) enthält, die zum Ergebnis Weiß oder Schwarz führen. Ich möchte dies anhand der folgenden Tabellen verdeutlichen:

Tabelle 1: Grund- und Komplementärfarben (Ergänzungsfarben) bei der subtraktiven Farbmischung*

Grundfarbe	*Komplementärfarbe (Ergänzungsfarbe)*
Gelb	*Violett (Blau und Rot beinhaltend)*
Rot	*Grün (Blau und Gelb beinhaltend)*
Blau	*Orange (Gelb und Rot beinhaltend)*
Orange	*Blau*
Grün	*Rot*
Violett	*Gelb*

* *Die bekannten Nuancen „Cyan und Purpur" wurden der Vereinfachung halber nicht mit aufgeführt.*

Tabelle 2: Grund- und Komplementärfarben (Ergänzungsfarben) bei der additiven Farbmischung

Grundfarbe	*Komplementärfarbe (Ergänzungsfarbe)*
Blau	*Gelb (Rot und Grün beinhaltend)*
Grün	*Purpur (Rot und Blau beinhaltend)*
Rot	*Cyan (Blau und Grün beinhaltend)*
Gelb	*Blau (Cyan und Purpur beinhaltend)*
Purpur	*Grün (Gelb und Cyan beinhaltend)*
Cyan	*Rot (Gelb und Purpur beinhaltend)*

Bei der additiven Farbmischung liest sich das ganze etwas schwerer aufgrund der veränderten Komplementärfarben. Es ist jedoch so zu verstehen: z. B. Grundfarbe Rot enthält bereits die Farben Purpur und Gelb, als Komplementärfarbe kommt Cyan hinzu, das seinerseits bereits Blau und Grün enthält. Damit schließt sich der Farbkreis wieder.

Anmerkung:

Grundfarbe und Komplementärfarbe (Ergänzungsfarbe) sind Farbenpaare, die bei ihrer Mischung nach der additiven Methode Weiß bzw. nach der subtraktiven Methode Schwarz ergeben.

Die Aufnahmefilter haben die Eigenschaft, das Licht ihrer eigenen Farbe durchzulassen und das Licht der Komplementärfarben zu absorbieren (zu schlucken). Man kann diese nach dem vorher Gesagten auch so formulieren: ein Aufnahmefilter subtrahiert seine eigene Farbe von den übrigen Lichtfarben und läßt die übrigen weniger oder nicht zur Wirkung kommen. Zum Beispiel: ein Gelbfilter läßt Gelb ungehindert passieren und sperrt Blau und Purpur sowie einen großen Teil des Cyans – den Blauanteil betreffend – Cyan enthält auch Grün, dieses wiederum Gelb. Damit wird an dieser Stelle auch klar, daß die Lichtstrahlen der Komplementärfarbe bzw. der Lichtfarben, die von der Filterfarbe abweichen, nicht generell absorbiert werden. Ein Gelbfilter sperrt nicht den Anteil Gelb im Rot bzw. Grün. Ein Grünfilter sperrt die Lichtfarben Purpur und Blau, jedoch nicht den Anteil Grün beim Gelb und Cyan, und nicht den gelben Anteil im Rot. Ein Rotfilter läßt logischerweise die Lichtfarbe Rot – Gelb und Purpur – (Anteile im Orange, Purpur und Gelb) passieren, sperrt Cyan und Grün, und läßt aber auch den Anteil Purpur im Blau durch.

Filter für Schwarzweißaufnahmen (Übersicht Canon)

Filtertyp	Verlängerungsfaktor*	Blende öffnen um ... Stufen*	Filtereffekte
Y 1 (hellgelb)	1.5 ×	$^1/_2$	Es läßt Blau dunkler und Gelb heller erscheinen und verhilft zu besserer Trennung von Himmelsblau und Wolken.
Y 3 (gelb)	2 ×	1	Mit ähnlicher Wirkung wie Y 1, aber mit stärkerer Kontrastwiedergabe.
G 1 (hellgrün)	3 ×	1–$^1/_2$	Rot wird gedämpft, Grün leuchtender wiedergegeben (Landschafts-, Pflanzenfotografie).
O 1 (orange)	3 ×	1–$^1/_2$	Erheblich verstärkte Wirkung gegenüber Gelbfiltern, Gewitterstimmung in Landschaftsfotos, beste Farbtrennung bei Verwendung von „Falschfarbenfilm“.
R 1 (rot)	6 ×	2–1$^1/_2$	Nahezu schwarze Wiedergabe blauen Himmels und weiße Wiedergabe von Rot, Herstellung „falscher“ Nachtaufnahmen, Verwendung bei SW- und Color-Infrarotfilmen.

* *Entfällt bei der AE-1 PROGRAM mit Innenmessung, wird automatisch berücksichtigt!*

Grafik der Filterwirkung auf die Spektralfarben

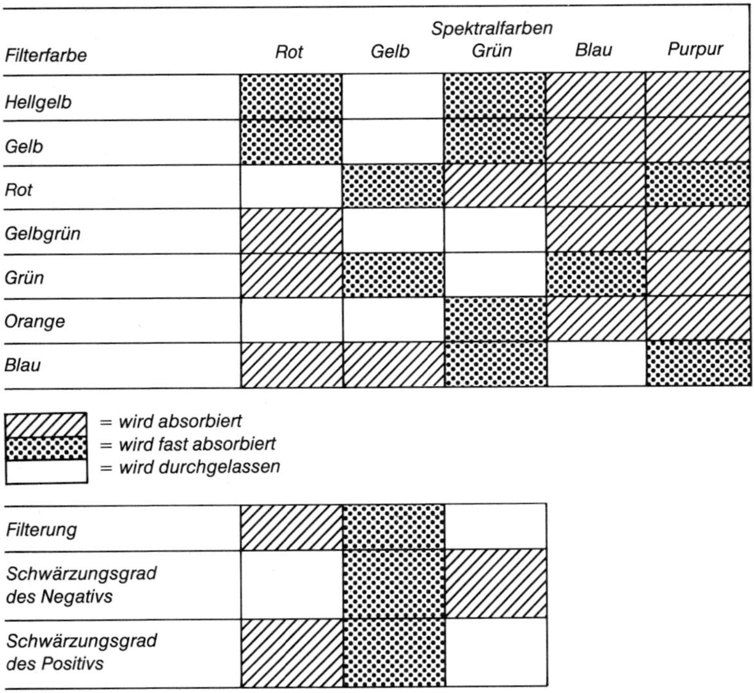

Diese Grafik zeigt in etwas einfacherer Form die Wirkung eines Aufnahmefilters auf die verschiedenen Spektralfarben – welche durchgelassen, fast oder ganz absorbiert werden.

Merksatz:

Filter wirken sich am besten bei knapperer Belichtung aus. Belichtet man zu reichlich, wird die Filterwirkung abgeschwächt und tritt evtl. gar nicht in Erscheinung.

Anmerkung:

Arbeiten Sie viel mit Filtern, denken Sie an eine evtl. Anpassung der Filmempfindlichkeit an die veränderten Lichtverhältnisse. Je nach Filterstärke und dabei schlechten Lichtverhältnissen kommen Sie schnell in heikle Situationen. Selbst der längere Verschlußzeitenbereich bis 2 Sek. ist nicht in jedem Fall der Retter –, wenn es z. B. um Aufnahmen von bewegten Objekten geht!

Auf diese Erkenntnisse und Tatsachen stützt sich im Prinzip die gesamte Filtertechnik. Ob bei Schwarzweiß- oder Coloraufnahmen – in jedem Fall soll ja auf irgendeine Weise der farbige Anteil des Lichtes beeinflußt werden. Sei es zur Verbesserung der Grauton-Trennung im S/W-Negativ oder zur Beeinflussung der Farbtemperatur bei Color-Dia-Aufnahmen. Die unterschiedliche Farbtemperatur bedeutet eine Veränderung des farbigen Lichtes durch unterschiedlichen Sonnenstand, Wolkenbildung, Nebel usw. – erhöhten Blau- bzw. Rotanteil, dem durch entsprechende Filter entgegengesteuert werden soll. Selbst die bewußte Farbverfälschung bei Coloraufnahmen durch sogenannte Popfilter (farbige Filter) basiert auf der Erkenntnis, daß Filter ihre Eigenfarbe durchlassen und die übrigen Farben sperren – wie sonst käme es zum Übergewicht von z. B. Rot (Farbstich) im Colorfoto, wenn ein Rotfilter vorgeschaltet war.
Nehmen wir nun das bekannte Beispiel „Himmel mit Wolken", wird uns schnell klar, warum ein blauer Sommerhimmel mit weißen Wolken durch ein Gelbfilter besser wiedergegeben wird: Blau kommt dunkler, Gelb (Weiß) heller!

Beispiel für den Einsatz eines Gelb- und Grünfilters bei Schwarzweiß-Aufnahmen. Abb. rechts mit Grünfilter, Abb. links mit Gelbfilter. Der Hintergrund ist blau, die Schrift gelb, der Stuhl grün, die Jacke oben rot, unten blau usw.

Beziehen wir dies auf ein Negativ bei der Schwarzweiß-Fotografie, sieht das so aus: Das Negativ ist in den Wolkenpartien stärker gedeckt (mehr geschwärzt) durch mehr Lichtintensität; dagegen in den Himmelpartien schwächer gedeckt, weil das Filter die Blaustrahlung zurückhält. Im Positiv ist's dann genau umgekehrt.

Merksatz: *(auf das Positiv bezogen)*
Filter hellen ihre Eigenfarbe auf und dunkeln ihre Gegenfarbe ab.

2. Filter für Coloraufnahmen

Damit sind in erster Linie die **Konversionsfilter** (Farbkorrekturfilter) gemeint. Sie sind in zwei Farbtongruppen erhältlich: a) von Schwachrosa bis Starkrosa (bei Canon Typ CCA); b) von Schwachblau bis Starkblau (bei Canon Typ CCB). Mit diesem Filter nimmt man Einfluß auf die Farbtemperatur des Films und des Lichtes.

Zum Beispiel ermöglicht das blaugetönte Konversionsfilter Aufnahmen bei Kunstlicht auf Tageslichtfilm (ohne Filter würde ein Rotstich entstehen), das rosagetönte Filter erlaubt Aufnahmen bei Tageslicht bzw. mit E-Blitz auf Kunstlichtfilm (vergleichen Sie die nachstehende Tabelle).

Filter für Farbaufnahmen (Übersicht Canon)

Beleuchtung	Tageslicht-Umkehrfilm	Farb-negativfilm	Kunstlicht-Umkehrfilm
Sonnenlicht, E-Blitz, blauer Glaskolbenblitz	Skylight	CCA 4	CCA 12
Bewölkter Himmel, Regenwetter, E-Blitz, usw.	CCA 4	CCA 8	CCA 12
Morgens und abends, 2–3 Std. vor Sonnenuntergang und nach Sonnenaufgang	CCB 4	Skylight	CCA 8
Klarkolbenblitz	CCB 8	CCB 4	CCA 4
Kunstlicht (Fotolampen)	CCB 12	CCB 8	Skylight

3. Filter für Schwarzweiß- und Coloraufnahmen

Das **UV-Filter*** (UV-Sperr-Filter) absorbiert die Ultraviolett-Strahlung. Starke Ultraviolett-Strahlung führt zur Kontrastminderung bei Aufnahmen im Hochgebirge, an der See und bei diffuser Beleuchtung (Ferndunst). Das UV-Filter vermindert auch den berüchtigten Blaustich bei Coloraufnahmen.
Es ist ein Filter, bei dessen Verwendung kein Verlängerungsfaktor beim Belichten zu berücksichtigen ist. Experten benutzen es daher seit langem auch als Objektivschutz* (lassen es stets vorgeschraubt); Staub, Sandkörnchen, Regentropfen und Schneeflokken werden vom Objektiv abgehalten.

Das **Skylight-Filter** wird bei sehr hoher Farbtemperatur des Lichts eingesetzt und verstärkt die Wirkung des UV-Filters. Man kann es allerdings wegen seiner leichten Rotfärbung nicht ständig vor dem Objektiv belassen bzw. bei allen Coloraufnahmen verwenden. Es gehört strenggenommen schon in die Gruppe ,,Konversionsfilter".

Das **Neutralgraufilter** ist ein Lichtreduktionsfilter (absorbiert also Licht). Es wird benötigt, wenn Überbelichtung droht – bei Aufnahmen mit hochempfindlichem Film am Strand, im Schnee usw. Canon führt vier solcher Neutralgraufilter im Programm, in zwei Dichten: je zwei mit Verlängerungsfaktor 4× und 8×, das Licht wird damit um zwei bzw. drei Blendenstufen gedämpft.

Das **Polarisationsfilter** (kurz Polfilter genannt) beseitigt Reflexionen auf glänzenden Flächen (Glas, Lackflächen, Wasser, Leder, polierte Gegenstände, Papier, Ölgemälde usw.), nicht aber bei Metall.
Dadurch daß diese Flächen das Licht meistens immer polarisieren, d. h. nur in einer Ebene schwingend reflektieren, entstehen Spiegelungen und Reflexe, die von der Kamera aufgefangen werden. Sie werden überwiegend als störend empfunden (es sei denn, eine Spiegelung ist Gestaltungselement der Aufnahme). Mit einem Polfilter ist es möglich, z. B. Fische in einem Teich, Schaufensterauslagen usw. ohne Wasser- bzw. Glasspiegelung zu fotografieren.

---

* *Laut Herstellerangabe sind Canon-Objektive so gut und so hart vergütet, daß weder die eine noch die andere Verwendung des UV-Filters notwendig ist.*

Polfilter reduzieren oder beseitigen Reflexionen bei Winkeln um 30° zwischen Aufnahmerichtung und reflektierender Fläche. Die Wirkung kann man eindeutig im Reflexsucher der AE-1 PROGRAM erkennen und vorausbestimmen. Die Polfilter sind drehbar und damit in die günstigste Position zu bringen.

Der Wirkungsgrad der Polfilter ändert sich mit dem Aufnahmewinkel zur reflektierenden Fläche. Dieser ist im Falle der maximalen Wirkung des Filters abhängig vom Material der spiegelnden Fläche und beträgt z. B. für Wasser 37°, poliertes Holz 35°, Spiegelglas 33°, glänzendes Papier 32°.

Das Polfilter wirkt auch kontraststeigernd bei Gegenlichtaufnahmen – z. B. mit Wasserflächen, nassen Straßen, glänzenden Steinen usw. Bei Coloraufnahmen verhilft ein Polfilter zu klareren Farben und das Himmelsblau wird dunkler wiedergegeben (ähnlich wie beim eingangs beschriebenen Gelb- und Rotfilter).

Merksatz:

Die Filterwirkung hängt vom Sonnenstand ab. Bei genauem Gegen- und Rückenlicht ist die Wirkung geringer als bei Seitenlicht.

Die Wirkung eines Polfilters kann man anhand dieser Doppelaufnahme sehr gut erkennen. Verhindert das polarisierte Licht bei der Aufnahme in Abbildung links den Einblick in das Schaufenster aus 45° Einblickwinkel, so ist dies bei der Aufnahme mit Polfilter (entsprechend eingestellt) sehr gut möglich. Die sich bei der Polarisation ergebenden Spiegelungen sind so gut wie aufgehoben.

Anmerkung:

*Neuerdings sind neben den herkömmlichen Linear-Polfiltern auch Zirkular-Polfilter erhältlich. Dieser Filtertyp wurde speziell für Kameras mit Innenmessung entwickelt. Bei diesen Kameras ist oft eine Polarisation des Meßlichtes an den Spiegeln des Umlenksystems zu beobachten. Wird ein herkömmliches Polfilter verwendet, tritt evtl. eine Schwächung des Meßlichtbündels gegenüber dem Aufnahmelichtbündel ein. Dies führt zur Überbelichtung des Filmes. Dieser störende Effekt wird dadurch behoben, daß das neue Filter das Licht zirkular polarisiert, das heißt, daß die Lichtschwingung in der Fortpflanzungsrichtung eine Kreisbewegung beschreibt. Hat das Licht diese Eigenschaft, so kann es an einer linear polarisierenden spiegelnden Fläche nicht gelöscht werden; der Lichtverlust im Meßstrahl der Kamera tritt nicht ein.**

** Gilt besonders für Refelxkameras Canon FTb, FT-QL und F-1 mit Teiler-Prisma. Die AE-1 PROGRAM erfordert nicht unbedingt ein Zirkular-Polfilter!*

Filter für Schwarzweiß- und Farbaufnahmen (Übersicht Canon)

Filtertyp	Verlängerungsfaktor*	Blende öffnen ... Stufen*	Filtereffekte
UV Sperrfilter (ultraviolett)	1 ×	0	Absorbiert ultraviolette Strahlen. Es schaltet Ferndunst aus, verhindert Blaustich (nicht erforderlich bei Mehrschichten-Vergütung).
ND 4/ND 4 L[1] (neutralgrau)	4 ×	2	Reduktionsfilter zur Dämpfung der Lichtintensität ohne Beeinträchtigung der Farbwiedergabe.
ND 8/ND 8 L[1] (neutralgrau)	8 ×	3	Lichtreduktionsfilter mit verstärkter Wirkung.
Polfilter	4 × (max.)	2 (max.)	Das Filter reduziert bzw. löscht Reflexe auf glänzenden Flächen (außer Metall) – zum Beispiel wird auch gleißendes Licht auf regennassen Straßen gemindert. Da es auch die teilweise Polarisation des Himmelslichtes aufhebt oder mindert, fördert es die Farbbrillanz bei Coloraufnahmen.

** Entfällt bei der AE-1 PROGRAM mit Innenmessung, wird automatisch berücksichtigt!*

[1] Neuartige Graufilter aus Spezialglas. Für besonders brillante Farbwiedergabe.

4. Spezielle Filter

Das **Blaufilter** wird eigentlich nur für die Kunstlicht-Porträt- und -Aktfotografie verwendet. Hauttöne kommen dunkler und das Lippenrot erscheint kräftiger.
Für Infrarotaufnahmen sind Spezialfilter erforderlich, die einen größeren Verlängerungsfaktor für die Belichtung mit sich bringen. Betrachtet man ein **IR-Filter** mit dem Auge, erscheint es sehr dunkelrot oder fast schwarz, da die sichtbaren Strahlen absorbiert werden und nur die Infrarotstrahlen durchgelassen werden. Das Einstellen (Fokussieren) auf das Motiv muß deshalb vor Anbringung des Filters vorgenommen werden. Mit IR-Filter können Sie Fotos machen, die Aufnahmen bei Mondschein täuschend ähnlich sind – der Himmel erscheint schwarz und grüne Wiesen fast weiß.

Gelatinefilter-Halter

Mit diesem neuen Filterhalter ist der Einsatz der Standard-Gelatinefilter 76,2 × 76,2 mm (75 × 75 mm) auch an der AE-1 PROGRAM möglich. Die Filtertechnik ist damit preiswert und umfassender anzuwenden. Denken Sie nur an das große Sortiment der Kodak „Light Balancing Filter", der „Color Compensating Filter (CC)",

Das Gelatinefilterhalter-System in seinen Einzelheiten – Filterhalter, Sonnenblenden und Objektivadapterringe – siehe Abb. links. Abbildung rechts zeigt die Montage Filterhalter mit zwei Sonnenblenden und Adapterring 55 mm ∅.

der „Neutraldichtefilter" und der „Filter für die Schwarzweiß- und wissenschaftliche Fotografie". Das Gelatinefilter-Halter-System besteht aus dem eigentlichen Filterhalter, der bis zu drei Gelatinefilter-Folien auf einmal aufnimmt, acht Objektivadapterringen für Canon-Objektive mit den verschiedensten Filtergewinde-Durchmessern und drei kombinierbaren (zusammenschraubbaren) Sonnenblenden – je nach Brennweite werden 1, 2 oder 3 Blenden aufgeschraubt.
Der Filterhalter kann ohne Adapter oder mit den verfügbaren Adapterringen W-55, S-52, W-52, S-55, 58, 62, 69 oder 72 mm an die entsprechenden Objektive angesetzt werden.

Tips für die Behandlung von Gelatinefiltern:
Sie müssen trocken sein und völlig plan liegen.
Verhindern Sie zu hohe Temperaturen.
Fassen Sie die Filter nur an den Rändern und vermeiden Sie Staub und Fingerabdrücke im Filterzentrum, das für die Aufnahme wirksam wird.
Die Filterfarbe kann mit der Zeit verändert sein, so daß die Filterwerte nicht immer gleich sind.
Die Dicke der Wrattenfilter beträgt 0,1 ± 0,01 mm. Sie beeinflussen also nicht das Auflösungsvermögen oder die optische Reichweite des Objektivs.

Weichzeichner „Softmat 1" und „Softmat 2"

Interessantes Hilfsmittel, das dem Fotografen speziell die Porträt-Fotografie in Profi-Manier ermöglicht. Trotz vorhandener (nicht aufgehobener) Gesamtschärfe erscheint das Motiv weich und zart. Lieferbar in den Filtergewinde-∅ 48 mm, 52 mm, 55 mm und 58 mm. (Softmat 1 nur mit ∅ 52 und 55 mm)

Übergangsgewinde-Ring 52/55

Mit diesem Adapterring ermöglicht Canon die Nutzung bereits vorhandenen Zubehörs mit Schraubgewinde für den Objektiv-Filtergewinde-Durchmesser 55 mm an den neuen FD-Objektiven mit 52 mm ∅. Es sind dies die entsprechenden Nahlinsen, Filter und der Weichzeichner sowie der Umkehrring FL 55; auch verwendbar am Reprostativ, Diakopiergerät und an Balgengeräten.

Systemzubehör für Nah-, Groß- und Makroaufnahmen

Nahlinsen

Ich möchte nicht einfach sagen, daß sie allein der erste Schritt zur Fotografie kleiner Dinge sind. Für die Reflexfotografie stehen hierfür ja auch noch die kürzeren Zwischenringe zur Verfügung. Vielmehr möchte ich es so formulieren: die Nahlinsen sind für die Reflexfotografie der einfachste und bequemste, erste Schritt zu Nah- und Großaufnahmen. Es handelt sich um Konvexlinsen*, die in das Filtergewinde der Objektive eingeschraubt werden können.

Nahlinsen sind von Canon in folgenden Ausführung lieferbar:

Nahlinse 240 und **450** mit 4,17 bzw. 2,22 Dioptrien, (für jeweils verschiedene Aufnahmeabstände und Abbildungsgrößen. Sie sind lieferbar in vier Filter-Einschraubgrößen: 48, 52, 55** und 58 mm ∅.
Nahlinse 500 T mit 2 Dioptrien (für Gewinde-∅ 58 mm), speziell für den Einsatz mit dem FD 4,0/80–200 mm am Makrolite ML-1.
Nahlinse 1800 mit 0,56 Dioptrien, in Einschraubgröße 58 mm ∅.
Nahlinse 1100 und **2100** mit 0,91 bzw. 0,48 Dioptrien, jeweils in Filter-Einschraubgröße 72 mm ∅.

Anmerkung:

Vielfach herrschten bis jetzt Unklarheiten darüber, was die Zahl in der Benennung der Nahlinsen von Canon bedeutet. Die Typenzahlen weisen jeweils die Brennweite der Nahlinse in mm aus. Also heißt 240 = 240 mm und 450 = 450 mm etc. Für die Berechnung der Dioptrien gilt die Formel: 1 m = 1000 mm dividiert durch die Brennweite der Nahlinse. Beispiel: 1000 mm : 240 mm = 4,17 Dioptrien. Siehe dazu auch Seite 288.

FD Tele-Konverter vereinfachen Nahaufnahmen bzw. bringen größere Aufnahmemaßstäbe

Probieren Sie's einmal aus! Ergibt sich beispielsweise beim Einsatz eines FD 2,8/100 mm ein Aufnahmemaßstab von 1 : 10, erzielen Sie

---

* *Die Nahlinsen mit ∅ 52 und 55 mm sind besonders optische „Leckerbissen". Es sind speziell gerechnete und korrigierte, zweilinsige Vorsatz-Achromate (also völlig farbfehlerfrei), die den Korrektionszustand des Objektivs max. an die kurzen Aufnahmedistanzen anpassen.*

** *Wichtig für die Besitzer von Nahlinsen (auch Filtern) mit 55 mm ∅ ist, daß diese Linsen mittels des Übergangs-Adapterringes „52/55" auch an den neuen FD-Objektiven mit Filtergewinde-Durchmesser 52 mm verwendet werden können. Dies wird diejenigen Hobbyfotografen froh stimmen, die über nur einen kleinen Etat für die Fotoausrüstung verfügen.*

Die Canon Nahlinsen 240 und 450 mit Filtergewinde-∅ 52 mm (auch 55 mm) sind wahre Leckerbissen. Es sind Achromaten, die speziell auf die Canon-Objektive gerechnet sind und deren Leistung nicht einschränken.

mit dem zwischengeschalteten FD Zweifach-Konverter den Maßstab 1 : 5. Selbstverständlich bei gleichem Aufnahmeabstand. Dieser darf nicht verändert werden, denn der Aufnahmemaßstab hängt ja bekanntlich von der Brennweite und der Aufnahmeentfernung ab. Es ist vielen Hobbyfotografen nicht bewußt, daß die Einschaltung eines Telekonverters auch in dieser Hinsicht der Verwendung entsprechender Grundbrennweiten gleichzustellen ist.

Aber machen wir doch der besseren Übersicht wegen die Pauschalrechnung:

Mit dem 100-mm-Objektiv haben Sie eine kürzeste Aufnahmedistanz von 1 m. In dieser Distanz ergibt sich ein Aufnahmemaßstab von ca. 1 : 10. Man rechnet nämlich (als grobe Rechnung ohne Objektivauszug): Brennweite dividiert durch Aufnahmeabstand – in diesem Fall 1000 mm = 1 : 10. Durch den Einsatz des Tele-Konverters ergibt sich die Verdoppelung der Brennweite auf 200 mm. Rechnen Sie jetzt wieder pauschal 200 mm : 1000 mm, erhalten Sie den Maßstab 1 : 5. War das Motiv vorher in 10facher Verkleinerung auf dem Negativ/Dia abgebildet, ergibt sich plus Konverter nurmehr eine 5fache.
Das Angebot an Canon Tele-Konvertern finden Sie auf Seite 214.

Anmerkung:

Denken Sie daran, nur einen Tele-Konverter einzusetzen. Mit mehreren funktioniert die Springblendenmechanik nicht. Ganz abgesehen davon, daß der Lichtverlust sowieso praktisch enorm groß würde.

Zwischenringe

Erschließen nach der Nahlinse den noch extremeren Nahbereich. Ein Hilfsmittel für Aufnahmemaßstäbe 1 : 10 und größer. Bedingt durch die Brennweite und den Aufnahmemaßstab sind bekanntlich unterschiedliche Auszugslängen erforderlich. Diese Möglichkeit besteht u. a. bei Verwendung von Zwischenringen; bei den Ringen mit konstanter Länge nur in Sprüngen von 5 mm, 10 mm, 20 mm oder 25 mm – gegenüber den Vario-Zwischenringen mit kontinuierlichem kürzeren Auszug bzw. einem Balgengerät mit längerem kontinuierlichem Auszug.

Anmerkung:

Da die Wirkung bezüglich des zu erreichenden Aufnahmemaßstabes im Auszugsbereich bis 10 mm der Wirkung der Nahlinsen 240 und 450 gleichkommt, ist zu prüfen, ob diese Vorsatz-Achromate nicht vorteilhafter einzusetzen sind, da sie die Lichtstärke des Objektivs voll erhalten – im Gegensatz zum auszugsverlängernden Zwischenring mit Verlängerungsfaktor.

Die lieferbaren Zwischenringe von Canon:

Zwischenring M

Zwischenringe nur für Arbeitsblendenmessung. „M" steht hier für manuell. Der Ring überträgt keinerlei Blendenfunktion, auch die Springblendenmechanik nicht. Solo gestattet er also auch nicht die Motivbeobachtung und das Scharfeinstellen bei Offenblende bei gleichzeitiger Blendenvorwahl. (Dazu sind Hilfsmittel erforderlich: Springblendenhebelverriegelung, Makro-Auto-Ring etc. siehe dort!) Der Zwischenring-Satz beinhaltet 3 Ringstärken: mit 5, 10 und 20 mm Länge.

Vario-Zwischenringe M 15–25 und M 30–55

Mit der gleichen Funktion wie die Standard-Ringe M. Vorteil gegenüber den starren Ringen: Der Objektivauszug kann – wenn auch begrenzt – wie beim Balgengerät stufenlos verändert werden; das heißt, daß auch im kleineren Bereich der Aufnahmemaßstab stufenlos variabel ist. Ring-Auszug mit Geradführung. Günstig für

Der Zwischenringsatz M besteht aus drei Ringen mit fixer Länge: 5 mm, 10 mm, 20 mm (Typen M 5, M 10 und M 20) sowie neuerdings aus den Vario-Ringen M 15–25 und 30–55 mit zusätzlich variablem Auszug von 10 bzw. 25 mm Länge.

die Kombination mit den neuen Umkehrringen Typ „MA“ ohne eigenen Schneckengang. Näheres siehe dort.

M 15–25 = Länge variabel 15–25 mm (Auszug 10 mm).
M 30–55 = Länge variabel 30–55 mm (Auszug 25 mm).

Makro-Auto-Ring

Eine interessante Neuheit. Einmal für diejenigen Anwender, die im Makrobereich mit auszugsverlängerndem Zubehör arbeiten, das keine Springblendenmechanik überträgt: Zum Beispiel M-Zwischenringe, M-Balgengerät. Zum anderen ist er für alle Situationen bestimmt, in denen zum Zwecke der Verbesserung der optischen Leistung im extremen Makrobereich das Objektiv in Retrostellung an die AE-1 PROGRAM gesetzt wird – ebenfalls ohne Möglichkeit der Springblendenfunktion (das heißt, Fokussieren bei Offenblende und gleichzeitige Vorwahl von Arbeitsblenden, auf die das Objektiv erst kurz vor Verschlußauslösung wieder geschlossen wird). Diese Funktion kennen wir von den FL-Zwischenringen und dem FL-Balgengerät her (siehe dort). Der Unterschied besteht aber darin, daß der Abblendenschieber der AE-1 PROGRAM nicht wie beim FL-Zubehör zur Abblendung des Objektivs herangezogen werden muß, sondern die Abblendung geschieht über den anzuschließenden Doppeldrahtauslöser. Sobald Sie diesen drücken, schließt sich erst die Blende und dann wird der Verschluß ausgelöst; beide Auslöserkabel sind für diese Reihenfolge entsprechend konstruiert. Der Auslösehub der beiden Auslöserstifte des Doppeldrahtauslösers ist unterschiedlich.

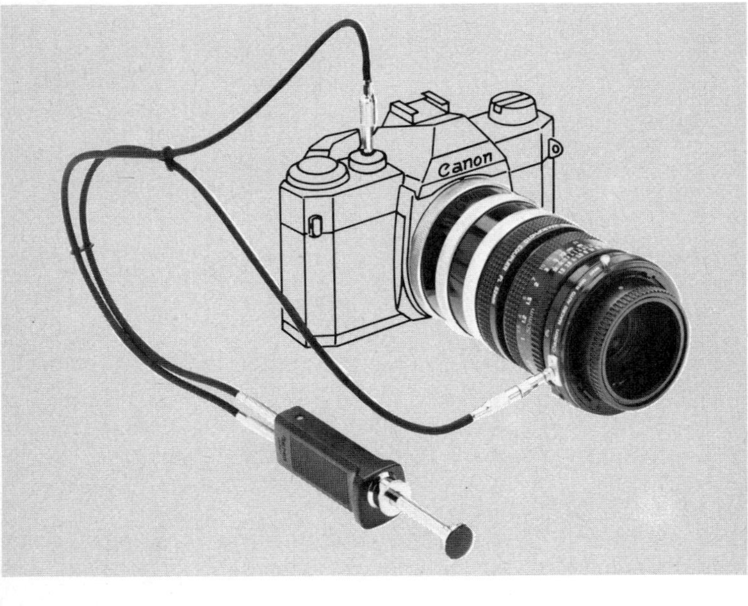

Zwischen Objektiv und Makro Auto-Ring können zur Auszugsverlängerung auch FL- und FD-Ringe eingesetzt werden, da sie die Springblendenmechanik auf das Objektiv übertragen.

Technische Daten

Optisch wirksame Länge 10 mm (ergibt Auszugsverlängerung bei Objektiv in Normalstellung!). Bajonettsystem entsprechend Kamera-/Objektivanschlüsse, kameraseitiges Bajonett mit Verriegelungsvorrichtung.
Verwendbare Objektive: FD-Objektive und FL-Objektive, die einen Springblenden-Mechanismus haben. – (außer FL 3,5/19 mm, FL 2,5/35 mm, FL 1,8/50 mm und 1,2/58 mm). Maße: Max. ∅ 66 mm, Länge 14 mm; Gewicht 40 g.

Wichtig!

Die Funktion ist nur gewährleistet, wenn der Ring mit der Rückseite des Objektivs gekuppelt ist. Dadurch ist er einmal zwischen Objektiv und Auszugszubehör und im Falle der Retrostellung in vorderster Front (in Aufnahmerichtung) montiert.

Zwischenringe FL

Zwischenringe nur für Arbeitsblendenmessung. Sie haben keinen Blendensimulator bzw. Lichtstärkenkontaktstift eingebaut. Aller-

Der Makro-Auto-Ring, der im Bild rechts solo gezeigt wird, ermöglicht die Steuerung der Blendenlamellen (Springblendenmechanik) bei Einsatz von auszugsverlängerndem Zubehör ohne Blendenübertragungsfunktion (Zwischenringe Typ M), ebenso wie bei Retrostellung des Objektivs, in Verbindung mit einem Doppeldrahtauslöser. Das gestattet die Arbeitsblendenvorwahl und gleichzeitig das Scharfeinstellen bei Offenblende. Abb. links: Der Auto-Makro-Ring im Einsatz bei Retrostellung des Objektivs und Auszugsverlängerung mit M-Zwischenringen.

dings sind sie mit einer Kupplungsvorrichtung für die Übertragung des Springblendenmechanismus ausgestattet. Das heißt, Schließen der Blende auf den vorgewählten Wert erst im Moment der Verschlußauslösung. Sie können trotz vorgewählter Blende bei Offenblende scharfeinstellen, bzw. abblenden und die Schärfentiefe kontrollieren, anschließend wieder aufblenden und noch einmal fokussieren – ohne daß dabei die vorgewählte Arbeitsblende ver-

Die Zwischenringe vom Typ FL bieten die Springblendensteuerung über den Abblendschieber der Kamera, bei Arbeitsblendenmessung. Die FD-Zwischenringe – Abb. unten – gestatten die Blendenautomatiksteuerung durch die Kamera auch bei Nah- und Makroaufnahmen; sie übertragen den Lichtstärkenkontakt, Blendensimulator und die Automatikstellung des Objektivs.

stellt würde; sie können dies so oft tun, wie sie wollen oder müssen. Diese Ringe sind als Typ FL 15 (15 mm) und FL 25 (25 mm) lieferbar. In ihrer Funktion an der AE-1 PROGRAM per Abblendschieber zu steuern. In Verbindung mit den FL-Objektiven läuft die Steuerung über den M-/A-Hebel des Objektivs.

Zwischenringe FD „U" (Universal)

Universell für alle FD-Objektive mit Brennweiten von 35 bis 200 mm (die Brennweitenreihe, die max. für Nah- und Makroaufnahmen relevant ist). Durch uneingeschränkte Übertragung der FD-Kupplung (Automatik-Schaltstift für Blendenautomatiksteuerung, Lichtstärkenkontakt, Blendensimulator und Springblendenhebel) sind Nah- und Makroaufnahmen bei Offenblendemessung und automatischer Blendensteuerung bzw. Programmautomatiksteuerung möglich. Damit sind Sie in der Lage, sich auf jede Art von Motiv/Objekt einzustellen; ob starr oder beweglich.

Lieferbare Zwischenringlängen:

FD 15 U (15 mm)
FD 25 U (25 mm)
FD 50 U (50 mm)

Diese Ringe sind auch kombiniert verwendbar:

Der Lichtstärkenkontaktstift des Objektivs, das heißt seine Länge, wird mechanisch auf die Kamera übertragen (exakt) und die Belichtungsmessung auf das einfallende Licht vorgenommen. Dadurch wird die Lichtminderung durch den verlängerten Auszug automatisch berücksichtigt. Die FD-Ringe sind gleichfalls für den Einsatz mit FL-Objektiven (frühere Serie) geeignet, an denen sie die Springblendenfunktion erhalten.

Achromat (Nahlinse) oder Zwischenringe

Um eine Entscheidung zwischen diesen beiden Makro-Zubehörteilen treffen zu können, muß man sich zunächst die sehr verschiedenen Eigenschaften und Funktionsweisen vor Augen führen.
Die Canon Achromaten 240 und 450 sind speziell gerechnete und vergütete mehrgliedrige Nahlinsen, die präzise auf die zu kombinierenden Canon-Objektive abgestimmt sind und deren Leistung nicht schmälern. Der Achromat verändert im Gegensatz zum Zwischenring nicht den Objektivauszug, sondern wirkt brennweiten-

verkürzend. Es entsteht kein Lichtverlust (die Lichtstärke des Objektivs bleibt erhalten), der Sucher dunkelt nicht ab. Es entsteht kein Farbkontrastverlust. Der Achromat ist nur bezogen auf die Qualität der Wiedergabe brennweitenbeschränkt. Das heißt, der optimale Brennweitenbereich erstreckt sich von 35 mm bis 60 mm beim Achromaten 240, bzw. ca. 135 mm beim Achromaten 450. Die Begrenzung zur längsten Brennweite hin ergibt sich aus der Rechnung: „Brennweite Achromat : 4 = 240 : 4 = 60 mm, bzw. 450 : 4 = 112,5 = 135 mm". Über die hier angegebene längste Brennweite hinaus ist die achromatische Wirkung nicht mehr 100%, jedoch auch noch viel besser als bei Einsatz normaler Nahlinsen. Die Achromaten sollen nur solo eingesetzt werden.
Der Achromat schränkt bezüglich des Aufnahmemaßstabes ein, erreicht wird max. 1 : 2. Wenn mit Achromat Maßstab nicht erreichbar, muß der Zwischenring eingesetzt werden. Es besteht aber hier die interessante Möglichkeit, zur Verbesserung der Maßstabsgröße und zum Erhalt von Lichtstärke, sowie der optischen Leistung, Zwischenring und Achromat zu kombinieren. Es ergibt sich zusätzlich ungefähr $^1/_2$ Vergrößerung.
Der Zwischenring bewirkt zusätzlichen Objektivauszug, zu dem grundsätzlich schon mittels Schneckengang am Objektiv bewirkten. Der zusätzliche Auszug bewirkt zunehmende Maßstabsvergrößerung, sie ist theoretisch unbegrenzt (beachtet werden muß lediglich eine die Stabilität beeinflussende Überlänge der Ringkombination, z. B. sollten nicht mehrere Vario-Ringe kombiniert werden). Nachteilig ist der mit wachsendem Auszug zunehmende Lichtverlust, der Kamerasucher wird immer dunkler. Der auftretende Farbkontrast-Verlust muß durch weiteres Abblenden aufgefangen werden, wodurch sich andererseits der Vorzug der größeren Schärfentiefe ergibt. Zwischenringe sind mit fast allen Brennweiten einzusetzen – außer mit Superweitwinkel-Objektiven ab f = 24 mm und kürzer, bzw. mit Tele-Objektiven ab f = 300 mm und länger.

Resümee:

Der Achromat bietet offene bzw. offenere Blenden ohne Qualitätseinbuße = kürzere Verschlußzeiten sowie helles Sucherbild. Dadurch ist er auch für die Makro-Freihand-Aufnahme optimal geeignet. Die Wahl der Schärfentiefe ist nicht bereits grundsätzlich eingeschränkt.
Der Zwischenring als maßstabsstärkeres Zubehör erlaubt Freihandaufnahmen nur bei besten Lichtverhältnissen. Hohe Abblendung erfordert längere Verschlußzeiten, die bereits grundsätzlich erforderlich werden; der Sucher dunkelt ab durch Lichtverlust.

Die Balgengeräte

Das Systemzubehör für den kontinuierlichen längeren Objektivauszug mit stark maßstabvergrößernder Wirkung. Allerdings mit dem auch den Zwischenringen eigenen Nachteil der Lichtstärkenminderung – in noch stärkerem Maße. Ansonsten öffnen Sie der AE-1 PROGRAM den extremen Makrobereich. Der kombinierte Einsatz mit Zwischenringen und Nahlinsen ist denkbar und möglich, für noch größere Aufnahmemaßstäbe.

Das Balgengerät M

Eine einfachere Ausführung ohne jegliche Blendenfunktionsübertragung (insbesondere des Springblenden-Mechanismus), ohne Einstellschlitten. Es ist nur die Objektivstandarte verstellbar, die Kamera ist fest fixiert. Dieses preiswerteste Gerät innerhalb des Reflexsystems erleichtert auch dem weniger betuchten Hobbyfotografen den Einstieg in den interessanten Makrobereich. Bei einem verfügbaren Balgenauszug von 35–143 mm sind mit einem Standardobjektiv Aufnahmemaßstäbe von 0,7fach bis 2,8fach zu erreichen. Bei Retrostellung des Objektivs ergibt sich max. sogar ein

Balgengerät FL – eine kleine optische Bank (Vorläufer des Automatik-Balgengerätes), mit Einstellschlitten zum Fokussieren. Eingebaute Springblendenmechanik (Abb. links).
Balgengerät M – einfacheres Gerät für den preiswerten Einstieg, ohne Blendenfunktionsübertragung und Einstellschlitten (Abb. rechts).

Maßstab von 4fach. Für die Retrostellung des Objektivs muß ein Umkehrring zwischengeschaltet werden. Für die Steuerung der Blende kann entweder der Springblendenhebel arretiert werden oder aber ein Makro-Auto-Ring mit Doppel-Drahtauslöser eingesetzt werden, wenn man die Fokussierung bei Offenblende möchte bei gleichzeitiger Blendenvorwahlmöglichkeit. Für Arbeitsblendenmessung an der AE-1 PROGRAM.

Balgengerät FL

Eine kleine optische Bank mit stufenlosem Balgenauszug. Es bringt allein einen Aufnahmemaßstab von 3 : 1, wenn ein Normal-Objektiv mit 50 mm* Brennweite eingesetzt wird. Mit Objektiv f = 28 mm* ergibt sich ein Aufnahmemaßstab von max. 5,4 : 1. Dieses Balgengerät bietet neben der maßstabvergrößernden Auszugsverlängerung zusätzlich die Verstellbarkeit eines Einstellschlittens. Kamera plus Balgengerät können damit gemeinsam zur Scharfeinstellung verschoben werden. Ein wesentlicher Vorteil. Es kann fokussiert werden, ohne den Aufnahmemaßstab verändern zu müssen. Für Arbeitsblendenmessung an der AE-1 PROGRAM.
Die AE-1 PROGRAM kann im Prinzip auch mit angesetztem motorischem Schnellaufzug (Winder) am Balgengerät verwendet werden. Allerdings ist eine Verbindung nicht direkt möglich, aufgrund der hinten unter dem Balgenteil herausragenden Einstellschiene.
Zur Überbrückung dieses Abstandes können die Canon-Zwischenringe M in den Längen 10 plus 5 mm, bzw. der Balgengerät-funktionsgleiche FL 15-Ring, bei angesetztem Winder A verwendet werden. Bei Einsatz des Winder A 2 und Motors MA ist sogar die Zwischenring-Länge 25 mm (FL 25) erforderlich.
Zu beachten ist dabei, daß in dieser Kombination Aufnahmemaßstäbe unter 1 : 1 bei Brennweiten bis f = 55 mm nicht erreichbar sind; die Auszugsverlängerung des Balgengerätes in seiner Grundeinstellung (eingefahren) plus der M-Zwischenringe ergibt bereits eine Gesamt-Auszugslänge von 49,5 mm. Objektseitig ist zu beachten, daß die Optische-Bankschiene (Zahnschiene) unter das Objekt geführt werden kann, für die erforderliche Annäherung an das Ob-

** **Beachten Sie!***

Im Canon-Programm werden zwei spezielle Makro-Objektive (Lupen-Objektive) mit 20 mm/35 mm Brennweite angeboten, die interessante Aufnahmemaßstäbe schon bei geringerem künstlichem Objektivauszug ermöglichen! Siehe Information Seite 198.

jekt bei Maßstäben ca. bis 3 : 1, ansonsten sind sowieso nur größere Maßstäbe erreichbar.
Das verwendete Objektiv grundsätzlich auf unendliche Aufnameentfernung eingestellt lassen! Bemerken Sie eine Vignettierung (Abschattung) im Sucher, so liegt dies am verlängerten Balgenauszug; sie hat keinen Einfluß auf die Aufnahme. Hochformataufnahmen sind aufgrund der Art der Springblendenkupplung nicht möglich.
Wie schon gesagt, überträgt das FL-Zubehör (also auch das Balgengerät FL, jedoch nicht die FL-Umkehrringe) den Springblendenmechanismus (nicht zu verwechseln mit Blendenautomatik) zur Schließung der bei Offenblendenposition vorgewählten Arbeitsblende erst kurz vor der Verschlußauslösung. Verfahrensweise wie unter FL-Zwischenringen beschrieben.

Das „Automatik"-Balgengerät

Das neue Herzstück des Canon-Makroaufnahme-Systems. Funktion, Handhabung und Konstruktion wurden gegenüber dem bis-

Dem Automatik-Balgengerät wird nicht ganz zurecht das Adjektiv „Automatisch" beigefügt. Die FD-Funktion (Blendenautomatik kameraseitig) ist nicht gemeint. Die Steuerung der Springblendenmechanik erfolgt ebenso wie beim vorher beschriebenen Auto-Makro-Ring plus Doppeldrahtauslöser.

Bei Einsatz des Automatik-Balgengerätes kann auf schnelle und einfache Weise die Retrostellung des Objektivs bewerkstelligt werden: Drehen der Frontstandarte um 180°. Die Springblendensteuerung per Doppeldrahtauslöser bleibt auch hierbei uneingeschränkt erhalten.

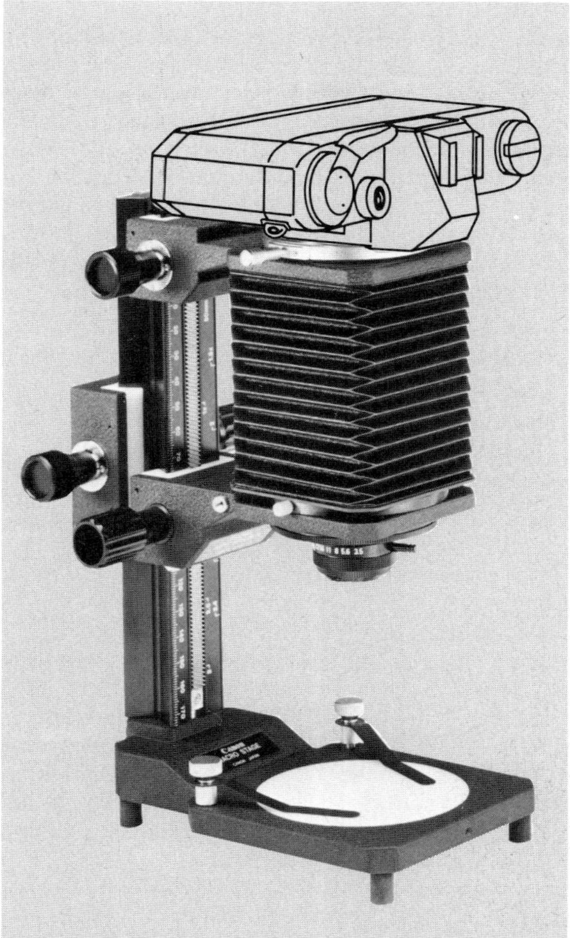

Automatik-Balgengerät mit Makrotisch – etwas ganz Besonderes für Lupenaufnahmen mit Auflicht und Durchlicht. Das ganze gleicht einer Mikroskopbühne – Haltefedern sichern das Objekt in der einmal gewählten Position. Eine kleine optische Bank für verwacklungsfreie Aufnahmen.

Fortsetzung von Seite 239
herigen Gerät „FL" wesentlich verbessert. Die Funktionsweise bezüglich Bestimmung des Aufnahmemaßstabes und der Fokussierung ist wie üblich: Der Abstand zwischen Objektiv und Kamera kann variiert und die gesamte Einheit aber auch separat auf der Grundschiene verschoben werden, zum Zwecke der Fokussierung und Beibehaltung des gewählten Maßstabes. Präziser Zahnstangentrieb über Treib-Griffräder neuester Konstruktion garantiert genaueste und feinste Einstellungen (verriegelbar). Bestimmung der Auszugslänge und der Aufnahmemaßstäbe für ein 50-mm-Objektiv, schnittgenau über die Skalen auf der Grundschiene.

Technische Daten:

Wirksamer Balgenauszug nach Montage: 39–175 mm. Aufgedruckte Skalen: Millimeterskala 0–175 mm und Maßstabskala für 50-mm-Objektiv-Aufnahmemaßstäbe, siehe nachfolgende Tabelle. Grundausrüstung mit Doppeldrahtauslöser. Maße: 135(B) × 158(H) × 219(L) mm. Gewicht 1170 g.

Besonderheiten:

a) Die AE-1 PROGRAM kann für Hoch- und Queraufnahmen wahlweise um 90° gedreht werden.

b) Wenn das Balgenrückteil am Ende der Führungsschiene positioniert ist, kann sogar der Winder A 2 und Motor MA direkt angesetzt werden, und gleichfalls ist dann der Wechsel von Quer- auf Hochformat-Fotografie und umgekehrt möglich.

c) Interessant ist die Positionierung des Objektivs in Retrostellung zu bewerkstelligen. Nach normalem Ansatz des Objektivs an das Frontbajonett des Balgengeräts kann die Frontstandarte vom Balgenteil gelöst werden, von der Führungsschiene abgenommen und umgekehrt wieder aufgeschoben werden. Die Verbindung Objektiv-Frontring mit Balgenteil ist über die zur Verfügung stehenden Adapterringe mit 52, 55 und 58 mm Filtergewinde-∅ vorzunehmen.

d) *Automatik-Balgengerät mit Makrotisch*

Für extreme Makroaufnahmen mit Auflicht- bzw. Durchlichtbeleuchtung steht ein besonderer Makrotisch zur Verfügung. Es ist ein Bodenständer mit drei Standfüßen, eingebauter kreisrunder Opalglasscheibe und mit abschraubbaren Objekthaltefedern (das ganze gleicht einer Mikroskopbühne). Dieser Makrotisch trägt das Balgengerät vertikal – es kann über Führungsstifte und Schraube fest mit dem Ständer verbunden werden. Eine fantastische Einrichtung für verwacklungsfreie Makroaufnahmen.

Aufnahmemaßstäbe und Aufnahmeabstände bei der Kombination „Automatik-Balgengerät plus Spezial-Makro-Objektive“

Objektiv	Aufnahmemaßstab	Aufnahmeabstand gemessen bis Filmebene	Aufnahmeabstand gemessen ab Frontlinse
FD Makro-Objektiv 3,5/50 mm	0,75–3,39× (Objektiv-Normalposition)	209,5–292,6 mm (min. 205,7 mm für Maßstab 1 : 1)	69,5–16,1 mm
	1,41–3,42× (Objektiv in Retrostellung)	211,8–294,1 mm	65,3–4,6 mm
FD Makro-Objektiv 4,0/100 mm	0,93–1,7×	496,5–431,8 mm (min. 400 mm für Maßstab 1 : 1).	303,5–102,8 mm
Makrofoto-Objektiv (Lupenobj.) 3,5/20 mm	9,92–10,73×	123,5–256,3 mm	19,9–16,7 mm
Makrofoto-Objektiv (Lupenobj.) 2,8/35 mm	1,96–5,84×	149,1–273,2 mm	43,0–31,1 mm

Die Blendensteuerung funktioniert wie beim „Makro-Auto-Zwischenring“ über Doppeldrahtauslöser. Informieren Sie sich bitte auf Seite 231. Auch dadurch ist die Konstruktion des Automatik-Balgengerätes wesentlich verbessert, weil das Gestänge für die Übertragung der Springblendenmechanik entfällt.
Zwischen Objektiv und Automatik-Balgengerät (plus Doppeldrahtauslöser) können auch zusätzlich noch FL- bzw. FD-Zwischenringe als Verlängerung des künstlichen Objektivauszugs eingesetzt werden. Da sie den Blendenschließmechanismus übertragen (Springblende), ist weiterhin Offenblendefokussierung bei gleichzeitiger Blendenvorwahl möglich. Eine zusätzliche Verlängerung mit M-Zwischenringen bzw. Vario-Zwischenringen ist ebenfalls möglich, wenn zwischen Objektiv und M-Ringen ein zusätzlicher Makro-Auto-Ring eingesetzt wird. Die Blendensteuerung per Doppel-Drahtauslöser kann dann anstatt am Balgengerät hier erfolgen.

Makrofoto-Kuppler (Umkehrringe)

Normale fotografische Objektive sind auf unendlichen Objektabstand korrigiert. Ihre Abbildungsleistung fällt deshalb bei extrem kurzen Aufnahmedistanzen zwangsläufig ab. Dies macht sich evtl. bei extremen Nah- und Makroaufnahmen bemerkbar. Durch Umkehrung des Objektivs in Retrostellung (Hinterlinse in Aufnahmerichtung) läßt sich dieser Leistungsabfall ausgleichen und der Korrektionszustand des Objektivs an die veränderten Verhältnisse anpassen. Da sich verständlicherweise das Filtergewinde bzw. Sonnenblendenbajonett des Objektivs nicht einfach in das Bajonett der Kamera bzw. der Zwischenringe oder Balgengeräte einsetzen läßt, schaltet man einen sogenannten Makrofoto-Kuppler oder verständlicher „Umkehrring" ein. Wie beim Automatik-Balgengerät mitgeteilt, funktioniert dort die Retrostellung des Objektivs auch ohne Umkehrring.

Diese Umkehrringe sind direkt in das Schnellwechselbajonett der Zwischenringe, der Balgengeräte und der AE-1 PROGRAM einzusetzen. Gegenseitig mit Gewinde ausgestattet, nehmen sie die Frontfassung der Objektive auf.

Im Canon-Reflexzubehör-System finden wir zur Zeit zwei Typen von Umkehrringen:

Die Umkehrringe Typ FL

Lieferbar sind vier verschiedene Ringe: Der **FL 48** (für Filtergewinde-∅ 48 mm) der **FL 52** (für Filtergewinde-∅ 52 mm) der **FL 55*** (für Filtergewinde-∅ 55 mm) und der **FL 58** (für Gewinde-∅ 58 mm). Die FL-Ringe erlauben die direkte Fokussierung mittels eingebautem Schneckengang mit 13 mm Auszug, und damit auch unterschiedliche Aufnahmemaßstäbe, je nach eingesetztem Objektiv. Bei f = 35 mm – 1,95 : 1 bis 2,31 : 1; bei f = 55 mm – 1,20 : 1 bis 1,43 : 1.

** Der FL 55 kann mittels des lieferbaren Übergangsgewinderinges 52/55 auch an den neuen FD-Objektiven mit 52 mm Filtergewinde-∅ verwendet werden (gleich so wie die entsprechenden Nahlinsen und Filter!)*

Die Umkehrringe des Typs FL (Abb. oben) haben einen eigenen Schneckengang und erlauben 13 mm zusätzlichen Auszug. Läßt man die dabei sich ergebende Maßstabsveränderung außer acht, kann damit gut fokussiert werden. Die neuen Umkehrringe Typ MA haben nur einen fixen optischen Auszug von 5 mm und werden in Verbindung mit den neuen Vario-Zwischenringen M empfohlen, die bei ihrem Auszug eine Geradführung haben. Gegenüber den Umkehrringen FL ergibt sich so der Vorteil, daß die Blendenskala des Objektivs und der Doppeldrahtauslöser nicht verdreht werden.

Die Umkehrringe Typ MA

Der Unterschied zu den bisherigen FL-Umkehrringen besteht darin, daß die MA-Ringe keinen eigenen eingebauten Schneckengang haben (die FL-Ringe können um 13 mm auszugsverlängert werden). Für gewünschte Auszugsverlängerungen bietet sich u. a. die Kombination mit den neuen Vario-Zwischenringen M 15–25 und M 30–55 an. Die Abstufung in der Auszugsverlängerung ist damit gegenüber den FL-Ringen kaum verändert. Beispiel: FL-52 = 20 mm lang + 13 mm Auszug; MA-52 mit 5 mm optischer Länge plus Vario-Ring M 15–25 = 20–30 mm Auszugslänge. Vielmehr ist über den zweiten Vario-Ring der Auszug bis auf 60 mm möglich, mit nur einem kleinen Sprung von 5 mm (35–60 mm). Die Vario-

Ringe haben einen Auszug mit Geradführung. Damit ist der Nachteil der FL-Ringe – Mitdrehen des Objektivs und damit Blendenskala-Verdrehung, bzw. bei Einsatz eines Makro-Auto-Rings Verdrehen der Doppeldrahtauslöserkabel – aufgehoben.

Lieferbare MA-Umkehrringe:

MA-52 = Übergang von Bajonett auf Filtergewinde-∅ 52 mm
MA-55 = Übergang von Bajonett auf Filtergewinde-∅ 55 mm.
MA-58 = Übergang von Bajonett auf Filtergewinde-∅ 58 mm.

Maximaler ∅ aller Ringe 64 mm, optische Länge 5 mm.

„Macro Hood"

Im Abschnitt „Objektivanschluß" erklärte ich Ihnen, daß die Funktion eines FD-Objektivs, bezogen auf die Blendensteuerung, nur in Ordnung geht, wenn durch einen Bajonettkontakt (Kamera, Zwischenring, Balgengerät) die Blendensperre – Sicherheitsverriegelung – entriegelt wird. Bei Retrostellung des Objektivs ist normalerweise jeglicher Bajonettkontakt aufgehoben; wenn man sich nicht des neueren praktischen Zubehörs „Makro-Auto-Ring" oder „Automatik-Balgengerät" (einschl. Doppeldrahtauslöser) bedient. Hier gehe ich davon aus, daß genannte Teile nicht verfügbar sind.
Der fehlende Bajonettkontakt wird mit dem sogenannten „Macro Hood" hergestellt. Es ist ein Spezial-Objektiv-Rückdeckel, der eine bis zum Rand voll geöffnete Innenfläche hat. Der Ansatz an das Objektivbajonett ist einfach: Im Falle der neuen FDs wird der Macro Hood durch kräftige Rechtsdrehung verriegelt, und bei den bisherigen FDs mit dem Überwurf-Chromanschlußring wird der Rückdeckel an das Bajonett angedrückt, wodurch sich die Blattfeder löst und der Anschlußring sich selbsttätig ein wenig eindreht; er muß dann nur noch mit der Hand ganz fest fixiert werden. In beiden Fällen wird sofort die Sicherheitsverriegelung aufgehoben. Haben Sie dann noch den Springblendenhebel verriegelt (bei den neuen FDs benötigen Sie dazu einen kleinen Spezial-Adapter), können Sie mit der Arbeitsblendeneinstellung beginnen. Für Offenblendefokussierung bei gleichzeitiger Blendenvorwahl müssen Sie, wie gesagt, einen Makro-Auto-Ring oder ein Automatik-Balgengerät plus Doppeldrahtauslöser einsetzen.

Der Macro Hood (Abb. rechts) dient als Ersatz-Bajonettkontakt bei Retrostellung des Objektivs (wenn z. B. kein Auto-Makro-Ring zur Verfügung steht) und als Gegenlichtblende. Abb. links: eine mögliche Kombination für manuelle Belichtungseinstellung bei Makroaufnahmen: Objektiv in Retrostellung mittels Umkehrring MA 52, Vario-Zwischenring M 15–25 mm und Macro Hood zur Entriegelung der Blendensperre.

Doppel-Drahtauslöser

Ein Spezialauslöser, der bei Nah- und Makroaufnahmen mit auszugsverlängerndem Zubehör ohne Blendenfunktionsübertragung bzw. Objektiven in Retrostellung eingesetzt wird. Er ermöglicht in Verbindung mit dem Automatik-Balgengerät und dem Makro-Auto-Ring (siehe Seite 231) bei Fl- und FD-Objektiven auch in dieser Situation das Fokussieren bei Offenblende und die gleichzeitige Arbeitsblendenvorwahl (wie das beim FL-Zubehör auch der Fall ist, Unterschied: die Übertragungsstifte und Gestänge entfallen). Mit Druck auf den Doppeldrahtauslöser schließt sich zuerst die Blende, und sofort darauf wird der Verschluß ausgelöst.

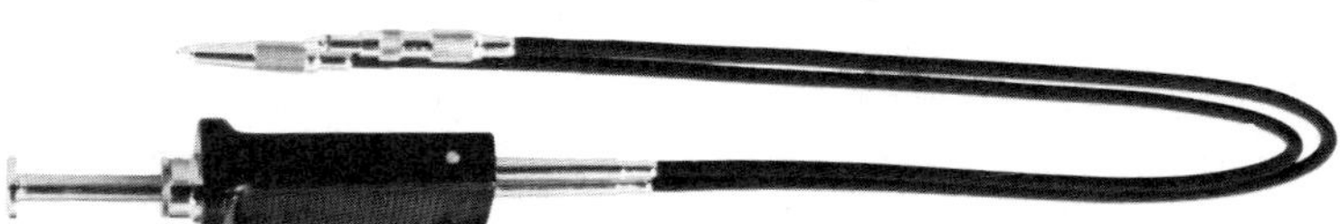

Gesamtlänge 450 mm. Auslöser-Handgriff = 24 × 24 × 65 mm. Gewicht: 95 g. Der Auslösehub der Auslöserstifte ist unterschiedlich. Kabel 1: variabel einstellbar von 9–15 mm (15 mm für das Automatik-Balgengerät und 9 mm für den Auto-Ring), Kabel 2: 11 mm.

Systemzubehör für die Mikroskop-Fotografie

Spezielles, von Canon entwickeltes Zubehör, damit auch den Besitzern der Canon Kleinbild-Spiegelreflexkameras Mikroskop-Aufnahmen möglich sind. (Mehr über diesen Aufnahmebereich siehe Seite 304). Belichtungssteuerung manuell über Verschlußzeitenvorwahl.

Mikrofotoansatz F

Dieser Ansatz stellt die Verbindung zwischen dem Kameragehäuse und einem Mikroskop her. Er eignet sich für Aufnahmen bei feststehendem Aufnahmeabstand. Er kann sowohl mit als auch ohne Mikroskop-Okular eingesetzt werden. Der Mikrofotoansatz F besteht aus einem Außentubus, Innentubus, Lichtschutzrohr und Klemmring. Mittels Bajonett direkter Anschluß an das Kamerabajonett möglich.

Technische Daten

Verwendungsfähig für allgemeine und metallurgische Mikroskope mit einem Tubus-Außendurchmesser von 25 mm. ▶

Mikroskop-Adapter
Zur Verbindung des Kameragehäuses mit dem Mikroskop. In Verbindung mit Balgengerät und Adapter A.

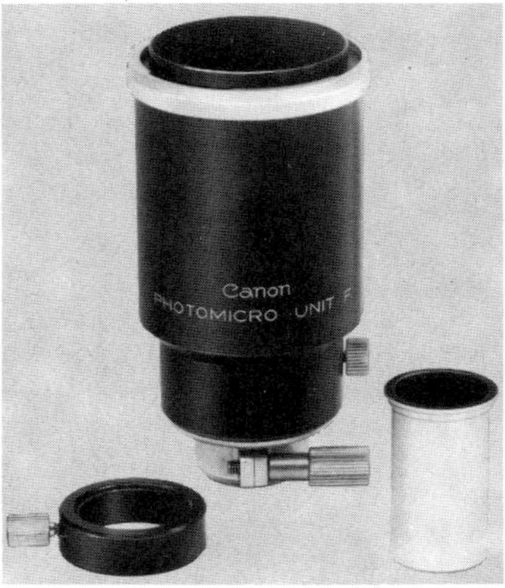

Mikroskop-Ansatz F
Verbindet das Kameragehäuse mit dem Mikroskop. Besteht aus Innen- und Außentubus, Lichtschutzmanschette und Befestigungs-Klemmring.

Aufnahmeabstand (Abstand von Austrittspupille des Okulars zur Filmebene): 108,4 mm. Bildvergrößerung: etwa $^1/_2$ der Mikroskopvergrößerung. Abmessungen: 107,5 mm × 59 mm. Gewicht: ca. 320 g.

Mikroskop-Adapter

Dieser Adapter hat einen veränderlichen Auszug und erlaubt damit eine Veränderung der Vergrößerung. Er kann nicht allein verwendet werden, sondern muß mit dem Balgeneinstellgerät plus Kamera am Reproduktionsgestell kombiniert werden.

Technische Daten:

Die Verbindung zwischen dem Balgengerät und dem Mikroskop-Adapter wird mit dem Adapterring A hergestellt. Die Fokussierung kann mit dem Mikroskop-Objektiv und durch Verstellung des Balgengeräts erfolgen. Die Auszugslänge der Kamera mit Balgengerät und Adapter beträgt minimal 115 mm und maximal 260 mm. Die mit dieser Ausrüstung erzielbare Vergrößerung beträgt etwa 0,5–1 × der Mikroskopvergrößerung. Das Aufnahmeverfahren entspricht dem beim Mikrofotoansatz F beschriebenen. Die einzelnen Teile der Ausrüstung sind in folgender Reihenfolge angeordnet: 1. Kameragehäuse; 2 Balgengerät; 3 Adapterring A; 4. Mikro-Adapter; 5. Mikroskop.

Systemzubehör für die Reproduktions-Fotografie

Repro-Stativ F

Diese einfachere Ausführung einer Kamerabefestigung eignet sich für den Tischgebrauch. Sie ist klein, leicht und zerlegbar. Auch als der praktische „Reise"-Reproständer anzusehen. Mit dem Normalobjektiv hat sich diese Ausrüstung bei Reproduktionen von Vorlagen in den Formaten DIN B 4 bis B 6 bestens bewährt.

Technische Daten:

Das Stativ besteht aus vier ausziehbaren Stativ-Beinen, Sockel, Haltering F 52 mm, F 55 mm und F 58 mm, zur Anpassung von Objektiven mit diesem Filtergewinde-∅ und einem Zwischenring M 5. Das Repro-Stativ hat sich besonders bei Makroaufnahmen bewährt. Hier erweist es sich einem normalen Stativ überlegen.

Reprogerät 4

Universalgerät für Reproduktionen, Nah- und Makroaufnahmen bei stationärem Betrieb.

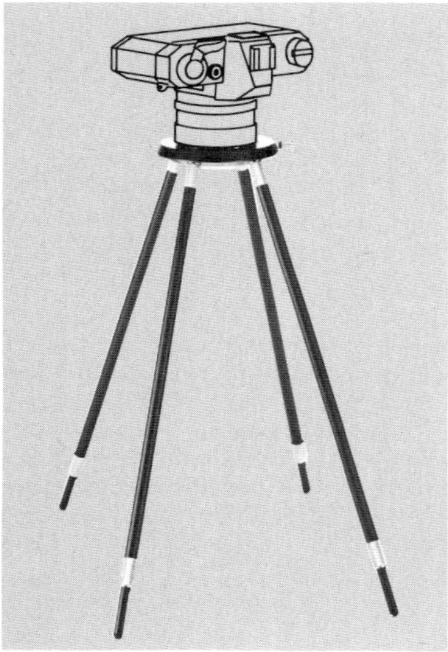

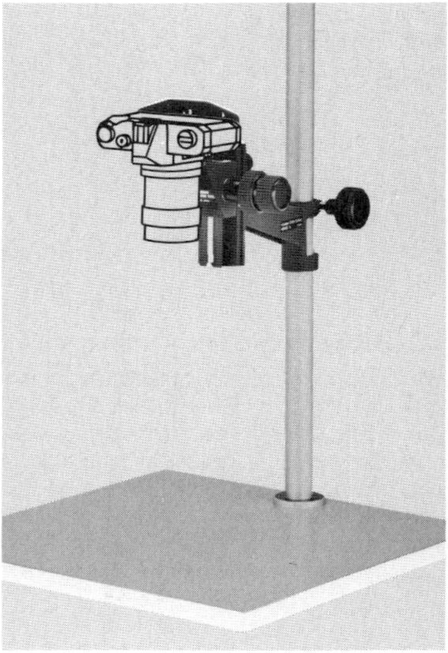

Fortsetzung Reprogerät 4:

Technische Daten:

Bestandteile: Grundplatte, Säule und Kamera-Arm.

Bildfeld: 420 mm × 240 mm oder kleiner. Vergrößerung: 12fach oder höher. Maximaler Abstand zwischen Aufnahmegegenstand und Filmebene: 640 mm. Säulenhöhe: 617 mm.

Abmessungen der Grundplatte: 450 mm × 420 mm. Gewicht: 3,5 kg.

Es empfiehlt sich, die Kamera nicht direkt, sondern mit der Kamerahalterung 3 oder der Fokussierschiene am Reproduktionsgestell zu befestigen. Für kleine Aufnahmegegenstände kann das Balgeneinstellgerät verwendet werden.

Reprogerät 5

Ein hochmodernes Reprogerät für besondere Ansprüche. Es erlaubt genauestes, vibrationsfreies Arbeiten durch Spezial-Standfüße, präzise Höhenverstellung und Format-Skala sowie verrutschsichere Fixierung der Vorlage. Die Bedienung ist außergewöhnlich einfach, bei Höhenverstellung über zwei schnell entriegel- und verriegelbare Periskop-Handgriffe und der Gegengewichtsfeder.

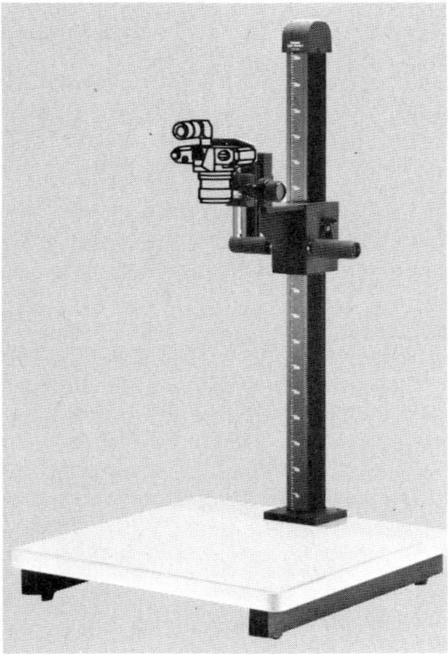

Für den Bereich „Reproduktionsfotografie" bietet Canon drei verschiedene Gerätesysteme an: Das Reprostativ F (Abb. links) – auch als Reise-Reproständer zu verwenden. Das Reprogerät 4 (Abb. Mitte) bietet den erweiterten Anwendungsbereich bis hin zur Makro- und Mikrofotografie – die Reprosäule erlaubt bereits größeren Balgenauszug. Das Reprogerät 5 gilt für besondere Ansprüche: Große Grundfläche und Säulenhöhe von 90 cm erlauben sehr große Maßstäbe. Weitere Vorzüge siehe laufenden Text.

Technische Daten:

Bestehend aus Grundplatte, schwarzer Profilsäule und Kamerahalterung sowie Einstellschiene (Fokussierschiene) zum Scharfeinstellen ohne Veränderung des Aufnahmemaßstabes. Mittels Eisenplatte im Grundbrett wird ein Verziehen desselben verhindert und zweitens der notwendige Kontakt für die aufsetzbaren Magnethalter hergestellt. Mit den Magnethaltern kann jede beliebige Vorlage verrutschsicher, plan und exakt positioniert fixiert werden. Vorgesehen ist als Zubehör eine Grundbrettfläche mit Formatangaben. Das Reprogerät ist besonders standfest und virbrationsfrei durch die vier Standfüße. Drei davon sind mit Antivibrations-Gummikappen versehen, und ein Fuß ist als Justierschraube zum Ausgleich von Bodenunebenheiten ausgebildet (ebenfalls vibrationsfrei). Die Vierkantprofilsäule mit Skala mit 5-mm-Schritten und Zahlenangabe bei jeweils 50 mm, ist 90 cm hoch und mit Stabilisator für den Kamera-Arm versehen. Komplette Arretierung der Höheneinstellung zusätzlich über eine Handkurbel.

Maße: Grundbrett 59,5 × 59,5 cm (nutzbar 47,5 × 59,5 cm), Dicke 3,35 cm. Höhe komplett 106,35 cm, Gewicht 15 kg.

Einstellschiene (Fokussierschiene)

Ein interessantes Zubehörteil für die bequeme Scharfeinstellung bei Makroaufnahmen mit Balgengerät ohne Einstellschiene bzw. Zwischenringen. Die Einstellschiene erlaubt das Scharfeinstellen unter Beibehaltung des einmal gewählten Aufnahmemaßstabes. Der Auszug eines Zwischenringes, Umkehrringes oder Balgengerätes muß nicht verändert und der Kamerahalter des Reprogerätes muß zum Scharfeinstellen am Gerät nicht hin und her bewegt werden.

Technische Daten:

Kameraträger wird auf dem Unterteil per Drehknöpfe (mit Arretierung) verschoben, beide Teile gleiten auf Zahnschiene. Regulierbare Distanz der Kamera auf dem Schlitten = 85 mm.

Anschluß an Reprogeräte und Kamera mittels der Griffschraube am Schlitten bzw. des Reprogerätes; beide mit $^{1}/_{4}$"-Gewinde – identisch mit dem Stativgewinde der Kamera. (Die Schiene kann daher auch am Stativ befestigt werden; besonders vorteilhaft, wenn anstatt des Reprogerätes ein Stativ für Horizontal-Aufnahmen verwendet wird. Jeder, der schon auf diese Weise Makroaufnahmen gemacht hat, weiß, wie mühevoll das Fokussieren mittels Stativverücken ist.) Die AE-1 PROGRAM sitzt verrutschsicher auf der Kamera-Adapterplatte mit Anschlagleiste. Bei Verwendung am Reprogerät 5 kann die Fokussierschiene sowohl vertikal als auch horizontal am Kamerahalter befestigt werden – stabile Führungsnuten verhindern ein Abdrehen der gewichtigen Kamerahalterung nach unten.

Maße: 135(L) × 160(B) × 71,5(H) mm. Gewicht 1030 g.

Systemzubehör für das Dia- und Negativ-Kopieren sowie für Kopien von Filmbildern auf Kleinbildformat

Die Belichtungsmessung erfolgt über das Innenmeßsystem der AE-1 PROGRAM per Arbeitsblendeneinstellung. Die Kamera-Innenmessung berücksichtigt direkt, ohne daß man besondere Verlängerungsfaktoren errechnen muß, die erforderlichen Auszüge. Aufgrund der sehr geringen Schärfentiefenbereiche und im Hinblick auf eine gleichmäßige Ausleuchtung ist es ratsam, auf Blendenstufen ab 5, 6 oder 8 herunterzugehen. Scharfeinstellen per Balgenauszug.

Falls längste Verschlußzeitstufe ausgeschöpft ist, muß die Beleuchtung des Objekts verbessert bzw. ein höherempfindlicher Film eingelegt werden. Sicherste und in ihrer Lichtintensität bzw. Farbtemperatur gleichbleibende Lichtquelle ist das Blitzlicht.

Einige Testaufnahmen bei nicht zu nah angesetzter Blitzleuchte führen Sie schnell zum richtigen Wert (auch für spätere Arbeiten).

Dia-Kopiergerät FL

Das Gerät besteht aus einer Halterung mit beweglicher Streuscheibe (zur Gewährleistung einer gleichmäßigen Ausleuchtung) für das zu kopierende Original (gerahmte Dias oder Bildstreifen – Führungsstifte sind vorhanden), einem kurzen Balgen und der Befestigungsteile für Objektiv und Balgeneinstellgerät FL (nur dieses kommt in Frage und ist dazu unbedingt erforderlich!). Das Dia-Kopiergerät wird vorn an der Gleitschiene des Balgengeräts angeschraubt und sitzt damit einheitlich auf einer optischen Bank. Nachdem das Objektiv wie üblich in das Wechselbajonett des Balgeneinstellgerätes FL eingesetzt wurde, stellt man die Verbindung Diakopiergerät/Objektiv-Frontseite mit einem Adapterring her.

Das Diakopiergerät FL angesetzt an das zugehörige Balgengerät FL. Damit sind Kopien im Maßstab von ca. 1 : 1 und darüber möglich und selbst Ausschnittkorrekturen zu machen. Einsatz mit Arbeitsblendenmessung.

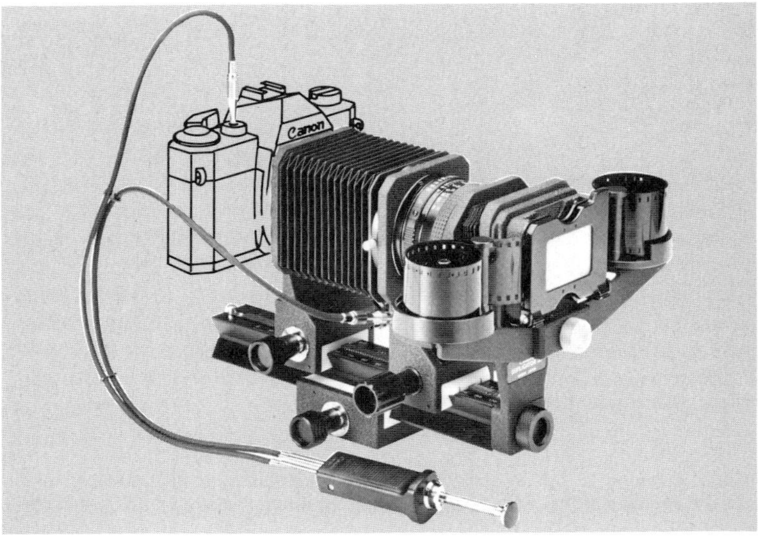

Der Dia-Duplikator 35 hat die gleichen Eigenschaften wie das Kopiergerät FL, ist jedoch speziell für den Einsatz mit dem Automatik-Balgengerät 35 gedacht. Steuerung der Blende über Doppeldrahtauslöser; Arbeitsblendenmessung.

Die Verbindung Diakopiergerät/Balgeneinstellgerät gestattet Duplikate im Maßstab 0,97 : 1 bis zum Maßstab 1,74 : 1 (bei Balgenauszug 90 mm). Damit sind selbst Ausschnittkorrekturen in begrenztem Umfang möglich. Wird das Standard-Objektiv mit Hilfe eines Umkehrringes in Retrostellung eingesetzt, sind bei einem Maßstab bis 2,4 : 1 weitere Ausschnittvergrößerungen erreichbar.

Dia-Duplikator 35

Ein Diakopiergerät, das speziell für die Verwendung am Canon Automatikbalgengerät konstruiert wurde. Es gestattet die Dia-Duplizierung usw. vom Kleinbildformat und von Pocketfilmbildern auf Kleinbild; ebenso sind Ausschnittvergrößerungen möglich.
Kupplung und Funktion der Blendensteuerung über den Doppel-Drahtauslöser (siehe auch Abschnitt „Automatik-Balgengerät"!).

Technische Daten:

Aufnahmeausrüstung: Kamera AE-1 PROGRAM, Automatik-Balgengerät, FD-Makro-Objektiv 3,5/50 mm, Dia-Duplikator 35 und „Filmbandhalterung" (wenn unzerschnittene Filmbänder eingesetzt werden sollen).

Geräteteile: Bestehend aus Halterung mit beweglicher Opal-Diffusorscheibe (abklappbar bei Nichtgebrauch), einem kurzen Balgen und der Befestigungsteile für das Objektiv; das Kopiergerät wird mit Hilfe von zwei Führungsstiften vorn an der Führungsschiene des Balgengeräts per Schraube befestigt.

Gesichtsfeld: 24 × 36 mm max.

Aufnahmemaßstäbe mit FD-Makroobjektiv 3,5/50 mm:
in Normalposition = 1–1,4× (für das Kleinbildformat)
in Retrostellung = 1,4–3× (zur Abstimmung von 110er-Film auf 35-mm)

(für eine vergrößerte Kopie eines Pocketfilm-Bildes auf das Format 24 × 36 mm ist ein Aufnahmemaßstab von über 2,1 × erforderlich). Ausschnittvergrößerungen und Abstimmungen auf besondere Bildfelder sind möglich durch die Verstellbarkeit der Bildbühne um je 12 mm nach rechts und links sowie um je 8 mm nach oben und unten.

Maße: 142(H) × 72(B) × 48,5–150 mm(L) mm; Gewicht: 370 g.

Film-Duplikatoren 8 und 16

Mit diesen Systemteilen ist es möglich, ein Filmbild eines Super 8- bzw. 16-mm-Films auf das Kleinbild-Format 24 × 36 mm vergrößert zu kopieren. Damit stehen Ihnen zahlreiche Möglichkeiten zur Verfügung, Ihre Bildserien und Diaschauen mit besonders interessanten Fotos bereichern zu können, oder einfach auch von besonders gelungenen Filmszenen ein „Standbild" für Freunde herstellen und an sie verschenken zu können.

Bestandteile des Duplikators:

Tubus mit zwei Konvexlinsen, einer Leuchtfeldblende, diffuser Glasscheibe (Koehlersches Beleuchtungssystem), Filmfenster und Filmhalter; abnehmbare Kappe für die Verbindung des Lupenobjektivs; Bildfeld des Filmformats.

Aufnahme-Ausrüstung: Kamera plus Balgengerät, Lupenobjektiv, Objektiv-Adapter und Film-Duplikator 8 oder 16 (je nach Filmformat). Nach Adaption des Objektivs am Balgengerät wird der Duplikator auf das Lupenobjektiv aufgesetzt.

Möglich ist auch die Verwendung von Gelatinefiltern – Einsatz zwischen Opalglasscheibe und Duplikator-Body. Dies eröffnet ungeahnte Möglichkeiten der Farb- und Kontrastbeeinflussung – die hier eine besonders große Rolle spielt –, wenn man an das reichhaltige Angebot dieses Filtertyps denkt.

Canon
Canon
AUTO BELLOWS

Canon DUPLICATOR 16
Canon DUPLICATOR 8

Fortsetzung Film-Duplikatoren 8 und 16:

Sonstige Faktoren	***Duplikator 16***	***Duplikator 8***
Bildmaskenformat	*7,5 × 10,26 mm*	*4,18 × 6,22 mm*
Aufnahmebildfeld	*7,21 × 9,65 mm*	*4,01 × 5,46 mm*
Aufnahmeobjektiv	*Lupenobjektiv 2,8/35 mm*	*Lupenobjektiv 3,5/20 mm*
Scharfeinstellen	*Per Balgenauszug*	*Per Balgenauszug*
Aufnahmemaßstab	*3,7 × und kleiner*	*6,6 × und kleiner*
Abstand zwischen Filmebene und Objekt (Schmalfilm)	*202,7 mm (Balgen ausgezogen auf 101,1 mm)*	*174,7 mm (Balgen ausgezogen auf 92,3 mm)*
Maße	*max.-∅ 40 mm × 72 mm Länge*	*max.-∅ 40 mm × 56,2 mm Länge*
Gewicht	*100 g*	*75 g*

Duplikator G

Dieses Systemzubehör erweitert den Einsatzbereich der AE-1 PROGRAM auf dem Gebiet der Medizin. Der Duplikator G gestattet die Reproduktion und Vergrößerung von Gastroskop-Filmbildern im Format 4 × 5 mm auf Kleinbildfilm 24 × 36 mm.
Die Konstruktion des Duplikators ist vergleichbar mit derjenigen der Canon Film-Duplikatoren 8 und 16. Bestehend aus: Tubus (mit Köhler'schem Beleuchtungsprinzip – 2 positive Linsen, Fixblende und Diffusorscheibe sorgen für gleichmäßig helle Bildausleuchtung), Filmfenster 4 × 5 mm und abklappbarem Filmhalter sowie Verbindungstubus zum Anschluß des Duplikators an das Canon Lupen-

◀ *Abbildung oben: So wird ein Filmbild auf Kleinbildfilm kopiert. Die Ausrüstung AE-1 PROGRAM, Automatik-Balgengerät, Lupenobjektiv 3,5/20 mm und Filmduplikator 8 ist alles, was Sie dazu benötigen. Abbildung unten zeigt die beiden Filmduplikatoren 8 und 16 solo.*

Ein neues Systemzubehör für den medizinischen Bereich ist der Duplikator G – vergleichbar in der Konstruktion und Funktion mit den Film-Duplikatoren. Er gestattet die Kopie von Gastroskop-Bildern im Format 4 × 5 mm auf Kleinbildfilm 24 × 36 mm. Abbildung oben zeigt die Montage mit dem Aufnahmesystem (mit Lupenobjektiv 3,5/20 mm), Abbildung unten den Duplikator G solo.

objektiv 3,5/20 mm. Aufnahme in Verbindung mit Balgengerät – variable Vergrößerung 8,6fach und kleiner. 8,6fache Vergrößerung ergibt sich bei Scharfeinstellung auf den Balgenauszug von 132 mm (Skala) und 6fache Vergrößerung bei Anzeige 80,5 mm. Objektdistanzen dabei = 214 mm bzw. 163,2 mm. Anstelle des Balgengerätes kann auch eine entsprechende Kombination von Zwischenringen mit einer Gesamtauszugslänge von 80,5 mm eingesetzt werden (6fache Vergrößerung), z. B. Ring M 5, M 10, M 20 und Vario-Ring M 30–55 = Gesamtauszug 65–90 mm. Scharfeinstellen mittels Balgengerät oder Vario-Zwischenring. Abmessungen des Duplikators G: 41,5 mm ∅, Länge 55,35 mm; Gewicht 75 g.

Systemzubehör als Scharfeinstellhilfe

Ob normalsichtige oder brilletragende Fotografen, alle sind sich darüber einig, daß das scharfe und richtig belichtete Bild das optimale Ergebnis aller fotografischen „Bemühungen" ist.
Grundsätzlich bietet die AE-1 PROGRAM alle Voraussetzungen dafür. Es gibt aber Situationen, für die Canon, sagen wir, kleine Hilfen bereithält:

1. Brillenträger möchten ohne Brille fotografieren.
2. Aufnahmen in Bodennähe machen den Suchereinblick in Aufnahmerichtung beim Dachkantprisma schwierig und Lichtschachtsucher steht nicht zur Verfügung.
3. Man muß buchstäblich um die Ecke fotografieren oder über eine große Menschenmenge hinweg.
4. Nicht günstiger Prismensucher-Einblick beim Reproduzieren, bei Makro- und Mikroaufnahmen.

Im Repertoire des Canon-Systemzubehörs findet man dafür Augenmuschel, Augenkorrekturlinsen, Winkelsucher und Einstellupe. Beachtenswertes Zubehör, das auch das Sucherokular der AE-1 PROGRAM aufnimmt.

Augenkorrekturlinsen

Das Sucherokular der Kamera ist auf – 1 dpt abgestimmt. Kurz- oder Weitsichtige können durch Zuhilfenahme besonderer Augenkorrekturlinsen auch ohne Brille mit der Kamera arbeiten. Diese Linsen sind in 10 verschiedenen Stärken als Zubehör lieferbar:

Die Bildserie zeigt das diverse Sucherzubehör zur AE-1 PROGRAM: Jede der 10 verschiedenen Augenkorrekturlinsen ist einfach, wie im Bild links gezeigt, auf das Sucherokular zu schieben. Genau so einfach wird der Winkelsucher aufgesetzt; ein interessantes Zubehör, daß die Motivbetrachtung insbesondere in Bodennähe oder am Mikroskop etc. bequem und einfach macht.

+ 3, + 2, + 1,5, + 1, + 0,5, 0, − 0,5, − 2, − 3 und − 4 dpt. Sie werden einfach auf die Fassung des Sucherokulars aufgeschoben. Da das Kameraokular selbst − 1 dpt hat, entspricht die Dioptrienzahl der Korrekturlinse der endgültigen Stärke des Suchersystems mit aufgesetzter Linse. Beispiel: Eine Linse mit Aufdruck + 3 Dioptrien ist von Haus aus + 4 Dioptrien stark. Damit wird aber lediglich die oben erwähnte Grundkorrektur berücksichtigt. Für den Kunden ist der Aufdruck maßgebend.

Merksatz:

Sofern Sie sich für eine Augenkorrekturlinse interessieren, sollten Sie eine Dioptrienzahl wählen, die Ihrer Brille am nächsten kommt. Darüber hinaus empfiehlt es sich, eine kurze praktische Probe zu machen, nachdem Sie die Korrekturlinse auf das Sucherokular aufgeschoben haben.
Bei vorhandener Fehlsichtigkeit sollte sich niemand scheuen, von diesem Service Gebrauch zu machen. Fehler beim Scharfeinstellen werden dadurch vermieden.

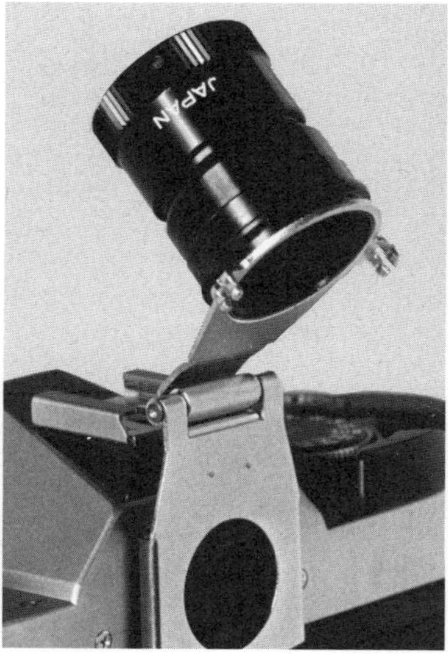

Die Einstellupe gestattet das bessere Scharfeinstellen im Nah-, Makro- und Mikrobereich. Sie wird auch ganz einfach auf's Sucherokular geschoben und kann zwischendurch zur Normalbetrachtung des Motivs hochgeklappt werden.

Der Winkelsucher

Nach Art eines Periskopes (mit geknicktem Strahlengang) konstruiert, gestattet der Sechslinser die Kontrolle des gesamten Bildfeldes mit 90°-Einblick. Der Winkelsucher ist besonders geeignet für die Reproduktionsfotografie, für Aufnahmen in Bodennähe, wie überhaupt für alle Aufnahmen mit Situationen, in denen dem Fotografen der normale Prismensuchereinblick in Aufnahmerichtung erschwert oder gar unmöglich gemacht wird. Er ist einfach und bequem auf das Sucherokular der Kamera aufzuschieben.
Canon hat zwei Winkelsucher im Programm. Sie sind in Funktion und Ausstattung gleich, bis auf den Unterschied: seitenverkehrte Sucherbild-Wiedergabe beim Modell A-2 und seitenrichtige Wiedergabe beim Modell B. Das Sucherokular ist in beiden Fällen im Bereich + 2 bis − 4 Dioptrien justierbar und der Einblick seinerseits um 90° schwenkbar.

Die Einstellupe S (Abbildung Seite 261)

Sie wird mit dem Prismensucher der AE-1 PROGRAM verwendet und dient zur 2,5fachen Vergrößerung der Sucherbildmitte. Es ist eine dreilinsige Konstruktion. Damit wird die Scharfeinstellung – besonders bei Makro- und Mikroaufnahmen, beim Duplizieren und Reproduzieren – erheblich erleichtert. Die Augenlinse der Lupe ist im Bereich von + 4 bis − 4 Dioptrien verstellbar. Die Lupe wird mittels des Adapters S auf das Sucherokular geschoben. (S steht hier für square = eckig. Im Gegensatz zur Lupe R mit rundem Adapterstecker für das runde Sucherokular der Canon F-1; bitte nicht verwechseln beim Kauf).
Der Adapter hat an seiner Oberseite ein Scharnier, mit dem die Lupe nach der Fokussierung zur normalen Betrachtung des Sucherbildes hochgeschwenkt werden kann.

WISSENSWERTES FÜR DIE AUFNAHMEPRAXIS

Die Bildserie oder der „Nachschuß"

Im vorigen Kapitel sprach ich von der Verwendung eines motorischen Antriebs mehr oder weniger im Hinblick auf die Transportautomatik schlechthin. Einer der Hauptgründe für den Einsatz von Motoren bzw. Winder ist aber wohl auch die Serienfotografie bzw. der „Nachschuß", womit schon viele erfahrene Fotografen – unter den Profis insbesondere die Sportfotografen – ihre fotografischen Leckerbissen „geschossen" haben.
Der Griff zur Serienfotografie resultiert aus der Tatsache, daß es nur sehr selten gelingt, vornehmlich bei bewegter Szenerie, mit nur einem einzigen Schnappschuß „das Foto des Jahres" auf den Film zu bannen. Oder denken Sie beispielsweise an das Porträt Ihrer Freundin, an Fotos von Bekannten und Verwandten, Kindern, Tieren, Gruppenfotos, Aufnahmen, bei denen die Akteure sich des Aufnahmemoments bewußt sind. Seien wir kritisch, oft waren schon die Bildergebnisse unbefriedigend.
Trotz der aufmunternden Aufforderung „bitte recht freundlich" gab es verspannte Gesichtszüge, geschlossene Augen, gestellt wirkende Szenen. Während sich fotografierte Personen nach dem Klick des Auslösers sozusagen entspannen, setzen Sie den Nachschuß hinterher, das heißt, Sie machen eine zweite Aufnahme oder eine ganze Aufnahmeserie. Ein Versuch wird Ihnen beweisen, auf welche Möglichkeit für derart gelungene Fotos Sie bisher verzichteten. Doch nicht nur beim sogenannten „gestellten" Foto ist der Nachschuß bzw. die Serienfotografie angebracht. Den richtigen oder vielleicht sagen wir besseren Augenblick erwischen Sie mit der 2. Aufnahme oder einer Aufnahmeserie auch meist erst bei Sportveranstaltungen; z. B. den gelungenen Hochsprung, den Patzer beim Reitturnier. Im Tierreich wird man selten mit nur einer

Aufnahme den Moment erwischen, in dem das betreffende Tier am „fotogensten" auf den Film gebannt wurde.
Es gibt eine weitere interessante Möglichkeit für den Einsatz der Serienfotografie: die Bildstory. Beispiele findet man in jeder Illustrierten, in Comics usw. Diese Bildstories sind mit Filmszenen vergleichbar – es werden zeitliche, räumliche und motivmäßige Zusammenhänge hergestellt. Motive für derartige Bilderzählungen gibt es viele. Hier nur ein paar Beispiele: Spaziergänge, Rallyes, Familienfeste, Raketenstarts, Fußballspiele, Reitturniere, Zirkus-Besuche, Aufenthalt im Tierpark usw. Man kann auch Bildgeschichten frei erfinden, Statisten finden sich für dieses interessante Hobby immer.
Niemand wird bestreiten wollen, daß solche Bildserien lebendiger und eindrucksvoller sind als Einzelfotos. Und neben den Diaserien können damit auch für das Fotoalbum neue Akzente gesetzt werden, es wird wieder „ansehnlicher".
Bei Canon ist man versteckte Finessen bei Kameras und Zubehör gewohnt. Und so überraschte es nicht, daß auch diese Kamera mehr kann, als in den Bedienungsanleitungen ausgedruckt steht. Beim Testen der Kamera wurde offenbar, daß man den eingebauten Selbstauslöser der Kamera (ebenfalls computergesteuert) sehr wohl auch als Intervall-Timer bei der Serienfotografie verwenden kann. Das heißt, Aufnahmen im 10-Sek.-Rhythmus, automatisch. Arbeitet man dabei mit einer Verschlußzeit von 2 Sek. bringt man es einschließlich der Filmtransportzeit per Winder (je Bild 0,5 Sek.) auf schlichte 450 Sek. bei Einsatz einer Filmpatrone mit 36 Bildern. In dieser Zeitspanne von 8,5 min könnte man z. B. bei der Table-Top-Fotografie, bei Minilicht, Sequenzen von Bewegungen starrer Modelle fotografieren. Jeweils während der 10 Sek. Verzögerung durch den Selbstauslöser plus Filmtransport 0,5 Sek. (Intervall bis zur nächsten Aufnahme) kann der Stand einer Figur verändert werden; alle 10,5 Sek. erfolgt eine Belichtung.
Ein anderes Motiv könnte das Öffnen einer Blüte sein. Hier muß man allerdings die Öffnungsphasen der Blüte auf den Auslöse-

Zur Bildserie auf Seiten 264 und 265: Ein deutlicheres Beispiel für die Serien-Fotografie mit einem Winder bzw. Motor gibt es wohl nicht. Die Phase des nach der Sprengung zusammenstürzenden Fabrikschornsteins wurde mit einer Bildfrequenz von 3,5 B/Sek. aufgenommen.

Rhythmus abstimmen. Geht der Öffnungsprozeß der Blüte zu langsam vor sich, kann mit einem altbewährten Rezept etwas nachgeholfen werden: Außerhalb des Objektiv-Bildwinkels wird unterhalb der Blüte eine Wärmequelle installiert, die je nach Intensität das Öffnen der Blüte mehr oder weniger beschleunigt. Evtl. ist hier ein nichtautomatischer Rhythmus, von Ihnen selbst bestimmt, angebrachter.
Für andere Motive kommen je nach Bewegungsträgheit kürzere Belichtungszeiten in Anwendung. Der Aufnahmezeitraum bei $^{1}/_{15}$ Sek. Belichtungszeit liegt mit dem Selbstauslöser-Intervall-Timing bei 380 Sek. = 6 min/20 Sek. Die gleiche Gesamtzeit ergibt sich – mit geringen Unterschieden – auch bei einer Belichtungszeit von $^{1}/_{1000}$ Sek.
So sind innerhalb der verschiedensten möglichen Intervalle (= Zeitspannen für Filmdurchzug einschließlich der Verschlußzeiten) an vielen Orten Bewegungs-Abläufe zu studieren und Phasen zu beobachten. Sei es an der Werkbank, im Labor oder z. B. auf dem Flugplatz während der Startphase eines Hubschraubers. An dieser Stelle ein Tip: Je nach Objekt/Motiv die richtige Objektivwahl für genügend Aktionsradius treffen. Plötzlich erforderliche Kameraschwenks verderben evtl. das Konzept und die Studie.
Die Beleuchtung spielt dabei eine nicht unwesentliche Rolle, sie bestimmt oder erlaubt die eine oder andere längere, kürzere Verschlußzeit. Es sollte daher ein Bestandteil Ihrer Überlegungen sein, auch an den Einsatz von Blitzlicht (als konstanteste und zuverlässigste Lichtquelle) zu denken. Kombinierter Einsatz Motor/Blitz ist, wie an anderer Stelle aufgezeigt, kein Problem; selbst bei kürzesten Intervallen spielen z. B. die für die Blitzautomatik mit der AE-1 PROGRAM in Frage kommenden Speedlites Type A (z. B. 199 A oder 577 G) präzise mit.
Ob Sie nun Timer einsetzen oder nicht, ist eine Ermessensfrage, die vom aufzunehmenden Objekt mit beantwortet wird. Es kommt darauf an, ob Sie es mit einem schnellen Phasenablauf zu tun haben oder ob Sie z. B. Trickstudien machen und dafür zwischen den einzelnen Aufnahmen ein entsprechend langes Zeitintervall für Verstellungen am Objekt benötigen usw.
Für den technisch-wissenschaftlichen Bereich bringt die Serienfotografie die Möglichkeit der Analyse von Bewegungsvorgängen und -abläufen (Mensch, Tier, Verhaltensforschung, Sport und In-

dustrie). Die Kamera wird dazu fest auf ein Stativ o. ä. verankert. Während die Szenerie für alle Aufnahmen der Serie gleich bleibt, nimmt das bewegliche Objekt von Bild zu Bild eine andere Position ein bzw. wird in einer Phase aufgenommen.
Hier kommt das professionellere „Canon Timelapse Programmer“ zur Anwendung (siehe Seite 46). Ein Steuergerät für Zeitrafferaufnahmen und vollautomatische Programmsteuerung. Steuert Aufnahmen und Aufnahmeserien von Anfang bis Ende selbsttätig und unbeaufsichtigt. Einsetzbar mit allen Kameras, die über einen elektromagnetischen Auslöser bzw. über einen Fernauslöseranschluß verfügen, wie die AE-1 PROGRAM mit Winder A 2 und Motor MA.
Für die verschiedenen Varianten der Serienfotografie ist es nicht uninteressant, welche Filmtransportgeschwindigkeit ein Motor oder motorischer Schnellaufzug bringt und ob Aufnahmen in bestimmten Zeitintervallen möglich sind. Fakten, die bei Analysen von Bewegungsvorgängen und -abläufen in allen Bereichen von Bedeutung sind.
Für einen schnellen Phasenablauf steht das Beispiel 100-m-Sprint. Hier ist die Dauerlauf-Serien-Fotografie ohne Timer angebracht. Das heißt, Anwendung der Transportautomatik ohne jeden Zusatz – direkte Serien-Auslösung über den Kamera-Auslöser bzw. einen der Auslöser des Motorantriebssystems MA. Welcher Bildfrequenz Sie den Vorzug geben, hängt wiederum davon ab, in welchen Phasen-Rhythmus Sie diesen Bewegungsablauf zerlegen wollen. Die Phasenzahl wird max. von der Filmlänge bestimmt. Beispiel:

Mit einer Filmpatrone 135-36 = 36 Aufnahmen würde ein 100-m-Sprint in 36 Phasen zerlegt, und zwar je nach verwendetem Motorsystem innerhalb 4 verschiedener Zeitspannen. Verschlußzeit angenommen mit $^{1}/_{250}$ Sek.:

a)	Mit Winder A/A 2	2	B/Sek.	=	18,14 Sek.
b)	Mit Motor MA/Batterie	3,5	B/Sek.	=	10,43 Sek.
bb)	Mit Motor MA/NC-Akku	3,0	B/Sek.	=	12,13 Sek.
c)	Mit Motor MA/Batterie	4	B/Sek.	=	9,14 Sek.
cc)	Mit Motor/NC-Akku	4	B/Sek.	=	9,14 Sek.

Der Unterschied zwischen den Aufnahmephasen von a) und cc) beträgt ca. 0,25 Sek. Es zeigt sich auch, daß der Gesamtsprint bei 4 Bilder/Sek. nicht mehr erfaßt wird. Der Filmdurchzug ist zu schnell.

Das Fotolicht

Es hat sich eingebürgert, unter den fotografisch Tätigen, das Fotolicht (die Lichtquellen, die eine Belichtung des Films ermöglichen) in drei Kategorien einzuteilen: in Tageslicht, Kunst- und Blitzlicht. Das Tageslicht, als natürliches Licht von der Sonne gespendet, wird uns in vielen Varianten – die meist erst beim Fotografieren erkannt werden – geboten: Helles und „dunkles" Licht, grelles und gedämpftes sowie diffuses Licht. Eine Beleuchtung, die über den Tag verteilt besehen nicht gleichmäßig ist und deren Farbtemperatur ständig schwankt und darüber hinaus auch während der Jahreszeiten zusätzlich noch unterschiedlich ist. Mit dem Auge nehmen wir diese Veränderung meist nicht bewußt wahr. Wir sehen lediglich, daß die Sonne scheint oder daß sie fehlt, daß es bewölkt oder neblig ist. Allerdings wird man durch das Auge betrogen. Der Film reagiert viel genauer auf extreme Farbtemperatur-Schwankungen, die aber in unseren Breiten nicht so gewaltig sind. Im übrigen ist der Colorfilm auf eine mittlere Farbtemperatur abgestimmt, daß so leicht nichts passieren kann; wenn man nicht gerade unter der gleißenden Mittagssonne am wolkenlosen Himmel oder bei Licht vom nebligen oder rauchigen Himmel mit ähnlichen Werten fotografiert. Und was soll denn schon groß passieren? Ich spreche an anderer Stelle dieses Kapitels von der „available light-Fotografie", der Fotografie bei vorhandenem, unverfälschtem Licht; damit wollen wir es auch beim Tageslicht in gewissen Grenzen halten und uns an unserem Hobby erfreuen.
Es lohnt sich nicht, mit dem Perfektionismus der Profis zu liebäugeln. Ich denke dabei an die großartigen Blitzanlagen, ohne die der Fotograf im Atelier und Studio, aufgrund bestimmter Aufgabengebiete, gar nicht auskommen würde.

Merksatz:

Im allgemeinen interessiert das im Laufe des Tages wechselnde Licht den Schwarzweiß-Fotografen nur im Hinblick auf die unterschiedlichen Motivkontraste. Der Color-Fotograf – von der Farbtemperatur abhängig – muß die Lichtschwankungen genauer beachten, will er zur naturgetreuen Wiedergabe der Objektfarben gelangen. Hierfür ist die Zeit des späten Vor- und des frühen Nachmittages zu nutzen. Der Colorfilm ist auf die Farbtemperatur in diesen Stunden abgestimmt.

Die Aufteilung von Kunst- und Blitzlicht in zwei getrennte Kategorien scheint auf den ersten Blick unlogisch, denn „künstlich" er-

zeugt wird auch das Blitzlicht. Die Trennung wird aber sofort klar, wenn man sie unter dem Aspekt der „Lichtart" sieht.
Indem das sogenannte Kunstlicht, entstehend aus Glühlampen bzw. Halogenlampen sowie Kerzen, eine niedrigere Farbtemperatur aufweist – Glühlampe = 2800 K, Fotolicht 3200 K bis 3400 K und Kerzen 1900 K – und damit einen höheren Gelb-/Rotanteil, ist das Blitzlicht mit seiner höheren Farbtemperatur (5600 K) und damit höherem Blauanteil dem Tageslicht (im Mittel 5500 K–6500 K) gleichzusetzen. Die Chemie hat sich ja bekanntlich auf diese Unterschiede mit den sogenannten „Tageslicht- und Kunstlichtfilmen" seit Jahrzehnten eingestellt.

Licht und Film

Bei der Aufnahme treffen wir wie gesagt also bezüglich der Beleuchtung verschiedene Lichtfarben an:
Würden beide Lichtqualitäten (Kunstlicht und Tageslicht) aufs Objekt treffen, dann kompensiert unser Gehirn Farbfehler im Licht und wir sehen das Objekt nicht in den Farben des reflektierenden Lichtes, sondern wie wir es uns vorstellen. Dies kann der Film nicht. Daher muß man den jeweiligen Beleuchtungsverhältnissen die richtige Filmart mit der passenden Sensibilisierung (Farbempfindlichkeit) entgegensetzen.
Weil das Kunstlicht einen erhöhten Orangeanteil (rot/gelb) und verminderten Blauanteil aufweist, hat der Kunstlichtfilm genau die umgekehrte Struktur. Er ist stark blauempfindlich und wenig orangeempfindlich. Bei Tageslicht mit erhöhtem Blauanteil wird der Tageslichtfilm mit erhöhtem Orangeanteil eingesetzt. Die Fehlfarbe hebt sich dadurch auf, der Film gibt das Objekt in der von uns gedachten Farbe wieder.
Soll nun Kunstlichtbeleuchtung mit Tageslicht-Film bzw. Tageslichtbeleuchtung mit Kunstlichtfilm bewältigt werden, müssen entsprechende Konversionsfilter eingesetzt werden.

Available Light

Damit ist jede Art des vorhandenen, verfügbaren, natürlichen und künstlichen Lichts gemeint, bei dem man ohne Zusatz-Lichtquellen und aufhellende Mittel (weißen Karton, Blitz usw.) fotografiert. Zum available light gehört das gesamte Tageslicht in all seinen

Präzises Beispiel für eine Aufnahme bei „available light" (vorhandenem Licht). Nur so kann die Stimmung – wie auf dem Weihnachtsmarkt in München – original eingefangen werden.

schwachen Varianten (stark bedeckter Himmel, Schatten, Nebel usw.) – vornehmlich das Dämmerlicht – sowie die künstliche Beleuchtung zur lichtarmen Tages- und Jahreszeit draußen und drinnen.

Gemeint ist also die Fotografie unter ungünstigen Lichtverhältnissen. Wobei der Begriff „ungünstig" relativ ist, denn Kenner bevorzugen gerade diese Art des Fotografierens, reproduziert man doch nur auf diese Weise eindrucksvoll und unverfälscht die Wirklichkeit; denken Sie dabei an Lagerfeuer, laternenbeschienene Straßenszenen, Rummelplatz im abendlichen Lichterglanz, Weihnachtsmarkt, Gartenparties mit Lampion-Beleuchtung, Großstadt im Neonlicht, u. a. m.

An dieser Stelle möchte ich einen altbewährten Trick erwähnen: Nachtaufnahmen gelingen am besten während der Dämmerungsphase. Der Himmel, zwar schon tiefblau, bringt noch genügend Licht – unterstützt durch die gerade eingeschaltete Straßen- und Stadtbeleuchtung –, um die Motivdetails erkennen zu lassen.

Nicht zu vergessen ist die available light-Fotografie in Innenräumen. Im Theater, im Zirkus, daheim im Wohnzimmer mit Indirektbeleuchtung oder Stehlampenlicht, in der Weihnachtsstube mit Kerzenbeleuchtung (Weihnachtsbaum), auf Parties, im Festzelt usw. Menschen im Rampenlicht, strahlende Kinderaugen hinter dem Adventskranz, die Beat-Band im Gegenlicht sind eindrucksvolle Ergebnisse.
Canon unterstützt diesen faszinierenden Teil der Fotografie in der AE-1 PROGRAM einmal durch die Belichtungsautomatik mit erweitertem Meßbereich und zum anderen durch hochlichtstarke Objektive. Die Chemie liefert höchstempfindliches Filmmaterial.
Kombiniert man z. B. Canon Objektiv FD 1 : 1,2/85 mm L oder FD 1 : 1,4/24 mm L mit einem Film der 27-DIN-Klasse, so hat man bei voll geöffneter Blende die Möglichkeit, bis zu $^1/_4$ Sek. lang zu belichten (siehe auch Seite 107).

Das Licht sehen und führen

Alte Hasen unter den Fotografen „sehen" das Licht und lenken es so auf ihr Motiv, wie sie es wünschen. Sie spielen mit Licht und Schatten, mit Seiten-, Auf-, Gegenlicht und Direktlicht. Sie nutzen das Dämmerlicht, die Sonne, den Regen, Nebel, die Bewölkung. Die alte Regel „nur mit der Sonne im Rücken fotografieren" wird schon seit langem ignoriert. Aufnahmen mit der Sonne im Rücken wirken flach. Arbeiten Sie dagegen mit seitlichem Licht, kommt es zu plastischerer Objektwiedergabe aufgrund der Schattenbildung. Ein Beispiel finden Sie in Hausdächern mit Dachpfannen. Die von weitem „wellig" wirkende Struktur ist bei Sonnenlicht im Rücken nur schwach zu erkennen, springt bei seitlicher Beleuchtung aber plastisch heraus – weil sich an den erhöhten Rändern der Pfannen Schatten bilden. Das gleiche gilt für das in der nachfolgenden Zeichnung dargestellte Beispiel „Lattenzaun".
Während dies bei Tageslicht und bei Kunstlicht, das von Fotolampen und -leuchten gespendet wird, ohne Schwierigkeiten möglich ist – man kann die Ausleuchtung zu 100% kontrollieren (ja man erfährt auch bei Druck auf den Auslöser der AE-1 PROGRAM, ob der CPU mit der Lichtmenge einverstanden ist) –, läßt sich der Blitz nicht verfolgen, da man ihn vorher nicht sehen kann. Die Lichtfüh-

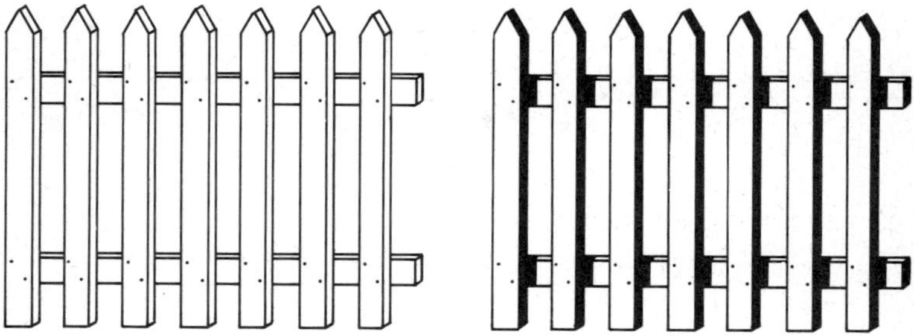

Ein Beispiel dafür, daß es nicht gleich ist, ob das Fotolicht frontal oder seitlich auf das Motiv trifft. Ein frontal angeleuchtetes Motiv wirkt flach, das Licht von der Seite verhilft durch Schattenwurf zu plastischer Wirkung, es bringt die Form heraus.

rung (Richtung des Reflektors) muß der Fotograf jeweils selbst gut überprüfen. (Siehe auch unter Blitzen im Nahbereich, auf Seite 300.) Aus diesem Grund wird heute gern der Indirektblitz eingesetzt oder der diffuse Blitz. Man erreicht weicheres Licht, Reflexe werden gemindert oder sogar eliminiert. Das kann vor allem bei Aufnahmen von Gegenständen wichtig sein, die glänzende Flächen, Metallteile etc. aufweisen.

Aufnahmen von bewegten Objekten

Bewegt sich ein Gegenstand, so bewegt sich auch sein Bild. Ein scharfes Bild setzt aber voraus, daß die Bewegung des Bildes während der Belichtungszeit nicht größer ist als der Durchmesser des Zerstreuungskreises ($^1/_{30}$ mm). Deshalb muß sich der Fotograf auf die Bewegung seines Motivs/Objektes einstellen. Mit der AE-1 PROGRAM und deren Zeitvorwahl ist das keine schwere Aufgabe.

Dazu folgende Daten und Formeln:

1. Die Formel-Bezeichnungen:

E = Entfernung des Gegenstandes
v = Geschwindigkeit des Objektes
f = Brennweite des Aufnahmeobjektivs
z = Zerstreuungskreis-Durchmesser
t = Belichtungszeit

Fortsetzung „Aufnahmen von bewegten Objekten“

2. Berechnungsbeispiel

Beispiel: E = 10 m; v = 5 m/Sek.; f = 50 mm; Z = $^{1}/_{30}$ mm
Wie lang darf bei diesen Faktoren die Belichtungszeit sein?

Formel:

$$t = \frac{E}{v \times f} \times z$$

$$t = \frac{10}{5 \times 50} \times \frac{1}{30} = \frac{10}{250} \times \frac{1}{30} = \frac{1}{750} \text{ Sek.}$$

Geschwindigkeit verschiedener Objektive (in m/Sek.)

Objekt	*Geschwindigkeit in m/Sek.*	
Gehen in normalem Schritt	*1,2– 1,4*	
Gehen in schnellem Schritt	*1,5– 1,7*	
Dauerlauf	*2,2– 2,8*	
Sport		***Umrechnung von***
Schwimmen	*1 – 1,7*	***km/h in m/Sek.:***
Schlittschuhlauf	*5 –12*	
100-m-Läufer (Rekord)	*9,9*	*Zahlenangabe bei*
Radrennfahrer	*9,9–34*	*km/h : 3,6 =*
Skiläufer	*9,9–38*	*Zahlenangabe für m/Sek.*
Bob	*9,9–45*	
Verkehr		
Pferdewagen	*0,8– 1,1*	***Beispiel:***
Elektrokarren	*4*	
Fahrrad	*3 – 6*	*Auto fährt 75 (km/h)*
Motorrad	*12 –18*	*75 : 3,6 = 20,8 (m/Sek.)*
Auto	*18 –22*	
Straßenbahn	*4,2– 5,6*	
Güterzug	*12,5–15,3*	
Personenzug	*14 –18*	
Schnellzug	*22 –25*	

Aufnahmen von bewegten Motiven erfordern ein wenig Übung und Kenntnis der gegebenen Geschwindigkeiten. Was sonst noch beachtet werden muß, lesen Sie im Verlaufe dieses Kapitels.

Brennweite bei Mitziehaufnahmen (nach H. J. Kaeppeler)

Dies ist eine Domäne der AE-1 PROGRAM bei Blendenautomatiksteuerung mit ihrem vorwählbaren Verschlußzeitenbereich. Je nach Motiv muß nämlich die Zeiteinstellung hundertprozentig konstant bleiben. Nehmen wir als Beispiel ein Auto-Rennen auf dem Nürburgring: Sie wollen während einer Rennszene Ihre Kamera mitziehen. Dabei wechselt der Hintergrund jedoch von hellem Horizont auf dunkles Waldgebiet. Die Programmautomatik der AE-1 PROGRAM würde hier bestimmt, auf diese Szene bezogen, „falsch" reagieren. Dennoch gibt es auch zahlreiche Situationen, welche die Programmautomatik exakt meistert: offene Sportstadien, Landschaften etc., wenn der Motivkontrast gleichmäßig ist über eine größere Strecke, vor allem, wenn die Beleuchtung nicht von vorn kommt.

Übersicht

Sportarten und ihre Ausübungs-Geschwindigkeiten plus Vergleich der Verschlußzeiten bei den verschiedenen Bewegungsrichtungen zur Kamera:

Sportart	Schwimmen / langsamer Pferdesport			Langlauf / Pferdesport (Traben) / Hochsprung / Kajak-Fahren			Kurzstreckenlauf (z. B. 100 m) / Eisschnellauf / Pferdesport (Galopp) / Segeln / Rudern / Ballsport			Ski-Sport (Slalom) / Pferderennen / Segeflug / Radrennen / Hürdenlauf			Auto-Rallye / Ski-Sport (Abfahrtslauf) / Motorbootrennen / Moto-Cross (Geländefahrten)			Auto-Rennen / Motorrad-Rennen		
Bewegungsrichtung zur Kamera	↕	⤧	↔	↕	⤧	↔	↕	⤧	↔	↕	⤧	↔	↕	⤧	↔	↕	⤧	↔
Kamerastand	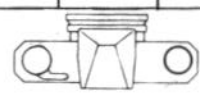			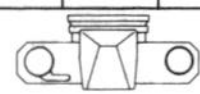			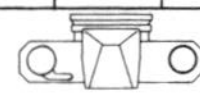			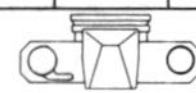			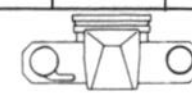					
Abstand zum Akteur bzw. zum Geschehen 25 m	1/30	1/30	1/60	1/30	1/60	1/125	1/60	1/125	1/250	1/125	1/250	1/500	1/250	1/500	1/1000	1/500	1/1000	1/2000
10m	1/30	1/60	1/125	1/60	1/125	1/250	1/125	1/250	1/500	1/250	1/500	1/1000	1/500	1/1000	1/2000	1/1000	1/2000	–
5 m	1/60	1/125	1/250	1/125	1/250	1/500	1/250	1/500	1/1000	1/500	1/1000	1/2000	–	–	–	–	–	–
Geschwindigkeit des Motivs	1–2,5 m/Sek.			2,5–5 m/Sek.			5–10 m/Sek.			10–25 m/Sek.			25–50 m/Sek.			50–100 mSek.		

Merksatz:

Bei Verwendung von Tele-Objektiven, bitte folgende Sonderregelung beachten: Mit Teleobjektiv f = 100 mm die Verschlußzeit $^{1}/_{125}$ Sek. wählen, mit Teleobjektiv f = 135 mm = $^{1}/_{250}$ Sek. und mit längeren Brennweiten = $^{1}/_{500}$ Sek. (nicht länger). Die Belichtungszeit reicht zwar zur Erfassung des Motivs aus, jedoch erhöht sich bekanntlich die Verwacklungsgefahr aufgrund der zunehmenden Größe sowie des Gewichts des Teleobjektivs!

Praktische Erfahrung zeigt, daß beim Mitziehen die Winkelgeschwindigkeit zwischen 45°/Sek. und 90°/Sek. liegen sollte, der „mittlere Erfahrungswert" liegt also bei 60°/Sek., oder mathematisch ausgedrückt, bei π/3 pro Sekunde. Nimmt man nun die bekannte Formel für den Abstand von Gegenstandsebene bis Bildebene hinzu, dann ergibt sich ein Zusammenhang zwischen Abbildungsmaßstab, Fahrzeuggeschwindigkeit und günstiger Brennweite bei Mitziehaufnahmen zu

$$\frac{3vm}{\pi(1 + m)^2}$$

(v = Fahrgeschwindigkeit in m/Sek.)

oder, näherungsweise, für v in km/h und Brennweite f in mm,
$f\,(mm) \approx 250\, m \cdot v\,(km/h)$.

Verschlußzeit beim Mitziehen:

$$t = \frac{\pi d}{4v} \approx \frac{1{,}5}{v(km/h)}$$

(d = Raddurchmesser etwa 60 cm im Mittel).

Dies ist die Zeit, die ein Rad für $^1/_4$ Umdrehung braucht (Wischeffekt!).

Bildwinkel und Perspektive

Verwendet man verschiedene Wechselobjektive, so ergeben sich auf Grund ihrer unterschiedlichen Brennweite auch gewisse fotografische Unterschiede. Dazu zählen primär der je nach Brennweite unterschiedliche Bildwinkel und je nachdem, eine Veränderung der Perspektive.

Objekt in gleicher Größe abgebildet

Das heißt aufnahmetechnisch exakt: Gleicher Aufnahmemaßstab bei Einsatz von Objektiven mit verschiedenen Brennweiten. Was ergeben sich dabei für Unterschiede beim Einsatz von Weitwinkel- und Teleobjektiven? Werden Objekte im gleichen Maßstab mit Objektiven unterschiedlicher Brennweiten aufgenommen, ergeben sich unterschiedliche Aufnahmeabstände und verschiedene Perspektiven. Mit dem Teleobjektiv ist der Aufnahmeabstand größer, der Fotograf hat eine größere Distanz zum Objekt. Die Perspektive ist flacher. Mit dem Weitwinkelobjektiv muß er näher ans Objekt herangehen und die Perspektive wird steiler. Die Schärfentiefe ist bei gleichem Maßstab und gleicher Blende gleich groß.

Ein Argument gegen die oft gehörte Aussage „Weitwinkelobjektive haben größere Schärfentiefe als Teleobjektive“: Die Schärfentiefe beruht auf der Tatsache, daß das menschliche Auge den Zerstreuungskreis (beim Kleinbild $^1/_{30}$ mm ∅) noch als scharf ansieht. Mit einem Weitwinkel z. B. von 17 mm Brennweite werden ab Einstellung auf 3 m schon so kleine Maßstäbe erreicht, daß der zulässige Zerstreuungskreis größer als die entsprechenden Motivpunkte ist. Ein Scharfstellen darauf erübrigt sich also. Die Behauptung: Weitwinkel mehr, Tele weniger Schärfentiefe gilt etwa bei Aufnahmen von gleichem Standpunkt aus, also Aufnahmen mit unterschiedlichem Aufnahmemaßstab.

So ist die Frage „Weitwinkel oder Tele“ nicht nur eine Frage der Objektentfernung. Es kommt auch auf den gewollten Aufnahmemaßstab an.

Es muß bei allem auch das Erreichbare gesehen werden. So gilt es bei den Objektiven die Naheinstellgrenze zu beachten. Weitwinkelobjektive erlauben nicht die gleichen Aufnahmemaßstäbe wie Teleobjektive.

Beispiel: FD 2,8/24 mm – bei Abstand 30 cm ergibt sich ein Maßstab von ca. 1 : 12. FD 2,8/100 mm – bei Abstand von 1 m ergibt sich ein Maßstab von ca. 1 : 10. Der Maßstab beim genannten Weitwinkel ist damit erwiesenermaßen kleiner als beim genannten Tele. (Gilt nicht für Objektivauszugsverlängerung)

Objekte von demselben Punkt aus gesehen

Welche Unterschiede ergeben sich unter diesem Aspekt bei Einsatz eines Weitwinkel- und eines Teleobjektivs?

Das Teleobjektiv wirkt wie ein Vergrößerungsglas, durch das der Sehwinkel verändert wird. Ein Detail aus dem Gesamtmotiv – je nach Entfernung nicht erkennbar – wird vergrößert herausgehoben. Man sieht weniger, das Wenige dafür aber größer und deutlicher. Dagegen kann ein Weitwinkelobjektiv mit einem Verkleinerungsglas verglichen werden. Die Veränderung des Sehwinkels ins andere Extrem bringt mehr Dinge ins Bild (Blickfeld), diese aber insgesamt alle kleiner, und weniger gut im Detail erkennbar.

Die Aufnahmemaßstäbe sind also bei dieser Gegebenheit unterschiedlich – beim Weitwinkel sehr klein. Die Perspektive ist gleich.

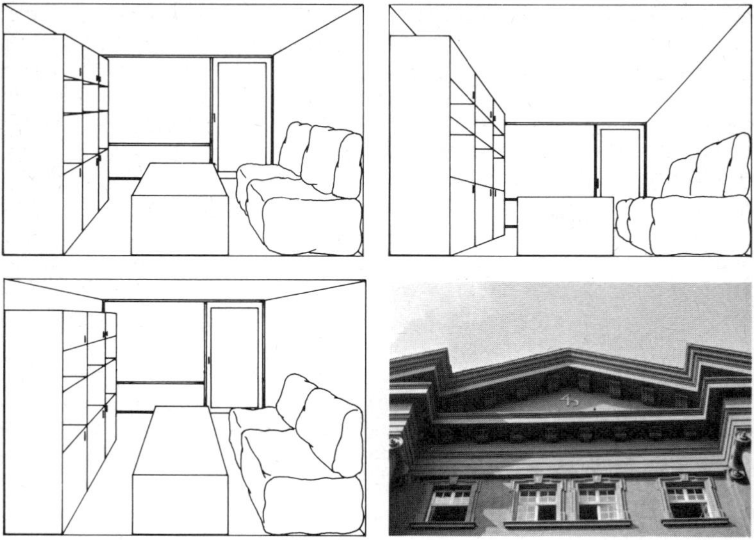

Schematische Darstellung von unterschiedlicher Perspektive. Der Raum oben rechts wirkt aus der Sicht von unten größer, die Möbel wuchtiger als bei der Normalansicht in Skizze links. Aus der Sicht von oben (Skizze unten links) wirkt der Raum gedrungener. Mächtig, himmelwärtsstrebend wirkt das Stück von unten aufgenommene Fassade des Herder-Hauses in Freiburg; ein „echtes“ Beispiel aus der Praxis.

Arbeiten mit der übertriebenen Perspektive

In den meisten Fällen werden Fotos schön brav aus dem Stand heraus „geschossen“. Mit einem Superweitwinkel-, Normal- und Teleobjektiv an der Kamera schon eine schöne Sache. Aber gehen Sie doch einmal damit in die Hocke, legen Sie sich wenn möglich auf den Bauch, oder klettern Sie auf eine höhere Mauer, auf einen Baum. Wuchtig und übergroß erscheinen Motive aus der sogenannten Froschperspektive; klein – wie Kinderspielzeug – und seltsam verzerrt wirken sie von oben, aus der Vogelperspektive fotografiert.

Merksatz:

Wer sich nicht einmal niederhocken bzw. wer nicht mal höher steigen mag, verzichtet auf 1001 faszinierende Motive.

Was ist Schärfentiefe?

Streng nach optischem Gesetz betrachtet, gibt es gar keine Schärfentiefe, denn hundertprozentig scharf abgebildet werden in einer Bildebene nur die Objekte, Motivpunkte, die sich exakt in der eingestellten Entfernung befinden (also Punkte mit gleicher Gegenstandsweite). Vor und hinter dieser punktgenauen Einstell-Ebene fällt die Schärfe kontinuierlich ab.

Nun ist es aber so, daß in der fotografischen Praxis eine ganz leichte Unschärfe – für das Auge bei normaler „flüchtiger" Betrachtung kaum wahrnehmbar – toleriert wird. Für das Kleinbildformat bedeutet dies: zulässiger Streukreis-Durchmesser $^1/_{30}$ mm – ein unendlich kleiner Punkt erscheint dabei als Kreisfläche mit $^1/_{30}$ mm ∅. Der gesamte Bereich mit dieser „ausreichenden" Schärfenwiedergabe wird als Schärfentiefe (früher mit Tiefenschärfe) bezeichnet.

Nun ist dieser Schärfentiefebereich allerdings nicht einfach gleich. Er hängt vielmehr von der Objektiv-Brennweite, -blende und der Aufnahme-Distanz (dem Aufnahme-Maßstab) ab.

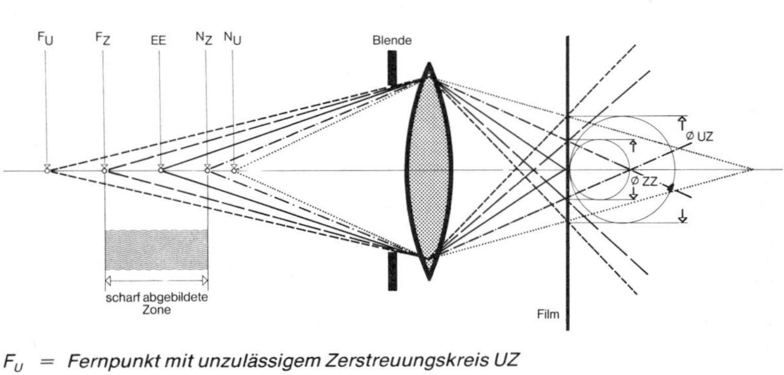

F_U = Fernpunkt mit unzulässigem Zerstreuungskreis UZ
F_Z = Fernpunkt mit zulässigem Zerstreuungskreis ZZ
EE = Einstellebene
N_Z = Nahpunkt mit zulässigem Zerstreuungskreis ZZ
N_U = Nahpunkt mit unzulässigem Zerstreuungskreis UZ

Beachten Sie aber auch folgende Überlegung:

Wird ein Motiv bei gleichem Aufnahmemaßstab mit kurzer Brennweite fotografiert, ergibt sich eine kurze Aufnahmeentfernung und bei Aufnahme mit langer Brennweite ergibt sich eine größere Aufnahmeentfernung.
Das heißt auch, daß bei gleichgroßer Abbildung eines Gegenstandes mit verschiedenen Brennweiten die Schärfentiefe bei gleicher Blende gleich groß ist.

Merksatz:

Die Schärfentiefe ist bei gleicher Blende nur vom Abbildungsverhältnis abhängig. Allerdings ist bei fixer Aufnahmeentfernung der Aufnahmemaßstab von der Brennweite abhängig.

Zur Schärfentiefe noch ein paar andere Gedanken:

1. Ist sie überhaupt wichtig oder anders gesagt, gewünscht?
Nun, es gibt in vielen Bereichen (Technik, Wissenschaft, Dokumentation, Reportage/Schnellschuß) zahlreiche Momente, wo es auf eine vermehrte Schärfentiefe ankommt (Darstellung von großdi-

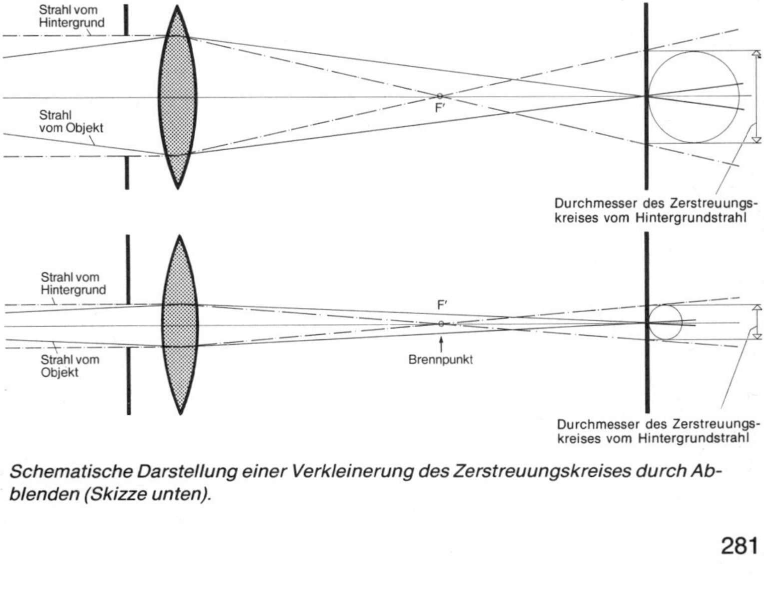

Schematische Darstellung einer Verkleinerung des Zerstreuungskreises durch Abblenden (Skizze unten).

mensionierten Fertigungsteilen, tiefgestaffelten Personengruppen, Landschaftsübersichten, Städtebilder, Hotelpassagen usw.). Andererseits arbeitet man auch gern recht kreativ, das heißt, eine gewisse oder sogar übertriebene Unschärfe ist erwünscht – beispielsweise um Unwichtiges im Bild auszuschalten.

2. Beachtet werden muß unter diesen Aspekten die Verwendung des richtigen Aufnahmematerials (es gibt je nach Filmempfindlichkeit fein- und grobkörniges Material), und der Fotograf muß sich schon vor der Aufnahme bewußt sein, mit welchem Grad der Bildvergrößerung (Ausschnitt) er später rechnet oder zu rechnen hat; die Kreisflächen der eingangs besprochenen zulässigen Zerstreuungskreise wachsen bei der Vergrößerung mit.

3. Die Schärfentiefe erstreckt sich bei größeren Abständen zu ca. einem Drittel in Richtung Kamera und zu zwei Dritteln nach hinten (ins Unendliche). Mit der Lage der Schärfentiefebereiche je zur Hälfte vor und hinter der punktgenauen Einstellebene kann man bei kleinen Abständen (im Nahbereich) rechnen.

Daten und Formeln zur Berechnung der Schärfentiefe

Die nachfolgenden Erläuterungen sind denjenigen Lesern gewidmet, die über die Angaben in den Schärfentiefe-Tabellen, am Schärfentiefering des Objektivs und die optische Schärfeprüfung im Reflexsucher hinaus mehr über das Phänomen „Schärfentiefe bzw. -bereich" wissen möchten, wie man den Bereich um die punktuelle Scharfeinstellebene berechnen kann.

Formel für die Berechnung der vorderen Schärfentiefezone:

$$a_v = \frac{a \times f^2}{f^2 + k \times z(a - f)}$$

Formel für die Berechnung der hinteren Schärfentiefezone:

$$a_h = \frac{a \times f^2}{f^2 - k \times z(a - f)^*}$$

* *Nenner = 0 oder Minuswert bedeutet ∞*

Die Gegenstandsweite (a) berechnet man

1. bei kleinen Aufnahmemaßstäben nach der Formel: „Aufnahmeentfernung (E) – Brennweite (f)"
2. bei großen Maßstäben nach der Formel: „Aufnahmeentfernung (E) – (Brennweite + Auszug)"

Die Ergebnisse a_v und a_h müssen auf die Aufnahmeentfernung zurückgerechnet werden:

1. bei kleinen Aufnahmemaßstäben nach der Formel:
   „a_v + f (Brennweite) = Beginn der Schärfezone"
   „a_h + f (Brennweite) = Ende der Schärfezone
2. bei großen Aufnahmemaßstäben nach der Formel:
   „a_v + f (Brennweite) + Auszug = Beginn der Schärfezone"
   „a_h + f (Brennweite) + Auszug = Ende der Schärfezone"

Berechnung der resultierenden Brennweite bei Benutzung einer Nahlinse:

$$\frac{1^*}{f} = \frac{1}{f\,\text{Objektiv}} + \frac{1}{f\,\text{Nahlinse}}$$

** resultierende Brennweite (bei Schärfentiefe-Berechnung zu benutzen, wenn mit Nahlinse gearbeitet wird!)*

Beispiel:

$$\frac{1}{f} = \frac{1}{50} + \frac{1}{240} = 0{,}02 + 0{,}0041667 = 0{,}0241667;\ 1 : 0{,}0241667 = 41{,}38\ \text{mm}$$

Brennweite mit Nahlinse Canon 240

Beispiele für die Berechnung der Schärfentiefe

Ein Objektiv mit der Brennweite 200 mm wird auf Blende 8 eingestellt, die Aufnahmeentfernung (E) beträgt 7,50 m. Welcher Schärfentiefebereich resultiert daraus?

Die Gegenstandsweite (a) wird berechnet aus:

a = E – f
a = 7500 mm – 200 mm = 7300 mm

Fortsetzung „Berechnung der Schärfentiefe":

$$a_v = \frac{7300 \times 200^2}{200^2 + 8 \times 0{,}035\,(7300 - 200)} = \frac{292\,000\,000}{41\,988} = 6954\,\text{mm}$$

$$a_h = \frac{7300 \times 200^2}{200^2 - 8 \times 0{,}035\,(7300 - 200)} = \frac{292\,000\,000}{38\,012} = 7682\,\text{mm}$$

Durch die Rückrechnung der beiden Ergebnisse auf die Aufnahmeentfernung ergeben sich nun Anfang und Ende des Schärfentiefebereiches:

6954 mm = 6,95 mm + 0,020 m (Brennweite) = 7,15 m Anfang
bis
7682 mm = 7,68 m + 0,20 m (Brennweite) = 7,88 m Ende.
Die gesamte Schärfezone ist 0,73 m tief.

Ein Objektiv mit der Brennweite 35 mm wird auf Blende 8 eingestellt, die Aufnahmeentfernung (E) beträgt 7,50 m.

$a = E - f$
$a = 7500\,\text{mm} - 35\,\text{mm} = 7465\,\text{mm}$

$$a_v = \frac{7465 \times 35^2}{35^2 + 8 \times 0{,}035\,(7465 - 35)} = \frac{9144625}{3305{,}4} = 2767\,\text{mm}$$

$$a_h = \frac{7465 \times 35^2}{35^2 - 8 \times 0{,}035\,(7465 - 35)} = \frac{9\,144\,625}{1225 - 2080{,}4^*} = \infty$$

Durch die Rückrechnung der Ergebnisse auf die Aufnahmeentfernung ergeben sich Anfang und Ende des Schärfentiefebereiches:

2767 mm = 2,77 m + 0,035 m = 2,80 m Anfang
bis ∞ Ende

* *negativer Nenner bedeutet Schärfentiefe bis unendlich (∞)*

Nah- und Großaufnahmen

Ein spezielles Gebiet der Fotografie, dessen Aufnahmeergebnisse jeden fesseln, der von der unmittelbaren Aussagekraft und der optimalen visuellen Wirkung dieser Aufnahmeart fasziniert ist. Nah-

3 6 81

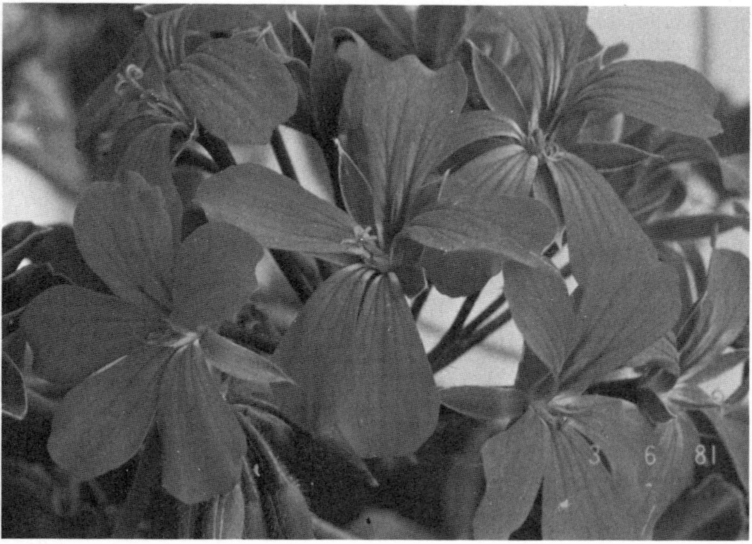
3 6 81

und Großaufnahmen zeigen Details und Wesentliches. Sie sollten in keiner Bild- und Diaserie – die ja Begebenheiten und Erlebnisse schildern soll – fehlen. Auch der Kinofilm bedient sich bekanntlich dieser aussagestarken Detailaufnahme, um aus der Totalen heraus Einblick in das Innenleben einer Stadt, eines Handlungsortes zu vermitteln. Auf die Fotografierenden übertragen heißt das: im Urlaub, in den Ferien, auf Fotosafaris und während des sonstigen Fotoalltags, nicht nur die große Welt fotografieren, sondern auch das, was in ihr lebt – versteckt lebt – und dem flüchtigen Blick verborgen bleibt.
Als Nah- und Großaufnahmen bezeichnet man im allgemeinen Aufnahmen (Negative oder Dias) mit einem Aufnahmemaßstab bis ca. 1 : 10.

Makroaufnahmen (Mikroaufnahmen)

Wer sich nur einmal mit diesem Gebiet der Fotografie befaßt hat, kommt meiner Meinung nach kaum wieder davon los. Zu interessant ist die Welt des Kleinen. Vor allem lernt man diese Welt durch die Makrofotografie (Mikrofotografie) besser sehen. Betrachtet man den Maßstabbereich von etwa 1 : 1 bis 1 : 10 (Makro) und 1 : 1 bis 10 : 1 (Mikro), wird man sich dessen durchaus bewußt. Welcher Hobbyfotograf wird da nicht neugierig?
Ging ich zuvor schlendernd durch einen Park, sah ich Bäume, Sträucher, Teiche und Blumen als Allgemeinplätze, die mir auch der Blick durch den Kamerasucher (bei Aufnahmedistanzen ab 1 m und weiter) nicht „besser" vermittelte. Nachdem ich meine Kamera mit auszugverlängerndem Zubehör bereichert hatte und so ausgerüstet einen Blick durch den Sucher tat, gingen mir die Augen auf. Heute schaue ich in die Bäume, Sträucher und in jeden Winkel hinein; ich suche förmlich die Einzelheiten, sehe die Flora, Fauna, wie sie wirklich ist. Es faszinieren mich die Schönheit eines Schmetterlings, die feinen Strukturen von Blättern und Blüten, das zarte Filigran eines Spinnennetzes im Gegenlicht, einer Löwenzahn-Samendolde. Man sieht plötzlich die Ornamente auf Porzellan, Glas und Vasen; welche Feinheiten seltene Steine, Schneekristalle, Regentropfen, Eiszapfen usw. dem flüchtigen, fernen Blick verbergen.

Merksätze:

Aufgrund der bei Nah- und Makroaufnahmen meist erforderlichen längeren Belichtungszeit ist die Verwendung eines Stativs, Reproduktionsgestells sowie eines Drahtauslösers bzw. des elektronischen Selbstauslösers der AE-1 PROGRAM unerläßlich.
Das Wichtigste für die gute Makroaufnahme ist der ruhige und passende Hintergrund. Er soll insofern zurücktreten, daß er den Blick auf das Objekt nicht stört, aber gleichzeitig das Motiv nicht vollkommen aus der Atmosphäre löst – es würde sonst „gestellt" wirken.
Wir wissen, daß der Schärfentiefebereich immer mehr abnimmt, je mehr wir uns unserem Objekt nähern. Da jeder Fotograf versuchen wird, sich die Schärfentiefe durch Abblenden möglichst zu erhalten, wird in manchen Aufnahmesituationen die Blitzlicht- bzw. Kunstlichtbeleuchtung oder -aufhellung erforderlich sein (bitte an den richtigen Film denken!).

Der Aufnahmemaßstab

Für die Ermittlung des Aufnahmemaßstabes kann man sich verschiedener Methoden bedienen. Man könnte auch sagen, umständlicher und ganz einfacher Methoden. Es gibt die Rechenmethode, und man kann den Maßstab bei entsprechenden Aufnahmesystemen auch einfach ablesen.

Die 1. Methode „der Vergleich" (Filmbildformat mit Gegenstandsformat) erfordert die Rechnung:
Filmbildgröße 24 × 36 mm : Objektgröße 48 × 72 mm = 1 : 2

Die 2. Methode stellt eine Rechnung nach dem „Objektivauszug" dar. Z. B. Brennweite f = 50 mm bei ∞-Einstellung dividiert durch Objektivauszug (z. B. 50 mm) = Maßstab. Also 50 : 50 = Maßstab 1 : 1. Oder Auszug 25 mm (mit Zwischenring FD 25) dividiert durch Brennweite 50 mm = 1 : 2 usw.

Die 3. Rechnung basiert auf der abgelesenen Länge einer Zentimeterskala, die mit dem Sucherbildfaktor multipliziert wird, wonach die effektive Bildgröße bekannt wird. Man kann danach auch die Filmbildbreite dividieren durch die effektive Bildgröße.

Zum Beispiel:

70 mm Balgenauszug · 0,94facher Sucherbildfaktor der AE-1 P = 65,8 mm effektive Bildgröße.
Maßstab = 36 mm Filmbildbreite : 65,8 mm = ca. Maßstab 1 : 2.

Die einfachste und erfreulichste Methode heißt jedoch „Ablesen". Diese Möglichkeit besteht beim Canon FD 3,5/50 mm Makro, FD

4,0/100 mm Makro und FD 4,0/200 mm Makro. Der Maßstab kann jeweils vorn am Objektiv (bei Einsatz ohne Zwischenring FD beim 200er generell der Fall) oder oben auf dem Objektiv (mit Zwischenring-Einsatz) abgelesen werden. Die Maßstabsskalen sind orangefarben eingelegt.

Kenntnis des Aufnahmemaßstabes wichtig oder unwichtig?

Obwohl wir in der Makro-Fotografie immer mit mehr oder minder größeren Aufnahmemaßstäben zu tun haben, ist es nicht in jedem Fall wichtig, den Maßstab zu kennen. Seine Kenntnis ist unwichtig, wenn es bei den Aufnahmen nur um den Augeneindruck geht, um ein ideales Bildfeld, um schöne Bilder. Kurz gesagt um die Bildgestaltung und künstlerische Aspekte. Auf technischer Seite muß der Maßstab ebenfalls nicht bekannt sein bei der Belichtungsmessung. Maßstabsbezogene Belichtungsverlängerungsfaktoren werden vom Innenmeßsystem der Kamera automatisch mit berücksichtigt.

Die Kenntnis des Aufnahmemaßstabes ist wichtig bei der Sachfotografie, der Bilddokumentation, wenn Dinge, Gegenstände, maßstabsgetreu wiedergegeben werden müssen, wenn es auf exakte Vergleichbarkeit ankommt. Auf aufnahmetechnischer Seite muß der Maßstab bekannt sein, wenn z. B. bei manueller Belichtungssteuerung ein Belichtungsverlängerungsfaktor bestimmt werden muß, oder wenn man Blitzlicht einsetzen möchte. Bei Kenntnis des Maßstabes ist der Fotograf freier in der Wahl des Systemzubehörs.

Berechnung des Aufnahmemaßstabes, Aufnahmeabstandes, der Objektfelder und Schärfebereiche bei Verwendung von Nahlinsen

Es ist sicherlich ebenso interessant wie wichtig, auch den Aufnahmeabstand und -maßstab für die Kombination Objektiv + Nahlinse errechnen zu können; wenn es um notwendige Genauigkeit geht, und vor allem, wenn die Kombination Nahlinse plus Zwischenringe zum Erhalten von Lichtstärke fachlich ausgenutzt werden soll.
Die Berechnung der Dioptrienstärke von optischen Systemen basiert auf der Formel

$$\frac{1\ \text{Dioptrie} = 1000\ \text{mm}}{\text{Brennweite des Systems}}$$

Unsere Fallbeispiele sollen sein, 50-mm-Objektiv und die Canon Nahlinsen 240 und 450.

Zunächst die Dioptrien-Berechnung für alle Systeme:

1000 mm : 50 mm = 20 dpt; 1000 : 240 = 4,16 dpt.
und 1000 : 450 = 2,22 dpt.

Die Umrechnung der Brennweiten in Dioptrien bringt den Vorteil, daß bei Kombination von Nahlinsen oder mit Objektiven die Gesamtbrechkraft des kombinierten Systems leichter errechnet werden kann. Man addiert einfach die Dioptrienwerte. Beispielsweise 20 dpt + 4,16 dpt = 24,16 dpt. Wenn Sie diese Dioptriensumme nach der Formel 1000 : dpt wieder umrechnen, erhalten Sie eine Brennweite von 41,39 mm.
Damit wird klar, daß die Zusammenrechnung der Dioptrien eine verminderte Gesamtbrennweite ergibt. Diese Brennweite macht logischerweise die Annäherung an das Objekt und seine vergrößerte Wiedergabe erst möglich. Und, je größer die Dioptrienzahl also ist, um so näher kann man an das Objekt heran und desto größer wird der Aufnahmemaßstab.

Als nächstes nun die Berechnung des Aufnahmeabstandes:

Gehen wir davon aus, daß Sie die Nahlinse 240 vorsetzen und die Entfernungseinstellung an Ihrem Objektiv (f = 50 mm) 60 cm ist. Hier muß ich kurz die Berechnung des Naheinstellwertes einblenden. Formel: Naheinstellwert (Ne) = 1/e (wobei e die Meterzahl der Entfernungseinstellung bedeutet. In unserem Fall 60 cm). Also 1/0,60 m = 1,666.

Formel zur Errechnung der Aufnahmeentfernung „a“ (nur mit dpt der Nahlinse allein)

$$a = \frac{1}{dptL + Ne} = \text{Unser Beispiel:}$$

$$a = \frac{1}{4{,}16 + 1{,}666} = \frac{1}{5{,}826} = 0{,}17\,\text{m Abstand (gemessen ab Nahlinse)}$$

Nun die Berechnung des Aufnahmemaßstabes (V):

Dieser ergibt sich aus der Addition der Dioptrienwerte von Objektiv und Nahlinse.

$$\text{Formel: } V = \frac{dptL + Ne}{dptO - Ne} = V = \frac{4{,}16 + 1{,}666}{20 - 1{,}666} = \frac{5{,}826}{18{,}334} = 0{,}3177$$

Der Abbildungsmaßstab beträgt ca. 0,3 : 1

Hat man den Aufnahmemaßstab parat, ist es nicht schwer, auch das Objektfeld zu errechnen, das für den vorher bekanntgewordenen Aufnahmeabstand in Frage kommt und Wichtiges aussagt, darüber wie das Motiv erfaßt wird.

Nach der Formel:

$$\textit{Objektgröße} = \frac{\textit{Bildgröße}}{\textit{Aufnahmemaßstab.}}$$

Die Bildgröße liegt ja bereits mit unserem Negativformat fest – 24 × 36 mm. Rechnen wir nun

$$\textit{Objektgröße} = \frac{24\,mm}{0{,}3177} = 75{,}54\,mm$$

und

$$\textit{Objektgröße} = \frac{36\,mm}{0{,}3177} = 113{,}3\,mm,$$ ***erhalten wir ein Bildfeld von ca. 75 × 113 mm.***

Abschließend noch die Formel für die Errechnung der Schärfentiefe (abgestimmt auf unser Beispiel):

$$\textit{Schärfentiefe in mm} = 2 \times \textit{Unschärfenkreis-Durchmesser} \times \textit{Blende}$$

$$\times \frac{1 + \textit{Aufnahmemaßstab}}{\textit{Aufnahmemaßstab}^2} = \textit{Unser Beispiel:}$$

$$\textit{Schärfentiefe in mm} = 2 \times 0{,}035 \times \textit{Blende } 4$$

$$\times \frac{1 + 0{,}3177}{0{,}10} = 0{,}070 \times 4 \times \frac{1{,}3177}{0{,}10} = 0{,}28 \times 13{,}177 = 3{,}689\,mm.$$

Ist bei Maßstäben ab 1 : 20 eine mechanische Objektivauszugsverlängerung nicht möglich und sollen Nahlinsen nicht eingesetzt werden, sondern will man den Auszug dann künstlich verlängern durch Zwischenringe/Balgen, muß zusätzlich der Auszug berechnet werden (Formeln und Beispiele siehe Seite 294ff).

Anmerkung:

Canon-Objektive haben teilweise einen langen mechanischen Auszug, so daß Aufnahmemaßstäbe um 1 : 12 ca. möglich sind. Nahlinsen bzw. auszugsverlängerndes Zubehör ist erst bei größeren Maßstäben erforderlich.

Schärfentiefebereiche bei Nah- und Makroaufnahmen mit Aufnahmemaßstab 1 : 20 bis 30 : 1

Die Regel besagt, daß die Schärfentiefezone (die Zone, die unser Auge außer der punktuellen Schärfe-Ebene noch als gesamtscharf ansieht) sich bei größeren und großen Aufnahmeabständen – bis unendlich – zu einem Drittel vor und zu zwei Drittel hinter die Scharfeinstell-Ebene erstreckt. Im Nah- und Makrobereich – ab Aufnahmemaßstäbe 1 : 20 (0,05 ×) – ist das Verhältnis 50 : 50. Das heißt, die Schärfezone vor und hinter der Scharfeinstell-Ebene ist gleich. Dies gilt für alle Brennweiten, die Aufnahmeabstände sind dabei logischerweise unterschiedlich. Die nachfolgende „Universal-Schärfebereichs-Tabelle für Nah- und Makro-Aufnahmen" ist darauf aufgebaut. Die Angaben gelten für den Aufnahmemaßstabsbereich 1 : 20 (0,05×) bis 30 : 1. Der besseren Übersicht und Berechnung wegen, ist nur eine Seite des Schärfebereichs – gerechnet ab Scharfeinstell-Ebene/Entfernungseinstellung – angegeben; sozusagen eine Hälfte des Schärfebereichs. Wollen Sie die gesamte Schärfezone berechnen – ihre Ausdehnung nach vorn und hinten – dann multiplizieren Sie die angegebenen Werte einfach mit dem Faktor 2.

Beispiele für die Handhabung:

1. Sie haben Ihr 50-mm-Objektiv auf 1 m scharf eingestellt. Das entspricht dem Aufnahmemaßstab 1 : 20 (0,05×). Bei Blende 8 ist die Schärfezone vor und hinter der Scharfeinstellebene (1 m) 117,6 mm groß. Die Zone erstreckt sich demnach von 1000 mm – 117,6 mm bis 1000 mm + 117,6 mm. Das sind 988,4 bis 1117,6 mm = ca. 0,99 bis 1,12 m.

2. Ihr FD Makro 3,5/50 mm läßt sich ohne Zwischenring bis 0,232 m nah scharfeinstellen. Das entspricht dem Aufnahmemaßstab 1 : 2 (0,5×). Die Schärfezone ist bei bei Blende 3,5 (volle Objektivöffnung) vor und hinter der Scharfeinstell-Ebene (0,232 m) nur 0,7350 mm groß. Sie erstreckt sich demnach von 232 mm – 0,7 mm bis 232 mm + 0,7 mm = 231,3 bis 232,7 mm. Die Schärfentiefezone ist also von Anfang bis Ende nur 1,47 mm groß.

Universal-Schärfentiefebereichs-Tabellen für Nah- und Makro-Aufnahmen mit Aufnahmemaßstäben von 1 : 20 bis 30 : 1

Blende	Aufnahme-Maßstab (Vergrößerungsfaktor)								
	1:20(0,05x)	1 : 10 (0,1 x)	1 : 5 (0,2x)	1 : 3 (0,3x)	1 : 2,5(0,4x)	1 : 2 (0,5 x)	1:1,6(0,6x)	1:1,4(0,7x)	1:125(0,8x)
1,2	17,6400	4,6200	1,2600	0,6067	0,3675	0,2520	0,1867	0,1457	0,1181
1,4	20,7889	5,4447	1,4849	0,7150	0,4331	0,2970	0,2200	0,1717	0,1392
1,8	26,4600	6,9300	1,8900	0,9100	0,5513	0,3780	0,2800	0,2186	0,1772
2,0	29,4000	7,7000	2,1000	1,0111	0,6125	0,4200	0,3111	0,2429	0,1969
2,8	41,5779	10,8894	2,9698	1,4299	0,8662	0,5940	0,4400	0,3435	0,2784
3,5	51,4500	13,4750	3,6750	1,7694	1,0719	0,7350	0,5444	0,4250	0,3445
4,0	58,8000	15,4000	4,2000	2,0222	1,2250	0,8400	0,6222	0,4857	0,3938
4,5	66,1500	17,3250	4,7250	2,2750	1,3781	0,9450	0,7000	0,5464	0,4430
5,6	83,1558	21,7789	5,9397	2,8599	1,7324	1,1879	0,8800	0,6869	0,5568
8,0	117,6000	30,8000	8,4000	4,0444	2,4500	1,6800	1,2444	0,9714	0,7875
11	166,3115	43,5578	11,8794	5,7197	3,4648	2,3759	1,7599	1,3738	1,1137
16	335,2000	61,6000	16,8000	8,0889	4,9000	3,3600	2,4889	1,9429	1,5750
22	332,6230	87,1156	23,7588	11,4394	6,9296	4,7518	3,5198	2,7476	2,2274
32	470,4000	123,2000	33,6000	16,1778	9,8000	6,7200	4,9778	3,8857	3,1500
45	665,2461	174,2311	47,5176	22,8788	13,8593	9,5035	7,0396	5,4952	4,4548
64	940,8000	246,4000	67,2000	32,3556	19,6000	13,4400	9,9556	7,7714	6,3000

Fortsetzung von Seite 291:

Nach den Angaben dieser umfassenden Aufnahmemaßstäbe ist der Leser bzw. Anwender leicht in der Lage, das entsprechende Objektfeld – das, was bei diesem und jenem Maßstab auf dem Filmbild noch abgebildet wird – zu berechnen.

Rechnen Sie bitte nach folgender Formel:

„Filmformat dividiert durch Aufnahmemaßstab“

Zum Beispiel:

Das Filmformat ist 24 × 36 mm, der Maßstab 1 : 0,5

24 mm : 0,5 = 48 mm; 36 mm : 0,5 = 72 mm.

Das Objektfeld ist dann also 48 × 72 mm.

Fortsetzung von Seite links

Blende	Aufnahme-Maßstab (Vergrößerungsfaktor)								
	1:1,1(0,9x)	1:1(1x)	2:1(2x)	3:1(3x)	4:1(4x)	5:1(5x)	6:1(6x)	7:1(7x)	8:1(8x)
1,2	0,0985	0,0840	0,0315	0,0187	0,0131	0,0101	0,0082	0,0069	0,0059
1,4	0,1161	0,0990	0,0371	0,0220	0,0155	0,0119	0,0096	0,0081	0,0070
1,8	0,1478	0,1260	0,0473	0,0220	0,0197	0,0151	0,0122	0,0103	0,0089
2,0	0,1642	0,1400	0,0525	0,0311	0,0219	0,0168	0,0136	0,0114	0,0098
2,8	0,2322	0,1980	0,0742	0,0440	0,0309	0,0238	0,0192	0,0162	0,0139
3,5	0,2873	0,2450	0,0919	0,0544	0,0383	0,0294	0,0238	0,0200	0,0172
4,0	0,3284	0,2800	0,1050	0,0622	0,0438	0,0336	0,0272	0,0229	0,0197
4,5	0,3694	0,3150	0,1181	0,0700	0,0492	0,0378	0,0306	0,0257	0,0221
5,6	0,4644	0,3960	0,1485	0,0880	0,0619	0,0475	0,0385	0,0323	0,0278
8,0	0,6568	0,5600	0,2100	0,1244	0,0875	0,0672	0,0544	0,0457	0,0394
11	0,9288	0,7920	0,2970	0,1760	0,1237	0,0950	0,0770	0,0646	0,0557
16	1,3136	1,1200	0,4200	0,2489	0,1750	0,1344	0,1089	0,0914	0,0788
22	1,8577	1,5839	0,5940	0,3520	0,2475	0,1901	0,1540	0,1293	0,1114
32	2,6272	2,2400	0,8400	0,4978	0,3500	0,2688	0,2178	0,1829	0,1575
45	3,7154	3,1678	1,1879	0,7040	0,4950	0,3801	0,3080	0,2586	0,2227
64	5,2543	4,4800	1,6800	0,9956	0,7000	0,5376	0,4356	0,3657	0,3150

Blende	Aufnahme-Maßstab (Vergrößerungsfaktor)								
	9:1(9x)	10:1(10x)	11:1(11x)	15:1(15x)	20:1(20x)	25:1(25x)	30:1(30x)		
1,2	0,0052	0,0046	0,0042	0,0030	0,0022	0,0017	0,0014		
1,4	0,0061	0,0054	0,0049	0,0035	0,0026	0,0021	0,0017		
1,8	0,0078	0,0069	0,0062	0,0045	0,0033	0,0026	0,0022		
2,0	0,0086	0,0077	0,0069	0,0050	0,0037	0,0029	0,0024		
2,8	0,0122	0,0109	0,0098	0,0070	0,0052	0,0041	0,0034		
3,5	0,0151	0,0135	0,0121	0,0087	0,0064	0,0051	0,0042		
4,0	0,0173	0,0154	0,0139	0,0100	0,0074	0,0058	0,0048		
4,5	0,0194	0,0173	0,0156	0,0112	0,0083	0,0066	0,0054		
5,6	0,0244	0,0218	0,0196	0,0141	0,0104	0,0082	0,0068		
8,0	0,0346	0,0308	0,0278	0,0199	0,0147	0,0116	0,0096		
11	0,0489	0,0436	0,0393	0,0282	0,0208	0,0165	0,0136		
16	0,0691	0,0616	0,0555	0,0398	0,0294	0,0233	0,0193		
22	0,0978	0,0871	0,0785	0,0563	0,0416	0,0329	0,0273		
32	0,1383	0,1232	0,1111	0,0796	0,0588	0,0466	0,0386		
45	0,1955	0,1742	0,1571	0,1126	0,0832	0,0659	0,0546		
64	0,2765	0,2464	0,2221	0,1593	0,1176	0,0932	0,0772		

Übersicht für Makroaufnahmen mit entsprechenden Kleinbild-Objektiven. Alle Angaben in mm.

Wissenswerte Fakten für Makroaufnahmen

- Die Vergrößerungsfähigkeit eines Objektivs wird zunächst nach seinem eigenen Auszug (auch Hub genannt) ohne zusätzlichen künstlichen Auszug berechnet, nach der Formel „M (Maßstab) = H (Hub/Auszug) : f (Brennweite)".

  Beispiel: Objektiv mit 50 mm Brennweite hat einen Auszug von 6 mm. Die Rechnung lautet, M = 6 mm (H) : 50 mm (f) = 0,12× (1 : 8,3).
  Wird dann z.B. ein Vario-Zwischenring M 15–25 eingesetzt, ergibt sich folgende Rechnung: M = 15 bis 25 + 6 mm Auszugslänge (AL) : 50 mm (f) = 0,3 bis 0,62 X (1 : 3,3 bis 1 : 2,38).

- Das Objektfeld (OF) wird über den Maßstab berechnet, nach der Formel „Filmformat (FF) : Maßstab (M).

  Beispiel: OF = 24 mm (FF) : 0,3 fach (M) × 36 mm (FF) : 0,3 fach (M) = 80 × 120 mm.

- Die genaueste Berechnung des Aufnahmemaßstabes beruht im Bereich unter der Unendlichkeitseinstellung auf dem Auszug (Hub) bis ca. 0,5 mm. Die Entfernungseinstellung ist bei diesem Hub pro Brennweite selbstverständlich unterschiedlich: z. B. beim 50-mm-Objektiv liegt sie bei 5 m, bei 200 mm bei ca. 8,5 m. Die auch übliche Pauschalrechnung nach der Formel „Maßstab (M) = Brennweite (f) : Entfernung (E)" kann hier nur für den ganz groben Anhaltswert gelten.

Beweisführung:
M = 50 mm (f) : 1 m = 1000 mm (E) = 1 : 20 (0,05×).
Die richtigere Berechnung nach dem Hub (H) erfolgt auf diesem Weg:

$$H = \frac{f^2}{E - 2f} = H = \frac{50 \times 50}{1000 - 100} = \frac{2500}{900} = 2{,}78\,\text{mm Hub}$$

Der Maßstab ist dann: M = 2,78 mm (H) : 50 mm (f) = 1 : 18 (0,055×)

Der Objektivauszug (Hub) von 0,5 mm ergibt sich beim Objektiv 50 mm bei Entfernungseinstellung von 5 m. Rechnen wir:

$$H = \frac{f^2}{E - 2f} = H = \frac{50 \times 50}{5000 - 100} = \frac{2500}{4900} = 0{,}51\,\text{mm},$$

danach M = H : f = 1 : 98 (0,0102×).

Die übliche Pauschalrechnung f : E ergäbe hier:
M = 50 mm : 5000 mm = 1 : 100 (0,01×).

Machen wir den Unterschied der Abweichung zwischen Berechnung nach dem Hub und Überschlagsrechnung noch einmal deutlich mit der Rechnung des Objektfeldes:

Bei Maßstab 1 : 98 (0,0102×) ergibt sich: OF = 24 mm : 0,0102 × 36 mm : 0,0102 = 235,29 × 352,94 cm.
Bei Maßstab 1 : 100 (0,01 ×): OF = 24 mm : 0,01 × 36 : 0,01 = 240 × 360 cm.

Über dieses Maß hinaus sind keine spürbaren Abweichungen zu erwarten. Man kann sich hier die Frage nach dem Maßstab also vereinfachen und nach der Formel „Brennweite dividiert durch Entfernung" rechnen.

Anmerkung:

Die oben gemachten Rechnungen und Beispiele beziehen sich auf die Brennweite 50 mm. Beachten Sie, das der Hub bei jeder Brennweite anders ist beim Erreichen des gleichen Entfernungsbereiches. Durch die optische Konstruktion – vornehmlich bezogen auf die Hauptpunkte – ergeben sich selbst bei Objektiven gleicher Brennweite noch feine Unterschiede beim Hub. Man kann dies aber bei der Berechnung vernachlässigen.

- Der Objektivauszug/Hub (H) über den Schneckengang kann auch in etwa mit einem Metermaß am Objektivtubus gemessen werden. Die Berechnung nach der Formel auf Seite 294 reicht zwar pauschal aus, ist aber nicht ganz genau, da sich selbst bei Objektiven gleicher Brennweite aufgrund der unterschiedlichen optischen Konstruktion leichte Unterschiede ergeben; die Hauptebenen sind nicht gleich.

  Die Canon Objektivangaben beinhalten zur Vereinfachung der Überlegungen bereits den Aufnahmemaßstab bezogen auf den vollen Auszug (Hub), was gleichzeitig der Naheinstellgrenze entspricht (z. B. beim FD 1,4/50 mm: 0,15× bei Entfernungseinstellung auf 0,45 m). Wer trotzdem noch wissen möchte, welchem Objektivauszug/Hub (H) dies entspricht, muß nur die Rechnung machen: „Aufnahmemaßstab 0,15fach × 50 mm Brennweite = 7,5 mm Hub".

  Hier wird wieder klar, daß die Berechnung des Aufnahmemaßstabes im Nahbereich nach dem Objektivauszug genauer ist als bei der auch üblichen Rechnung: „Maßstab = Brennweite (f) : Entfernung (E)"; im Falle des obengenannten FD 1,4/50 mm ergäbe sich die Rechnung 50 : 450 = Maßstab 1 : 9 bzw. 0,11 × und eine Maßstabsabweichung von 0,04×. Der Unterschied wird noch deutlicher, wenn wir die Berechnung der Objektfeldgröße nach dem Maßstab vornehmen – „Filmformat : Maßstab".

  24 mm : 0,15 × 36 mm : 0,15 = 160 × 240 mm und
  24 mm : 0,11 × 36 mm : 0,11 = 218 × 327 mm.

- Ist ein bestimmter Aufnahmemaßstab bekannt/gewünscht, muß die Bildweite (b) und die Gegenstandsweite (a) ermittelt werden. Unter Bildweite ist der Abstand der Bildebene von der Hauptebene des optischen Systems zu verstehen. Bei Einstellung auf ∞ ist die Bildweite praktisch gleich der Brennweite. Der Auszug des Objektivs plus die Brennweite ergeben die Bildweite. Die Gegenstandsweite ist praktisch der Aufnahmeabstand. Es ist der Abstand von objektseitiger Objektiv-Hauptebene zum Aufnahmegegenstand.

  Für die Ermittlung der Gegenstandsweite (a) gilt folgende Formel:

  $$\frac{\text{Aufnahmemaßstab (M)} + 1}{\text{Aufnahmemaßstab}} \times \text{Brennweite (f)}$$

  Beispiel: Maßstab 1 : 2, Objektivbrennweite f = 50 mm.

  $$a = \frac{1:2+1}{1:2} \times 50\,\text{mm} = \frac{0{,}5+1}{0{,}5} \times 50 = \frac{1{,}5}{0{,}5} \times 50$$
  $$= 3 \times 50 = 150\,\text{mm}$$

  Für die Ermittlung der Bildweite (b) gilt folgende Formel:

  (Aufnahmemaßstab (M) + 1) × Brennweite (f)

  b = (0,5 + 1) × 50 mm = 1,5 × 50 = 75 mm. Die Bildweite ergibt sich hier durch einen Auszug von 25 mm plus die Brennweite.

  Der gesamte Aufnahmeabstand von Filmebene bis Motiv ergibt sich aus der Summe von a und b = 150 mm + 75 mm = 225 mm.

- Die Länge des Objektivauszugs – sowohl Hub als auch künstlicher Auszug wird nach der Formel „Aufnahmemaßstab (M) × Brennweite (f) berechnet".

  Beispiel: Brennweite f = 50 mm, Aufnahmemaßstab 1 : 2. Auszug = 50 × 0,5 = 25 mm.

  In diesem gesamten Rechnungsbereich ergeben sich leichte Abweichungen zu den angegebenen Werten in Original-Tabellen. Grund: die obenstehenden Formeln und Berechnungen können nicht exakt die Hauptebenen der Objektive erfassen.

Belichtungsverlängerung

Im allgemeinen ist der Faktor „Belichtungsverlängerung" heute kein Thema mehr. Die modernen Reflexkameras wie die AE-1 PROGRAM verfügen über Belichtungs-Innenmessung. Sämtliche die Belichtung beinflussenden Faktoren: Objektivauszugsverlängerung für größere Aufnahmemaßstäbe, Filtereinsatz etc. werden automatisch berücksichtigt, der Belichtungsmesser stellt sich darauf ein.

Eine Belichtungsverlängerung ist auch beim Einsatz von Achromaten (Nahlinsen) nicht zu beachten. Der Einsatz von Achromaten bringt keinen Lichtverlust mit sich, da sie nicht auszugsverlängernd wirken wie Zwischenringe, sondern brennweitenverkürzend. Dies ist nachweisbar durch folgende Rechnung:

Die Dioptrienzahl des Aufnahmeobjektives (z. B. f = 50 mm) wird mit derjenigen des Achromaten zusammengerechnet.

Um diese Rechnung machen zu können, stellen wir die Dioptrienzahl so fest:

Brennweite 1000 mm = 1 Dioptrie
Brennweite 240 mm (Brennweite des Achromaten 240)
= 1000 mm : 240 mm = 4,2 Dioptrien
Brennweite 50 mm (Objektiv)
= 1000 mm : 50 mm = 20 Dioptrien.

	20 Dioptrien
Rückrechnung auf Brennweite	+ 4,2 Dioptrien
= 1000 mm : 24,2 = 41,3 mm	= 24,2 Dioptrien

Da die Blende das Verhältnis aus Öffnung und Brennweite ist, wird klar, daß der Verlängerungsfaktor trotz vergrößernder Wirkung gleich Null ist:

Beispiel:

Die Öffnung eines Objektivs f = 50 mm entspricht bei Blende 4 einem ∅ von 12,5 mm.
Rechnen wir nun f = 41,3 : 12,5 mm ergibt sich eine Blende von ca. 3,3.
(Formel für die Errechnung der Blendenzahl:
f : d = Brennweite : Öffnungsdurchmesser).

Die Belichtungsverlängerung ist bei Nah- und Makroaufnahmen bei folgendem zu beachten und entsprechend zu ermitteln: Bei manueller Kameraeinstellung, ohne Belichtungs-Innenmessung.

Hier gilt das besondere Augenmerk dem Einsatz von Weitwinkel- und Tele-Objektiven.
Im Falle des Einsatzes symmetrischer Objektiv-Konstruktionen (z. B. FD 1,8/50 mm, FD 3,5/50 mm und FD 4,0/100 mm) mit gleich großer Ein- und Austrittspupille kommen wir mit der grundsätzlichen Rechnung über den gegebenen Aufnahmemaßstab zum Ziel: Maßstab z. B. 1 : 1. Rechnung $(1:1+1)^2 = 2^2 = 4$fache Belichtungsverlängerung = 2 Blendenstufen bzw. Zeitstufen.
Bei asymmetrischen Objektiven wie Weitwinkel- und Teleobjektiven muß die vorstehende Rechnung etwas korrigiert werden. So wird bei Einsatz eines Weitwinkelobjektives, das aufgrund seiner Retrofokuskonstruktion eine größere Austrittspupille als Eintrittspupille hat, die bei gleichen Beleuchtungsverhältnissen gegenüber dem symmetrischen Objektiv eine „Lichtverstärkung" bewirkt, ca. eine Belichtungsstufe abgezogen. Man schließt die Blende bzw. verkürzt die Belichtungszeit um eine Stufe.
Bei Einsatz des Teleobjektivs – auch eine Retrofokuskonstruktion – verhält es sich umgekehrt. Aufgrund seiner Konstruktion mit kürzerer Schnittweite als die Brennweite ist die Austrittspupille kleiner, dies wirkt in unserem Fall „lichtmindernd".
Hier wird nun 1 Belichtungsstufe zugegeben. Also bei errechneten 2 Stufen ergeben sich 3 Stufen Verlängerung.
Im Falle der Retrostellung eines Objektivs muß zusätzlich der Pupillenfaktor berücksichtigt werden. Das heißt, bei unterschiedlicher Größe von Eintritts- und Austrittspupille ergeben sich bei Umkehrung des optimalen Systems Unterschiede bei der Belichtungsmessung. Durch folgende Vergleichsmessung wird der Unterschied schnell deutlich. Zum Beispiel: Weitwinkel in Normalstellung bei ∞ ergibt Blende 8; Weitwinkel in Retrostellung = Blende 4. Ergebnis 2 Blendenstufen Unterschied. Sie müssen bei der Grundrechnung „$(1:1+1)^2 = 4$fach-Verl." berücksichtigt werden. Es ergibt sich demnach in diesem Fall eine 16fache Verlängerung.
Zu beachten ist die Belichtungsverlängerung bei Blitzaufnahmen, da hier feste Größen zur Wirkung kommen: die am Blitzgerät programmierte Blitzblende wird bekanntlich exakt auf das Objektiv übertragen (manuell oder automatisch). Die Blitzblende im Makrobereich ist einfach über die Vergleichs-Innenmessung zu ermitteln. (Siehe Seite 302).

Weitwinkelobjektiv in Retrostellung oder Lupenobjektiv?

Man ist geneigt, vom Namen her dem Lupenobjektiv den Vorzug zu geben. Hohe Maßstäbe sind aber mit beiden Systemen zu erreichen. Es gibt auch andere Gründe, über die Wahl zwischen den beiden Systemen nachzudenken. Zur Verdeutlichung einige Informationen über die Konstruktion der Objektive:
Lupenobjektive (vergleichbar mit Mikroskopobjektiven) sind speziell für den Makro-/Mikro-Bereich gerechnet und korrigiert, für größere Maßstäbe als 1 : 1. Sie können nicht für unendliche Aufnahmeabstände verwendet werden. Lupenobjektive bieten höchste Auflösung und Bildfeldebnung sowie maximalen Kontrast.
Weitwinkelobjektive sind vornehmlich im Superweitwinkelbereich Retrofokus-Konstruktionen. Das heißt, ihre Schnittweite (der Abstand Hinterlinse : Filmebene) ist größer als ihre Brennweite in mm. Diese Konstruktion ist erforderlich, um die Funktion des Schwingspiegels der Reflexkamera zu gewährleisten. Um diese Konstruktion zu erreichen, besteht ein solches Weitwinkelobjektiv praktisch aus einem Weitwinkel-Linsenteil mit großer Frontlinse und einem Teleobjektivteil. Letzterer dient dazu, den längeren Abstand zum Filmbild wieder auszugleichen. Der Abstand der Hinterlinse eines Retrofokusobjektivs zur Filmebene entspricht in etwa der Kameradicke (dem Auflagemaß). Die Austrittspupille ist größer als die Eintrittspupille. Wird das Weitwinkelobjektiv nun in die Retrostellung gesetzt, wird die ehemalige Hinterlinse zur Frontlinse und dann ergibt sich eine größere Eintrittspupille, wodurch mehr Licht nach innen abgestrahlt wird.
Der sogenannte Teleobjektivteil ist aufs Motiv gerichtet, was einen größeren Aufnahmeabstand bewirkt.
Man kann sagen, daß der normalerweise durch Vergrößerungsfaktoren verursachte Lichtverlust hier nicht vorhanden ist bzw. ein geringer Lichtgewinn erzielt wird.
Warum Retrostellung des Objektivs? Normale Aufnahmeobjektive sind auf unendlich korrigiert. Das heißt, daß üblicherweise der Abstand Frontlinse/Objekt größer ist als Hinterlinse/Bildebene. Im Makrobereich kehren sich die Verhältnisse um, der Abstand zum Motiv wird kürzer. Alo wird zum Erhalt der optischen Gesetzmäßigkeiten und besseren Bildwiedergabe das Objektiv umgekehrt.

Resümee:

Wir können also ableiten, daß ein Weitwinkelobjektiv in Retrostellung nur geringen Lichtverlust bringt. Also ergeben sich kleinere Blenden für mehr Schärfentiefe. Der größere Objektabstand ermöglicht bessere Lichtführung und unproblematische Beleuchtung, die Streulichtempfindlichkeit ist mäßig, weil der sogenannte „Makro Hood" unter anderem als Streulichtblende aufgesetzt werden kann.

Das Lupenobjektiv bringt aufgrund seiner Bauweise großen Lichtverlust bei erhöhten Maßstäben, kurzen Frontlinsenabstand (z. B. 16 mm bei Maßstab 10 : 1 mit dem 3,5/20 mm). Es erfordert eine spezielle Punktlichtbeleuchtung (Mikroskopleuchte) aufgrund des geringen Aufnahmeabstandes und ist streulichtempfindlich. Andererseits bietet es höchste Auflösung, maximalen Kontrast und höchste Bildfeldebnung. Für die Wahl zwischen beiden Systemen bedeutet das: wird Bildfeldebnung nicht benötigt, weil z. B. eine Fliegenpupille aufgenommen werden soll, und wo die Wahl der Schärfentiefe eine große Rolle spielt, sollte das Ww-Objektiv zum Zuge kommen. Eine gedruckte Schaltung etc., also ebene Vorlagen erfordern das Lupenobjektiv.

Beleuchtung bei Nah- und Makroaufnahmen

1. Fotolampen und -leuchten

Wie ich im Abschnitt „Licht sehen und führen" schon sagte, können diese Lichtquellen gezielt eingesetzt werden. Denken wir nur an die Reprobeleuchtungseinrichtung; mit ihren schwenkbaren Lampen bereitet es keine Schwierigkeiten, das Objekt exakt „anzuvisieren".

2. Das Blitzlicht

Auch hier gilt, das Blitzgerät, genauer gesagt den Reflektor exakt in Objektrichtung zu halten oder zu montieren, damit das Blitzlicht nicht am Objekt vorbeifällt. Ist das Blitzgerät an die Kamera gefesselt (Speedlite 155A, 166A, 177A, 188A oder 199A – aufgrund der Kamera-Blitzautomatik), kommt es im Nahbereich zur Lichtparallaxe (vergleichbar mit der Sucherparallaxe). Die Lichtstrahlen treffen nicht in das Zentrum des Motivs.

(Die professionellen Speedlite 533G und 577G sind bei Blitzautomatik hier vorteilhafter einzusetzen. Sie bieten den entfesselten Blitz über den externen Sensor).

Man kann die Geräte allerdings auch ohne Kamera-Blitzautomatik einsetzen und über einen Blitzneiger ausrichten.

Es ist möglich, wie bei der Reprobeleuchtung, mit zwei Blitzgeräten – links und rechts von Kamera installiert, mittels Kameraschienen – das Motiv im Winkel von 45° auszuleuchten.

Blitzsysteme wie das Canon Macrolite ML-1 bieten den Doppelreflektor für schattenfreie Ausleuchtung, noch dazu bei Automatikbetrieb. Dazu gibt es das interessante Zusatzgerät „Makroblitz-Sensorteil PW-50 M" im National-Blitzgeräte-Programm, eine sehr preiswerte Angelegenheit (siehe Seite 174).
Mit den Speedlite der Serien A und G ist eine exakte Ausleuchtung bei Computerbetrieb bis zum Mindest-Objektabstand von 0,5 m zu erwarten bzw. garantiert. Die Kamera kann dabei vom Blitz getrennt sein oder nicht. Diese Angabe bezieht sich allein auf die automatische Blitzlichtdosierung des Speedlite und dessen Sensor. Je nach Objekthelligkeit liegt die kürzeste Blitzleuchtzeit im Nahbereich bei $^1/_{50\,000}$ Sek. (je nach Blitzgerät auch noch kürzer). Das ist mit ein Grund dafür, daß im Nahbereich mit der AE-1 PROGRAM auch Serien-Blitzaufnahmen mit Motorantrieb möglich sind.
Bei Verwendung von auszugsverlängerndem Zubehör wie Balgengerät, Zwischenringe etc. entstehen Lichtverluste, und es ergeben sich andere Leuchtwinkel, die auch bei Blitzbeleuchtung berücksichtigt werden müssen. In solchen Fällen bewährt sich die Berechnung nach dem Aufnahmemaßstab. Siehe auch Abschnitt „Vergleichsmessung" im Abschnitt „Belichtungsverlängerung".
Es wird in diesem Fall ohne jede Automatik gearbeitet, Computerblitzgeräte sind auf manuellen Betrieb umgestellt. Die effektive Blende muß ermittelt werden.

Berechnung der Blitzblende für den Nah- und Makrobereich:

Die genaue Blitz-Arbeitsblende ist zu errechnen, wenn man die übliche Formel „Leitzahl dividiert durch Entfernung" um die Rechnung mit dem Aufnahmemaßstab erweitert.

Formel:
$$\text{Blende} = \frac{\text{Leitzahl}}{\text{Aufnahmeabstand} \cdot (1 + \text{Vergrößerung})}$$

Beispiel:
$$\text{Blende} = \frac{16}{0{,}5\,\text{m} \cdot (1 + 0{,}7\,\text{x})}$$
$$= \frac{16}{0{,}5\,\text{m} \cdot 1{,}7\,\text{x}} = \frac{16}{0{,}85} = 18{,}8$$

Blende = 18,8 = ca. 19. Das entspricht der halben rastenden Blendenstufe zwischen 16 und 22.

Anmerkung:

Besonders einfach und sicher arbeiten Sie bei Nah- und Makroaufnahmen mit dem Macrolite ML-1. Informieren Sie sich darüber eingehend auf Seite 169.

Blitzen mit Wechselobjektiven in Retrostellung

Auch das ist ohne Probleme möglich, wenn man bestimmte Grundregeln beachtet. Man muß nur die Größen kennen, welche die Blitzaufnahmen beeinflussen können. Es gibt praktisch nur eine Größe, und das ist die Eintrittspupille des Objektivs.

Dazu zunächst einige Erklärungen: Eintrittspupille und Austrittspupille des Objektivs sind Bilder der Blende, die von den Linsen vor oder hinter ihr entworfen werden. Sie sind sichtbar, wenn das Objektiv gegen das Licht gehalten wird. Hierbei ist festzustellen, daß bei einem symmetrisch aufgebauten Objektiv (Linsenaufbau vor und hinter der Blende gleich) beide Pupillen gleich groß sind. Bei asymmetrischen Konstruktionen ist die Eintrittspupille kleiner als die Austrittspupille. Kehren Sie also ein Objektiv in Retrostellung um, ergibt sich bei symmetrischer Konstruktion kein Unterschied, hingegen beim asymmetrischen Objektiv kommt die kleinere Eintrittspupille jetzt vor der Filmebene in Position.

Bei der allgemeinen Belichtungsmessung unter normalen Lichtbedingungen und der anschließenden Belichtungssteuerung gibt es hier keinen Unterschied. Der Belichtungsabgleich erfolgt ja immer manuell oder automatisch auf das hinter dem Objektiv vor der Filmebene ankommende Licht.

Wird jedoch ein Blitzgerät eingesetzt, stimmt das alles nicht mehr. Dabei kommen feste Größen in Anwendung. So wird eine am Blitzgerät programmierte Blende auch exakt am Objektiv eingestellt bzw. bei Blendenautomatik automatisch eingesteuert. Auch für den Blitz kommt eine Basisgröße ∞ in Betracht. Theoretisch müßte bei jeder Entfernungseinstellung bis hinunter zur Nahdistanz der Skala ca. 0,50 m bereits ein Verlängerungsfaktor für die Blitzblende errechnet werden. Doch unsere Filme bieten genügend Spielraum, so daß dies bei Maßstäben bis 1 : 10 ignoriert werden kann.

Maßstäbe über 1 : 10 erfordern dagegen die Berücksichtigung entsprechender Verlängerungsfaktoren. Denn hier kommt es zu den zusätzlichen Objektivauszügen durch Zwischenringe, Balgengeräte etc. So erfordert ein Auszug von 25 mm bei f = 50 mm bereits eine Belichtungsverlängerung von 1 Blenden- oder Zeitstufe.

Dies ist feststellbar durch eine Vergleichsmessung: 1. Messung bei Einstellung des Objektivs auf unendlich, 2. Messung mit verlängertem Auszug. Und genau diese Vergleichsmessung ist es, die das Blitzen auch bei Einsatz eines Objektivs in Retrostellung so einfach macht.

Voraussetzung ist selbstverständlich, daß die Messungen bei gleicher Beleuchtung des Objekts vorgenommen werden. Der Abstand zum Objekt sollte bei ∞-Einstellung für eine formatfüllende Objektanzeige gut sein – Objekt kann ruhig unscharf erscheinen.

Nun zur Vergleichsmessung:

1. Messung bei Objektiv in Normalstellung auf ∞ eingestellt (z. B. Ergebnis $^1/_{60}$ Sek. und Blende 8)

   Diese Messung muß übrigens nur einmal durchgeführt werden und dient für alle anderen Messungen jedweder Aufnahmemaßstäbe als Ausgangspunkt!

2. Messung: Zunächst Auszugsverlängerung für gewünschten Maßstab montieren (Balgen ect.), Objektiv in Retrostellung ansetzen und dann Belichtung messen (z. B. Ergebnis $^1/_{60}$ Sek. und Blende 2,8)

3. Das manuell eingesetzte Blitzgerät LZ 16 z. B. erreicht bei einem Blitz-Objekt-Abstand von 0,5 m eine Blende von 32 (LZ : E = f – 16 : 0,5 = 32).

4. Aus der Vergleichsmessung geht ein Lichtverlust von 3 Blenden hervor, d. h. auch für den Blitz muß die Blende von 32 auf 11 geöffnet werden.

Wichtig ist die Berücksichtigung des Ultrakurzzeiteffektes (auch Kroneffekt genannt). Das was nach Schwarzschild für den Langzeitbereich gilt (eine lange Belichtung mit weniger Licht führt ohne Korrektur zur Farbverschiebung gegenüber einer Belichtung mit mehr Licht und kürzerer Belichtungszeit) ergibt sich umgekehrt auch für ultrakurze Belichtungszeiten, wie sie beim modernen Computerblitz im Nahbereich vorkommen: ca. bis zu $^1/_{50\,000}$ Sek. Die Folge ist starke Verblauung der Farben. Wir empfehlen daher unbedingt bei Makroaufnahmen die manuelle Steuerung des Blitzgerätes, das heißt die Ausnutzung der vollen Blitzleuchtzeit die bei ca. $^1/_{1000}$ Sek. liegt. Wegen der längeren Leuchtzeit kommt es dann zur besseren Farbsättigung.

Die Mikroskop-Fotografie

Bereits im Kapitel „Nah- und Makro-Fotografie" wurde Ihnen sicherlich klar, in welche Welt wir mittels des fotografischen Bildes hineinschauen können. Aufnahmen aus dieser nahen und nächsten Perspektive zeigen uns Dinge und Einzelheiten, die dem Auge normalerweise verborgen bleiben, ihm entgehen. Ohne das Medium Fotografie können Sie die ungeahnten Schönheiten und Details der Natur nicht entdecken.

Man kann sich deshalb unschwer vorstellen, daß der nächste Schritt, die Mikroskopfotografie, noch weit faszinierendere, aufregendere Dinge offenbart. Erinnern Sie sich evtl. an den ersten Blick durchs Schüler-Mikroskop?

Deshalb hat Canon nicht nur im Hinblick auf die Nutzung im wissenschaftlich-technischen Bereich, die Mikroskopfotografie durch sinnreiches Systemzubehör auch mit der Kleinbild-Reflexkamera möglich gemacht (Gerät siehe Seite 248).

Nachfolgend werde ich in Kürze einige wesentliche Details ansprechen, die Ihnen zu ersten Mikroskopaufnahmen verhelfen mögen. Wie schon gesagt, soll dieses Randgebiet der Fotografie nicht ausgeklammert werden, kann aber hier nur kurz erwähnt werden. Ich kann an dieser Stelle nicht auf das umfangreiche Thema „Mikroskopieren" eingehen, ohne dessen genauere Kenntnis jedoch vieles unerforscht und ungenau bleibt. Bei intensivem Interesse an diesem Bereich der Fotografie wollen Sie bitte die einschlägige Fachliteratur zu Rate ziehen.

Die Vergrößerung

Wenn wir von Vergrößerung bei der Mikroskopfotografie sprechen, muß zwischen der Eigenvergrößerung des Mikroskop-Objektivs plus Okularvergrößerung und dem Aufnahmemaßstab des Mikroskop-Bildes durch den Mikroskop-Adapter bzw. Mikrofoto-Ansatz (die ja eine Art Objektivauszug darstellen) unterschieden werden. Die mit dem Mikroskop-Adapter zu erzielende Vergrößerung beträgt eta 0,5× bis 1× des Mikroskopbildes (je nach Balgenauszug), und der Mikrofoto-Ansatz F ergibt die Vergrößerung von etwa 0,5×.

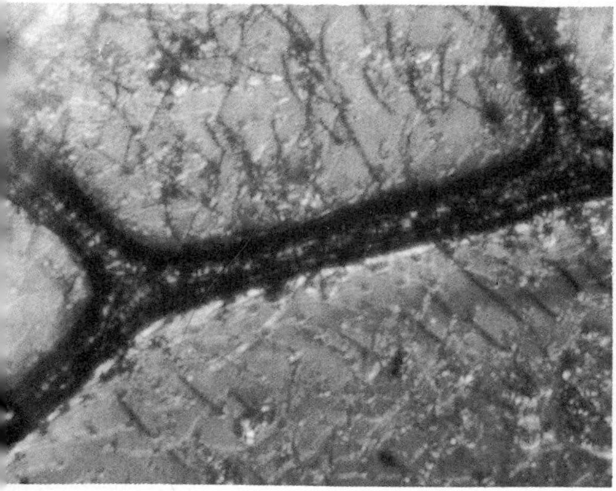 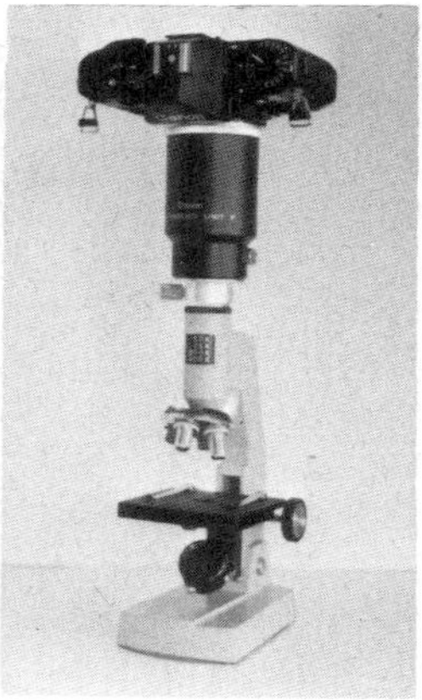

Beispiel für eine interessante Mikroskopaufnahme mit der AE-1 PROGRAM. 50fache Vergrößerung eines Insektenflügels. Aufnahmemaßstab des Mikroskopbildes 0,5 : 1; Aufnahme mit Mikrofoto-Ansatz F (wie Abb. rechts zeigt). Belichtungszeit 15 Sek.

Da die Gesamtvergrößerung des Mikroskops eine scheinbare Vergrößerung ist (ein virtuelles Bild wird in einem Betrachtungsabstand von 250 mm hinter dem Okular entworfen), muß die effektive Bildvergrößerung durch Multiplikation der scheinbaren Vergrößerung mit einem Quotienten ermittelt werden – dieser ist durch die Division „Kameraauszug : Betrachtungsabstand" gegeben. Oder einfacher ausgedrückt: „Entfernung zwischen Mikroskop-Okular und Filmebene dividiert durch 250 mm".

Die genaue Mikroskopbildvergrößerung kann wie folgt berechnet werden. Beispiel für die Verwendung des Mikrofoto-Ansatzes F am Mikroskop plus Okular (a) oder ohne Okular (b). Entfernung Okular zu Filmebene 108,4 mm:

a) Kombination „Kamera + Ansatz F + Mikroskop mit Okular"

Bei dieser Kombination ergibt sich die effektive Bildvergrößerung nach folgender Formel:

Bv = EvMo × Ov × 108,4/250 mm.

Erläuterungen:

Bv = Bildvergrößerung

EvMo = Eigenvergrößerung des Mikroskop-Objektivs

Ov = Okularvergrößerung

104,8 mm = Aufnahmeabstand (Abstand von Austrittspupille des Okulars zur Kamera-Filmebene)

250 mm = Betrachtungsabstand des vom Mikroskop hinter dem Okular entworfenen virtuellen Bildes.

Nehmen wir an, die Eigenvergrößerung des Mikroskop-Objektives liegt bei 5 × und die Okularvergrößerung beträgt 10 ×, dann ergibt sich eine Rechnung wie folgt:

$$Bv = EvMo \times Ov \times 108{,}4/250 \text{ mm} =$$
$$Bv = 5 \times 10 \times 108{,}4/250 \text{ mm} = Bv = 50 \times \frac{108{,}4 \text{ mm}}{250 \text{ mm}} =$$
$$Bv = 50 \times 0{,}4336 = 21{,}68 \times$$

b) Kombination „Kamera + Ansatz F + Mikroskop ohne Okular"

Bei dieser Kombination ergibt sich die effektive Bildvergrößerung nach folgender Formel:

$$Bv = EvMo \times 108{,}4/250 \text{ mm} =$$
$$Bv = 5 \times 108{,}4/250 \text{ mm} = Bv = 5 \times 0{,}4336 = 2{,}168$$

Anmerkung:

Beachten Sie, daß die echte Vergrößerung des mikroskopierten Objekts nach wie vor 50fach (in diesem Beispiel) beträgt. Der Aufnahmemaßstab dieser Vergrößerung beträgt ca. 0,5 : 1. Die Auffassung, daß nun eine aufnahmetechnische Vergrößerung 71,68fach bzw. 7,168 × vorliegt, wäre falsch!

Das Scharfeinstellen

Wie schon gesagt, steht beim Mikroskopieren/Mikrofotografieren sehr wenig Licht zur Verfügung. Das optische System wird bei zunehmender Vergrößerung von einem immer schmaleren Lichtbündel durchlaufen. Damit entfällt das Fokussieren mittels Schnittbild-Indikator ganz, und es ist mit dem Mikroprismenraster nur bedingt möglich. Stellen Sie sich am besten bei der Mikro-Fotografie gleich auf das Fokussieren über die Mattscheibe um.

Sämtliche auswechselbaren Suchereinstellscheiben der AE-1 PROGRAM haben ja auch diese Einstellhilfe eingebaut. Zudem können Sie sich für diese Aufgabe auch die spezielle Einstellscheibe aussuchen (Vollmattscheibe oder Mattscheibe mit Doppelfadenkreuz im Klarfleck – die beste Mattscheibe für Mikroskopaufnahmen) und sie selbst in Sekundenschnelle einwechseln.

Im Falle der Kombination „Kamera AE-1 PROGRAM/Balgengerät/Mikroskop-Adapter" ist das Fokussieren zusätzlich – in gewissem Umfang – mit Hilfe des Balgengeräts möglich. Es ist hierbei aber zu beachten, daß jede Veränderung des Balgenauszugs auch eine Veränderung des Aufnahmemaßstabs und Belichtungsabgleichs bedeutet.

Mikroskopaufnahmen und Belichtungssteuerung

Bei dieser Aufnahmetechnik wird in unserem Falle ohne Bezug auf eine Objektivblende die Belichtung gemessen. Der Abgleich auf den Arbeitsblenden-Index der AE-1 PROGRAM kann nur über die Verschlußzeitenvorwahl erfolgen. Dabei wird es vorkommen, daß die ganzstufig rastende Vorwahl nicht in jedem Falle präzise zur Abstimmung führt. Es muß dann versucht werden, über die Beleuchtung des Objekts zum Ziele zu kommen.

Es ist logisch, daß sich aufgrund der hohen Vergrößerungen bei Mikroskop-Aufnahmen schon geringste Erschütterungen an der Kamera sehr nachteilig auswirken. Ein leichtes Vibrieren kann bereits bewirken, daß die Filmebene aus dem Schärfebereich schwingt, der ja nur den Bruchteil eines Millimeters ausmacht. Schützen Sie Ihre Ausrüstung also vor Erschütterungen jeder Art, verhindern Sie selbst leichtes Vibrieren. Achten Sie auf eine besonders sorgfältige und sichere Adaptierung der Ausrüstungsteile.

Es empfiehlt sich, eine Verschlußzeit innerhalb der Bereiche von $^1/_2$ bis 2 Sek. und $^1/_{30}$ bis $^1/_{1000}$ Sek. zu wählen, da die hierbei vom Kamera-Verschluß ausgelösten Vibrationen normalerweise nicht ins Gewicht fallen. Vermeiden Sie unbedingt Verschlußzeiten zwischen $^1/_4$ und $^1/_{15}$ Sek. Die übrigen Faktoren wie Beleuchtungsstärke und Filmempfindlichkeit sollten auf diese obengenannten Bereiche abgestimmt werden.

Die Beleuchtung

Es gibt zahlreiche Methoden für eine richtige und zweckmäßige Beleuchtung bei Mikroskop-Aufnahmen – einschließlich der direk-

ten und indirekten Beleuchtung. Es ist aus Platzgründen nicht möglich, auf alle speziellen Verfahren näher einzugehen.
Auch hier ist zu beachten, daß das in der Filmebene zur Verfügung stehende Licht umgekehrt proportional zum Quadrat der Vergrößerung abnimmt. Es ist nicht zu umgehen, daß die Vergrößerung der Mikro-Fotografie auf das verfügbare Licht abgestimmt werden muß. Beste Voraussetzung ist der Einsatz von Punktlicht; das heißt, das Licht sollte wie ein Laserstrahl auf das Objektiv gerichtet sein. Wobei dies nicht in jedem Fall „direkt" bedeuten muß.
Damit komme ich auch auf einen anderen, noch sehr wichtigen Punkt zu sprechen: die Wärmeabstrahlung der Lichtquelle. Beachten Sie dabei die Empfindlichkeit des verwendeten Objekts im Mikroskop auf Wärme und Hitze. Bei zu starker Wärmeeinstrahlung muß zwar das Objekt nicht unbedingt direkten Schaden erleiden, aber es kann auch zu einer Ausdehnung des Objekts bzw. einer Lageveränderung desselben kommen; dies stünde einer genauen Schärfebestimmung im Wege.
In engem Zusammenhang mit der Beleuchtung muß das zu verwendende Filmmaterial und eine evtl. Lichtfilterung gesehen werden. Der Kontrast in den Mikroskop-Aufnahmen ist bekanntlich sehr viel geringer als in normalen Aufnahmen. Verwenden Sie daher für Schwarzweiß-Aufnahmen grundsätzlich feinkörnigen, panchromatisch sensibilisierten Film mit guter Kontrastwiedergabe (z. B. Kopierfilm oder Kodak Panatomic-X usw.). Ebenso ist bei Coloraufnahmen auf Feinkorn und Kontrastwiedergabe zu achten.
Bei Schwarzweißaufnahmen gibt es generell keine Probleme bezüglich der Farbtemperatur des Lichtes. Sie können aber die Kontrastwiedergabe stark verbessern (mehr Details werden deutlicher), indem Sie der Lichtquelle ein Gelbfilter, wie z. B. das Canon G-1 vorschalten; die Mikroskop-Objektive sind nämlich achromatisch korrigiert, etwa für den Bereich des grünlich-gelben Lichtes. Der Bildkontrast wird gesteigert, wenn Sie sich in jedem Fall bei der Lichtfilterung auf die Farben im Aufnahmeobjekt beziehen bzw. die Filterfarbe darauf abstimmen. (Filterregeln siehe Seite 216ff.)
Arbeiten Sie mit Farbfilm muß die Beleuchtung auf den Film und auf die Beleuchtungsart abgestimmt werden. Für die Belichtung von Tageslicht-Umkehrfilm sollte blaues Licht verwendet werden (die handelsüblichen Mikroskopleuchten haben bereits ein Blaufilter dazu eingebaut) und für Kunstlichtfilm das Licht von Fotolam-

pen. Wenn die Verwendung einer Lichtquelle geeigneter Farbtemperatur nicht möglich ist, muß ein Konversionsfilter vorgeschaltet werden. Vergleichen Sie die nachfolgende kurze Aufstellung:

Filmart	*Lichtquelle*	*Filter*
Tageslichtfilm	*blaues Licht*	*keines*
Tageslichtfilm	*Kunstlicht*	*CCB 12*
Kunstlichtfilm	*blaues Licht*	*CCA 12*
Kunstlichtfilm	*Kunstlicht*	*keines*

Das Reproduzieren

Die Reproduktions-Fotografie ist als Sparte der Nahbereichsfotografie ebenso interessant und verbreitet wie diese. Was ist Reproduktionsfotografie? Nun, die rein fotografische Wiedergabe zweidimensionaler und begrenzt auch dreidimensionaler Gegenstände, wie Fotos, technische Zeichnungen, Akten, Dokumente aller Art, Grafiken, Tabellen, Texte und Fotos aus Büchern und Schriften, Briefmarken, Münzen, Gemälde, eigene Entwürfe – die Reihe könnte unendlich weitergeführt werden. Sie reicht also von der einfachen Text-Kopie bis zur orignalgetreuen Wiedergabe eines Kunstwerkes. Und sie kann noch mehr: Durch die Verwendung von kurzbrennweitigen Objektiven, Farbfiltern, Doppelbelichtung, kombinierter Aufnahme von Vorlagen sind vielerlei interessante Verfremdungen, Abstraktionen und neue Bildkompositionen machbar, die Sie und ihre Zuschauer begeistern werden.

Ehe wir nun mit der Reproduktionsarbeit beginnen können, müssen ein paar aufnahmetechnische Voraussetzungen erfüllt sein: Die Filmebene der Kamera muß – soll die Reproduktion verzeichnungsfrei sein – parallel zur Vorlagen-Oberfläche ausgerichtet werden. Kamera und Vorlage müssen vor Erschütterungen bewahrt werden.

Merksatz:

Die optische Achse muß exakt rechtwinklig zum reproduzierten Objekt/Gegenstand verlaufen! Eigens für die Reproduktion konstruierte Kameraträger und Objektträger verwenden!

Es liegt im Ermessen eines jeden Reproduktionsfotografen, die ausgewählte Vorlage fotografisch zu verkleinern, zu vergrößern oder im Maßstab 1 : 1 aufzunehmen. Da aber erfahrungsgemäß die originalgetreue und verzeichnungsfreie Wiedergabe bevorzugt wird, kommt als optische Ausrüstung entweder ein Standardobjektiv f = 50 oder ein leichteres Tele mit Brennweite 85 oder 100 mm in Frage. Ausgezeichnete Leistungen bringt für den Nah- und Makrobereich das Canon FD 3,5/50 mm Makro (aus dem Canon Makro-Objektiv-Programm) mit außergewöhnlicher Bildfeldebnung.

Beleuchtung

Viele Hobby-Fotografen kamen schon zu schlechten Ergebnissen, weil sie an der falschen Stelle gespart haben – an der rechten Reprobeleuchtung. Entweder wurde überhaupt keine eingesetzt oder Filmtyp und Beleuchtung waren nicht aufeinander abgestimmt.

Obschon man sich in Ausnahmefällen mit diffusem Tageslicht (im Schatten oder bei bedecktem Himmel) helfen kann, ist die Zuhilfenahme einer angemessenen Beleuchtungseinrichtung idealer und sicherer. Besonders für Reproduktionen in Color kommt es auf

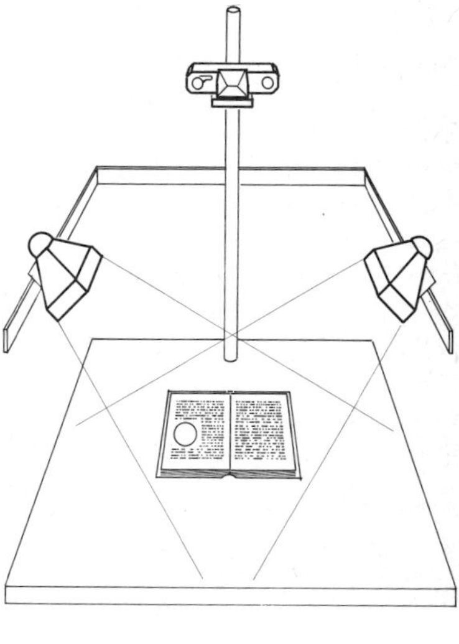

Schematische Darstellung einer Reprobeleuchtung: Skizze bezogen auf ein Gerät mit Grundplatte – schattenfreie Ausleuchtung eines Buches. Die beiden Leuchtquellen wurden exakt mit ihrer Lichtachse in 45° zur optischen Achse gesetzt.

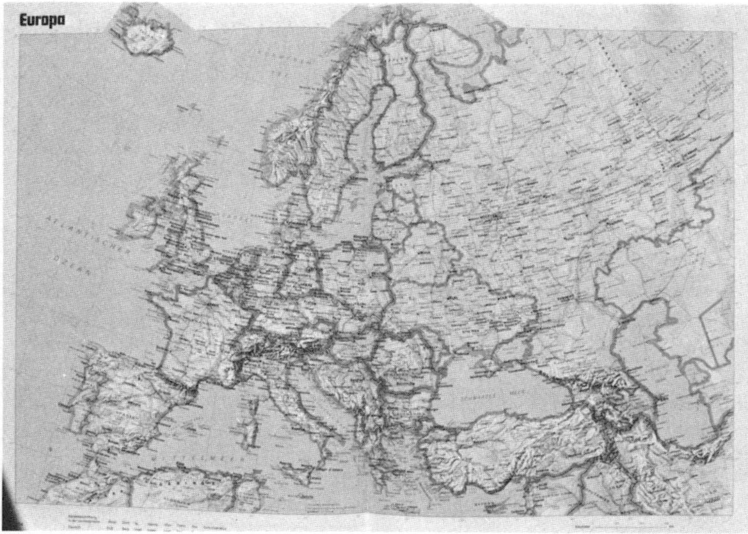

Eine interessante Aufgabe sind Reproduktionen von aller Art zweidimensionalen – im gewissen Umfang auch dreidimensionalen – Dingen. Seien es zu Sammelzwecken Aufnahmen von Münzen, Briefmarken, Fotos, Gemälden u. a. m., oder zur Herstellung von Vorlagen für Vorträge: z. B. kann ein Diavortrag über eine Reise durch Europa mit der Reproduktion einer Europa-Landkarte verdeutlicht werden. So ein eingebautes Dia kann die Aussage verdichten.

gute Lichtqualität an. Alle Dauerlichtquellen von Tageslicht bis zum Glühlampenlicht bieten keine Garantie dafür, daß ihr Licht stets eine bestimmte, gleiche Farbtemperatur aufweist. Tageslicht verändert seine Farbtemperatur mit der Höhe des Sonnenstandes, der Bewölkung, der Himmelsfärbung. Die Farbtemperatur von Glühlampen schwankt aufgrund Lampenalter und Stromspannungsschwankungen. Konstant in dieser Hinsicht sind nur Blitzgeräte.
Repro-Vorlagen müssen nicht nur gleichmäßig, sondern auch schattenfrei ausgeleuchtet werden. Ideal ist doppeltes (noch besser vierfaches) Seitenlicht mit Einfallswinkel 40–50°. Das heißt, zwei (oder vier) gleichwertige Lichtquellen je eine (oder je zwei) – Fotolampen, Halogenleuchten – werden in gleichem Abstand zur Aufnahmefläche, sich gegenüberstehend, installiert und strahlen das Objekt diagonal an. Auch die Verwendung von zwei Blitzgeräten gleichen Typs ist dabei möglich.

Merksatz:

Zum Reproduzieren eine spezielle Repro-Beleuchtungseinrichtung verwenden. Bei Color-Reproduktionen Filmtyp und Beleuchtungsart aufeinander abstimmen!

Das Dia- und Negativ-Duplizieren Kopien aus Schmalfilmen

Welcher aktive Fotograf hat nicht schon davor Angst gehabt, ein besonders wertvolles Dia zu verlieren oder sich gescheut, mehrere dieser Dias für Vorträge, Werbezwecke und drucktechnische Vervielfältigung zu verleihen, aus Sorge darüber, daß die Dias beschädigt oder gar völlig unbrauchbar wieder zurückgegeben werden. Vielfach möchte man lieben Miturlaubern, Freunden von Parties, Verwandten und Bekannten einen besonders gut gelungenen Schnappschuß auch als Dia verehren.

Was liegt da näher als der Einsatz des hochinteressanten Systemzubehörs „Diakopiergerät“, das die Vervielfältigung gerahmter Dias, von Negativen und Bilder aus unzuerschnittenen Filmstreifen ermöglicht, also das optische Kopieren erlaubt.

Merksatz:

Für die Herstellung von Duplikaten eignen sich die Canon-Standardobjektive f = 50 mm. Sie sollten jedoch nach Möglichkeit das Canon-Makro-Objektiv FD 3,5/50 mm verwenden; dieses ist speziell für diesen Bereich korrigiert!

Canon bietet auch zwei sogenannte Film-Duplikatoren an, die das Kopieren einzelner Super 8-Film- bzw. 16-mm-Filmbilder auf das Format 24×36 mm ermöglichen. Es ist eine interessante Möglichkeit/Methode, eine Diaschau mit besonders gelungenen und effektvollen Filmeinzelbildern zu bereichern. Für den technisch-wissenschaftlichen Bereich liefert Canon den vergleichbaren Duplikator G, für die Übertragung der Gastroskop-Minibilder auf das KB-Format. Siehe Seite 257.

Was das Diakopiergerät sonst noch alles kann

- Die Verbesserung vorhandener Dias durch eine Aufnahme mit leichter Über- bzw. Unterbelichtung.
- Farbige oder schwarzweiße Dias/Negative von Color-Dias
- Schwarzweiß-Negative und Dias vervielfältigen
- Transparente Montagen (Farbfolien, Schrift, Film usw.) kopieren; je nach Art ist auch Mehrfachbelichtung möglich.

Die Belichtungsmessung

Die Belichtungsmessung kann über das Meßsystem der AE-1 PROGRAM erfolgen. Die Kamera-Innenmessung gestattet ja direkt, ohne daß man besondere Verlängerungsfaktoren errechnen muß, den Abgleich auf den Arbeitsblenden-Index (Arbeitsblendenmessung). Aufgrund der sehr geringen Schärfentiefebereiche und im Hinblick auf eine gleichmäßige Ausleuchtung ist es ratsam, am Objektiv dabei Blendenstufen ab 5,6 oder 8 zu wählen.

Die Beleuchtung

Da das Original durchleuchtet wird, kommt der verwendeten Lichtquelle große Bedeutung zu. Man muß den verwendeten Filmtyp und die Lichtquelle (Beleuchtung) exakt aufeinander abstimmen. Ebenso müssen die Lichtquellen in geeigneter Entfernung hinter der Streuscheibe des Diakopiergerätes aufgestellt werden, um eine gleichmäßige Flächenbeleuchtung zu erhalten; hier unterstützt die Abblendung über Blende 5,6 hinaus. Geeignete Lichtquellen für Schwarzweißmaterial sind Fotolampen, Leuchtstoffröhren und Tageslicht. Colormaterial muß nach Tageslichtfilm bzw. Kunstlichtfilm unterschieden werden. Die Verwendung von Fotolampen mit Kunstlichtfilm bzw. von Tageslicht mit Tageslichtfilm garantiert die beste Farbwiedergabe. Gegebenenfalls kann der jeweilige Filmtyp auch mit einem Konversionsfilter umgestimmt werden (Einfluß auf die Farbtemperatur), siehe nachstehende Tabelle.

Filmtyp	*Lichtquellen*		
	Fotolampen	*Tageslicht*	*Normale Glühlampen*
Tageslichtfilm	*CCB*	*0*	×
Kunstlichtfilm	*0*	*CCA*	*CCB*

0 = Die Lichtquelle ist ohne Filterung geeignet
× *= Die Lichtquelle ist nicht geeignet*
CCA = Konversionsfilter der Stärke A 12 } *geeignet mit diesem Filter*
CCB = Konverionsfilter der Stärke B 12 }

Anmerkung:

Achten Sie bei Verwendung von unzerschnittenen Filmstreifen auf möglichen Lichteinfall durch den Schlitz in der Filmbildbühne!
Auf eine andere Auswirkung beim optischen Kopieren muß noch Obacht gegeben werden: die unvermeidliche Kontraststeigerung. Zur Verminderung der Kontraststeigerung trägt bei: Die Auswahl von wenig kontrastreichen Vorlagen; weiche Beleuchtung (evtl. durch Indirektblitz) und entgegen der allgemeinen Aussage: „Filmmaterial der Vorlage und für die Kopie muß gleich sein", Tests mit einem anderen Filmmaterial.

Da alle Lichtquellen, außer dem Blitzlicht, Schwankungen unterliegen, sind damit ermittelte Aufnahmewerte nicht exakt reproduzierbar (wiederholbar). Blitzlicht empfiehlt sich daher sehr. Es ist aber notwendig durch Tests den richtigen Beleuchtungsabstand zu ermitteln und die Aufnahmeblende darauf einzustellen. Wichtig ist, daß Sie sich die Konstanten notieren für Wiederholungsarbeiten.

Sachregister